KB262004

미디어 소사이어티

산업 · 이미지 · 수용자

미디어 소사이어티

| 산업 · 이미지 · 수용자 |

데이비드 크로토 · 윌리엄 호인스 지음 | 전석호 옮김

사□□계절

이 책은 데이비드 크로토(David Croteau)와 윌리엄 호인스(William Hoynes)가 공동으로 저술하여 2000년도에 출간한 개정 2판, *Media/Society : Industries, Images, and Audiences*를 완역한 것입니다. 저자들은 모두 사회학자들입니다. 따라서 미디어에 대한 그들의 접근은 사회학적입니다. 그래서인지 지금까지 출판되어 왔던 대부분의 미디어 전문 서적과는 내용이나 형식 그리고 연구 주제의 설정면에서 다른 점이 많습니다. 물론 사회학을 전공하고 미디어 연구로 돌아선 학자들도 많습니다. 그러나 그들을 포함하여 매스 커뮤니케이션만을 전공한 연구자들과는 무엇인가 다르다는 것을 이 책을 통해서 확연히 느낄 수가 있을 것입니다.

역자가 이 책을 번역하기로 결정한 데는 몇 가지 이유가 있었습니다. 무엇보다도 저자들의 접근이 체계적이고 포괄적이라는 점을 꼽을 수 있습니다. 체계적이라고 말한 이유는 전반적으로 이 책을 읽어나가면서 해득하겠지만 하나의 연구 주제를 다룰 때마다 풍부한 사례와 함께 관련된 개념들을 해석하는 데 일관성이 있다는 것입니다. 또한 포괄적이라는 것은 책의 제목에서 보듯이 미디어와 사회라는 커다란 틀 속에 잠재되어 있는 산업, 이미지, 수용자 등 중요한 관련 주제들을 모두 포함하고 있다는 점입니다. 여기서 그 모든 주제를 세부적으로 열거하지는 않겠지만 총 10장으로 이루어진 이 책의 차례만 훑어 보아도 그 포괄성을 쉽게 알 수 있을 것입니다.

물론 각 장마다 그들만의 독특한 강조점이 커뮤니케이션만을 전공하는 사람들에게는 가끔 생소하게 느껴질 수도 있습니다. 예를 들어 미국 사회에서는 게이나 레즈비언의 인권에 대해서 공개적으로 시위나 단체 활동을 하지만 한국에서는 그 개념조차 함부로 꺼내지 못합니다. 그리고 언론과 관련된 집단에서 공개적으로 정치인이나 정당에 정치자금을 기부한다는 것이 우리에게는 생소하기만 합니다. 즉, 미국과 한국 사이의 문화적 차이가 상당히 크다는 것입니다. 그래서 본인은 이 책을 읽어나가며 저자들의 의도를 이해할 것 같으면서도 내심 매끄러운 번역을 하기가 결코 쉽지 않았습니다. 그리고 각 장마다 무척 이해하기 힘든 내용도 없지 않았습니다. 사실 저자의 접근이 미디어와 얽힌 여러 가지 문제점을 때로는 난해하게 처리하고 있다는 느낌도 없지 않았습니다.

역자의 미디어 연구에 대한 접근은 사회과학적입니다. 역자 역시 대학원 재학중에 외국에서 그렇게 단련을 받았습니다. 그래서인지 역자는 미디어의 수용성이나 사회적 효과에 대한 실증적 분석에 관심이 많습니다. 오늘날에는 뉴 미디어라 하여 통신과 컴퓨터가 어우러진 뉴 미디어의 기술적 진보가 급속히 전개되고 있습니다. 본인도 그러한 연구 주제에 대해서 관심이 많습니다. 그러나 아직도 많은 사람들에게 직접적으로 영향을 미치고 있고 앞으로도 당분간 그러한 영향을 계속 발휘할 대상은 매스 미디어라고 생각합니다. 따라서 뉴 미디어를 제대로 이해하려면 매스 미디어에 대한 충분한 사회과학적 이해가 필요하다고 평소에 생각해 왔습니다. 특히 복잡하게 변모되어 가는 미디어 환경 속에서 매스 미디어를 상대로 심층 분석을 시도하는 작업은 그 나름대로 충분한 가치가 있다고 봅니다. 아직까지 우리 인간의 태도와 행위에 일차적으로 영향을 미치고 있는 대상이 매스 미디어이기 때문입니다. 그런 점에서 이 책의 일차적인 가치를 깨닫게 된 것입니다.

한 가지 아쉬운 점은 이 책이 미디어에 대한 전문적인 이론서는 아니어서 순수 이론이나 방법론은 많이 다루고 있지 않다는 것입니다. 전문적인 이론에 대해서는 다른 참고서를 읽어보기로 하고, 다만 이 책은 우리에게 국내외적으로 미디어의 현실적인 문제점이 무엇인지를 이해하는 데 필요한 학술적 통찰력과 그에 따른 풍부한 사례를 제공하고 있다는 의미가 있습니다.

이 책을 교재로 삼는 강사들은 이 책에서 소개된 미국의 내용과 비교하여 우리

한국 사회에서는 어떻게 매스 커뮤니케이션 활동이 이루어지고 있으며, 실질적인 조직적 구조와 전문 인력의 역할이 무엇인지를 수강생들에게 검토시켜 본다면 무척 뜻있는 시도가 될 것입니다. 한국과 미국의 매스 커뮤니케이션을 서로 비교·분석해 본다는 것은 매우 적절할 것 같기 때문입니다.

사실 이 책을 번역하는 기간에 개인적으로 몇 년째 계속 앓고 있는 원인 모를 다리의 병으로 거동이 매우 불편했습니다. 게다가 번역하는 도중 그 진통이 퍽이나 심했습니다. 그런 중에도 컴퓨터를 벗삼아 열심히 번역 작업을 마쳤다는 점에서 내 스스로 역경을 이겨냈다는 자부심도 느껴 보았습니다. 6년 전에 번역을 해 본 경험을 상기하면 번역도 저술 못지 않게 어려움이 따른다는 것을 잘 알고 있었습니다. 그때 다시는 번역을 하지 않겠다고 마음을 먹기도 했었습니다. 그런데 결국 이 책을 번역하고 말았습니다.

어쨌든 몸과 마음의 변화 속에서 1년에 가까운 시간 동안 항상 곁을 떠나지 않고 내가 움직일 때마다 세심하게 거들어 주었던 장경순 대학원 조교에게 가장 먼저 감사하다는 말을 전하고 싶습니다. 그리고 학교 연구실을 지키며 나의 어려운 개인적인 치닥거리를 해준 임재원 조교에게도 고마움을 나타내고 싶습니다. 그밖에 아무리 힘들어도 항상 유머를 잃지 않고 주변을 밝게 웃음짓게 만들었던 서민교군, 우직하고 성실하게 학업에 임하는 김찬원군, 언제 보아도 믿음직하고 사내의 의리를 지킬 줄 아는 윤승욱군, 어려운 주변 환경을 잘 극복하면서 맑은 모습을 잃지 않는 안주홍군과 주도연군 등도 불편한 나의 몸을 추스리는 데 아무런 조건 없이 한몫 거들어준 제자들입니다. 그들에게도 진심으로 감사를 드립니다. 또한 애써 초고의 오자와 탈자를 잡아준, 대학원 재학중인 처제 김효정양도 고마울 따름입니다. 이들 모두에게 어떻게 고마움을 갚아야 할까요? 그리고 항상 여유 있고 맑은 웃음을 잃지 않는, 사계절출판사의 강맑실 사장님은 기꺼이 본인의 원고 출판을 받아들여 주었습니다. 강 사장님의 배려에도 고마움을 전합니다.

다른 저술 작업 때와 마찬가지로 이번에도 KBS 2라디오에서 1년 넘게 일요일 아침마다 생방송을 진행해 오던 중이었습니다. 그 프로그램을 통해서 담당 PD였던 곽윤전 차장님과 변석찬 차장님 두 분을 알게 된 것은 소중한 인연이었습니다. 두 분은 나의 육체적인 고통을 정신력으로 대신하도록 방송 여건을 만들어 주셨습니다. 특히 곽윤전 차장님은 2000년 여름 치료차 해외에 나가 있던 나에게 마음놓고 치료할 수 있도록 독특한 개인적인 의리를 베풀어 주기도 했습니다. 그런 그분의 배려는 마음속에 영원히 깊이 새겨질 것입니다. 여기서 일일이 이름을 밝히지 않겠지만 저의 건강을 걱정해 주면서 일요일 아침 방송에 성실히 참여했던 모든 방송 식구들에게 감사를 전하고 싶습니다

끝으로 항상 곁에서 마음 조이며 나의 심신을 달래주던 아내 김지은님에게 고맙다는 말을 전하고 싶습니다. 아내는 가장 구실을 제대로 못하는 나에게 꾸준히 용기를 불어넣어 주었습니다.

그리고 나의 민재와 민우를 언급하지 않을 수가 없습니다. 이 사랑스러운 쌍둥이 악동들이 갑자기 나타나서 컴퓨터 전원을 꺼버리는 바람에 몇 시간 동안 했던 번역 작업이 허공으로 날아가 버린 적이 한두 번이 아니었습니다. 그렇지만 그 천사들에게 야단친 적은 한번도 없습니다. 그들은 나를 너무도 닮은 나의 분신으로서 지금까지의 내 모든 학술 작업에 신선한 자극으로 작용해 왔던 고마운 존재이기 때문입니다. 지금 나에게 작은 소망이 있다면 그 쌍둥이들과 나란히 손을 잡고 강가를 한가로이 걷고 싶다는 것입니다. 훗날 그들이 자유자재로 컴퓨터를 만지게 되는 날, 그들에게 부끄럽지 않은 아버지요 한 명의 학자로서 인식될 수 있기를 바랄 뿐입니다.

2001년 8월
이촌동 서재에서 전석호

4부 | 수용자-의미와 영향력

5부 | 국제화와 미래

1부에서는 미디어의 기원과 중요성을 먼저 살펴본다. 그리고 미디어와 사회의 상호 관계에 주목하는

사회학적 접근의 필요성을 강조한다.

1부

미디어 · 사회

1 미디어와 사회

우리는 각종 미디어에 둘러싸여 있다. 라디오와 TV, 신문, 잡지, 인터넷, 영화, 음악 등에 빠져 하루하루를 살고 있다. 20세기 초에 등장한 미디어는 인류 역사상 인간이 일찍이 겪어보지 못했던 엄청난 체험을 하게 만들었다. 오늘날 우리는 미디어와 너무 친숙한 나머지 미디어와 접하는 것을 아주 당연하게 생각한다. 미디어를 마치 공기처럼 여기는 것이다.

이 책은 매스 미디어와 그것이 야기하는 문제점이 무엇인지 되짚어보고 진지하게 고민해 보는 기회를 주는 데 그 목적이 있다. 이 문제를 좀더 잘 이해하기 위해서는 우리가 매일매일 하는 미디어 활동을 사회적·정치적·경제적 맥락에서 살펴볼 필요가 있다.

TV 시청을 예로 들어 보자. TV를 보는 것보다 쉬운 일은 없다. 그냥 편히 앉아서 전원을 켜고 채널만 돌리면 된다. 대부분의 사람들은 깊이 생각하지 않고 그냥 채널만 돌린다. 그러나 우리가 좀더 넓은 맥락에서 TV를 들여다보면 무엇이 보일까? 그 속에서 무엇인가를 찾아낼 수 있지 않을까?

이번에는 인터넷을 생각해 보자. 대부분 인터넷 사용법을 알 것이다. "혁명적"이니 "폭발적"이니 하는 찬사가 인터넷의 성장을 두고 쏟아졌지만 잠시 인터넷 사용을 멈추고 비판적인 눈길로 바라보면 무슨 생각이 떠오를까? 우리에게는 무엇이 보일까?

우리가 볼 수 있는 것은 변화이다. 종래 공중파 TV 방송의 시청률은 점점 떨어지고 있다. 새로운 형태의 TV가 등장하고 있기 때문이다. 이미 수십 개 채널을 운영하는 케이블 TV도 생겨났다. 기존의 아날로그 TV 방식은 곧 디지털 방식으로 모두 전환될 것이고, 조만간 위성방송을 포함하여 수백 개의 채널이 시청자의 선택만 기다리게 될 것이다. 특히 인터넷은 아주 빠르게 변하고 있다. 인터넷을 이용하는 사람이 많아지면 많아질수록 음성과 영상, 텍스트 등과 같은 정보 처리는 갈수록 정교해질 것이다. 그러나 인터넷은 상업적이다. 전자상거래가 붐을 이루면서 인터넷 광고의 양이 갈수록 많아지고 있다. 이제 더 많은 웹 사이트, 더 많은 채널이 생기게 되면 우리에게 더 많은 선택권이 주어질 것이다.

그렇지만 이러한 변화와 성장에만 주목한다면 나무를 보느라 숲은 보지 못하는 우를 범할 수 있다. 왜냐하면 일상적인 미디어 사용 습관과 미디어의 모든 과대광고에서 벗어나 한 발짝만 뒤로 물러나 본다면 그동안 가려져있던 매스 미디어의 문제와 현안에 당장 부딪칠 수 있기 때문이다. 문자, 영상, 사이버 공간의 미디어를 접하면서 다음과 같은 근본적인 질문에 대한 답변을 검토해 보기로 하자.

— 누가 미디어를 소유하는가?

— 미디어 상품은 어떻게 만들어지는가?

— 미디어를 규제하는 정부와 미디어의 관계는 어떠한가?

— 매스 미디어에서 왜 어떤 이미지와 아이디어는 자주 다루어지고, 다른 이미지와 아이디어는 외면당하는가?

— 매스 미디어의 성장은 정치에 어떤 영향을 미치는가?

— 매스 미디어는 우리 사회와 전세계에 어떻게 영향을 미치는가?

— 사람들은 어떻게 매스 미디어를 이용하고 해석하는가?

— 미디어 기술은 어떻게 발달해 왔고, 그 기술적 변화로 인한 효과는 무엇인가?

— 미디어 국제화의 팽창은 어떤 중요성을 갖고 있는가?

이러한 질문은 간단히 대답할 수 있는 것이 아니다. 사실 이 책의 논점은 이러한 질문에 대한 답이 될 것이다. 그래서 우리의 작업이 복잡한 미디어의 역동성이 작

용하는 미디어의 과정(process)을 과연 충분히 설명할 수 있겠느냐에 관심을 두었
다. 이에 따라 위에서 나열한 질문을 하나씩 풀어가면서 매스 미디어에 대한 이해
를 높이고자 했다. 즉, 미디어의 심각성이 갈수록 더해가는 가운데 나타나는 중요
한 현안을 도출하고자 한 것이다.

1.1 | 미디어의 중요성

미디어에 접근하기 위한 장비(하드웨어)는 어디에나 있다(표 1-1). 예를 들어 보자.
1998년 미국 통계국이 발표한 바로는 1996년 당시 미국에서 라디오를 보유한 가
구는 99%이고, 한 가구당 평균 라디오 보유 대수는 5.6대였다. 또한 TV를 보유한
가구는 98%이고, 한 가구당 평균 TV 보유 대수는 2.3대였다. TV 보유 가구의 82%
가 비디오를 소유하고 있으며, 65%가 케이블 TV에 가입해 있었다. 컴퓨터 소유자
와 인터넷 사용자의 규모는 급속히 증가하고 있어서 통계를 내기가 쉽지 않지만
1999년까지 전체 미국 가정의 50% 가량이 컴퓨터를 갖고 있었으며, 그 가운데
1/3이 가정에서 인터넷을 이용하는 것으로 나타났다. 이들은 직장과 학교에서 주
로 인터넷에 접속하고 있었다.

　미국인들은 상당히 많은 시간을 다양한 미디어와 함께 보낸다. TV만 해도 하루
에 평균 7시간을 켜놓는다. 미국인은 하루 평균 2시간 30분 동안 집중적으로 TV를
보는데, 이는 하루 여가 시간의 절반을 차지하는 것이다(Kubey & Csikszentmihalyi,
1990). 1년을 통틀어 하루 2시간 30분씩 TV를 시청하면, 총 38일을 TV를 보며 지
내는 셈이다(한국인의 평일 하루 평균 TV 시청 시간은 2시간 24분이고, 일요일은 3시간
46분으로 집계되었다(「2000 정보생활 실태 및 정보화 인식 조사」, 한국 정보문화센터
2000. 5)−역자). 한 달 내내 TV 앞에 앉아 있는 사람을 떠올려 보면 미국인들이 얼
마나 TV를 많이 시청하는지 알 수 있을 것이다. 물론 이는 TV 시청에 국한된 것이
다. 라디오, 음악, 독서, 인터넷 등 다른 미디어도 함께 접하고 있음을 생각하면 미
국인들이 일상생활에서 얼마나 많은 시간을 미디어와 접하고 있는지 알 수 있다
(표 1-2). 누군가 주장하는 대로 미디어는 이제 현대 사회의 제도권으로 편입되어
종래의 교육이나 종교가 차지하던 중요한 영역까지도 밀어내고 있을 정도이다.

표 1-1 미국 가정의 미디어 보급률

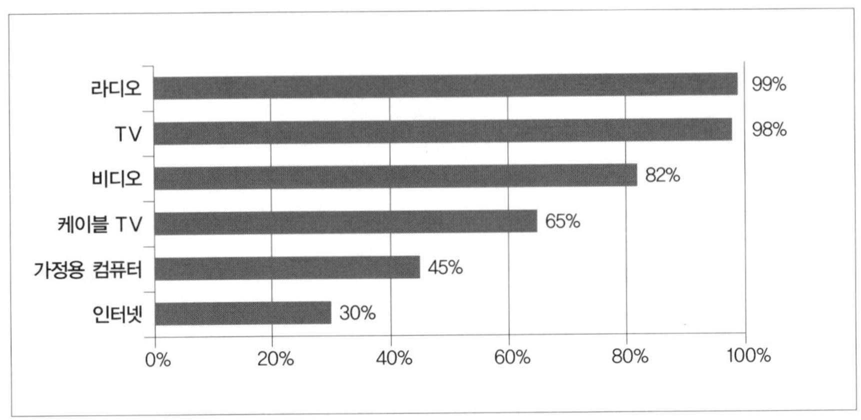

출처 : 1998년 U. S. Census Bureau. *Statistical Abstract of the United States*. Washington. DC : Government Printing Office.
＊컴퓨터 소유 자료는 Ziff-Davis (1998a). 인터넷 사용자 자료는 Ziff-Davis (1998b)에서 참조.

미디어가 얼마나 중요한지 알려면 미디어가 없는 일상생활을 상상해 보면 된다. 내일 아침 미디어가 없는 상황에서 깨어난다고 상상해 보라. TV도, 영화도, 음악도 없는 세상, 그리고 컴퓨터와 인터넷도 없고, 책도, 잡지도, 신문도 없는 세상을 상상해 보라.

미디어가 없는 세상은 상상조차 할 수 없다. 미디어가 없다면 우리의 엔터테인먼트도 지금과는 상당히 많이 다를 것이다. 신문에서 스포츠 기사도 읽지 못하고, 영화도 보러 가지 못하고, TV도 볼 수 없게 될 것이다. 여가의 하나인 음악도 들을 수 없다. 아마 정치에 대한 이해도 지금과는 많은 차이가 있을 것이다. 왜냐하면 신문이나 TV, 잡지, 책 등에서 우리가 살고 있는 지역과 그밖의 다른 지역에서 무엇이 일어나는지를 알려주지 않기 때문이다. 심지어 우리 자신의 지각 체계도 달라질 것이다. TV에서 보여주는 인물들을 통해서 우리 자신과 비교되는 이미지를 느낄 수 없기 때문이다. 또한 광고가 전혀 없다면 우리는 최근에 구입한 옷이나 음악, 자동차 등 여러 상품에 대해서 평가할 기준도 없게 될 것이다.

TV, 음악, 영화, 라디오, 인터넷이 없다면 우리는 참으로 많은 시간을 우리 방식대로 보낼 것이다. 아마도 미디어가 없는 대신에 사람과의 접촉은 많아질 것이다.

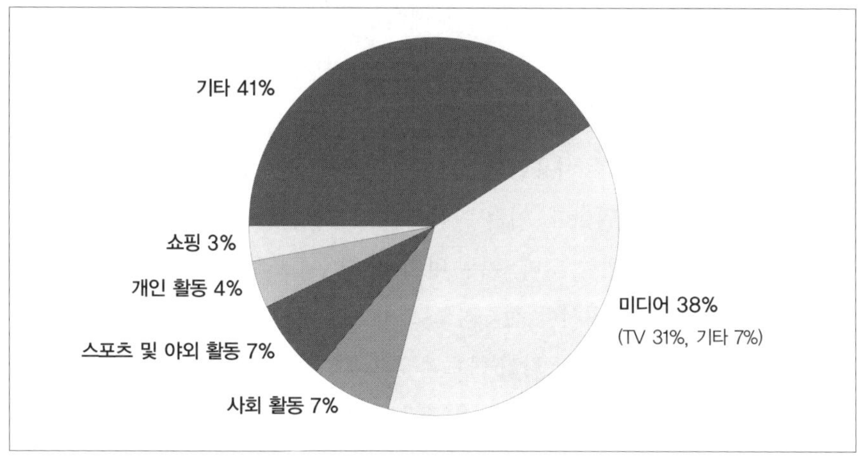

출처 : Jim Spring(1993), "Seven Days of Play", *American Demographics*, 15 : 50~53.

우리는 노래를 부르고 혼자 게임이나 하면서 시간을 보낼지도 모른다. 반면에 정치 현안이 무엇인지에 대해 매우 궁금해 하면서 정치 토론이 활발해질지도 모른다. 취미 생활이 늘어나는가 하면 시간을 때우기 위한 새로운 기술도 배우려 할 것이다. 뿐만 아니라 일상생활 속에서 다른 사람들과 직접 접촉하는 빈도가 늘어나는 등 참으로 많은 변화가 초래될 것이다.

물론 이러한 변화는 개인적인 차원을 벗어나서도 마찬가지이다. 미디어가 없어진다면 정치인이나 경제인 등 각 분야의 지도자들도 달라질 수밖에 없을 것이다. 정부도 지금과는 다르게 운영될 것이다. 광고가 없다면 경제도 근본적으로 지금과 다르게 운영될 것이다. 교육, 종교 등 모든 제도권도 달라질 것이다. 사회 운동 조직이나 시민 단체도 지금과는 다르게 운영될 것이다.

미디어가 널리 보급되면서 미디어가 우리 삶과 사회에 중요한 부분을 차지하고 있지만, 사실 미디어는 비교적 최근의 현상이다. 따지고 보면 대부분의 미디어는 아직 유아기 정도밖에 되지 않는다. 논의를 더 깊이 전개해 나가기 전에 매스 미디어의 역사와 의미에 대해 간단히 살펴보기로 하자.

1.2 | 매스 미디어의 기원

미디엄(medium)이란 단어는 라틴어인 메디우스(medius)에서 유래된 단어로서 '중간'이란 뜻이다. 미디어는 송신자와 메시지, 수신자와 메시지 사이의 커뮤니케이션을 활성화시키는 기술적 과정이다. 우리는 수용자나 수신자라는 말보다 '독자(reader)'라는 말을 자주 사용한다. 그것은 적극적인 수용자의 역할을 강조하기 위해서 임의로 부르는 말이다. 이런 관점에서 사람들은 음악과 영상을 보고 듣는 게 아니라 '읽는다'고 할 수 있다. 이는 마치 미디어에 쓰여진 메시지와 단어를 읽는 것과 마찬가지이다. 독서란 적극적으로 미디어 메시지를 해석하는 작업이다. 같은 미디어라 해도 사람마다 각기 다르게 받아들일 수 있다. 예를 들어 MTV에서 새로운 헤비메탈 밴드가 비디오로 나왔다고 하자. 이를 지켜본 15세 정도의 어린이들과 부모들의 반응은 매우 다를 것이다. 미디어 상품, 특히 영상물인 경우 같은 내용이라도 서로 다르게 해석하는 '독자'가 존재한다. 따라서 미디어를 연구할 때 독자를 분석하는 일은 매우 중요하다. 그들은 미디어가 나타내는 메시지를 단순히 주는 대로 마냥 받아 삼키지는 않기 때문이다.

　사회학자들은 의미를 적극적으로 창출하는 과정을 일컬어 "사회적 실제의 구성(social construction of reality)"이라고 한다. 이것은 우리 주변에 실제 사회가 엄연히 존재함에도 불구하고, TV를 통해 또 다른 세계를 구성하여 사회적 실제와 절충하고 있다는 뜻이다. 예를 들어 한 학생이 몸에 문신을 새겼다고 하자. 사람들은 그 문신을 보고 각자 다르게 해석한다. 어떤 사람은 의리의 징표로 보는 반면, 어떤 사람은 정치적 차원에서 주류 사회의 관행적인 규범에 저항하는 표시로 받아들인다. 그런가 하면 혐오스러운 자해 행위로 보는 사람도 있다. 그런 것도 아니면 단순히 개인적 취향에서 그랬다고 생각할 수도 있다. 문신의 의미는 미디어 메시지의 의미와 마찬가지이다. 이는 수용자가 미디어 과정에서 왜 그렇게 중요한지를 말해주는 것이다.

　이 책의 일차적인 관심사는 매스 미디어이다. 매스 미디어는 수많은 익명의 수용자를 갖는다. 편지, 전보, 전화는 매스 미디어와는 다른 형태의 커뮤니케이션이다. 그래서 학자들은 일반적으로 이것들을 매스 미디어라고 간주하지 않는다. 이런 미디어에는 독자적이고 의도된 특정 수신자가 존재하기 때문이다. 우리는 편지를 쓸 때 누가 받을지 알고, 전화를 걸 때도 누가 받을지 안다. 그러나 방송국의 프로듀서는 누가 TV를 시청하는지 모르고, 출판을 맡은 경영인이나 작가 역시 책을 읽게 될 독자가 누구인지 모른다. 또 누가 CD를 사고 누가 인터넷을 검색하는지 알 수 없다. 매스 미디어와 다른 형태의 커뮤니케이션을 구분하는 것은 간단명료하지 않다. 새로운 커뮤니케이션 기술이 등장하면서 그 구분은 더욱 애매해지고 있다. 이 책의 일차적인 관심사는 일반적으로 알려져 있는 매스 미디어, 즉 TV, 신문, 라디오, 잡지, 인터넷, 음악, 영화 등이다.

인쇄 매체

미국이 건국되었을 때에는 매스 미디어가 오직 하나 있었다. 바로 인쇄물이었다(Cassata & Asante, 1979 ; DeFleur & Ball-Rokeach, 1989 ; McQuail, 1987). 인쇄 기술은 한국에서 처음 주물로 만든 금속활자가 만들어진 15세기 초로 거슬러 올라간다. 1450년 구텐베르그가 처음 포도 짜는 기구를 인쇄 기계로 전환시킨 것을 계기로 인쇄 기술은 급속히 발전하였다. 인쇄 기술은 그 뒤로 꾸준히 발전하였으나 콘텐츠는 별로 변하지 않았다. 당시 유럽에서는 교회가 막강한 권력을 갖고 있었는데, 오래 전부터 수작업으로 전승되던 성경책이 초기 출판 기술의 대상이 되었다. 그래서 당시에는 성경책에 의하여 기술적 변화만 실감했지만 나중에는 기술보다 사회적 힘이 미디어 발전의 방향을 결정했다(표 1-3).

　수세기 동안 책이나 신문, 팸플릿 같은 형태의 인쇄 매체는 먼 거리에 있는 광범위한 수용자들과 접할 수 있는 유일한 수단이었디. 그러나 정보의 진송 수단으로 인쇄 매체는 한계가 있었다. 예컨대 그 당시 뉴스는 말을 탄다거나 기차나 배를 이용하여 여행하는 만큼의 속도를 가졌다. 미국에서 유럽까지 유통되는 뉴스는 대개 4~8주 정도 걸렸다. 뉴욕에서 워싱턴 정도의 가까운 거리라 해도 커뮤니케이션이 이루어지는 데는 엄청난 거리감이 있었다. 두 지역 사이의 물리적인 거리감만큼이나 메시지의 교환은 쉽지 않았다. 19세기에 교통수단의 발달만큼이나 커뮤니케이션 속도가 빨라졌지만, 전신(telegraph)이 발명되기 전까지는 한 곳에서 다른 곳으로 정보가 이동하려면 며칠씩 걸렸다. 크리스마스 카드와 같은 일상 정보나 전쟁 소식 같은 특별한 정보 모두 오늘날에는 상상하기 힘들 만큼 느리게 전해졌다.

연도	미디어의 발전	
100		중국에서 최초로 종이 제조 기술을 개발하여 아시아와 아랍 지역으로 유포.
700		아랍, 중국의 종이 제조 기술을 서방 세계로 유포.
1000		중국에서 이동용 점토 활자 발명.
1400		아시아에서 금속활자 발명(한국).
1450		1456년 구텐베르그가 인쇄 활자를 독일에서 처음으로 완성. 성경이 인쇄됨.
1600		독일, 프랑스, 벨기에에서 최초로 신문 창간.
1700	1702	최초의 일간지 「데일리 쿠랑」(*Daily Courant*)이 영국에서 발간.
1800	1833	최초의 값싼 대중 신문(Penny Press) 등장.
	1837	최초로 전신 등장.
	1839	다게르, 최초의 사진 기술 개발.
	1844	모르스, 워싱턴과 볼티모어 사이에 전신 연결.
1850	1876	벨, 최초의 전화기 발명.
	1879	에디슨, 전구에 대한 특허 획득.
	1884	이스트만, 사진 필름 개발.
	1894	영화 발명, 최초로 대중 앞에 영화가 선보임.
	1895	마르코니, 최초로 라디오 메시지 전송.
1900	1903	변사가 등장하는 최초의 영화 ‘*Great Train Robbery*’ 상영.
	1920	미국의 피츠버그에서 KDKA라는 라디오 방송 출범.
	1927	최초의 동시 녹음 영화 ‘*Jazz Singer*’ 상영.
	1933	미국 RCA에서 최초로 TV 등장.
	1937	전화기의 일부로 최초의 디지털 컴퓨터 등장.
	1941	최초의 상업용 TV 등장.
	1946	미국 펜실베이니아 대학에서 최초의 메인프레임 컴퓨터 등장.
	1947	미국에서 네트워크 TV 등장.
1950	1956	비디오테이프 녹화기(VTR) 발명.
	1957	최초의 위성인 소련의 스푸트니크호 발사.
	1961	미국 샌디에이고에서 케이블로 로스앤젤레스의 TV 전파를 수신.
	1969	미 국무성에서 원자탄 공격을 막기 위한 수단으로 컴퓨터 인터넷 개발.
	1970	VCR(Videocassette Recoder) 출현.
	1975	최초의 마이크로 컴퓨터 등장.

(계속)

광통신 개시.

위성을 이용한 케이블 TV HBO 출범.

1997 미국 오하이오주에서 최초의 쌍방향 케이블 TV 등장.

VCR 20만 대 판매, VCR의 대중화.

1990 인터넷의 World Wide Web(WWW) 개시.

1997 DVD(Digital Video Disk) 등장.

1998 디지털 방송 개시.

2000

그러나 1840년에 전신 기술이 발명되면서 거의 즉각적인 커뮤니케이션이 장거리 사이에도 가능해졌다. 처음으로 교통과 통신이 분리된 것이다. 그러나 이 역시 많은 수용자를 대상으로 한 것은 아니었다. 전신 기술은 매스 미디어가 아니었다. 전신 기술은 단지 신문을 통해 전송되는 정보의 유포를 빠르게 만든 것뿐이었다. 그래서 신문 기자들은 먼 곳에 있는 다른 지역으로 즉각 뉴스를 전송할 수 있었다. 1876년 전화 발명으로 개인적인 원거리 커뮤니케이션이 본격화되었으며, 기자들의 작업 역시 더욱 활성화되었다.

음악 녹음과 영화

1877년 토머스 에디슨이 전축을 발명하면서 신문에 이어 음악이 두 번째 매스 미디어가 되었다. 1887년 전축용 레코드가 첫선을 보였고, 그 뒤로 녹음 기술이 개발되었다. 1948년 LP 33 1/3 rpm 레코드가 발명된 후 컬럼비아 레코드사가 등장, 이후 30여 년 동안 레코드 산업이 붐을 이루었다. 1920년에는 마그네틱 테이프가 선을 보였으며, 누구나 다루기 쉬운 카세트 형식의 음악이 1960년대에 등장했다. 1980년대 초에는 아날로그 방식에서 디지털 방식의 녹음 기술이 개발되어 콤팩트 디스크(CD)가 지배적인 녹음 형태로 떠올랐다. 1990년대 후반에는 더욱 새로워진 디지털 방식의 MP3가 개발되어 단 한 장의 CD에 더 많은 음악을 녹음할 수 있게 됨에 따라 인터넷을 통해 음악이 빠르게 보급되었다.

1895년 8월 뤼미에르 형제(Auguste & Louis Lumière)에 의해 개발된 영상 기술은 훗날 영화로 발전되었다. 지형적 이유 때문에 미디어 사용에 제한을 받았던 수용자들에게 영화는 장소의 구애를 받지 않아도 된다는 점에서 그야말로 인기가 폭발적이었다. 1912년에는 하루에 약 5백만 명의 미국인이 영화관을 찾았다. 15년 후, 유성 영화가 선보이면서 영화의 인기는 더욱 높아졌다. 1970년대 후반, 비디오(VCR)가 발명되면서 사람들은 개인적으로 영화 비디오를 구입할 수 있게 되어 집에서 편히 영화를 볼 수 있게 되었다. 뿐만 아니라 TV 프로그램을 마음대로 녹화하고 자기가 직접 영화를 찍을 수도 있게 되었다. 1997년에는 디지털 비디오 디스크(DVD)가 개발되어 필름을 디지털 방식으로 바꿀 수 있게 되었다.

방송의 출현

20세기 들어 라디오라는 새로운 미디어가 등장했다. 라디오는 첫 방송 매체이자 모든 미디어 가운데에서 가장 기본이 되는 요소라 할 수 있었다. 더 이상 미디어 프로듀서는 방송을 위해서 밖에까지 나가지 않아도 되었다. 그 전에는 신문을 팔기 위해서는 신문 가판대로, 책을 팔기 위해서는 서점으로, 영화를 상영하기 위해서는 영화관으로 뛰어다녔다. 마찬가지로 수용자도 미디어를 접하기 위해서 밖으로 나가지 않아도 되었다. 그저 커뮤니케이션 주파수를 사용하여 라디오 수신기를 갖고 있는 누구에게나 미디어 상품을 직접 전달할 수 있게 된 것이다. 커뮤니케이션을 하고자 하는 사람은 광범위하게 누구나 쉽게 미디어 메시지를 주고받을 수 있게 되었다.

TV가 등장하면서 방송 미디어는 또 한 번 도약하게 되었다. 미국의 Pioneer사는 TV 수상기를 처음 선보이면서 "우리는 가정에 혁명을 가져다 줍니다"라는 광고 문구를 사용했다(Tichi, 1991, p.12). 그 광고는 결코 과장된 것이 아니었다. 10년이 채 되지 않은 1946년에서 1955년 사이에 TV 수상기는 미국 전체 가구의 65% 정도에 보급되었다(Spigel, 1992). 1988년에는 미국의 전체 가정에 TV가 거의 보급되었고, 이제는 디지털 TV가 선을 보이고 있다. 그야말로 범용적인 아날로그 방식에 이어 또 다른 미디어가 탄생한 것이다.

21세기 초를 살고 있는 우리는 TV 수상기가 얼마나 짧은 시간 안에 생활 속으로 침투했는지를 잘 모를 것이다. 생각해 보자. 2000년 현재 미국에서는 55세 이상의 인구가 전체 인구의 30%를 차지한다. 이들은 TV가 등장하기 전에 태어난 사람들로, TV가 생기자 대단히 행복해했던 사람들이다. 그러나 2000년도에 45세 이하의 사람들은 TV가 없는 생활을 상상하는 것이 매우 어렵다. 이것만 봐도 얼마나 TV의 영향이 빠르게 확산되었는지를 알 수 있다.

방송의 발전은 근본적으로 미디어 소비의 유형을 바꿔놓았다. 예전에는 극장에 간다거나 음악회에 직접 가는 행위가 중요한 사회 활동 가운데 하나였다. 그러나 이제는 집에 앉아서도 TV나 DVD 또는 직접 음악을 들을 수 있게 됨으로써 그럴 필요가 점차 사라지고 있다.

뉴 미디어

최근에는 기술 혁신이 다시 한 번 매스 미디어의 얼굴을 바꾸고 있다. 케이블 TV, 위성방송, 광통신, 컴퓨터 등이 미디어 포맷을 완전히 변화시키고 있는 것이다. 아이러니하게도 이러한 변화는 대량의 매스 미디어 수용자가 소수의 세분화된 수용자로 변화되었다는 데서 찾을 수 있다. 방송 전문가들은 이를 '협송(narrowcasting)'이라고 부른다. 컴퓨터 기술로 사람들은 미디어 상품을 세분화하기도 하고 개인적인 취향에 따라 미디어를 통해 상품을 주문하기도 한다. 상호작용적 거래 기능은 미래의 미디어가 새로운 변화를 초래할 수 있는 희망이 아닐 수 없다. 기술자들은 전화, TV, 팩스, 전축, 디지털 영상, 컴퓨터 등을 하나의 미디어 센터로 묶으려 한다. 반세기 전에 TV가 처음 선보일 때 새로운 기술의 등장은 이미 심각한 사회 변동의 가능성을 예고했다. 그러나 기술의 변화가 반드시 미디어의 진화를 결정하는 것은 아니었다. 그보다는 우리가 그동안 지켜보았듯이, 기술이란 미디어의 사용과 발전을 가져다 주는 역동적인 요인 중 하나에 지나지 않았다.

인터넷의 출범은 지적할 만한 좋은 사례이다. 이는 컴퓨터 기술이 꾸준히 발전해 온 결과이기도 하지만 이것이 인터넷 발전의 충분조건은 아니었다. 인터넷 시스템을 띄우고 잘 운영하려면 정부의 재정 지원과 함께 법적 제도가 필요하다. 인터넷은 원래 미국의 수도 워싱턴과 같은 중앙집권적인 장소가 맞닥뜨릴지 모르는 핵 위협에 대응하기 위해서 탈집중화된 네트워크의 하나로 고안된 것으로, 미국 국무성의 재정 지원과 시민들의 세금을 징수하여 만든 것이다. 이야말로 사회 제도권이 직접 기술을 개발한 명백한 사례가 아닐 수 없다.

그러나 인터넷 기술이 갈수록 많은 사람들에 의해 상업적인 목적으로 이용되면서 '정보 고속도로(information superhighway)'의 특성과 방향을 둘러싸고 논쟁이 활발하게 일어났다. 인터넷이 순수한 정보의 전송보다는 모든 종류의 상품을 새로운 방식으로 거래하는 '가상 백화점(virtual mall)'으로 변질되었기 때문이다. 아마도 이렇게 집 안에서 인터넷을 이용하여 상호작용적인 거래가 확산된다면 앞으로 직접 시장에 가서 물건을 사는 행위가 없어질지도 모른다. 문제는 미디어의 역사를 통해서 알 수 있는 것은 기술 자체가 미리 정해진 방향으로 정확히 발전되어 가는 것은 아니라는 점이다. 그보다는 어떤 광범위한 사회적 힘(social force)에 의해서 기술적 여력이 발전되어 나가고 응용되고 있는지도 모른다.

1.3 | 미디어와 사회

미디어는 우리 생활의 한 부분이기 때문에 사람들의 관심과 논쟁을 불러일으키곤 한다. TV 속에는 정말로 많은 폭력과 섹스가 난무하고 있을까? 뉴스 매체는 편파적인가? TV 대담이 원래 의도했던 주제에서 벗어나 진행되고 있지는 않는가? 인터넷에 규제해야 할 내용이 있는 것은 아닌가? 이러한 문제를 해결하기 위해서 우리는 매스 미디어가 무엇인지 좀더 잘 알아야 하는 것은 물론, 현대 사회에서 미디어의 역할이 무엇인지를 자세히 살펴볼 필요가 있다.

이 책이 담고 있는 사회학적인 관점은 미디어를 이해하는 데 많은 도움을 줄 것이다. 21세기에 매스 미디어를 전공하는 학생들에게 사회학은 미디어와 관련된 매우 복잡한 현안들을 분석하기에 좋은 도구이다. 사회학적 관점이란 우리의 일상생활에서 미디어의 역할이 무엇인지를 알아내기 위해서 미디어를 경제·정치·기술 발전 따위의 사회적 힘의 맥락에서 고려할 것을 요구한다. 사회학적으로 미디어의 효과를 알려고 한다면 미디어와 사회의 관계를 진지하게 고려해야 한다는 말이다.

매스 미디어와 사회화

한 개인은 사회화(socialization)를 거쳐 보다 넓은 사회와 관계를 맺는다. 사회화란 자신이 몸담고 있는 사회의 가치와 신념, 문화적 규범 등을 내재화하고 배워나가며 자신의 감성을 채워나가는 과정을 일컫는다. 예를 들어 미국인은 자신들이 자유와 정의를 위해 싸우고 과학이나 경제, 오락, 예술 등과 같은 분야에서 최선을 다하여 이루어내는 그야말로 이상적인 민주주의 국가가 미국이라는 것을 어려서부터 배워나간다. 그러한 학습은 독립기념일이나 노동절 같은 기념일이면 학교마다 성조기가 나부끼고 스포츠 경기 때에 국가가 울려퍼지게 만들어 자신이 미국인임을 자랑스럽게 여기도록 부추긴다. 어떤 면에서 사회화란 자신의 정체성(identity)을 형성하는 데 도움을 주는 한 가지 방식이다.

사회화 과정을 통해서 우리는 사회적으로 어떤 역할을 해야 하는지를 배운다. 이는 친구, 학생, 노동자, 시민 등 다양한 사회적 역할 속에서 이루어진다. 사회화 과정은 일생을 통해서 지속된다. 특히 유아기나 청년기가 예민한 시기로, 만약 이 시기에 누구나 사회화가 순조롭게 진행된다면 그에 대해서 특별히 주목할 필요가 없을 것이다. 지배적인 사회의 가치관과 신념, 규범 등은 우리가 사는 사회의 가치이다. 사회화의 내재화는 당연한 것으로 간주되며, 그 과정을 통해 우리는 '적절한' 가치와 규범을 배워나간다. 사회화 과정에서 사회적으로 용납되는 행동을 익혀나가는 것이다.

우리는 누구나 당연시하는 사회적 신념이나 가치에 대하여 의문을 던지거나 반론을 펼 때 더욱 그것에 대하여 학습하게 된다. 미국과 같은 다원적인 사회는 여러 가지 다양한 문화가 섞여서 만들어졌기 때문에 때로는 가치나 규범, 신념이 각기 다른 문화적 전통에 입각하여 사회화를 익혀나갈 수밖에 없다. 따라서 종종 서로 다른 문화 간에 충돌을 일으키는 경우가 많다.

우리 역시 다른 나라로 여행을 가서 우리와 다른 그 나라의 문화를 경험하거나 다른 문화권에 사는 사람들과 이야기를 나누다 보면 우리가 학습한 신념의 본질이 무엇인지 비로소 깨닫게 되는 경우가 많다. '문화적 충격'이란 다른 문화의 규범을 제대로 알지 못하는 것을 말한다. 즉, 다른 문화권의 사회화를 경험하지 못했음을 뜻한다. 한 예로 학생 가운데 스웨덴에서 미국 남쪽 지역으로 유학을 온 여학생이

한 명 있었다. 그 여학생은 종교적인 문제를 놓고 사람들이 일상적으로 비판하는 것을 보고 깜짝 놀랐다. 스웨덴에서 종교 집단은 미국에서와 같은 단체가 아니었다. 그들의 문화권에서는 종교 집단의 가르침을 무조건적으로 따라야 했다. 더욱 중요한 것은 그 여학생이 알고 있는 종교란 대단히 개인적이고 사적인 문제이기 때문에 공개적인 논란의 대상이 될 수 없었다. 이 여학생은 새로운 미국 문화에 적응하기 위해서 사회적으로 대화하는 규범을 다시 배워야 했다.

가정이나 학교에서처럼 보다 공식적인 사회기관에서의 책임감은 사회화를 더욱 촉진시킨다. 우리는 가정을 통해서 책임감을 배우고 중심적인 가치관을 터득하며 적절한 노동 윤리 등을 익혀나간다. 전통적인 학교 교육은 어린이를 권위에 순종하고, 착실하고, 규율을 잘 지키도록 가르치면서 미래의 고용주에 맞는 고분고분하고 믿음직한 노동자가 될 수 있도록 만든다.

또 다른 사회화의 동인으로 청소년의 또래 집단을 들 수 있다. 또래 집단은 비록 의도적으로 모인 집단은 아니지만, 사회화가 이루어지는 데 매우 강력한 동인이다. 그렇지만 또래 집단은 그들과 상반되는 사람들에게 영향을 받는 경우가 많다. 부모들은 자식들이 나쁜 친구들과 어울린다고 야단을 치곤 하는데, 또래 집단은 그러한 부모들과 상반된다. 부모나 교사는 좀더 열심히 공부할 것을 권하지만 또래 집단은 모여 놀기를 좋아하는 것도 이들이 서로 상반되는 관계이기 때문이다.

현대 사회에서는 매스 미디어가 대단히 강력한 사회화의 중간 역할을 담당하고 있다. 미국의 학생들이 고등학교를 졸업할 즈음이면 학교 강의실에서보다 TV 앞에서 보내는 시간이 더 많다고 한다(Graber, 1980, p.2). 시청자들은 TV를 보면서 그들의 가치와 신념, 규범을 내재화하며 학습한다. 범죄를 예로 들어 보자. 물론 FBI의 발표에 따르면 1990년대에 범죄와 폭력이 예년에 비해 줄었다고 한다. 그러나 방송에서 다루어진 범죄는 1990년대 초반 눈에 띄게 증가했다. 그와 함께 미국인은 폭력적인 범죄에 대하여 몹시 두려워한다. 그렇다면 미디어가 범죄 사실을 너무 밝혀내서 시민들이 범죄를 두려워하는 것일까?

어떤 연구자들은 우리가 엔터테인먼트 프로그램을 보는 동안에도 범죄에 대해 '학습'한다고 말한다. 예를 들어 범죄에 얽힌 드라마를 자주 보면 두 가지 신념을 자신도 모르게 갖게 된다는 것이다. 첫째, 중시청자(heavy viewers)는 경시청자

(light viewers)에 비하여 그들이 살고 있는 지역이 위험하고 폭력적인 지역이라고 여기며 자신들이 범죄의 희생자라고 간주하는 경향이 높다고 한다. 둘째, 폭력물을 많이 보는 중시청자는 경찰에 대한 감정이입(empathy)이 발달한다고 한다. 이 경우 경찰이 무고한 시민을 잔인하게 다루는 장면을 봐도 당연시한다. 즉 경찰과 같은 권위를 인정하여 법과 질서를 준수해야 한다고 믿는 것이다(Carlson, 1985, 1995).

물론 사회화의 기제로서 미디어가 너무 쟁점이 되는 토론을 벌이면 대개 미디어는 종래의 풍습이나 권위에 도전할 때가 많다. 음악이나 비디오, 랩의 가사, 포르노 등에서 흔히 그런 해석이 가능하다. 이 문제는 뒤에서 다룰 것이다. 미디어의 사회화 영향은 직설적이거나 투명하지 않다. 그런 만큼 이 분야에 대한 결론도 확실치 않다. 그렇지만 지금으로서는 문화에서 인간의 사회화 과정에 미디어가 모종의 역할을 한다는 것만은 틀림없다.

매스 미디어와 사회적 관계

사회학적인 관점에서 미디어는 우리의 일상생활에 엄청난 영향을 미친다. 그 영향은 우리가 알고 있는 것에 한정되지 않는다. 미디어의 사회학적 중대성은 미디어 메시지의 내용을 뛰어넘는다. 미디어는 우리가 살고 있는 세계를 어떻게 학습하는가에 영향을 미칠 뿐만 아니라 인간 간의 상호작용에도 영향을 미친다. 즉, 매스 미디어는 사회적 관계가 이루어지는 과정과 밀접한 관련이 있다.

다양한 사회기관과 함께 우리의 사회석 관계를 조정하는 방식을 볼 때 매스 미디어의 효과는 아주 명백하다. 예를 들어 우리는 정부가 하는 일을 직접 경험을 통해서 알기보다는 미디어의 뉴스를 통해 얻는 경우가 더 많다. 미디어를 통해 우리가 알고 싶은 것을 알게 될 뿐만 아니라 우리 주변에서 어떻게 정치가 이루어지고 있는가도 알게 된다. 미디어가 생기기 이전에는 군중이 많이 몰려 있는 장소에서 정치적 토론이 벌어지게 마련이었다. 그러나 오늘날에는 정치 행사에 직접 참여하기보다는 집안에서 정치 토론에 대한 뉴스를 읽거나 본다. 직접 지역 정치 행사에 참여하지 않더라도 라디오 토크쇼에 전화를 걸어 정치 활동에 대한 욕구를 만족시킬 수도 있다. 정치인들 역시 자신들의 메시지를 전달하는 데 미디어에 크게 의존한다. 정당 후보자나 당원들이 집집마다 돌아다니며 유권자들과 일일이 대화를 나누던 시절은 지났다. 오늘날에도 그런 일이 실제로 일어나고 있다면 그것은 미디어의 혜택을 받은 정치인들에 의해서 계획된 것이다. 우리는 비슷한 역동성을 직장에서 일하는 가운데 또는 스포츠를 보거나 종교 집단의 TV 활동, 그리고 사회 생활 속에서 중계되는 여러 가지 사건들을 통해 본다.

좀더 미묘한 방법으로 미디어는 가끔 가까운 친구나 가족들과의 일상적인 관계에서 한 부분을 이룬다. 사람들은 아침식사를 하며 조간 신문을 읽고, 라디오를 들으면서 대화를 나눈다. 가족들은 때때로 같이 TV를 보기도 하고, 친구들과 함께 음악을 들으며, 여럿이 영화를 같이 보러 가고, 비디오를 빌려 보기도 한다. 시간이 없는 부모들은 가끔 어린이를 TV에 맡기다시피 한다. 이 모든 경우에 미디어 상품은 우리가 매일같이 다른 사람들과 관계를 맺는 방법과 연결되어 있다. 미디어 상품은 사람들에게 즐거움을 주기도 하고 갈등의 원인이 되기도 하지만, 단결할 수 있는 계기를 주기도 한다.

내용상으로나 형식상으로 사회의 모든 면에서 미디어의 영향은 부정할 수가 없다. 미디어의 역할에 대한 언급 없이 사회 생활을 말한다는 것은 현대 사회에서 매우 중요한 요소를 놓치는 잘못을 범하는 것이다.

1.4 | 미디어의 사회학

사회학자들만이 매스 미디어를 연구하는 것은 아니다. 정치학자들은 때로는 정치에서 미디어의 역할이 무엇인지를 분석한다. 인문학자들은 미디어를 문화적 텍스트로 간주한다. 어떤 심리학자는 인간의 행동에 미치는 미디어의 효과에 관심을 갖는다. 더욱 중요한 것은 매스 커뮤니케이션 학자들은 광범위한 미디어 현안을 다루는데, 이는 대개 미디어의 구조와 관행에 대해서 다룬다는 것이다.

이렇게 미디어를 연구하기 위해서 다양하게 접근하는데, 이때 접근 방법의 차이는 명확하지 않다. 사실 이것은 무엇을 강조하느냐의 차이일 뿐이다. 매스 커뮤니케이션 분야의 참고문헌이나 개념들을 살펴보면 사회학적인 것이 많다. 사실 매스 커뮤니케이션 학자 중에는 원래 사회학을 전공하다가 돌아선 사람들이 많다. 바꾸어 말하면 사회학자들은 매스 커뮤니케이션 학자들을 포괄한다. 그렇지만 그들의 연구 분야가 겹친다 해도 매스 커뮤니케이션과 사회학은 분명 차이가 있다. 매스 커뮤니케이션 분야는 본질적으로 미디어에 국한해서 관심을 갖지만, 사회학자들은 미디어를 포함하여 광범위한 사회 문제를 다룬다. 모든 사회학자가 미디어에 관심을 갖지 않듯이, 매스 커뮤니케이션 학자들이라고 해서 모두 사회학적으로 접근하는 것은 아니다.

사회학적 접근을 시도한 대표적인 인물로는 미국의 사회학자 라이트 밀스(C. Wright Mills)를 들 수 있다. 밀스는 "사회학적 상상력(sociological immagination)"이라는 표현을 사용하면서 미디어가 "개인적인 번뇌(private trouble)"와 "대중적 현안(public issues)" 사이를 연계하고 있다고 보았다(Mills, 1959).

예를 들어 한 학생이 개인적인 고민 끝에 대학에 입학하기로 결정했다고 하자. 그러나 잠깐만 생각해 보면 그 학생이 대학에 진학하기로 결정한 것은 넓은 사회적 맥락에서 비롯된 것임을 알 수 있다. 경제적인 측면에서 좀더 좋은 직장에 취직하기 위해서 진학한 것일 수도 있고, 부모의 압력 때문에 할 수 없이 교육적 가치가 높은 문화와 접하기 위해 대학 진학을 결정했을 수도 있다. 따라서 우리는 사회 구조가 대학생들의 사생활과 경제(취업), 정치(정부의 학자금), 문화(학습의 가치)와 밀접하게 연관되어 있음을 알 수 있다.

현대 사회에서 개인의 사생활과 그들의 사회적 관계를 가장 빈번하게 연결시켜 주는 것이 미디어이다. 이것은 매스 미디어야말로 사회에서 자신이 어디에 머물러 있는지를 가르쳐준다는 뜻이다. 미디어가 만들어내는 상품의 교훈은 대중 사회 속에서 경험하고 참여하는 것을 가르쳐준다. 그러므로 사회가 어떻게 기능하는지를 이해하려면 미디어에 관심을 갖지 않으면 안 된다.

이 책은 간접적 또는 직접적으로 사회학적인 관점에서 수행한 미디어 연구의 사례를 들고 있다. 즉 사회학적인 관점들로 이루어졌다. 이 책은 미디어 진화에 관한 역사 개괄서가 아니다. 더욱이 미디어 산업을 어떻게 경영하여 매스 커뮤니케이션이 운영되는지를 안내하는 경영학 관련 책도 아니다. 물론 그런 작업도 중요하다. 그러나 이 책에서는 사회의 구조(structure)와 매개체(agency)가 긴장 관계에 있음을 강조하고자 사회학적 접근을 시도할 것이다.

사회적 관계의 중요성

사회학자들은 다방면에서 개인의 행동은 사회적 관계의 산물이라고 믿는다. 우리가 사용하는 언어나 우리가 받는 교육, 사회적 가치나 규범은 자신의 감각을 발전시키는 사회화 과정을 통해서 학습되는 것이다. 우리는 대개 다른 사람과의 사회적 관계를 통해서 우리가 누구인가를 알게 된다. 이 말은 곧 우리의 정체성이나 개성이 다른 사람과의 사회적 상호관계를 통해 부각된다는 것이다.

예를 들어서 우리는 다른 사람이 우리를 어떻게 생각할까를 상상하며 우리의 정체성을 키워나간다. 취업을 위한 인터뷰에서 자신이 어떻게 상호작용하는지를 한번 상상해 보자. 우리는 단정히 옷을 입고 고용주가 원하는 대로 역할을 다하려고 할 것이다. 그리고 고용주가 자신을 어떻게 볼지 상당히 긴장한다. 그리하여 자신에게 "내가 옷을 적절히 입었을까?" 하고 묻기도 하고 "고용주가 나를 좋아할까?" 하고 묻기도 할 것이다. 그 다음에는 고용주가 우리를 어떻게 판단할지 상상해 보고, 그러한 판단 아래 자신을 자랑스럽게 여기기도 하고 당혹스러워하기도 한다. 어떤 사회학자는 이런 것을 "거울 속의 자신(looking glass self)"이라고 말했다(Cooly, 1902/1964). 이처럼 사회적 상호작용에서 우리는 거울을 들여다보듯이 자신을 바라보려고 한다. 우리의 행동은 가끔 다른 사람들이 기대하는 바가 무엇일까를 상상하며 영향을 받는다. 물론 우리의 사회적 상호작용이 항상 취업 인터뷰처럼 긴장으로 가득 찬 것은 아니다. 그러나 이러한 절차가 일상생활 대부분에 걸쳐 응용되고 있다.

더구나 우리의 일상적인 행동은 대개 보다 큰 집단과 제도권의 맥락에서 이루어진다. 위에서 언급한 취업 인터뷰는 넓게는 경제, 좁게는 기업의 맥락에서 일어나는 것이다. 가족, 친구, 학교, 직장, 지역 등 우리는 집단 속에서 우리의 역할과 정체성을 발전시켜 나간다. 각각의 역할은 우리의 행위에 대하여 일련의 기대감을 갖게 한다. 정직한 학생, 성실한 일꾼, 좋은 친구 등 모두가 이러한 기대를 충족시키는 것이다. 사회학에서 우리에게 주는 교훈은, 만약 우리가 다른 사람들의 행위를 제대로 이해하려면, 어떤 일이 발생했을 때 사건 자체보다는 보다 넓은 사회적 맥락을 고려해야 된다는 것이다.

사회적 관계를 이해하는 것은 사회학적인 사고력을 키우는 것이다. 사회학자들은 가끔 '큰 사진'을 보기 위해서 사회 속의 차지하는 부분들 사이의 관계를 보려고 한다. 매스 미디어를 고려할 때 다음 세 가지 사회적 관계를 알아볼 필요가 있다.

— 제도권 기관들의 관계: 예컨대 미디어 기업과 정부 사이의 관계
— 제도권 내의 관계: 직장에서 부여되는 개인의 역할과 지위, 이를테면 작가와 감독 사이의 관계
— 제도권과 개인의 관계: 예컨대 시청자 또는 독자에 의한 미디어의 소비

사회적 관계가 어떻게 형성되는지를 보는 것은 사회에서 미디어가 작동하는 여러 다른 역할의 일부를 인식하는 것과 같이 매우 중요하다. 이따금 미디어에 대해서 논쟁을 벌이는 까닭은 수많은 집단들이 각기 다른 역할을 하고 있기 때문이다. 미디어는 수용자가 직접 경험할 수 없는 즐거움에 대한 정보를 제공해 준다. 미디어 기업은 미디어 종사자에게 높은 수입과 권위 그리고 직업적 만족감을 줄 수 있는 직업을 제공하고 개인의 직업적 정체성을 발전시킬 수 있는 발판을 마련해 준다. 그 대신 미디어 소유자는 미디어로 인한 경제적이고 정치적인 권력을 부여받는다. 사회 전반에 걸쳐 미디어는 정치적·경제적 남용과 오용을 감독하는 기능을 한다. 이 때문에 미디어를 둘러싸고 벌어지는 많은 논쟁과 다양한 역할 사이에서 충돌이 일어나는 것이다.

사회적 관계와 매개체

사회학자들은 가끔 사회적 관계와 인간적 매개체를 결부시킨다. 이러한 맥락에서 구조란 인간 행위의 억압을 뜻하며, 매개체는 독자적인 행위를 가리킨다. 위에서 언급한 사회 관계는 구조와 매개체 사이에서 특징지어진다. 이 책의 중심은 곧 구조와 인간적 매개체 사이의 긴장이 무엇인가를 규명하는 것이다.

| 구조 |

구조란 눈에 비치는 물리적인 것이 아니다. 넓은 의미에서 사회 구조란 어떤 사회적 행동의 반복을 말한다. 예를 들어 문화적으로 어떤 드러난 가족의 행동적 유형

을 가족의 구조라고 한다. ‘전통적인 가족(traditional family)’이란 비교적 최근에 역사적으로 나타난 구체적인 현상을 일컫는다(Coontz, 1992). 그렇지만 2차 세계 대전 이후 서구 사회에서 전통적인 사회란 성별이 서로 다른 남녀가 결혼하여 거기에서 태어난 자식들과 함께 사는 것이었다. 그러한 관계에서 아내의 역할은 어린이를 키우면서 가사를 돌보는 것이었다. 남편에게 기대되는 역할은 밖에서 일을 하여 돈을 벌어 가사에 들어가는 비용을 충당하는 것이었다.

사회학자들이 말하는 전통적 가족 구조의 파괴는 그러한 기대되는 행위가 바뀌는 것을 말한다. 전통적인 기대감은 이성간에 결혼하여 여성은 오로지 집안일을 하고 아이들을 양육하며 함께 사는 것이었다. 한쪽 부모만의 가정, 섞여 사는 가정, 두 명 이상의 수입이 있는 가정, 동거 부부, 게이, 레즈비언 등은 전통적인 가정에서 빗나간 모습이다. 그러나 이러한 가정은 오늘날 흔히 볼 수 있다. 가족의 구조가 바뀌고 있는 것이다.

오늘날 어떤 사람은 과거의 전통적인 가족 구조를 부러워하기도 한다. 가족 구성원들의 역할이 당시에는 뚜렷했기 때문이다. 여성들은 남편과 아이들을 돌보고 키운다. 그러나 오늘날에는 많은 사람들이 그러한 가족 구조의 한계를 느낀다. 예를 들어 남편들은 자녀 양육에 참여하기를 거부하고 아내들은 밖에서 자신의 기술을 이용하여 돈을 벌고자 한다.

사회 구조의 급작스런 변화는 미국의 교육기관을 보면 알 수 있다. 학교에서 학생과 교사 그리고 학교 행정요원들은 각기 기대되는 역할을 한다. 학생들은 그곳에서 성공적으로 학습하여 궁극적으로 수료증을 받고, 학교 교육은 이들에게 좀더 나은 생활을 할 수 있도록 도와준다. 그러나 많은 학생들이 교육 구조가 매우 취약하다는 것을 알고 있다. 전공 필수, 숙제, 학점 등과 같은 것들이 구조의 요소가 되는데, 이것들이 학생이나 교사들의 행위에 제한을 가한다는 것이다.

| 매개체 |

사회학자들은 구조를 논하면서 가끔 매개체를 이야기한다. 매개체란 의도적이고 가변적인 인간 행동을 말한다. 교육을 예로 들면 교육은 학생들에게 주로 강요하는 구조로 되어 있다. 학생들은 자신들이 공부를 많이 해야 하고 학업에 시간과 에

너지를 쏟아야 한다는 것을 알고 있다. 물론 어떤 학생은 학교 구조를 완전히 박차고 나오기도 한다. 사실 학생들은 자신을 학교에서 규칙이나 규범을 지켜나가는 매개체로 한정시킨다.

인간적 매개체가 사회 구조를 재생산한다는 점은 특기할 만하다. 교육 체계나 전통적인 가족 구조는 신세대들이 그러한 구조 안에서 역할을 제대로 발휘할 수 있을 때 지속될 수 있다. 학교나 가정에서의 일상생활은 사회 구조를 재생산하는 데 도움을 준다. 그리고 그런 구조가 전환될 때 하나의 통로가 될 수 있다. 여성이 자신을 어머니와 가정주부로 인식하고 남성은 우선적으로 양육비를 벌어들인다는 일차적인 역할을 수행했다면 종래의 고전적 가족 구조는 지속되었을 것이다. 그렇지만 많은 여성들이 집 밖에서 직업을 구하는 것을 포함하여 더욱 폭넓은 역할을 선택할 권리를 주장하면서, 가족 구조가 변하기 시작했다. 따라서 구조가 매개체를 제한하지만, 사회 구조를 유지하고 변화시키는 것은 인간적 매개체이다.

미디어의 구조와 매개체

미디어를 말할 때 미디어의 구조와 매개체는 적어도 위에서 말한 대로 세 가지 차원에서 살펴볼 수 있다. 그리고 그 세 가지 차원은 구조와 매개체 사이에 다음 세 가지 질문을 낳는다

— 제도권 기관 간의 관계 : 정부나 경제 분야처럼 미디어를 제외한 사회 구조는 미디어에 어떤 영향을 미치는가? 또한 미디어 산업은 어떻게 미디어가 아닌 사회적 구조에 영향을 미치는가?

— 제도권 기관 내에서의 관계 : 미디어 산업의 구조는 어떻게 미디어 전문인들에게 영향을 미치는가? 미디어 전문인들은 미디어 제작물에 어떤 영향을 미치는가?

— 제도권 기관과 수용자의 관계 : 미디어는 어떻게 수용자에게 영향을 미치며, 수용자는 어떻게 미디어를 해석하고 소비하는가?

이러한 기본적인 문제가 이 책에서 앞으로 살펴볼 문제이며, 우리가 논의해야 할 주제이다.

첫째, 넓은 의미의 분석에 따르면 구조와 매개체 사이에 발생하는 긴장은 다른 제도권 기관에 의해서 비롯된다. 우리는 그러한 긴장이 존재하는 사회적·경제적·정치적 맥락을 살펴보지 않고서는 미디어 기업을 제대로 이해할 수 없다. 미디어 기업은 법적·경제적 한계에 따라 구성된다. 바꾸어 말하면 미디어가 스스로 활약하면서 다른 사회적 제도권 기관에 영향을 미칠 수 있는 것은 인간적 매개체를 가지고 있기 때문이다. 예를 들어 전체주의 국가에서는 언론에 극도의 억압이 가해질 수 있다. 그런 상황에서는 비록 현상유지에 도전하는 지하 언론이 나타난다 할지라도, 주류 언론에서는 인간적 매개체가 생길 여지가 없다. 미디어 전문가들을 통제하는 것은 곧 미디어가 어떻게 운영되고 있는지를 반영한다. 반면에 민주주의를 내세우는 국가에서는 적어도 이론적으로는 정부나 인간적 매개체가 미디어를 심각하게 구속하지 않는다.

현실에서는 구조적인 제약과 독립적인 여러 매개체들이 언제나 섞여 있다. 그 때문에 미디어 연구자들은 미디어 외부에 존재하는 사회 구조가 어떻게 미디어에 영향을 미치고 미디어가 어떻게 다른 사회 구조에 영향을 미치는가를 같이 조사한다. 이러한 연구는 다음과 같은 문제를 상정한다. 광고비가 대중 잡지의 내용에 얼마나 영향을 미치는가? 대중 음악 가사에도 영화처럼 등급을 매겨야 하는가? 정치적 캠페인 조직에 미디어가 어떤 영향을 미치는가? 출판사나 신문사를 누가 소유하는지가 문제되는가?

둘째, 언론인이나 작가, 프로듀서, 영화 감독, 미디어 조직의 간부 등 미디어 전문 인력에 의한 의사결정을 이해하기 위해서는 그들의 작업이 어떤 맥락에서 이루어지는지를 알아야 한다. 이 말은 우리가 언론사 내부의 작업이 어떻게 이루어지고, 미디어 전문가들이 어떤 사회화 과정을 밟고 있는지를 어느 정도 알 필요가 있다는 것이다. 여기에서 사회적 지위나 역할, 실천에 대한 사회학적인 강조는 한 개인에 국한된 문제가 아니다. 문제는 언론인으로서 갖는 전문적인 규범이나 기대와 관련하여 드러나지 않은 또 다른 지위가 무엇인지, 그리고 누가 전문가들 사이에서 권력을 휘두르는가를 알기 위해 미디어 구조를 이해해야 한다는 것이다.

미디어 기업 내에서 구조와 인간적 매개체 사이에 생기는 긴장은 일차적으로 조직 내에서 미디어 전문 인력이 자율성을 얼마나 가지고 있는가와 관련되어 있다. 물론 개인이 어떤 지위에 있느냐에 따라 자율성의 폭은 달라질 수 있다. 여기에서의 문제점은 다음과 같다. 보도할 뉴스 내용을 선정할 때 언론인이 어느 정도의 결정권을 갖고 있는가? 할리우드 영화를 만들 때 경제적 고려가 어느 정도 비중을 차지하는가? 음악가들이 음악을 작곡할 때 얼마나 자유로운가? 이같이 사회학적인 면에서 구조적 변인은 미디어에 상당한 영향을 미친다.

| 미디어와 수용자 사이의 관계 |

셋째, 사회적 관계는 미디어가 메시지를 수용자에게 전달하는 과정에서 일어난다. 여기서 문제가 되는 것은 수용자가 어떻게 미디어 기술 및 미디어 상품과 상호작용을 하는가이다. 수용자는 단순히 미디어에 의해서 물에 흠뻑 적셔지는 수동적인 스폰지 같은 존재가 아니다. 이는 일방적으로 수용자의 행동과 사고를 미디어가 지배하는 단방향적 관계에서나 가능하다. 반대로 미디어 수용자는 적극적으로 미디어 메시지를 해석한다.

얼굴을 맞대고 상대가 말하는 것을 주시하면 우리는 그 사람이 무엇을 말하려고 하는지를 명확히 알 수 있다. 우리는 상호간에 작용하는 대화를 할 수 있는 것이다. 우리는 질문을 통해서 또는 적절한 움직임을 통하여 상대방의 정보를 알아챈다. 또한 몇 가지 코멘트를 통해서 진체 대화에 영향을 주기도 한다. 대화하는 사람들 간의 그러한 상호작용은 서로 전하려는 메시지를 이해하는 데 도움을 준다.

그렇지만 매스 미디어 메시지는 송신자와 수신자 사이의 대인 커뮤니케이션을 통해서 서로의 관계를 무조건 친근하게 만드는 것이 아니다. 우리는 무대 위에서 코미디를 하는 배우에게 무엇을 말하는 것이냐고 직접 묻지 않는다. 우리는 그럴 수도 없고 그렇게 하지도 않는다. 만약 TV 방송국 기자가 우리가 알 수 없는 지명을 말해도 우리는 그것을 명확히 알 수 있는 것처럼 반응한다. 그러므로 수용자가 미디어 메시지를 제대로 이해하기 위해서는 또 다른 통로를 찾아야 한다.

적절한 통로란 수용자의 지식이나 경험에서 얻은 정보, 다른 사람들, 정식 교육,

다른 미디어로부터 알게 된 정보 등을 포함한다. 그러한 통로는 주변 아무 곳에나 깔려 있는 것이 아니다. 수용자들이 보고, 듣고, 읽을 수 있는 능력은 계층이나 교육 같은 사회 구조에 의해서 형성되는 것이다. 그러므로 미디어를 해석하는 개인적 능력은 사회적인 집합적 통로를 통해서 형성되거나 개인적 경험에서 생기는 것이다. 비록 미디어 메시지가 수용자에 따라 여러 가지로 다르게 해석될 여지도 있지만 의미의 구축은 개인 혼자서 이루는 것이다.

적극적인 수용자의 미디어 해석은 중요하다. 그러나 우리가 명심해야 할 것은 수용자가 미디어와 수많은 시간을 함께 보내기 때문에 그에게 어떤 영향이 미친다는 점이다. 수용자는 미디어 메시지나 미디어 기술의 영향에 대해 완전히 면역되어 있는 것이 아니다. 미디어의 이미지가 얼마나 강력한 힘을 발휘하는지는 우리가 어떻게 생각하고 어떻게 느끼느냐에 따라 다르다. 미디어는 인간이 어떤 행동을 하도록 영향을 미치는가? 예를 들어 폭력적인 TV 프로그램은 어린이를 더 거칠게 만드는가? 각기 다른 부류의 사람들이 제각각 미디어 이미지에 반응한다면 그러한 차이에 대하여 미디어는 어떻게 대응할까? 또 미디어 기술은 우리의 사회적 관계에 어떤 영향을 미칠까? 결국 미디어의 힘과 수용자의 자유를 포함하면 대단히 복잡한 질문들이 가능해진다. 구조와 인간적 매개체의 관계는 고정된 것도 아니고 임의적이지도 않다. 그 관계는 우리에게 영향을 미치는 매스 미디어의 이미지를 조명하는 데 도움을 줄 것이다.

1.5 | 매스 미디어 모델과 사회

우리의 정체성을 주변의 복잡한 관계들 속에서 어떻게 알 수 있을까? 다음에 나오는 그림은 이러한 관계를 도식해 본 것이다(표 1-4). 여기에 나오는 모델은 사회학적 관점에서 본 미디어의 본질을 나타낸 것이다. 위에서 말한 것처럼 보다 넓은 사회의 여러 측면을 바라보지 못하고는 미디어를 제대로 이해할 수 없다. 우리의 모델은 이러한 점을 명시하고 미디어와 수용자의 중요 요소가 사회라는 광범위한 틀 속에서 존재함을 말하려는 것이다.

네 가지 요소는 각각 우리가 설정한 모델의 중심으로서 네모 안에 그려져 있다.

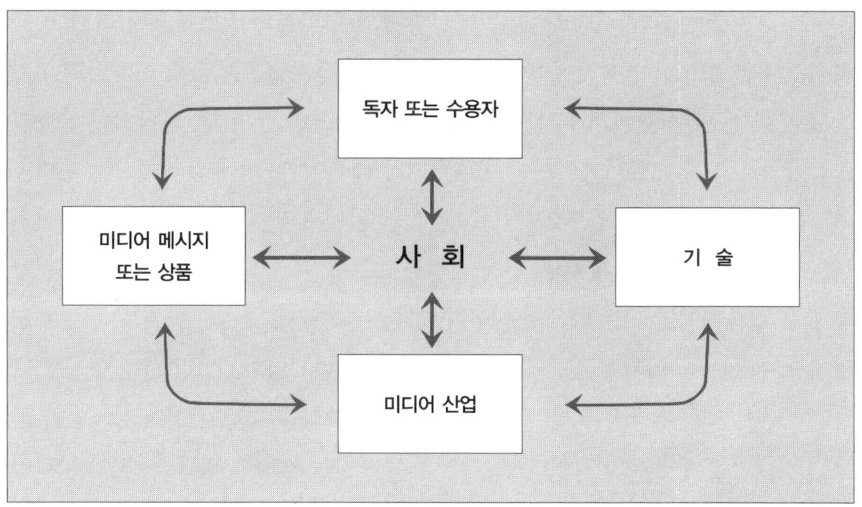

이 네모 속의 요소는 사회에 동시에 존재하는 것이고, 사회에 의해 에워싸여 있다. 여기서 명심해야 할 사항은 네 가지 요소가 임의적인 것이라는 점이다. 이 과정에서는 위아래가 없다. 화살 표시는 이들 요소간의 잠재적인 관계를 말한다. 물론 모든 관계가 모든 상황에서 관련된 것은 아니다. 우리는 먼저 네 개의 네모 안에 있는 요소들을 살펴보고 나서 사회(바탕색이 칠해져있는 부분)를 주목할 것이다. 사회는 표에서 중심에 자리잡고 있는 동시에 각각의 네모 주변을 둘러싸고 있다.

모델 아래쪽의 '미디어 산업'은 모든 미디어 전문가들을 포함하여 미디어를 구성하는 전반적인 조지을 나타낸다. 미디어 조직은 TV 발명과도 같은 미디어 기술에 영향을 받기도 하고 기술의 방향이나 응용에도 영향을 미친다. 예를 들면 애니메이션 영화에 컴퓨터가 사용되는 것 등이다.

'미디어 산업'은 미디어 메시지나 미디어 상품을 말한다. 예를 들어 책은 작가, 디자이너, 편집자, 점원 등의 손을 거쳐 서점에서 팔린다. 그렇지만 대부분의 미디어는 일반적으로 상품을 만들어낸 사람의 영향을 받는다. 예컨대 범죄 소설은 실제로 범죄가 일어났다는 가정 아래 구성된다.

'수용자'는 그들이 소비하는 미디어에 의해서 영향을 받는다. 그러나 수용자들은 적극적으로 미디어 메시지로부터 의미를 구성한다.

'미디어 기술'의 발전과 발전의 방향은 어떻게 수용자가 미디어를 선택하고 소비하느냐에 달려 있다. 1990년대 중반 실험 결과에 따르면 상호작용적 TV에 대해서 수용자는 비교적 열성적이지 않았다. 그러나 수용자들은 컴퓨터 이메일의 여력을 주시했다. 예를 들어서 TV는 집중해서 보지 않으면 안 된다. 왜냐하면 음향과 영상이 어우러져 커뮤니케이션이 이루어지기 때문이다. 반대로 라디오는 어디나 편리하게 들고 다닐 수 있고 TV처럼 집중하지 않아도 된다. 집중해서 시청해야만 하는 TV와 달리 라디오는 다른 일을 하면서도 들을 수 있다. 그런데 TV나 영화보다 더욱 집중해야만 되는 매체가 책이다. 물론 누가 곁에 있는지 알기 힘든 경우도 있지만 대개는 책 읽기에 집중해야 한다. 반면에 TV나 영화를 보면서는 대화를 나눌 수 있다. 그러나 책을 읽을 때는 다른 사람과 대화를 나누는 것이 불가능하다. 모든 미디어는 수용자의 각기 다른 경험을 자아내는 경향이 있다. 이것이 미디어 기술이 갖는 하나의 효과이다.

모델 중간에는 '사회'가 있다. 네 가지 요소를 빼고는 모든 사회적 요소를 합하여 이론화할 수 있다. 이들 가운데는 미디어가 작동하는 것을 이해하는 데 대단히 중요한 것이 있는데, 어떤 면에서는 가장 중요한 위치를 차지할 수도 있다. 예를 들어 이 책에서 정부의 역할과 경제적인 문제를 다루었듯이, 이러한 비(非)미디어 분야가 모든 모델 요소에 심각한 영향을 미칠 수 있는 것이다.

모델 상하에는 인간적 매개체가 있고, 좌우에는 인간의 창조물이 있다. 사람들은 미디어 메시지와 기술 사이에 주고받는 영향을 지켜본다. 이와 비슷하게 미디어 기업과 수용자 사이는 미디어 상품이나 미디어 기술 그리고 사회 내의 다른 요인들에 의해서 중개된다.

그리고 모델 속의 어떤 하나의 요소는 다른 요소들과 동시에 관련을 맺는다. 예를 들면 미디어 메시지의 수용자는 미디어 기술과 또 다른 사회적 요소들, 예컨대 인종, 성별, 계급 등의 영향을 받는다. 따라서 수용자는 미디어 메시지만 따로 해석하지 않는다. 이와 유사하게 미디어 상품은 동시에 미디어 기업의 영향도 받는다. 미디어 기업은 메시지를 창조하기도 하고, 무시하기도 하며, 정부 규제와 같은 다른 사회적 요인의 영향을 받는다.

우리가 만든 모델에는 미디어 사회학에서 다루는 몇 가지 중요한 요인들이 규정되어 있고, 그들 규정들 간의 관계 또한 규명되어 있다. 물론 우리의 모델이 다른 모든 모델에서처럼 복잡한 사회를 모두 함축할 수는 없다. 그렇지만 미디어를 분석하기 위해 이와 같은 모델을 사용하는 것은 매스 미디어의 사회적 파급력을 밝히는 데 도움이 될 것이다.

모델의 응용 : 인권 운동의 경우

모델의 중요성을 알기 위해 실제로 모델이 어떻게 적용되는지를 보기로 하자. 우선 1950년대와 1960년대 미국에서 일어났던 인권 운동을 살펴보자(Branch, 1988; McAdam, 1982; Morris, 1984). 이 운동은 미디어와 전혀 상관없이 사회에서 일어난 운동으로, 미디어 모델의 네 가지 요소 중 하나인 독립적인 움직임이다. 잠시 우리의 모델에서 한가운데 위치한 사회라는 요소를 생각해 보자.

위 모델을 시계 방향으로 움직이면 미디어는 인권 운동에 대한 미디어 메시지를 창출할 것이다. 물론 미디어 전문가들은 이 운동을 미디어 뉴스의 부류로 다룰 것이다. 기자들은 이 운동에 대한 기사를 쓸 것이며, 뉴스로 다루는 이상 좀더 객관적인 사실을 보도하려고 할 것이다.

인권 운동에 대한 미디어 메시지는 수용자가 기사를 읽거나 TV를 보면서 이들 기사를 해석할 것이므로 수용자에게 영향을 미친다. 신문이나 TV 뉴스, 할리우드 영화, 대중 잡지, 잘 팔리는 책 등의 문자나 영상을 통하여 인권 운동에 대해 영향을 미칠 것이다. 미디어 메시지는 영향력이 있다. 동시에 수용자는 그 메시지의 의미와 심각성을 해석할 것이다.

수용자들은 1950년대와 1960년대 부각되던 TV라는 미디어 기술에 힘입어 미디어 메시지를 주로 접했다. TV가 시위대를 무자비하게 진압하는 경찰의 모습을 방영해서 수용자에게 직접적인 영향을 미치는 반면, 기술은 수용자에게 간접적인 영향을 끼쳤다. 즉 미디어 기술은 방송사에 영향을 미쳤다. 예를 들어서 들고 다닐 수 있을 정도로 카메라가 가벼워져 기자들의 기동성이 좋아졌던 것이다. 결국 방송사는 카메라 기술을 이용하여 인권 운동을 하는 시위대를 더욱 쉽게 취재할 수 있었다.

이제 모델 한가운데로 가보자. 인권 운동은 분명히 언론사에 영향을 미쳤다. 과거 채용이나 진급을 하는 데 가해졌던 인종 차별이 이제 문화적으로나 법적으로 달라진 것이다. 이러한 사회 운동 없이는 오늘날 다양한 인종이 뒤섞여 있는 언론사의 변화가 결코 일어나지 않았을 것이다. 이는 법이나 사회 규범으로 바뀔 수 있는 것이 아니다. 이것이 바로 사회가 언론사에 미치는 영향의 사례로 볼 수 있다.

그렇지만 미디어도 인권 운동에 영향을 미쳤다. 왜냐하면 미디어의 잠재적인 영향력을 잘 알고 있는 사회 운동은 미디어 보도의 잠재력을 최대한 활용할 수 있는 방향으로 그들의 전략을 세우기 때문이다(Ryan, 1991). 현대 사회에서 행진이나 시위와 같은 사회 운동을 할 때 그들의 뜻을 전달하는 데 미디어의 보도는 매우 중요하다(사진 1-1). 이 때문에 많은 사회 운동이 미디어를 겨냥하여 전략을 짜곤 한다. 따라서 언론의 효과는 그 운동을 보도할 수 있다는 점에서 확실해진다.

미디어 메시지는 인권 운동에 대한 좋은 기사가 나가도록 영향을 미칠 뿐만 아니라 때로는 부정적인 메시지가 나갈지도 모르기 때문에 인권 운동의 전략은 자주 바뀐다. 인권 운동이 미디어 메시지에 직접 영향을 미치지는 못하지만 언론사에 영향을 미칠 수는 있다. 따라서 사회의 변화는 언론사를 통해 걸러져서 미디어 상품에 영향을 미칠 수 있다. 예를 들어 어떤 산업 기관이 유색 인종을 고용하는 경우, 제조하는 상품마다 인종과 관련된 여러 현안이 매우 예민하게 반영될 것이다.

인권 운동은 미디어 상품을 소비하는 수용자에게도 많은 영향을 미친다. 즉, 많은 사람에게 사회적 평등 의식을 불러일으키고 심리적으로 동조하게 만든다. 동시에 시민들은 인권 운동을 사회 운동을 창조하는 사회적 매개체로 인식한다. 이는 모델의 두 가지 요소가 상호 작용함을 말한다.

커뮤니케이션에 그들의 메시지를 의존하던 1950년대의 인권 운동은 오늘날의 기준으로 보면 옛날 일 같지만 그것은 총체적이고 조직적인 노력이었다. 인권 운동 단체들은 그들의 목적을 위해 당시 존재하던 기술을 이용함으로써 영향력을 발휘하였던 것이다. 예를 들어 집회 알림용 전단을 만들기 위해 등사 용지를 이용한 복사판을 썼던 것이다. 당시에는 아마 컴퓨터 출판, 레이저 프린터, 초고속 복사판, 팩스 등의 기술이 공상과학 소설쯤으로 여겨졌을 것이다. 아마도 더욱 중요한 것은 기술이 인권 운동에 미친 영향이 간접적이었다는 점이다. 1950년대에는 새로 나온 카메라 덕분에 뉴스팀이 쉽게 인권 운동을 취재할 수 있었던 까닭에 때로

대부분 사회 운동은 미디어와 정규적으로 접촉할 수 없기 때문에 미디어의 주목과 관심을 끌기 위해서 극적인 전략을 채택한다. 일반적인 방법 가운데 하나는 대중 시위를 벌이는 것이다. 여기서 시위자들은 미디어 검열을 반대하는 피켓을 들고 있는데 이를 저지하는 경찰의 모습이 강조되고 있다. 미디어 사진 기자들은(사진의 오른쪽) 시위대가 전달하려는 이미지를 최대한 포착한다.
이 사진에서 나오는 시위대는 1989년 살만 루시디(Salman Rushdie)의 저서 『악마의 시』(*The Satanic Verses*)를 판매하지 말라는 시위를 대형 서점 앞에서 벌이고 있다. 루시디는 그의 저서가 불경스럽다고 간주하는 회교 과격파들로부터 생명의 위협까지 받았다.

는 인권 운동 시위대와 경찰 사이의 충돌을 드라마틱한 이미지로 그려낼 수 있었다. 1990년대 흑인 로드니 킹(Rodney King)이 로스앤젤레스 경찰에 의해 잔인하게 구타당하던 모습이 비디오 카메라에 잡혀 방송되었던 것을 생각해 보라. 이 참혹한 장면이 공개됨으로써 1992년의 로스앤젤레스 폭동으로까지 번졌던 것이다. 또한 BET(Black Entertainment Television)와 같은 케이블 방송 채널을 통해 구체적으로 소수 인종들의 프로그램들이 부각되기도 했다.

이처럼 인권 운동을 간단히 살펴보는 것만으로도 미디어가 어떻게 사회와 상호작용하는지를 이해하는 데 사회학적 접근이 유용하다는 것을 알 수 있다. 이러한 상호작용은 다차원적이다. 우리의 모델에서 각각의 요소가 어떻게 좀더 주목을 받을 수 있는지는 다음 장에서 논의할 것이다.

1.6 | 결론

오늘날 미디어의 중요성을 간과하기는 어려울 것이다. 안방의 사생활로부터 대통령 후보들의 토론회에 이르기까지 미디어는 우리 사회의 많은 요소들을 연결시켜 주는 정보 네트워크를 제공한다. 미디어는 매우 중요해서 연구할 만한 가치가 있다는 것은 의심할 여지가 없다. 미디어에 대한 사회학적 접근은 미디어에 대한 토론을 벌일 때 우리에게 '큰 그림'을 제공해 주고 중요한 문제를 규정해 준다.

이 책의 나머지 장에서는 미디어 상품, 콘텐츠, 수용자, 그리고 국제 미디어를 포함한 단원을 다뤄나갈 것이다. 위에서 제시한 미디어 모델은 이 책의 기본적인 틀이 될 것이다. 일반적으로 사회학적 틀의 장점은 미디어 연구에서 우리가 질문하고자 하는 문제들을 규정해 준다는 것이다. 이럴 경우, 이러한 질문들은 우리의 모델에서 담고 있는 사회, 언론사, 미디어 상품, 수용자, 미디어 기술 등의 다중 관계를 고려하게 만든다. 이러한 중요한 요소들간의 관계를 검토하는 것이 우리 사회에서 매스 미디어의 역할을 이해하는 첫 번째 단계가 될 것이다.

2부에서는 미디어 산업에 영향을 미치는 사회 세력을 검토하는 한편, 미디어 생산에 가해지는 광범위한 구조적 압력을 살펴보기로 한다. 2장에서는 미디어 콘텐츠 산업을 만들어내는 경제적 세력을 살펴보고, 3장에서는 매스 미디어에 대한 정부 규제를 둘러싸고 벌어진 다양한 논의를 검토하면서, 미디어 산업에 대한 정치적 압력에 주목한다. 또한 미디어 산업 조직이 어떻게 미디어 상품을 생산하는지를 알아본다. 여기서는 미디어 산업 내부의 관계에 관심을 기울일 것이다.

그리고 4장에서는 다양한 미디어 영역에서 작동 중인 전문가의 관례와 조직의 기준을 분석한다.

이와 같이 경제·정치·사회 세력들은 어떤 의사결정을 거쳐 미디어 콘텐츠에 영향을 끼치는가, 그리고 미디어 산업 내부의 행위자들이 이런 압력을 어떻게 해석하고 반응하는가 등의 '생산 관점'이 바로 최근의 사회학이 매스 미디어를 바라보는 기본적인 시각이다. 이것은 미디어 산업 내부의 의사결정 과정을 이해하는 데 많은 도움을 줄 것이다.

2부 생산 – 미디어 산업과 사회

2 미디어 기업의 경제학

이번 장에서는 매스 미디어의 경제학에 초점을 맞추기로 한다. 미국의 모든 미디어는 이윤을 추구하는 기업이다. 여타의 다른 기업처럼 미디어는 이윤 극대화, 비용 삭감, 소유권 등의 영향을 많이 받는다. 매스 미디어를 이해하려면 미디어 기업에 대한 경제적 차원의 감각이 있어야 한다. 그래서 이번 장에서는 미디어 소유와 현실적으로 대부분의 미디어가 이윤을 왜 추구하는지, 그리고 미디어 광고의 효과가 무엇인지에 대해 논의할 것이다.

여기에서 우리가 질문을 던지고자 하는 문제는 이미 1장에서 기본적인 틀을 제시했던 것이다. 우리는 사회 구조가 인간의 행위를 형성한다고 믿으며, 이를 이해하는 데 사회학적 관점이 중요하다는 것을 깅조하고자 한다. 인간적 매개체와 사회 구조 사이에 놓여 있는 긴장감에 대한 강조는 사회적 힘과 관련이 있는데, 이 사회적 힘은 인간의 행위와 태도를 결정한다. 이 경우 미디어에 영향을 미치는 사회적 힘을 이해하지 않고서는 미디어의 기업적 속성을 알 수가 없다. 우리가 읽는 신문, 우리가 시청하는 TV 프로그램, 우리가 듣는 음악, 우리가 즐겨 보는 영화 등을 만드는 개인이나 집단은 완벽하게 자율적인 존재들이다. 그렇다고 해서 그들이 사회로부터 격리되어 있거나 자기 혼자서 작업하는 것은 아니다. 오히려 보다 넓은 사회적 맥락 속에서, 그리고 미디어 기업의 일정한 조직적 범주 안에서 작업한다.

사회학적 관점에서는 미디어 상품이 진공 상태에서 생산된 것으로 보지 않는다.

그보다 오히려 미디어 상품 하나하나는 사회적 절차를 밟아 생겨난다고 본다. 어떤 연구자들은 이러한 접근 방법을 제도적 접근(institutional approach)이라고 하며 "생산적 관점(productive perspective)"에서 이러한 현상을 검토할 것을 요구한다(Peterson, 1976; Crane, 1992). 그것은 특정 상품이나 이러한 상품의 소비에 관심을 두는 것이 아니라 미디어 생산이 이루어지기까지의 과정(media production process)을 강조하기 때문이다. 생산적 관점에서는 단순히 미디어 상품을 자유롭게 떠다니는 텍스트로 간주하지 않는다. 미디어 상품은 그냥 진공 상태에서 생기는 것이 아니라 복잡한 제작 과정을 거쳐 생겨나기 때문이다. 다시 말하면 미디어 상품은 미디어 기업 전체에 영향을 미치고, 어떤 것은 기업 내 전문가 집단에게 영향을 미치는 다양한 수준의 사회 구조적 힘에 의해 만들어진다. 제작자들은 넓은 의미에서 경제적·기술적·정치적·사회적 변동이 항상 일어날 수 있다는 전제 하에서 미디어 상품을 만들어낸다. 그러므로 우리가 미디어 상품을 좀더 잘 이해하려면 미디어 상품을 만들어내는 사람들이 어떤 역사적인 맥락에서 만들어 내는지를 반드시 고려해야 한다.

사회학적 문헌을 보면 대부분의 연구자들이 생산적 관점을 뉴스에 적용하는 것을 알 수 있다. 그래서 이번 장에서는 생산적 관점에서 뉴스를 검토하고자 한다. 뿐만 아니라 음악 산업이나 뉴 미디어 기술 같은 뉴스 이외의 주제도 다룰 것이다.

2.1 | 소유권 유형의 변화

누가 미디어를 소유하고 있는가? 이것이 경제적 조직으로서의 매스 미디어에 대한 핵심적인 질문이다. 이러한 질문 뒤에 숨어 있는 명제는 미디어의 소유주가 미디어 상품의 콘텐츠와 형식에 영향을 미친다는 것이다. 이때 미디어 전문가들은 소유주에게 새로 고용되기도 하고, 해고당하기도 하며, 어떤 프로젝트에 대해서는 자금 지원을 많이 받는다. 정확히 말하자면 그들 전문가의 활동은 음모 이론(conspiracy theory)으로 설명될 수 있는데, 미디어 소유주라는 강력한 소집단이 수용자의 사고를 통제하기 위해서 미디어 전문가와 미디어 채널을 이용한다는 것이다. 조지 오웰의 중간 통제(mid-control) 개념으로 함축시켜 보면 이러한 극단적인 문제의 표현은 간단치 않기 때문에 단순히 미디어만으로 조명될 수 있는 것이 아니다. 지금까지 누적된 연구를 종합하여 근본적인 미디어의 실체를 이번 장에서 다루고자 한다.

소유권의 집중

미디어 소유권에서 확실한 것은 점점 더 소수의 손에 미디어가 집중되고 있다는 것이다. 개정 5판째인 배지키언(Ben Bagdikian)의 저서 『미디어 독점』(*The Media Monopoly*, 1997)에 따르면 1996년 현재 불과 10여 개의 다국적 기업이 미디어를 소유하고 세계 매스 커뮤니케이션 산업을 지배하고 있었다. 이처럼 미디어를 소유한 몇 개 되지 않는 기업이 대기업으로 되고 있으며, 그에 대한 경쟁자는 거의 없다고 볼 수 있다. 예를 들어 Random House라는 출판사를 독일의 Bertelsmann이 1998년에 인수함으로써 출판 기업은 그 어느 때보다 더욱 집중되었다. Bertelsmann의 Random House와 Viacom의 Simon & Schuster는 종래의 출판 대기업이었던 News Corporation의 Harper Collins와 영국의 출판사인 Peterson, 그리고 Time Warner의 출판부를 앞서는 기업이 되었다. 도서 판매 또한 미국에서는 Borders와 Barnes & Noble로 집중되어 있다. 이들은 계속 유통망 확장을 위한 노력을 기울이고 있는데, Barnes & Noble은 그 일환으로 1998년 미국 최대의 도매상인 Ingram을 인수하였고, 온라인 서점 지분의 50%를 미국 최대 규모의 출판사인 Bertelsmann에 팔았다.

잡지에 있어서도 3대 기업 중에 Time Warner 소속 출판부인 Hearst Corporation과 Advanced Publication은 110억 달러의 매출액 가운데 절반이 넘는 자금을 연간 광고 수입으로 책정하고 있다. 영화 산업에서도 Disney의 Buena Vista, News Corporation의 Fox, Time Warner의 Warner Bros., Viacom의 Paramount, Sony가 지배하고 있는데, 이들 기업이 1998년 여름 현재 전체 영화관 수입의 75%를 차지했다. 거기에다 두 개밖에 없는 독립제작사인 Miramax(Disney 소유)와 New Line(Time Warner 소유)도 대기업 소유이다. 음반사의 경우에도 미국 판매고의 3/4 정도를 오직 다섯 개의 기업이 차지하고 있다. Seagram의 Universal(1998년에 Polygram을 매입)과 Sony, Time Warner, Bertelsmann, EMI가 그것이다.

표 2-1 미국의 주요 일간지 (1997년 현재)

회사명	일간지 수	1일 총 발행 부수(단위: 백만 부)
Gannett Co, Inc.	87	5.98
Knight-Ridder, Inc.	33	3.89
Newhouse Newspapers	23	2.81
Dow Jones & Co., Inc.	20	2.35
Times Mirror Co.	9	2.35
The New York Times Co.	20	2.26
MediaNews Group	34	1.43
The McClatchy Company	11	1.35
E. W. Scripps Co.	20	1.34
Hearst Newspapers	12	1.33
Thomson Newspapers, Inc.	62	1.28
Tribune Co.	4	1.24
Cox Enterprises, Inc.	16	1.14
Hollinger International	54	1.03

출처: Newspaper Association of America 웹 사이트, http://www.naa.org/facts/15.html. 1998. 12. 21.

반면에 TV 기업은 1990년 현재 비교적 덜 집중되어 있는데, 네 개의 전국 네트워크가 시장을 장악하고 있다. 지금까지 오랫동안 네트워크를 맡아왔던 3대 방송사, 즉 ABC(Disney), NBC(General Electric), CBS(Westinghouse) 외에 최근에 Fox(News Corp.)가 합세한 것이다. 그밖에도 WB Network(Time Warner), UPN(Viacom), USA, PAX 등의 기업이 네트워크에 발을 내딛고 있으며, 최근에는 Buena Vista(Disney)와 Warner Bros.(Time Warner) 등 두 개의 선도기업이 네트워크 TV의 주시청 시간대에 프로그램을 적극적으로 제공하고 있다.

이들 대형 영화사들이 영화의 제작과 공급을 모두 관장하고 있는 것이다. 사실 이들 대형 회사들은 엔터테인먼트뿐만 아니라 뉴스 분야도 관리하여 많은 수용자를 확보하고 있다. 소유권은 자주 바뀌어 한 기업이 한 채널을 오랫동안 유지하지 않는다. 예를 들어 신문 기업의 경우 Gannett나 Knight Ridder가 미국의 중심적인 신문사 체인인데, 이들은 각기 다른 이름으로 신문을 발행한다(표 2-1과 2-2). 출판할 때도 각기 다른 이름으로 하기 때문에 독자들은 자기들이 읽은 책이 같은 계열 기업에서 출판되고 있는지를 잘 모른다(표 2-3).

미디어 상품의 소유 집중으로 인한 잠재적 효과를 둘러싸고 공개적인 토론이 계속되어 왔다. 이 토론을 자세히 검토하기에 앞서 먼저 두 가지 경향을 살펴보기로 하자. 다름아닌 복합기업(conglomerates)과 통합(integration)이다.

복합기업과 통합

소수의 기업이 다양한 미디어를 소유하는 것을 소유의 집중이라고 한다. 그러한 소유의 집중은 미디어 복합기업을 낳는다. 그것은 다른 종류의 기업들을 소유하면서 미디어도 소유하는 집합적인 기업을 일컫는다(표 2-4).

많은 나라에서 미디어를 소유한 대기업들은 판매망이 다른 이종 기업들을 매수하고 있다. 미국의 투자가나 매입자들에게 미디어는 대단히 매력적이다. Disney 사가 Capital Cities/ABC를 매입하고, Time Warner가 CNN을 소유하던 Turner Broadcasting을 사들이는가 하면, AT&T는 케이블의 강자 TCI와 합병을 시도했고, AOL(America On-Line)은 Netscape를 매입하는 등 미국의 복합기업은 발빠르게 합병을 시도하고 있다. 뉴스나 엔터테인먼트를 다루는 이들은 미국 경제에서 중요한 위치를 차지하고 있을 뿐만 아니라 높은 이윤을 남기며 주요 문화 상품을 다른 나라에까지 수출한다(표 2-5).

경제적 분석에 따르면 어떤 분야이든 소유의 집중을 '수직적 통합(vertical integration)'과 '수평적 통합(horizontal integration)'이라는 용어를 사용하여 설명한다. 미디어 기업에 있어서 수직적 통합 기업이란 소유자 한 명이 한 가지 유형의 미디어로 모든 분야의 상품을 생산하고 분배하는 것을 말한다. 예를 들어 한 영화사가 배우협회나 스튜디오, 극장, 비디오 생산자, 비디오 임대업자 등을 수직적으로 소유하는 것이나 출판업자가 제지 공장, 인쇄소, 제본소, 운송업체, 서점 등을 수직적으로 소유하는 것을 말한다(표 2-6).

수평적 통합이란 하나의 기업이 여러 가지 유형의 미디어를 소유하는 것을 말한다. 한 기업 내에서 위에서 아래로 경영이 집행되는 것이 아니라 다양한 유형의 미

Gannett Company, Inc.

전국
 USA Today
괌
 Pacific Daily News
앨라바마
 Montgomery Advertiser
애리조나
 Tucson Citizen
알칸소
 Baxter Bulletin, Mountain Home
캘리포니아
 Marin Independent Journal
 Desert Sun, Palm Springs
 Californian, Salinas
 San Bernardino County Sun
 Tulare Advance–Register
 Visalia Times–Delta
콜로라도
 Coloradoan, Fort Collins
코네티컷
 Norwich Bulletin
델라웨어
 News Journal, Wilmington
플로리다
 Florida Today, Brevard County
 News–Press, Fort Myers
 Pensacola News Journal
조지아
 Times, Gainesville
하와이
 Honolulu Advertiser
아이다호
 Idaho Statesman, Boise
일리노이
 Rockford Register Star
인디애나
 Journal and Courier, Lafayette
 Chronicle–Tribune, Marion

Palladium–Item, Richmond
아이오와
 Des Moines Register
 Iowa City Press–Citizen
켄터키
 Courier–Journal, Louisvile
루이지애나
 News–Star, Monroe
 Times, Shreveport
미시간
 Battle Creek Enquirer
 Detroit News
 Lansing State Journal
 Times Herald, Port Huron
미네소타
 St. Cloud Times
미시시피
 Hattiesburg American
 Clarion–Ledger, Jackson
미주리
 Springfield News–Leader
몬타나
 Great Falls Tribune
네바다
 Reno Gazette–Journal
뉴저지
 Asbury Park Press
 Courier–News, Bridgewater
 Courier–Post, Cherry Hill
 Home News Tribune, East Brunswick
 Daily Record, Morristown
 Ocean County Observer, Toms River
 Daily Journal, Vineland
뉴욕
 Press & Sun–Bulletin, Binghamton
 Star–Gazette, Elmira
 Ithaca Journal
 Poughkeepsie Journal
 Rochester Democrat and Chronicle

(계속)

Observer–Dispatch, Utica
Journal News, Westchester County

노스캐롤라이나
Asheville Citizen–Times

오하이오
Cincinnati Enquirer
News–Messenger, Fremont
Marietta Times
News Herald, Port Clinton

오클라호마
Muskogee Daily Phoenix and
    Times–Democrat

오리건
Statesman Journal, Salem

펜실베이니아
Public Opinion, Chambersburg
Reporter, Lansdale

사우스캘리포니아
Greenville News

사우스다코타
Argus Leader, Sioux Falls

테네시
Leaf–Chronicle, Clarksville
Jackson Sun
Tennessean, Nashville

텍사스
El Paso Times

버몬트
Burlington Free Press

버지니아
Daily News Leader, Staunton

워싱턴
Bellingham Herald
Olympian, Olympia

웨스트버지니아
Herald–Dispatch, Huntington

위스콘신
Green Bay Press–Gazette
Wausau Daily Herald

<u>Knight Ridder</u>

캘리포니아
Contra Costa Times
Ledger Dispatch, Antioch
Monterey County Herald
San Jose Mercury News
Telegram–Tribune, San Luis Obispo
Valley Times, Pleasanton
West County Times, Richmond

플로리다
Bradenton Herald
Miami Herald
El Nuevo Herald, Miami
Tallahassee Democrat

조지아
Columbus Ledger–Enquirer
Macon Telegraph
Daily Sun, Warner Robins

일리노이
Belleville News–Democrat

인디애나
News–Sentinel, Fort Wayne

캔자스
Wichita Eagle

켄터키
Lexington Herald–Leader

미시간
Detroit Free Press

미네소타
Duluth News–Tribune
Saint Paul Pioneer Press

미시시피
Sun Herald, Biloxi

미주리
Kansas City Star

노스캐롤라이나
Charlotte Observer

노스다코타
Grand Forks Herald

(계속)

표 2-2 (계속)

오하이오
  Akron Beacon Journal
펜실베이니아
  Centre Daily Times, State College
  Philadelphia Daily News
  Philadelphia Inquirer
  Times Leader, Wilkes–Barre

사우스캐롤라이나
  State, Columbia
  Sun News, Myrtle Beach
사우스다코타
  Aberdeen American News
텍사스
  Fort Worth Star-Telegram

출처: Gannett(www.gannett.com)와 Knight Ridder(www.knight-ridder.com) 웹 사이트.

표 2-3 미국의 주요 출판사(1998년 현재)

Random House (Bertelsmann)
Alfred A. Knopf
Ballantine Books
Bantam Books
Broadway Books
Crown Publishers
Delacorte Press
Dell
Del Rey Books
Doubleday
Fawcett Books
Fodor's Travel Publications
Island Books
Ivy Books
The Modern Library
Pantheon Books
Random House
Schocken Books
Times Books

Villard Books
Vintage Books

Simon & Schuster (Viacom)
Archway Paperbacks
Fireside
Folger Shakespeare Library
The Free Press
Kaplan Books
Lisa Drew Books
Minstrel Books
MTV Books
Pocket Books
Scribner
Simon & Schuster
Star Trek
Touchstone
Washington Square Press

출처: Random House(http://www.randomhouse.com)와 Simon and Schuster(http://www.viacom.com) 웹 사이트, 1999. 1. 11.

THE WALT DISNEY COMPANY (U.S. Holdings, 1998에서 발췌)

영화
Buena Vista Pictures Distribution
Caravan Pictures
Hollywood Pictures
Miramax Films
Touchstone Pictures
Walt Disney Feature Animation
Walt Disney Pictures

라디오
ABC Radio Networks
ESPN Radio
Radio Disney

TV
ABC Television Network
ABC Productions
Buena Vista Television
Touchstone Television
Walt Disney Television
Walt Disney Television Animation

케이블 TV
Arts and Entertainment
The Disney Channel
E! Entertainment
ESPN, ESPN2, ESPN News, ESPN Classic
The History Channel
Lifetime

가정용 비디오
Buena Vista Home Entertainment
Walt Disney Home Video

음반
Hollywood Records
Lyric Street Records
Mammoth Records
Walt Disney Records

출판
Disney Press
Hyperion Books for Children
Hyperion Press
Mouse Works

멀티미디어
ABC. com (http://www.abc.com)
Disney Daily Blast (http://www.disneyblast.com)
Disney Interactive (소프트웨어)
Disney Online (http://www.disney.com)
ESPN.com (http://www.espn.com)
Family.com (http://www.family.com)
Go Network (http://www.go.com)
Infoseek (http://infoseek.go.com/)
Mr. Showbiz (http://www.mrshowbiz.com)

잡지
Discover
Disney Adventures
Disney Magazine
ESPN Magazine
Los Angeles
Jane
W Magazine
Women's Wear Daily

스포츠
Anaheim Angels (메이저리그 소속 프로야구팀)
Anaheim Mighty Ducks (내셔널리그 하키팀)

그밖의 지주 회사
Animal Kingdom
Disney Cruise Line
Disney's Fort Wilderness
Disney-MGM Studios Theme Park
Disney Institute
Disneyland Park
Disney Stores
Disney Vacation Club
EPCOT Center
ESPN-The Store
The ESPN Zone
Walt Disney Imagineering
Walt Disney Theatrical Productions
Walt Disney World

TIME WARNER (U.S. Holdings, 1998에서 발췌)

영화
Castle Rock Entertainment
Fine Line Features
HBO Pictures
New Line Cinema
Turner Original Productions
Warner Bros. Studios

가정용 비디오
HBO Home Video
New Line Home Video
Warner Home Video
Warner/Reprise Home Video

케이블 TV
Cable News Network(CNN)
CNN Airport Network
CNNfn
CNN Headline News
CNN/SI
Cartoon Network
Cinemax
Comedy Central
Court TV
Home Box Office
TBS Superstation
TNT
Turner Classic Movies(TCM)
Time Warner Home Theater(pay-per-view)
Time Warner Cable

TV
Castle Rock
Hanna-Barbera Cartoons
Kids WB!
New Line Television
Telepictures Productions
WB Television Network
Warner Bros. Domestic
  Television Distribution
Warner Bros. Television
Warner Bros. Television
  Animation

출판
Backbay Books
Book-of-the-Month Club
Bullfinch Press
Children's Book of the Month Club
History Book Club
Leisure Arts
Little Brown
Oxmoor House
Paperback Book Club
Sunset Books
Time Life Books
Time Warner Audio Books
Time Warner Electronic Publishing
Warner Books

잡지
Baby Talk
Coastal Living
Cooking Light
DC Comics
Entertainment Weekly
Food & Wine
Fortune
Health
Hippocrates
Inside Stuff
In Style
Life
MAD
Money
Parenting
People
People en Espanol
Progressive Farmer
Southern Living
Southern Accents
Sports Illustrated
Sports Illustrated for Kids
Sunset, the Magazine of Western Living
Teen People
This Old House
Time
Time for Kids
Weight Watchers
Who Weekly
Your Company

TIME WARNER (U.S. Holdings, 1998에서 발췌)

음반
American Recordings
Asylum Records
Atlantic Classics
Atlantic Records
Beggars Banquet
Big Beat
Celtic Heartbeat
Columbia House Music Club
Curb Records
East/West Records
Elektra Records
Giant Records
Interscope
Lava
Matador Records
Maverick Records
Mesa/Bluemoon
Qwest Records
Reprise Records
Rhino Records
Sire Records
Slash Records
Tag Records
Tommy Boy
Warner Bros. Music
Warner Music Group
Warner Nashville
Turner Music Publishing
Warner/Chappell Music
WEA Corp.
WEA Manufacturing

멀티미디어
CNN Interactive (http://www.cnn.com)
Pathfinder (http://www.pathfinder.com)
Road Runner
Time Warner Interactive
  (http://www.timewarner.com)

스포츠
Atlanta Braves (Major League Baseball)
Atlanta Hawks (National Football League)
Atlanta Thrashers (National Hockey League)
Goodwill Games
Turner Sports
World Championship Wrestling

그 밖의 지주회사
CNN Radio
HBO Store
Time Warner Telecom
Warner Bros. Consumer Products
Warner Bros. Studio Stores

디어를 평행으로 소유하는 형태이다. 수평적 통합에서 미디어 복합기입은 집지, TV, 출판, 음반 등 여러 분야의 미디어가 서로의 사업을 지원하며 존재한다. 예를 들어 Time Warner가 1996년에 *Space Jam*'이라는 영화를 제작했을 때 자사 소유의 Atlantic Record에서는 영화 음악을 발매하고, 자사 소유의 잡지 「*Sports Illustrated for Kids*」에서는 특집으로 다루어 지원을 했다. 더욱이 자회사인 WB Network에서는 TV 드라마 '*Official Space Jam Stations*'를 내보냈다(Lieberman, 1997). 이와 유사하게 Viacom에서도 1998년에 '*The Rugrats Movie*'(Paramount Pictures)를 제작한 적이 있다. 당시 이 영화는 케이블 TV인 Nickelodeon을 통해 대대적으로 선전했는데 하루에 두 번씩 만화영화 '*Rugrats*'를 방송하기도 했다.

연도	미디어 융합의 사례
1985	News Corporation이 20th Century Fox를 인수.
1989	Time이 Warner Communications 인수를 발표.
1993	Viacom이 Paramount Communications 인수를 발표.
1995	Walt Disney가 ABC 인수를 발표.
	Time Warner가 Turner Broadcasting Systems 인수를 발표.
1998	Seagram이 Polygram 인수를 발표.
1999	Viacom이 CBS 인수를 발표.
2000	AOL이 Time Warner와의 합병을 발표.
	Time Warner와 EMI가 음악사업 통합을 발표(그 후 철회).
	Vivendi가 Seagram과 합병을 발표.

또 Viacom이 소유하는 비디오 대여점 Blockbuster를 통해서 비디오 상점에 진열하기도 했다. 그 비디오는 Viacom의 Paramount Home Video에 의해 배급되었다. 또 하나의 예를 들면 세계적으로 뻗어 있는 스포츠 케이블 채널인 ESPN을 소유하고 있는 Disney는 ESPN 라디오, ESPN 잡지, ESPN 뉴스, ESPN 음식점과 스포츠용품 가게를 통해 Disney의 상품 판매를 촉진시켰다. 이러한 기업 전략이 수평적 통합 이면에서 작용하는 추진력인 것이다.

2.2 | 복합기업과 통합의 결과

미디어 소유의 추세는 그 자체로도 관심이 쏠리는 분야이지만 우리의 일차적인 관심은 소유권과 미디어 상품과의 관계이다. 기업의 집중, 통합 그리고 복합기업은 어떤 결과를 낳는 것일까?

통합과 자기 선전

기업이 수직적 통합이나 수평적 통합을 추구하는 경제적 이유는 분명하다. 소유자

표2-6 미디어 기업의 수직적 · 수평적 통합

수직적 통합의 경우

음반	책	영화
음악인	저자	배우
연예 기획사	출판 에이전시	연예 기획사
음반 회사	출판사	영화 제작소
녹음 제작소	인쇄, 제지 공장	필름, 비디오테이프 제작소
레코드 총판	물류 회사	극장
레코드점	서점	비디오 대여점

수평적 통합의 경우

음반	책	영화
음악인	저자	배우
연예 기획사	출판 에이전시	연예 기획사
음반 회사	출판사	영화 제작소
녹음 제작소	인쇄, 제지 공장	필름, 비디오테이프 제작소
레코드 총판	물류 회사	극장
레코드점	서점	비디오 대여점

＊ 명암 처리된 회사들은 동일 계열사임.

는 그러한 통합적 배열을 통해서 이윤을 최대한, 그것도 효율적으로 얻을 수 있기 때문이다. 물론 그에 따른 문화적 결과는 다소 불투명하다. 그렇지만 제도적 접근 (institutional approach)에 따르면 미디어 소유 형태가 미디어 상품의 생산에 많은 영향을 미친다고 한다. 특별히 미디어가 통합된 복합기업은 기업 내부에서 복합기업 외의 다른 분야에서 생기는 상품의 이윤을 시너지로 찾는다. 시너지란 기업 혼자서는 하기 불가능한 작업을 다른 기업과 서로 나누어 이윤을 추구하는 역동성을 말한다. 예를 들어 수평적 통합은 판매 가능성이 높은 출판물을 영화로 발전시키도록 장려할 것이며, 만약 그렇지 못하면 폐기할 것이다. TV 프로그램에서 새로운 음악이 나오면 음반으로 이윤을 높이려 할 것이고, 자기 소유의 잡지가 있으면 그 잡지에서 TV 프로그램에 나오는 유명 배우들의 기사를 다루려 할 것이다.

수직적 통합은 특히 기업이 생산한 상품의 배포까지 맡는 경우를 말한다. 예를 들어 한 기업이 우편으로 '이 달의 책(book of the month)'이란 할인 클럽을 운영한다면 다른 경쟁사가 책을 팔기는 쉽지 않을 것이다.

수평적·수직적인 통합을 제대로 실행한다면 그 결과는 놀랄 만한 것이다. 배지키언은 이런 모든 경우를 가상하여 소유권에 대한 시나리오를 다음과 같이 제시한다.

한 기업이 잡지를 소유했을 때 기사를 하나 선정한다. 그 기사는 그 회사가 소유하고 있는 TV 방송사 프로그램으로 전환시키기에 적절하다고 생각되는 것이다. 그러면 그 기업이 소유하고 있는 영화 스튜디오에서 영화 대본을 만든다. 뿐만 아니라 그 잡지 회사가 소유하고 있는 라디오 방송을 통해 영화에서 노래를 부르는 유명 가수의 노래를 내보낸다. 그 결과 레코드는 잘 팔려나가게 된다. 영화 역시 그 잡지사가 소유하는 케이블 TV에도 나가고 또 자체적으로 소유하는 비디오를 통해서 전세계로 팔려나간다(Bagdikian, 1992, p.243).

Disney나 Viacom, Time Warner 같은 국제적 미디어 기업이 오늘날과 같이 성장한 까닭은 위와 같은 시나리오를 실제로 실행에 옮겼기 때문이다. 통합에 따른 결과 중 하나는 미디어 판매의 교차적 촉진(cross-promotion)이 늘어난다는 것이다. 이런 맥락에서 미디어 상품의 감소는 교차적 촉진이 적합하지 않았기 때문에 일어나는 현상으로 해석된다.

복합기업의 효과

1980년대와 1990년대 우리가 접했던 뉴스, TV, 라디오, 영화, 음악, 책 등의 분야에서 대형 멀티미디어 기업들이 성장했다는 것은 무엇을 뜻하는가? 달리 말하자면 미디어 복합기업은 미디어 상품의 질적 발전에 어느 정도 영향을 미쳤을까? 복합기업의 효과에 대하여 가장 큰 우려의 목소리는 뉴스에서 기인한다. 어떤 뉴스 미디어는 전통적으로 이윤을 낳는 데 있어서 주변의 압력으로부터 보호해 주는 역할을 한다. 예를 들면 유명한 한 TV 뉴스는 그 메이저 네트워크의 권위를 내세우는 데 필요한 얼굴이자 시청자에 대한 서비스 차원에서 뉴스 보도를 하는 것으로 이해된다. 따라서 방송사는 뉴스로부터 반드시 눈에 보이는 경제적 이윤만 되돌아올 것이라고 기대하지 않는다.

그러나 주요 복합기업들이 새롭게 등장하면서 뉴스의 양상이 바뀌었다. 켄 올레타(Ken Auletta)가 쓴 『세 마리의 눈먼 쥐』(*Three Blind Mice*, 1991)라는 책은 미국의 3대 전국 네트워크와 1980년대 중반의 뉴스 보도 사이에서 벌어진 충돌을 잘 그리고 있다. 예를 들어 NBC news에서 근무하는 사람들의 경우, General Electric이 새로 NBC의 주인이 되면서 TV 뉴스의 역할과 현실에서 갈등이 생겼다. 대부분 갈등의 근원은 새로운 사주의 지배에서 비롯되었다. 올레타는 NBC의 새 주인이 뉴스와 엔터테인먼트 프로그램 사이의 장벽을 없애버렸다고 말한다(Auletta, 1991, p.564). 1990년의 연간 재정 보고서에 의하면 160명에 달하는 간부들이 왜 뉴스 특집에 오락적 요소가 가미되어야 하는지를 묻고 있다. General Electric의 회장 잭 웰시(Jack Welsh)는 구체적으로 '*Today Show*'의 기상 리포터가 GE의 전구들을 프로그램에 삽입할 수 있다고 주장했다. 전직 NBC 뉴스의 책임자 로렌스 그로스먼(Lawrence Grossman)에 따르면 "그것은 네트워크를 소유하고 있는 사람에게는 당연한 일이다.……당신들은 전구에 대해서 방송할 수도 있다.……그러면 시청자들은 방송 소유자를 만족시킬 것이다"라고 언급했다(Husseini, 1994, p.13).

공중파 네트워크 방송은 갈수록 늘어나는, 24시간 뉴스를 방송하는 케이블 TV

와의 경쟁에 직면해 있다. 그러나 이들 케이블 뉴스 채널은 아직 네트워크 수용자들의 관심을 끌지 못해서 광고주들에게 기대만큼 이윤을 안겨주지는 못하고 있다. 그 결과 뉴스에서 유명 인사들을 다루는가 하면 내용에 오락적 요소를 가미하고 있다. CBS의 뉴스 앵커인 댄 래더(Dan Rather)는 다음과 같이 말한다.

> 뉴스의 할리우드화는 아주 심각하다. 이것은 지난 20~25년 전, 아니 지난 10~15년 사이에 가장 중요하게 나타난 변화이다. 바보 같은 유명 인사들을 취재하는 것이 보편적인 일이 되어버렸다. 경쟁을 생각하면 그런 유명 인사들의 뒷얘기를 보도해야만 했다(*Brill's Content*, 1988, p.117).

복합기업은 신문 저널리즘에도 상당한 영향을 끼친다. 어떤 비평가들에 따르면 신문사를 새로 매수하는 기업들은 보도의 기능보다는 소비자를 즐겁게 하고 구미를 당기게 하는 데에만 초점을 맞추는 경향이 있다고 꼬집는다(Squires, 1993). 이러한 까닭에 신문은 점점 연예계와 드라마틱한 사건을 감각적으로 다루어 울긋불긋해지는 경향이 있다. 실제로 「시카고 트리뷴」(*Chicago Tribune*)의 편집장은 이 신문이 Tribune Company로 넘어간 이후 정통 저널리즘의 본질이 점차 퇴색되어 가는 것을 지적한 바 있다. "나는 신문의 편집장이 아니었다. 나는 콘텐츠 기업의 매니저에 불과했다"(Auletta, 1998 b, p.22에서 재인용). 이런 기류는 뉴스가 점차 독자의 구미를 맞추는 하나의 '콘텐츠'에 불과해진 것을 말한다. 또 다른 변화의 양상은 신문의 편집에서 가장 크게 다루어야 할 기사를 선정하는 것에서 나타난다. 대부분 신문은 순수한 저널리즘에 따른 기준이 아니라 마케팅 이론을 따라서 NBA(전국농구선수권대회) 뒤에 숨겨진 흥미로운 비즈니스를 다루기를 바란다 (Underwood, 1993). 이런 이유로 복합기업은 기본적으로 경영상의 압력과 함께 상업적인 영역을 벗어나지 못하는 것이다.

2.3 | 집중의 효과

통합과 복합기업 모두 미디어 상품에 영향을 미치는 미디어 소유권의 집중과 관련

되는 중심 개념이다. 이런 집중은 특별히 미디어 상품의 동질성을 초래한다는 점
에서 매우 중요하다. 그렇지만 좀더 폭넓게 우리가 살펴보아야 할 것은 힘이 점점
더 집중되는 것과 동시에 미디어 접근이 그만큼 줄어든다는 것이다.

미디어 통제와 정치적 힘

미디어 소유권의 집중이 정치적인 영향으로 변질될 수 있을까? 사람들은 대부분
이러한 질문을 하면 전체주의 국가에서나 있을 만한 정부의 미디어 통제를 떠올린
다. 이런 상황은 국가 소유의 방송에 해당하며 미디어 상품에 지대한 영향을 미친
다. 미국에서는 대부분 논의가 1차 수정 헌법(the First Amendment)과 언론의 자유
에 기반을 두고 국가의 언론 관리에 초점을 맞춘다. 이는 정부 소유의 미디어 체제
를 논의하는 것과 정반대이다.

이 문제와 관련하여 배지키언은 "정보의 사적인 관리(private ministry of informa-
tion)"라는 말을 사용하면서 이는 전체주의 국가와 다를 게 없다고 규정한다. 오늘
날 미국 사회에서는 대개 정부가 아닌 민간기업이 미디어 시스템을 통제하고 있
다. 그는 소수의 기업이 장악하고 있는 자본주의 미디어는 전체주의 국가의 미디
어 제도와 흡사하다고 강조한다. 대규모 복합기업이 막강한 정치 권력을 휘두를
수 있는 잠재력이 있다는 뜻이다.

어떻게 미디어 소유가 정치 권력으로 변질될 수 있을까? 실로 정치적 힘을 축적
하기 위해서는 미디어를 하나의 정치적 자원으로 활용해야 한다. 1994년 이탈리
아에서는 베를루스코니(Silvio Berlusconi)가 새 총리로 선출되있다. 그는 이탈리아
방송을 지배하는 거물로, 그에게 미디어의 소유는 곧 정치적 가치를 뜻했다. 그는
다른 정치인들이 갖지 못하는 전략적인 자산을 가지고 있었던 것이다. 그러나 아
무리 미디어를 많이 소유하고 권력을 가지고 있었다 해도 그의 보수적 연합의 생
명은 짧았다. 그는 집권 8개월 만인 1994년 말에 퇴임할 수밖에 없었다. 그에게는
총리로서의 역할과 미디어 거물 사이에 끊임없는 갈등이 있었다.

그런 상황은 규모가 더 큰 미국의 미디어 기업에서 더욱 복잡하게 나타난다. 미
디어 기업의 소유자들은 미디어 상품에 대한 직접적인 통제가 가능하기 때문에 아
이디어를 내놓고 그들의 정치적 영향력을 충분히 발휘한다. 보수적인 미디어 거물

루퍼트 머독(Rupert Murdoch)은 그가 소유하고 있는 News Corporation을 이용해서 자신의 정치적·경제적 목표를 달성하였다. 1975년에 머독이 소유한 호주의 신문사들은 그가 선호하는 보수당 총리 후보를 지지하기 위해서 파업까지도 강행하였다. 그런가 하면 1979년 영국 보수당의 마거릿 대처가 총리로 취임하는 데 그의 신문사가 중요한 역할을 했다. 머독은 수백만 달러를 들여 미국의 대표적인 보수계 잡지인 「더 위클리 스탠더드」(The Weekly Standard)를 사들이기도 했다. 또한 최근에 머독은 24시간 뉴스만을 내보내는 Fox News를 구축하여 보수주의를 표명하는 유명한 사설을 내보내기도 했다. 1998년에 머독은 그가 소유한 출판사 Harper Collins에서 홍콩의 마지막 영국 제독인 크리스 패튼(Chris Patton)의 책을 출판하려다 포기했다. 그 까닭은 머독이 계획하던 중국 시장 진입을 패튼이 비판하였기 때문이다.

그렇지만 어떤 미디어는 뉴스 미디어에 있어서 수용자의 객관성을 지각하여 뉴스의 공정성을 유지하려고 노력한다. 그러나 대부분 미디어는 어떤 하나의 정치적 현안에만 매달려 집착하지 않는다. 그들은 소규모 케이블 TV나 보수적인 National Empowerment Television 같은 위성방송의 뉴스가 접근하는 공정한 방식을 시청자들이 선호하고 있다는 것을 알기 때문이다.

주류 미디어 가운데는 예민한 사안을 보도해 심각한 정치적 결과를 낳기도 한다. 정치 현안을 시청자들이 단순히 수동적으로 받아들이도록 시도하는 것보다 반대의 결과를 노리는 것이 더 어려울 때가 있다. 미디어 소유자는 미디어를 이용하여 논쟁이 붙은 현안 가운데 어떤 주제를 중요한 위치에 올려놓을 수 있다. 미디어 소유자가 중요하다고 생각하면 미디어 상품을 통해 어떤 이념을 과감히 추가하거나 배제해 버린다. 정보나 이미지를 완전히 통제하는 것은 불가능할지 모르지만 미디어 소유자는 어떤 문제를 특정한 방향으로 몰아갈 수 있다는 뜻이다.

대형 매스 미디어 기업의 소유자는 정치적 아이디어나 이미지를 좀처럼 직접적으로 드러내지 않는다. 그렇다고 모든 정보나 이미지가 그렇다는 것은 아니다. 어떤 아이디어는 정치적 접근이 얼마든지 가능하지만 어떤 아이디어는 그렇지 못하다. 예를 들어 미국의 주정부는 교통 정체에 대해서 빈번히 비판을 받고 있지만, 늘어나는 자동차와 관련된 경제 체제에 대해서는 비난받지 않았다.

미디어 뉴스는 현대의 사회적 · 정치적 사안을 전달하고자 한다. 그런데 이런 속성은 엔터테인먼트에서도 찾을 수 있다. 예를 들어 TV 주시청 시간대에 게이나 레즈비언의 문제를 다룬다고 치자. 문제는 게이나 레즈비언 배우들을 찾기가 쉽지 않다는 것이다. 대부분 이성애자인 배우들은 게이나 레즈비언으로 출연하는 것을 꺼리기 때문이다. 이를테면 그들은 키스도 하지 못하고 이성간의 사랑을 다루는 인기 드라마에 얼굴을 내밀지도 못할 것이다. 우리는 이 문제를 5장과 6장에서 매스 미디어의 콘텐츠를 다룰 때 다시 논의할 것이다.

미디어 소유권의 집중으로 인한 정치적 효과는 주제에 따라서는 매우 광범위하고 미묘하다. 허버트 실러는 "기업의 목소리"가 그동안 우리 대부분이 전혀 생각하지 못했던 것을 성공적으로 일반화시켰다고 강조한다(Herbert Schiller, 1989). 그것은 기업의 목소리가 곧 미국인의 견해가 되어버렸다는 것이다. 예를 들면 신문이나 TV, 라디오, 잡지 등에서 다루는 전반적인 미국 경제에 대한 담론은 기업의 성공이 곧 국가 경제의 부흥을 나타내는 기본적인 틀 아래 이루어진다. 그래서 자본주의의 폐단이라든지 빈민 가정에 대한 논의는 좀처럼 드러나지 않는다.

미디어 소유권이 집중됨에 따라 생길 수 있는 또 하나의 정치적 결과는 어떤 면으로는 미디어에 대응하는 목소리를 불가능하게 만든다는 것이다. 왜냐하면 미디어 기업이 소유하는 모든 기업은 대량생산 · 대량유통 기업이므로 소유권은 재정적 자원을 획득할 수 있는 자에게 한정될 수밖에 없기 때문이다. 정보의 소유는 현대 사회에서 불평등의 한 유형일 수도 있다. 거대한 미디어 복합기업은 재정적인 전략을 사용하여 공공 정책에 영향을 미친다. 이런 맥락에서 매스 미디어는 다른 이해 집단과 다를 것이 없다. 그들은 우리 사회에 존재하는 불평등의 유형과 연결되어 있는 것이다.

미디어 소유와 콘텐츠의 다양성

미디어 소유권의 유형이 바뀌면 미디어 상품 영역에 어떤 변화가 뒤따를까? 이러한 질문에 맞추어 구체적인 미디어 상품의 유형을 서로 연결하여 이해할 필요가 있다. 그 연결은 미디어 사회학에 속하며 사회 관계라는 영역에 포함된다. 이는 넓은 의미에서 사회 제도적 힘과 매스 미디어 사이의 관계를 구체적으로 설명하는 중요한 단서가 된다.

미디어가 소수의 손에 더욱 집중됨에 따라 연구자들은 특별히 미디어의 형식과 콘텐츠의 다양성에 영향을 미치는 소유권 유형에 관심을 둔다. 여기서 한 가지 알아야 할 것은 소수의 손에 집중된 미디어는 한결같이 미디어 상품이 그다지 다양하지 못하다는 점이다. 다시 말하면 소유권이 집중될수록 미디어의 콘텐츠는 획일적으로 되어간다는 것이다. 물론 이러한 가설은 검증을 받아야 할 것이다. 학술적인 연구에 따르면 우리가 생각하는 것처럼 소유권의 집중과 다양성이 반드시 어떤 상관 관계가 있는 것은 아니다. 우리는 뉴스와 대중 음반 기업과의 관계를 통해 이러한 문제를 살펴볼 것이다.

| 동질화 가설 |

배지키언은 미디어 소유의 집중에 대한 연구를 시도한 바 있다. 그는 비록 사회학자는 아니지만 소유권과 다양성 간의 관계에 대하여 사회학적인 의문을 던진다. 그의 가장 중요한 학문적 기여는 다양한 미디어 간의 연계를 검토한 다음 대형 음반 기업과 같은 규모의 기업과는 어떤 관계가 있는지를 살펴보았다는 점이다. 배지키언은 소유권 집중과 수평적 통합의 조화가 미디어 기업 간의 경쟁이 없는 상태에서는 불가피하게 동질적인 미디어 상품을 낳는다는 결론을 내렸다. 그 미디어 상품은 당연히 소수의 소유자들의 관심을 드러내는 것이다.

좀더 검토할 필요가 있겠으나 배지키언의 동질성 가설은 경쟁과 다양성 사이에는 매우 복잡한 단계가 있다는 것을 보여준다. 이제 이런 연구들을 좀더 살펴보기로 하자.

| 지역 신문의 독점 |

로버트 엔트먼(Robert Entman)은 지역 신문 간의 경쟁을 대상으로 독점적 소유권이 어떻게 문제되는지를 연구한 바 있다. 이 연구는 배지키언이 기술했던 것과 마찬가지로 광의의 미디어 독점이라는 문제에 주목하면서도 좀더 구체적이고 흥미로운 연구 결과를 제공해 주고 있다.

1998년 22개의 미국 지역에 두 개 이상의 경쟁 지역 신문이 있었다. 그러나 언론인이나 그밖의 비평가들은 시간이 지날수록 두 개의 신문이 점차 단일한 독점 신문으로 대체되는 현상에 주목했다. 예를 들어 1995년 현재 휴스턴에서 지역 신문이 단일한 신문 체제로 바뀌었던 것이다. 「휴스턴 크로니클」(*Houston Chronicle*) 이 경쟁하던 「휴스턴 포스트」(*Houston Post*)를 매입한 것이다. 1998년 테네시주에 서는 122년의 역사를 가진 「나쉬빌 배너」(*Nashville Banner*)가 그 지역 내의 경쟁사 였던 Gannet사의 「테네시아」(*Tennessea*)에 매입되기도 했다.

배지키언의 동질성 가설을 고려할 때, 지역 신문의 경쟁이 줄어들게 되면 언론 자유의 이념이 위협을 받게 된다고 할 수 있다. 그렇지만 엔트먼은 이러한 현상에 대해 성급하게 결론을 내리기 전에 좀더 신중하게 바라볼 것을 권한다. 독점이 다 양성의 결여를 초래한다는 결론을 내리기 전에 엔트먼은 좀더 구체적인 연구에 착 수한 것이다.

엔트먼은 뉴스 콘텐츠의 다양성을 평가하려면 통합과 관계없이 내용을 수직적 이고 수평적으로 살필 필요가 있다고 전제한다. 수직적 다양성은 하나의 신문에서 나타나는 불일치(disagreement) 정도와 신문 기사에서 거론되는 출연진(actors)의 범위를 말한다. 반면에 수평적 다양성은 두 개 이상의 신문에서 내용상 차이가 나 는 것을 말한다. 미디어 독점과 관련하여 갈등의 정도와 출연진을 비교하면 독점 신문은 경쟁 신문에 비하여 다양하지 않다. 신문이 하나만 존재하는 지역에서는 정보의 폭이 자꾸 줄어들게 되는데, 이는 곧 다양성이 적어진다는 뜻이다.

더욱이 "공동 소유(joint-ownership)", 즉 같은 지역에서 한 기업이 두 개의 신문 을 운영하는 경우를 엔트먼은 "유사 독점(quasi-monopoly)"이라고 부른나. 비평 가들은 이러한 공동 소유 상황에서는 두 개의 신문이 경쟁하더라도 서로 내용이 비슷해질 수밖에 없다고 말한다. 즉, 지역 독점 신문은 수직적 다양성이 뒤떨어진 다는 것이다. 그리고 공동 소유일 때는 수평적인 다양성을 덜 이끌어낸다. 각각의 경우, 독점에 대한 비판의 목소리는 진정한 경쟁이라면 수직적 형태이든 수평적 형태이든 모두 다양성을 도출해 낸다고 믿고 있다.

엔트먼의 연구는 독점 신문 26개, 공동 소유 신문 33개, 경쟁 신문 32개로 구성 된 총 91개의 신문을 대상으로 하였다. 그는 뉴스의 다양성과 경쟁 간에는 아무런 상관관계가 없다는 것을 발견했다. 실제로 모두 조사한 결과, 수직적 다양성에서 세 부류의 신문이 모두 비슷하게 나타났다. 미디어에 등장하는 사람도 얼마 되지 않았고, 기사마다 불일치되는 정도도 적었다. 유사 독점 신문과 경쟁 신문 역시 그 차이가 별로 나타나지 않았다. 경쟁 상황이라 해도 같은 시장에서는 차이가 뚜렷이 나타나지 않았다는 것이다. 두 결과로 볼 때 비교되는 차이는 별로 크지 않았다.

엔트먼의 연구 결과에 따르면 배지키언이 주장하는, 대형 신문사에 나타나는 힘의 집중은 지역 신문에서는 나타나지 않았다. 그러나 뉴스 조직을 운영하는 방식에서는 경쟁이 비경쟁보다 더 좋은지를 생각해 볼 필요가 있다. 여기서 신문 경쟁이 경쟁사 사이에 어떤 애증의 관계를 유발시키는지를 알아볼 필요가 있다.

미국인들은 독점에 대해서는 의심스러워하고 경쟁하는 것에 대해서는 만족하는 경향이 있다. 특히 냉전 이후로 자유시장의 이념은 애매한 상황에서 지지를 받았다. 즉 자유시장과 민주적인 정치체제가 마치 서로 손에 손을 잡고 같이 존재하는 것으로 여겨졌다. 사람들은 경제적 경쟁만이 민주주의 사회의 중심이라고 생각하여 언론도 경쟁을 통해서만 건전성이 보장될 수 있다고 여겼다.

그러나 엔트먼의 연구 결과는 신문의 질이 경쟁으로 인한 신문의 다양성에 의해서 유도된다는 데 아무런 확신을 주지 못했다. 오히려 실질적인 경제적 경쟁이란 비용을 최소화하고 광고주에게 매력을 주는 공동의 문제를 기사로 다루어 구독자를 가능한 한 많이 확보하도록 뉴스 조직이 모두 힘써나가는 것이었다. 경쟁적인 신문들은 가끔 구독자나 광고주를 대상으로 보다 멋있게 보이려고 서로 애쓴다. 그 결과 경쟁적인 신문들은 비경쟁적인 신문보다 괜한 압력에 부딪쳐 기사의 질이 모순되고 다양성에 사로잡히기 쉽다.

특히 지역의 독점 신문 체제를 야기시키는 자유시장에서의 경제적 힘이 있기 때문에 엔트먼이 내린 경제적 경쟁만이 만병통치약이라는 결론을 무조건 수용하기는 어렵다. 뉴스 기업의 소유자는 뉴스 내용을 직접 간섭하지는 않는다. 그렇지만 연구자들은 이러한 잠재적인 관계를 분석함으로써 뉴스 기업에서 어떤 역동적인 작업이 저변에 일어나는지를 일부분이나마 볼 수 있도록 도와준다. 엔트먼의 연구에 따르면 소유권의 집중이 동질화를 창조하지는 않는다. 그 같은 결론이 나온 이유는 그가 연구한 신문들이 그리 다양하지 않았기 때문이었다. 따라서 뉴스의 콘텐츠를 알기 위해서는 소유권에 관한 질문을 뛰어넘어서 이윤지향적(for-profit orientation)인 효과와 광고주의 역할을 밝혀야 한다. 이에 관해서는 이번 장 끝에서 언급할 것이다. 지금은 어떻게 소유권이 미디어의 다양성에 영향을 미치는지를 좀더 알아보기로 하자. 이를 위해 음반 산업의 예를 들고자 한다.

| 음반 산업에서의 집중과 다양성 |

1980년대와 1990년대에 산업적 집중이 증가한 매스 미디어 분야는 신문 기업만이 아니었다. 1969년과 1990년 사이에 세계적인 4개의 대형 음반 업체가 100대 히트 앨범 중에서 차지한 점유율은 54.5%에서 82%로 높아졌다(Lopes, 1992). 여기서 생긴 의문은 우리가 듣고 있는 음악의 다양성과 소유권의 집중은 어떤 관련성이 있는가이다.

피터슨과 버거는 전후 음반 산업에 관한 연구에서 높은 시장 집중이 동질성을 유도하지만 경쟁 시장에서는 다양성을 유도한다고 강조한다. 이는 우리가 신문 연구에서 밝혀낸 결과와 같은 것이다. 그러나 피터슨과 버거는 시장 집중과 음반 산업 간의 몇 가지 관계를 설명하기 위해서 역사적인 분석을 하고 있다(Peterson & Berger, 1975).

그들의 연구에 따르면 1950년대 후반과 1960년대에는 엄청난 음악적 개혁과 함께 다양성이 제기되었다. 그것은 1940년대와 1950년대 초기에 가능했던 표준화되고 동질적인 음악이 획기적으로 변화했기 때문이었다. 게다가 그런 변화는 대중음악 시장의 경쟁에 불을 붙였다. 전국 지향적이던 라디오 음악이 지역 중심의 시상으로 옮겨진 것도 그런 변화를 거들었다. 독립석인 레코드 회사가 기존 시상에 새롭게 뛰어들었고, 혁신적인 스타일의 음악이 등장했으며, 동질적인 음악을 판매하던 주요 레코드 회사도 파괴적인 경영을 시도했다. 피터슨과 버거는 1949년에서 1972년까지 「빌보드」(Billboard) 잡지에 수록된 히트 음악과 음악 산업계의 소유권을 동시에 조사하여 다양성과 경쟁이 다음과 같은 관계가 있다는 결론을 내렸다.

피터슨과 버거는 음악의 다양성에 관해서 두 가지 중요한 요소를 제시했다. 첫 번째는 매년 인기 10위 안에 든 음악 가운데 다른 장르의 음악을 정리했는데, 순위에 오른 노래일수록 다양하다는 사실을 발견했다. 두 번째는 인기 10위 곡 가운데 신인 음악가와 기존의 음악가를 분석하여 신인 음악가들의 출현을 다양성으로 보고 기존의 음악가들은 표준화로 간주했는데, 연구자들은 시장의 집중이 줄어들 때 다양성이 증가함을 발견했다. 그들은 경쟁이 늘어나 막대한 음악적 혁신과 다양성이 이루어짐에 따라서 시장의 집중이 느슨해졌다고 결론을 내렸다. 그렇지만 그들의 자료에 따르면 1970년대 이르러 시장 집중은 다시 증가되었다. 연구자들은 1940년대의 과점 체제가 다시 돌아올 것으로 예견했고, 대중음악 내의 동질성이 부활할 것이라고 예측했다.

사회학자 폴 로페스는 같은 질문을 사용해서 피터슨과 버거의 연구를 15년 만에 다시 해보았다(Paul Lopes, 1992). 비슷한 연구 방법을 사용하여 「빌보드」지 목록에 나와 있는 다양성의 정도와 기업의 집중 정도에 초점을 맞춘 것이다. 그 결과 로페스는 대중음악계의 역동성이 1960년대 이래 더욱 복잡해졌음을 발견했다.

피터슨과 버거의 예측대로 시장의 집중성은 1969년과 1990년 사이에 두드러졌는데, 4개의 상위권 기업이 대부분의 음악을 통제하고 있었다. 그러나 피터슨과 버거가 예측한 대로 다양성은 줄어들지 않았다. 그보다는 1970년대와 1980년대에 걸쳐 신인이나 기성 음악인 모두 파동이 심했다. 이는 1969년의 현상이 1990년과 거의 비슷하게 나타났음을 의미한다. 비록 이 기간에 심각한 시장 집중이 일어났지만 로페스는 그렇다고 음악적 다양성이 감소했다는 결론을 내리지는 않았다.

로페스는 이것을 음반 산업계가 그동안 닫혔던 생산 체제를 열린 체제로 바꾸었기 때문이라고 설명한다. 예를 들어 중요한 변화 가운데 하나는 레코드 상표(*labels*)에서 레코드 기업(*firms*)으로 소유의 단위가 변했다는 것이다. 출판의 경우와 같이 주요 레코드 회사들은 자기 고유의 상표를 소유하면서 그밖에 규모가 작고 독립된 상표들을 소유하는 중소기업과 관계를 꾸준히 유지했으며, 나아가 그 기업들을 점차 매수했다. 결국 인기 100위권 내의 레코드를 판매하는 기업 가운데 상표를 기업으로 바꾼 비율이 극적으로 높아졌다. 이를테면 1969년에 상표를 두 개 정도 소유했던 기업이 1990년에는 적어도 네 개 정도를 소유하게 되었던 것이다.

피터슨과 버거는 1940년대와 1950년대 초기에 레코드 제작의 '닫힌' 체제가 산업계를 지배하고 있었다고 지적한다. 이러한 체제에서는 인기 목록에 실리는 음악들을 생산하는 일부 채널에 한하여 대기업들이 소유하고자 했다. 그러나 로페스는 한 회사가 가지고 있는 상표가 늘어나면서 새로운 과정이 야기되었다고 보았다.

이러한 '열린' 체제에서 대형 레코드사는 대규모로 음악을 제작하고 배포하며 공시하는 작업을 모두 통제할 수 있는 힘을 발휘할 수 있었다. 그러나 대중 음악 시장의 활력을 유지하려는 자율적인 독립 제작자들을 끌어들이지는 못했다. 이러한 열린 체제는 아무리 시장이 집중되어도 산업 내의 다양성을 어떻게 지속시키는가를 설명하는 중요한 열쇠가 되었다. 열린 체제는 혁신과 다양성을 꽃피웠다. 이것이야말로 시장에서 이윤을 남기고 통제력을 유지하는 대형 회사들을 도와주는 셈이 된 것이다.

대중음악과 관련된 위 두 가지 연구에서 알 수 있는 것은 매스 미디어 산업에서 소유권이 집중되는 현상은 어느 한 원인 때문만은 아니라는 것이다. 확실히 과점 상태의 시장 구조에서는 소유권과 통제라는 것이 문제가 된다. 통제를 가할 수 있는 막강한 기업은 미디어 산업에서 생산과 분배 체제를 최대한 결정하는 전략을 채택할 것이다. 그렇지만 우리는 집중과 다양성 사이의 관계를 이해하기 전에 집중이 존재하는 한 어떤 구체적인 상황이 벌어지는지 알아야 한다. 이는 수용자의 취향이 변화하기 전에 대기업은 최소한의 이윤을 남기기 위하여 문화 상품의 분배와 생산을 어떻게 해야 하는지를 말해줄 것이다. 비록 소수의 기업이 미디어 산업을 통제한다 해도 다양성의 증가는 이윤을 추구하는 기업에게 효율적인 전략이 되리라는 것을 입증할 것이다.

2.4 | 이윤을 위한 매스 미디어

자본주의 체제에서 매스 미디어 조직은 하나의 기본적인 목표에 초점을 맞춘다. 그것은 생산을 창출하여 경제적 이윤을 벌어들이는 것이다. 이러한 이윤 목표를 갖는 조직은 매스 미디어를 연구하는 사회학자들의 중심 현안이다. 이윤 목표는 미디어 산업에 종사하는 모든 사람들이 내리는 의사결정에서 비롯된다. 그렇지만 이윤에 초점을 맞추다 보면 시계열적으로 미디어 산업 전반에 걸쳐 모든 미디어를 획일적으로 보기가 쉽다. 위에서 살펴본 바와 같이, 대중음악을 예로 들어 같은 부류의 기업이라 해도 각기 다른 상황에서 다른 방법에 의해 이윤의 압력을 받고 있음을 알 수 있다.

주시청 시간대의 이윤

어떻게 이윤을 남겨야 미디어 경제에 영향을 미치는가를 가장 구체적으로 분석한 것 중의 하나가 토드 기틀린의 TV 네트워크에 대한 연구이다(Todd Gitlin, 1985). 기틀린은 그의 저서 『주시청 시간대』(*Inside Prime Time*)에서 미국의 3대 네트워크가 최소한의 이윤을 남기기 위해 프로그램을 어떻게 편성하는가를 탐색하기 위해 방송 전문가들의 의사결정 과정을 분석했다. 네트워크 간부들의 목표는 최대한의 이윤을 끊임없이 추구하는 것이다. 그들의 목표는 방송 프로그램에 의한 이윤을 통해서 그 성취도가 결정되는데, 가능한 많은 청취자를 끌어들여 광고 시간을 높은 가격에 판매하는 것이다. 문제는 그런 목표에서 성공적인 편성을 장담할 수 있는 공식이 없다는 것이다. 성공적인 프로그램을 예측하기 위해서 가장 정밀한 수단을 동원한다 해도 아마도 어떤 프로그램이 성공할지를 예측하는 것보다 어떤 프로그램이 실패할지를 아는 것이 더 정확할 것이다.

이런 실패의 원인이 네트워크의 규범(norm) 때문인지도 모른다. 방송 작가들은 매년 수천 개의 아이디어를 방송국에 내놓는다. 그러나 네트워크가 선정하는 것은 그중에서 수백 편에 불과하다. 대략 100편 정도가 예비 프로그램으로 결정되는데, 그 가운데 10여 개가 최종적인 프로그램으로 올라간다. 예를 들어서 1997년에서 1998년 사이에는 34편이 올라갔는데, 그중에서 단지 4편만이 최종 프로그램으로 선정되었다(*Bill's Content*, 1998b). 각 단계마다 간부와 프로듀서들은 잡초를 솎아 내듯이 고르고 또 고른다. 그러다 결국은 상업적 히트가 예감되는 몇 개의 프로그램만이 탄생되는 것이다.

만약 그러한 선정이 일종의 규범 때문이라면 네트워크 TV는 이런 규범 속에서 어떻게 이윤을 남길까? 다른 미디어도 그렇겠지만 생산물 가운데 10% 정도가 선정되고 이를 통해 이윤이 남는다면 이것으로 본전 정도이거나 손해가 발생할지도 모르는 나머지 수많은 프로그램들의 적자를 메운다. 네트워크 TV는 또 다른 이점이 있다. 아무리 지금이 케이블 TV 시대라 해도 광고주들은 아직도 TV를 대중의 소비를 장려할 수 있는 가장 효율적인 광고 매체로 지각하고 있다는 것이다. 그래서 시청률이 낮은 프로그램이라 하더라도, 이를테면 설사 5백만 가구밖에 시청을 하지 않아도 광고주들은 그런 프로그램을 지원할 수밖에 없는 것이다.

이윤을 지속적으로 유지하는 한 방편으로 방송국의 편성자들은 최소한 제작비를 손해보지 않을 정도로 프로그램에 투자하는 '안전의 논리(logic of safety)'를 따른다. 위험성이 있는 프로그램은 대중들의 관심을 끌지도 못하고 대부분 광고주의 눈길도 끌지 못한다. 이러한 공식은 간단한 것이다. 만약 안전성이 기본적인 규칙이라면 방송국 관리자들은 시청률이 떨어진 프로그램의 비용은 대지 않으려 할 것이다. 그렇지만 우리가 보았듯이 시청률에서 성공하는 경우는 그리 많지 않다. 예를 들어서 1957년에서 1980년까지 CBS에서는 프로그램의 2/3 가량이 낮은 시청률을 면치 못했고, 그에 대한 실패 예측은 90% 정도 맞아떨어졌다고 기틀린은 분석했다.

이윤을 추구하는 안전의 논리는 일반적으로 시청자의 논쟁이 붙을 만한 프로그램을 배제하는 것이다. 그렇지만 안전의 논리는 논쟁이 붙을 만한 프로그램을 거부하는 것보다 더 넓은 의미를 지닌다. 네트워크 간부들은 어떤 프로그램이 성공하고 어떤 프로그램이 실패할지를 미리 알 수가 없다. 인기를 얻은 'The Mary Tyler Moore Show', 'Rhoda', 'Phyllis', 'Lou Grant'와 'All in the Family', 'The Jeffersons', 'Maude', 'Good Times', 'Gloria', 'Archie's Place' 등과 같은 프로그램은 신디케이션을 통해 다른 방송국에 넘긴다. 최근에 방송된 'Hill Street Blues'는 1980년대 탄탄한 배역으로 인기가 높았던 경찰 드라마인데, 그 드라마를 흉내낸 아류작인 'Beverly Hills Bunz'라는 경찰 이야기가 제작되기도 했다. 20대의 애환을 그린 'Friends'라는 드라마도 이와 비슷한 드라마를 많이 파생시켰다. 드라마가 용기 있는 경찰, 또는 20대 이야기이든 병원이나 법정을 다루든지간에 각 방송국에서는 인기 있는 프로그램을 잡기 위해 혈안이 된다. 편성을 결정하는 데 어떤 공식이 있는 것이 아니라서 연도별·계절별·요일별로 구분짓는 편성 전략보다는 최근에 다른 방송국에서 인기가 높았던 프로그램과 비슷한 프로그램을 제작하는 경향이 있다. 그렇지만 이러한 모방도 수용자의 만족과 광고주의 성공을 가져다 주지는 못했다.

드라마와 비슷한 이윤 지향적 역동성은 1990년대 후반에 인기를 끌었던 뉴스 매거진 프로그램에서도 찾아볼 수 있다. 1999년 NBC에서는 일주일에 다섯 번 'Dateline'을 방송했다. ABC에서도 일주일에 세 번 '20/20'를 방송했고 CBS에서도 새로 단장한 '60 minutes'를 선보였다.

뉴스 매거진이 성공을 거둔 배경으로는 TV 기업에 두 가지 변화가 있었기 때문이다. 첫 번째로 지난 10년에 비해 TV 시청률이 전반적으로 낮아졌기 때문이다. 케이블 TV의 등장과 발전, 그리고 Fox, WB, UPN과 같은 새로운 네트워크의 등장이 3대 네트워크의 시청자를 극적으로 잠식한 것이다. 1970년대만 해도 3대 네트워크의 시장점유율은 90%에 이르렀으나 1998년에는 50%로 줄어들었다. 비록 네트워크 주요 인기 프로그램이 아직도 시청률을 석권하고 있지만, 프로그램별 청취자의 규모는 1970년대나 1980년대에 비해 확실히 줄어든 것이다. 결과적으로 방송국 간부들은 'M*A*S*H*', 'Dallas', 'The Cosby Show'와 같은 예전 세대에서 인기가 높았던 경우와 같은 전략으로 시청자를 끌어들이는 방식은 이제 더 이상 먹혀들지 않는다고 생각했다. 사실 1990년대 후반에 인기를 모았던 'Seinfeld'나 'ER'같은 프로그램도 몇 달 만에 종영해야만 했다. 수용자의 기대가 날로 줄어들었던 것이다. 그 대신 예전에는 인기를 얻지 못했던 뉴스 매거진이 점차 시청자의 인기를 끌기 시작했다.

두 번째로 네트워크 TV의 드라마 제작비가 갈수록 올라가고 있기 때문이다. 최근에 여러 가지 요인들이 겹치면서 제작비가 갈수록 높아지고 있다. 채널이 늘어나고 경쟁이 심화될수록 시청자들의 프로그램 콘텐츠에 대한 욕구는 높아진다. 그리고 호화 배역이나 값비싼 독창적 장면에 대한 요구도 갈수록 늘어난다. 이러한 다채널 상황에서는 배우나 감독의 주가가 자꾸 오르게 된다. 이러한 모든 요인이 작용하여 제작비가 상승하는데, 이에 따라 TV 경영진은 비용이 덜 드는 프로그램 제작을 우선적으로 하고 야외보다는 스튜디오 촬영에 주로 몰두한다. 이것이 TV 뉴스 매거진에 집중하게 된 주된 이유이다.

TV 뉴스 매거진은 한 시간 또는 30분짜리 드라마를 제작하는 것보다 비용이 덜 들기 때문에 대안적으로 인기가 높은 프로그램이 되어버렸다. 더구나 세 방송국 모두 뉴스 제작에 이미 투자를 많이 해봤기 때문에 주어진 제작 상황을 최대한 활용하였다. 이러한 자원의 이점을 살려서 뉴스 매거진은 주시청 시간대에 좀더 긴 프로그램으로 발전할 수 있었다. 뉴스 기사는 본질적으로 재포장된 매거진 형식으로 재구성된다. 게다가 언론인들이 뉴스와 뉴스 매거진 모두 출연하기 때문에 재정적으로 효과적인 지원이 가능하다. 각 방송국마다 더욱 확대된 뉴스 제작부는 정기적인 저녁 뉴스와 함께 독자적인 뉴스 매거진이 서로 부추기면서 서로의 명성과 수용자를 공유한다. 이런 모든 것이 합쳐져 뉴스 매거진은 제작비를 그다지 많이 들이지 않으면서도 시청률 저하 시대에도 불구하고 기본적인 시청률을 유지해 준다. 비슷한 경우로 *‘Cops’*나 *‘Emergency 119’* 같은 이른바 현장 프로그램 (Reality Program)을 개발하기 시작했다. 이러한 프로그램은 제작비를 별로 들이지 않으면서도 시청자의 인기를 끄는 프로그램이었던 것이다.

이윤과 뉴스 미디어

이윤을 내야 한다는 압력은 어떻게 뉴스 미디어의 콘텐츠에 영향을 미칠까? 다른 기업과 마찬가지로 뉴스 기업은 이윤을 높이기 위해 두 가지 방법을 동원한다. 그 것은 비용을 줄이고 전체 예산을 줄이는 것이다. 1990년대 매우 높은 경쟁을 보였던 뉴스 분야에 이러한 두 가지 방법은 확실했다. 비용을 줄이기 위해 뉴스 기업은 다음과 같은 몇 가지 전략에 의존했다

— 우선 전문 언론인들의 고용을 줄여나간다.

— 방송 이외의 수입이 있는 사람들을 주로 뉴스 프로그램에 등장시켜 출연료를 삭감한다.

— 장기적이고 심층적으로 탐사 보도해야 하는 기사를 줄여나간다.

— 가능한 직접 취재하기보다는 외부의 통신사 뉴스에 의존한다.

— TV 방송국에서는 전문 배우들보다 일반 대중들을 상대로 하는 비디오 촬영이 비용을 아낄 수 있기 때문에 이를 되도록 많이 다룬다.

— 정규적인 뉴스 제작에 가능한 적은 수의 전문 기자를 동원한다.

— 미리 준비된 공식 행사에 초점을 맞춘다.

— 몇몇 소수 대도시에만 제한된 수의 특파원을 파견한다.

위에서 나열한 방법은 뉴스 조직에서 뉴스를 수집하고 보도하는 데 비용을 줄일 수 있는 몇 가지 방법이다. 그러나 이렇게 한다면 예산을 줄일 수는 있겠지만 그에 따라 빚어지는 결과에 대해서는 감수해야 한다. 이를테면 그러한 예산 감소책은

뉴스 보도를 대중을 위한 일상적인 것이 아니라 주로 엘리트나 정부와 같이 소수를 위한 것으로 만들 수도 있다는 것이다.

동시에 뉴스 조직은 매출을 올리기 위해 시청자를 최대한 확보하는 한편 광고주를 물색한다. 수용자를 극대화하기 위한 가장 직접적인 방법은 뉴스를 좀더 가볍고 오락적인 요소가 많게끔 제작하여 뉴스를 접하는 시청자나 독자를 즐겁게 만드는 것이다. 또한 일부 수용자들의 반감을 피하기 위해서 가능한 논쟁거리는 피하면서 좀더 자극적이고 흥미 위주로 뉴스를 전달한다. 퍼스낼리티 지향적인 저널리즘(personality oriented journalism)은 음모나 흥미 위주, 스캔들 따위를 뉴스에 실어 가능한 많은 수용자를 끌어 모은다. 1998년 클린턴 대통령과 전 백악관 인턴직원 모니카 르윈스키와의 스캔들은 MSNBC와 Fox News에게 중요한 뉴스 통로를 만들어 주었다. MSNBC에서는 "All Monica, All the Time"이란 문구를 사용하면서 하루 종일 두 사람의 스캔들을 취재, 보도하여 최고의 시청률을 올렸다. 그러한 보도는 반드시 긍정적인 것은 아니지만 MSNBC를 유명하게 만들었다.

1990년대 들어 이윤을 높이라는 압력이 더욱 심해졌는데, 이는 전반적으로 미디어 간의 경쟁이 치열해졌고 기업주들의 투자 회수 요구가 거세졌기 때문이다. 그 결과 신문 편집장들은 보도보다는 현실의 경제적 추세와 마케팅에 더 많은 관심을 갖게 되었다. 이윤에 대한 압력은 신문뿐만 아니라 다른 미디어에서도 예기치 않았던 결과를 초래했다. 이를테면 비용은 줄이면서 수용자를 더 많이 확보하려다 보니 미디어마다 다루는 뉴스가 거의 비슷해진 것이다.

2.5 | 광고 효과

앞서 보았듯이 미디어 운영자가 이윤을 높이기 위해서는 비용을 줄이고 매출을 늘릴 수 있는 매력적인 상품을 만들어야 한다. 그런데 여기에는 또 하나의 요인이 작용하고 있다. 다름아닌 미디어의 주수입원이다. 위에서 언급한 두 가지 사례에서 보듯이 TV와 신문이 올리는 수입의 주요 통로는 광고이다. 이 경우는 방송이나 잡지 모두 해당한다. 잡지에서는 총수익의 1/3 정도가 판매를 통해 들어온다. 그러나 전체 매출의 2/3 정도는 광고를 통해 벌어들인다. 방송에서는 광고야말로 수입의 주요 원천인 것이다. 그리하여 잡지나 신문을 보면 기사보다 화려한 전면 광고가 가끔 눈에 띄는데 방송에서도 마찬가지로 프로그램보다 광고가 더 재미있는 경우가 허다하다. 결국 광고의 노출은 출판이나 방송을 보기 위해서 비용을 지불하는 것이나 마찬가지인 셈이다.

광고주들은 매체보다는 매체의 수용자에게 상품을 팔기 위해서 가장 중요한 미디어 조직이 제작하는 미디어의 지면과 시간을 구입한다. 광고주들은 어떻게 하면 미디어 수용자에게 매력적으로 보여서 광고에 더 노출되게 만드느냐에 관심이 있다. 광고주들은 무엇을 사고 파느냐가 아니라 소비자들에게 광고가 노출되는 수법에 관심을 갖는다. 예를 들어 리모컨으로 광고를 쉽게 거부할 수 있는 방법이 등장하자 많은 광고주들이 애를 태우기도 했다. 그럼에도 불구하고 미디어 세계에서 광고의 성장은 더욱 두드러지고 있다.

원래 비디오는 광고가 없는 미디어로 알고 있었다. 그러나 지금은 비디오에도 본 영화가 상영되기 전에 광고가 나온다. 광고는 영화가 시작해도 멈추지 않는다. 영화 속에서 나오는 상품에 광고가 삽입되는 것은 대단한 비즈니스로 각광을 받고 있다(Miller, 1990)〔그런 경우 PPL(Product Placement)이라고 하는데 그 사례는 본문에서 자세히 언급하였다— 역자 주〕. 배우가 어떤 음료수를 한 모금 마실 때마다 또는 비행기를 타고 내릴 때의 특정 항공회사 마크는 모두 광고 효과가 있다. 예를 들어 1998년에 *Enemy of the State* 라는 영화에서 주인공인 윌 스미스가 핸드폰을 사용한 적이 있는데, 그 제품은 Phillips Electronics에서 만든 것으로 화면에 명확히 제품 회사 이름이 드러났다. *Back to the Future II* 에서도 광고가 무수히 등장했다. 등장했던 회사는 Toyota, Miller, Nike, AT&T, USA Today, Black & Decker, Texaco, Havoline, JVC, Pepsi, Pizza Hut 등이다. 1998년 영화 *You've Got Mail* 에서 America On-Line's Internet 서비스가 나와 영화 전반에 광고가 깔리기도 했다(표 2-7). 화면 안에 나오는 배우들이 유명 브랜드를 언급하는 것은 굉장한 광고 효과가 있다. 그리고 이로 인한 수입은 영화 제작비를 삭감하는 데 도움을 준다. 광고주의 입장에서 이 같은 광고는 대단히 효과적일 수밖에 없다. 영화는 도중에 광고를 넘긴다든지 지나쳐버리기 어렵기 때문이다.

광고주들은 다양한 미디어에서 그들만의 방법을 모색하기 위하여 그럴 것 같지

표 2-7 상품 협찬 광고

상품을 영화 속에 배치함으로써 제작사는 소품들을 공짜로 사용하거나 실제 광고료를 받고, 협찬사들은 자신의 상품을 인기 영화나 스타들과 연결시킨다. 이런 방식의 협찬은 이제 거의 모든 영화와 TV 프로그램에서 이용된다.

영화	상품
Bye Bye Love	McDonalds
The Client	Mercedes Benz
Contact	IBM 컴퓨터
Demolition Man	Taco Bell
Disclosure	SGI 컴퓨터
Enemy of the State	Phillips Electronics 휴대폰, GMC Yukon Denali; BMW 740; Mercedes
E.T.	Reese's Pieces 캔디
The Firm	Red Stripe 맥주, Apple 컴퓨터
The Flintstones	McDonalds ("RocDonald's")
Get Shorty	Oldsmobile Silhouette
Goldeneye	BMW Z3 자동차
Home Alone 2	American Airlines
Independence Day	Apple 컴퓨터, Reebok 운동화, Coors 맥주, Srixon 골프공, Coca-Cola, Nokia 모바일 폰, BMW
Jerry Maguire	Reebok 운동화
Judge Dredd	Land Rover
Jurassic Park	Silicon Graphics 컴퓨터
Lethal Weapon 4	Pontiac Grand Am, GMC Sierra Pickup
Mission: Impossible	Apple 컴퓨터
Multiplicity	Stroh's 맥주
Natural Born Killers	Coca-Cola
The Nutty Professor	Intel Inside 로고
Operation Dumbo Drop	Nestle Crunch 캔디
The Paper	SGI 컴퓨터
Risky Business	Ray-Ban Wayfarer 선글라스
Superman II	Marlboro Man 담배 광고
Teenage Mutant Ninja Turtles	Domino's Pizza
Tin Cup	Reebok 운동화
True Lies	Marriott Hotels
Truman Show	Ford Taurus, Zenith TV, Schwinn 자전거, Hunt's 케첩
Twister	Pepsi
Under Siege 2	Apple 컴퓨터
You've Got Mail	America On-Line (AOL) 인터넷 서비스

표 2-7 (계속)

텔레비전	상품
ER	Compaq 컴퓨터
Friends	Coca-Cola
Millennium	IBM 컴퓨터
Seinfeld	Junior Mints 캔디, Saab 자동차
X-Files	IBM 컴퓨터, Oldsmobile 자동차, Casio 시계

출처 : "The Place to be", Reputation Management, May/June 1997. 웹 사이트 http//www.prcentral.com. 1998. 10. 2; Vista Group. 웹 사이트 http://www.vistagroupusa.com. 1999. 1. 18 ; Leslie Weiss. 1998. "Truman's New Taurus", Mother Jones Magazine. September/October, p. 23.

않지만 고등학교 교실이나 의사의 진료실까지 침입한다. Whittle Communication은 미디어 상품을 제작하는 예술적인 기업으로 유명한데, 그들은 도저히 다른 미디어로는 소비자의 눈길을 끌 수 없는 상품을 특정 미디어의 '포박된(captive)' 수용자를 대상으로 광고를 해냈다. 예를 들어 포박된 수용자란 교실 내의 TV에 'Channel One'이라는 뉴스 채널을 공짜로 연결시켜 그 채널 안에 광고주에게 친근한 몇 가지 잡지를 학생들에게 광고하는 것이다. 이 경우에는 미디어 시설에 'Channel One'이라는 채널을 무료로 설치해 준다는 조건으로 광고를 하는 것이다. 결국 Channel One에게 돌아오는 것은 무엇일까? 학교의 경우, Channel One은 광고주와 함께 뉴스 프로그램에 참여하고 학생들에게는 정규적으로 시청하게 만든다. 1990년대 후반, 매일 약 8백만 명의 10대들이 이 프로그램을 시청했다. 매일같이 뉴스는 흥분되고 웃기며 드라마틱하게 만들어졌다(Hoynes, 1998). 그 대신 Channel One은 교사나 학부형들에게 교육적 가치를 끌어냈다. 동시에 Channel One을 운영하던 Primedia는 10대에게 걸맞은 잠재적인 광고주를 확보할 수 있었다. 제작자들은 뉴 미디어 상품을 창안하여 광고 메시지를 특정 목적에 따라 가장 먹혀들 만한 수용자에게 전송한 것이다. 본질적으로 학생들이 미디어 상품에 주목하고 상품을 거래하도록 하기 위한 정보를 교환한 셈이다. 이렇게 미디어 상품을 외형적으로 제시함으로써 상업적 미디어에게 광고의 역동성을 살린 것이다. 이는 미디어와 광고 그리고 수용자 사이의 상호관계에 더욱 초점을 맞춘 경우이다.

19세기의 광고와 신문

신문, 잡지, TV, 라디오 등 매스 미디어의 작업에서 광고는 중심적인 힘이 되었다. 더구나 앞서 보았듯이 광고는 뉴 미디어의 상품을 파생시켰고 광고가 없었더라면 미디어가 등장할 수 없을 뻔했다. 그렇다면 광고는 어떻게 미디어의 콘텐츠에까지 영향을 미칠까? 이러한 질문에 대해서 한 가지 추론이 가능한 것은 광고의 역사적인 발전을 특정 미디어에 연결시켜 살펴볼 수 있다는 것이다. 그럼으로써 어떻게 광고의 진입이 미디어 상품을 형성할 수 있었는지를 알 수 있다. 잘 기록된 문헌에 따르면 1800년대 영국과 미국의 신문에서 광고가 어떤 효과를 발휘했는지를 알 수 있다.

| **영국의 신문** |

제임스 커란은 역사적 시각에서 영국 신문의 뉴스와 광고의 관계에 대한 중요한 제도적 분석을 시도한 바 있다(James Curran, 1977). 전통적으로 역사가들은 영국의 신문이 정부나 정당의 통제로부터 벗어나 점진적으로 그들의 자유를 쟁취한 것으로 서술한다. 그러나 그와 동시에 신문의 재정 구조는 광고에 의존하기 시작했다. 이에 따라 신문은 일종의 '제4의 계급(fourth estate)'으로 불리게 되었고 경제적 독립을 달성한 것처럼 보였다. 그렇지만 커란은 광고와 언론의 자유가 동등하게 취급됨으로써 영국의 노동자 계층을 대상으로 하는 급진적인 신문에 심각한 영향을 미친 사실을 간과했다고 비판한다. 그는 어떻게 생산적 관점이 미디어의 활동을 살펴보는 데 새로운 통찰력을 주었는지를 알려준 교과서적 접근을 시도했다. 이는 종래의 연구자들이 이전의 연구에서 무시해 왔던 새로운 문제를 제기한 것이었다.

확실히 정부의 재정적 종속을 탈피한 것은 영국 신문에서 커다란 사건이 아닐 수 없었다. 그러나 우리는 정부로부터 광고주로 재원을 옮긴 사실에 대해서 잘 이해하지 못한다. 그로 인해 소위 '포박되었던' 언론이 '자유롭게' 되었다고 생각하면 오산이다. 이제 광고주와 연결됨으로써 더 넓은 의미에서 자본주의와 언론이 깊숙이 관련을 맺게 된 것이다.

커란에 따르면 19세기 전반부에 영국에서 노동자를 대변하는 급진적인 신문의 부수는 계속 줄어들었다. 동시에 세금이나 법률로 신문을 통제하려는 정부에게는 나약하기만 했다. 영국 노동자 계층의 신문은 정부의 제한을 받기보다는 자체적으로 자신들의 재정 구조를 결정하는 것이 차라리 낫겠다고 생각했다. 그리하여 독자들의 구독료보다는 광고비를 수입원으로 삼아 광고에 의존하는 중류층 신문으로 탈바꿈하기 시작했다. 그 결과 광고의 힘에 의해서 미디어의 콘텐츠가 결정되게 되었다.

커란은 광고의 성장이 영국의 급진적인 신문을 변질시켰다고 역설한다. 신문 부수(독자수)를 늘리는 것보다 광고주들을 확보하는 것이 더 중요하게 된 것이다. 초기 광고가 등장할 무렵, 급진적인 신문은 아무리 독자가 많다고 해도 광고주의 지원을 받지 못했다. 반면에 주류 신문들은 아무리 독자수가 적어도 이윤을 남길 수 있었다. 광고주의 정치적 관심은 급진적인 신문이 추구하는 이상과 달랐다. 본질적으로 노동자 계층의 신문들은 산업 자본주의에 대해서 정치적 비판을 늘어놓았다. 반면에 잠재적인 광고주들은 자본주의의 수혜자나 다름없었다. 광고주들은 굳이 자신들에게 정치적으로 반대하는 신문까지 후원할 필요가 없었다. 물론 이것은 부분적인 설명에 그칠지 모른다. 광고주의 정치적 관심은 항상 똑같은 것도 아니었고, 대량의 부수를 기록하는 신문의 경제적 매력을 간과할 수도 없었기 때문이다.

광고주는 급진적인 신문을 회피하는 경제적 이유를 갖고 있었다. 급진적인 신문은 비록 많은 구독자를 가지고 있고 지역적으로도 광범위하게 읽혔지만, 주요 독자였던 이들 노동자 계층은 그들이 추구하는 구매력을 갖고 있지 않았던 것이다. 광고주들에게는 적은 수의 독자라도 중류층 이상의 독자만이 훨씬 좋은 판매 전략의 대상이었다. 광고주들이 목표로 삼는 상품이나 서비스의 판매는 노동자 계층에게 아무런 매력이 없었다는 것이다.

더구나 광고가 신문 경영에서 경제적 가시화의 의미를 바꾸고 있다고 여겼다. 새로운 재원이 등장함에 따라 광고의 지원을 받는 신문은 페이지도 많아져 뉴스와 광고를 많이 수록할 수 있게 되었다. 반면에 광고주의 주목을 받지 못하는 경쟁 신문사의 제작 비용은 갈수록 높아만 갔다. 동시에 기본적인 광고료와 함께 신문의 단가는 극적으로 떨어지고 광고가 없이는 경쟁을 이겨내기 어렵게 되었다.

광고의 성장으로 인한 결과는 급진적인 신문에게는 무덤과 같은 것이었고 뉴스에 영향을 미치는 광고의 문제점도 많이 드러났다. 광고의 지원 없이는 부수가 많았던 몇 개의 급진적 신문마저 인쇄를 멈추어야 했다. 왜냐하면 제작이나 보급에서 더욱 저렴한 비용으로 매력적인 상품을 만들 수 있는 자원을 가진 경쟁자가 많아졌기 때문이다. 따라서 광고가 초래한 중요한 결과 중 하나는 영국에서 전국적인 급진적 신문의 종말이었다. 신문 소유자들은 살아남기 위해서는 둘 중 한 가지 방법을 택해야 했다. 어떤 출판업자들은 마치 오늘날의 '대안 신문(alternative press)'처럼 소규모의 신문으로 그쳐야 했다. 따라서 그런 신문들은 다른 전국지와 경쟁할 엄두도 내지 못했다. 어떤 신문들은 노동자 계층 대상에서 중산층이나 상류층 대상의 신문으로 전환해야 했다. 급진적인 정치적 신문이 하나 둘 사라지면서 광고주에게는 주류 신문이 훨씬 매력적인 상품으로 느껴졌다. 물론 어떤 방식으로든지 노동계층을 대변하던 급진적 신문이 사라져가고 광고 위주의 신문이 성장한다는 것은 언론 자유를 그만큼 발전시켰다고 말할 수 없다. 그보다는 광고의 도입과 그에 따른 급진적 신문의 후퇴가 가져온 결과는 그 전보다 한정된 협소한 시각을 갖도록 만들었다.

| 미국의 신문 |

광고의 지원을 받는 신문의 움직임은 미국 신문의 콘텐츠에도 커다란 영향을 미쳤다. 1800년도 후반까지 미국 신문들은 대부분 정당이나 정치가, 또는 정당 조직으로부터 재정 지원과 함께 통제도 받았다. 그러나 그후 정당이나 정치인들에 의한 신문에서 상업적인 신문으로 그 기반이 완전히 변했다. 이러한 변화된 움직임은 신문의 개념을 완전히 바꾸어놓았다. 광고가 기업 성공의 열쇠가 되면서 정치적 영역의 뉴스가 산업적 영역으로 옮아간 것이다(Baldasty, 1992). 이는 결코 작은 변화가 아니었다. 신문의 독자는 더 이상 정당인이 아니었으며 독자를 자신들의 유권자로 생각하지도 않았다. 반대로 신문은 가능한 정치성을 배제하려고 애를 썼다. 독자를 소비자로 바라보기 시작한 것이다. 결국 상업화 과정에서 소위 저널리즘의 '객관성(objectivity)'이 뿌리를 내릴 수 있는 기준이 생긴 것이다. 뉴스 기업은 뉴스를 보도하는 데 있어 새로운 비정치성을 발전시켜 나갔다.

미국에서는 상업주의 신문으로 인하여 뉴스 콘텐츠가 두 가지 방향으로 형성되어 갔다(Baldasty, 1992). 첫째로 뉴스를 조달하는 사람들은 심각한 논쟁을 피하고, 대신 가능한 많은 독자와 광고주들의 관심을 끌 만한 아주 가볍고 재미있는 기사거리를 선호했다. 이러한 움직임은 비정치성을 뛰어넘는 것이었다. 정치적 뉴스는 어쨌든 문제가 많았다. 신문은 의도적인 것은 아니라도 본질적인 기사에 초점을 맞추기가 매우 어려웠다. 그러나 신문은 되도록 본질적인 의미에서 정치적인 문제를 다루지 않으려 했다.

만약 정치적인 문제를 다루지 않는다면 신문은 대신 무엇을 주로 다룰까? 많은 현대의 상업적 신문들은 19세기 후반부터 스포츠나 의상, 음식, 오락 등과 관련한 기사들을 주로 다루기 시작했다. 그런 내용에는 반드시 광고가 뒤따랐다. 이런 주제들은 오늘날까지 독자들의 지대한 관심을 모으고 있는 내용이기도 하다. 여기서 지적하고 싶은 것은 이런 기사들이 독자들을 즐겁게 하고 광고주들을 친밀하게 만들어 이들과 친숙한 기사가 이제 일간 신문에서 중요하게 자리잡아 언론의 일부분이 되어버렸다는 것이다.

상업화는 또 하나의 심각한 결론을 초래했다. 신문은 광고주의 새로운 경제적 동지가 된 것이다. 제럴드 밸더스티에 따르면 "19세기 초에는 신문 편집장들이 어떤 정당에도 겁내지 않았다. 그러나 19세기 후반의 신문 편집장들은 비즈니스에만 몰두했다. 즉, 그들은 광고에만 관심을 쏟았다"(Gerald Baldasty, 1992). 그들이 정치적 주제를 되도록 멀리하고 가벼운 주제를 다루는 데는 그럴 만한 이유가 있었다. 확실히 신문은 정치적 통세를 가능한 초월해야 한다는 것이었다. 결국 직접적인 정치적 영향으로부터의 독립은 새로운 경영 방식 덕분에 가능할 수 있었다. 그러한 경영 방식은 뉴스를 만드는 제작자나 소비자에게 뉴스의 의미를 점차 바꾸게 만들었다.

광고와 현대의 뉴스 미디어

광고는 지속적으로 뉴스 미디어에 강력한 영향을 미쳤다. 어떤 비평가들은 광고가 이제 뉴스의 콘텐츠를 직접 지배하기에 이르렀다고 주장한다(Collins, 1992). 광고는 아직도 뉴스 미디어의 재정에서 중요한 자금줄이자 언론인, 편집장, 프로듀서들에게 봉급을 주는 재원이다. 그렇다고 대부분의 언론인들이 광고주가 좋아하는 뉴스만을 의도적으로 다루는 것은 아니다. 뉴스의 역동성이란 단순히 광고주들의 관심 사항만을 취재하는 것이 아니고(비록 그런 일은 많이 일어나지 않지만), 일간지의 기자들이 광고주의 뜻에 무조건 동조하는 것도 아니다. 광고는 뉴스 콘텐츠를 직접 결정하기보다는 일반적으로 예측 가능한 방법으로 뉴스를 유발하거나 제한하는 데 힘을 발휘한다. 그러면 어떻게 이런 작업이 이루어지는지 살펴보기로 하자.

일반적으로 뉴스는 광고주의 상품을 긍정적인 방향에서 보도록 묘사한다. 이는 반드시 언론인들이 광고에 대해서 비판하는 것을 두려워해서가 아니라 막강한 권한을 갖고 있는 편집장들이 일상적으로 광고주들을 보호해 주는 방향으로 언론인들을 몰고 가기 때문이다. 광고주의 영향은 여러 가지 측면에서 미묘하게 작용한다. 기자나 편집장은 광고주들이 관심을 갖고 있는 것이 무엇인지를 잘 알고 있고 주요 광고주의 경제적 역할 또한 충분히 인식하고 있다. 결과적으로 이러한 면에서 광고의 지배적인 영향력이란 아마도 무의식중에 광고에 의한 자체 검열이 저널리즘의 한 부분을 차지한다는 것이다. 자체적인 검열이란 기자들이 자신의 기사에 대하여 의문을 품거나 어떤 기사는 삭제하고, 어떤 기사는 무시해 버리며, 어떤 기사는 부각시키고, 어떤 편견에 사로잡힌 기사는 제거하는 식으로 처리하는 것을 말한다. 물론 그에 대해서 어떤 비평가들은 기자들의 행동을 심하게 나무라지만 언론인들의 이러한 행위는 그리 놀라운 일도 아니다. 전문가들은 자신이 주변 세상과 격리되어 존재하는 것도 아니고 그들이 경제적 인간임을 부정하지도 않는다. 변호사들이 고객의 이해를 대변하듯이, 대학 교수들도 종종 그들의 종신 계약에 신경을 써야 하기 때문에 연구 프로젝트의 주제를 선정할 때 연구비 투자측은 이러한 교수들의 입장을 우선적으로 고려한다. 또한 의사들도 자신이 속해 있는 병원과 보험회사의 재정 상황을 눈치보아야 한다. 언론인도 그런 면에서는 예외가 아니다.

물론 언론인들이 광고주의 눈치를 살피는 과정은 매우 복잡하다. 그럴 리는 없겠지만 언론인들은 어떤 광고주에 대한 비판의 낌새가 보이면 이를 회피한다든지 미디어를 이용하여 광고주를 불편하게 만드는 기사를 재빨리 다른 것으로 대체한다. 그 밖에도 광고주를 보호하는 방법은 많다. 예를 들어 네트워크의 프로듀서들은 어떤 유전 지역에서 기름이 대량으로 유출되어 손실이 생기면 그날 뉴스에 정유 회사가 광고를 내보내도록 유도한다. 더욱 일반적인 것은 뉴스 조직에서는 어느 개별 기업을 지원하는 것보다는 집단적으로 가능한 많은 광고주들을 대상으로 손을 뻗는다는 것이다. 그리고 영국의 급진적인 신문의 예에서 본 것처럼 요점은 분명하다. 실무적인 차원에서 뉴스 전문가들은 소비자 위주의 자본주의 체제에 대해 지나치게 비판적인 주제는 다루지 않으려고 한다. 왜냐하면 이러한 체제는 광고주 집단의 이해와 직결되기 때문이다.

한편 어떤 뉴스는 다른 것들에 비해 유난히 영향을 많이 미친다. 지역 신문에서는 부동산이나 자동차 영업소가 그 지역 광고주로 소문나 있다. 거기에는 확실히 경제적인 이유가 있다. 기자들도 이들 광고를 유념하여 가벼운 산업 일변도의 기사들을 작성한다.

이러한 역동적인 작업은 긍정적인 방법으로 다양한 뉴스 배열에도 나타난다. 편집장이나 프로듀서들은 신문이나 라디오, TV 등에서 새로운 광고주에게 매력을 줄 수 있는 새로운 섹션을 만든다. 음악이나 컴퓨터, 음식, 건강, 의상 등은 뉴스에서 튀는 기사에 속하는데, 이는 이들 상품을 판매하는 기업의 매출이 매력적이기 때문이다. 라이프 스타일 기사는 광고주의 꿈이기도 하다. 왜냐하면 이런 기사에서 다루는 상품이 다양한 소비의 대상이 되기 때문이다. 엔터테인먼트 지향적인 기사는 광고주들에게 또 하나의 관심의 대상이 아닐 수 없다. 뉴스도 소비를 부추긴다(Baker, 1994). 만약 뉴스 콘텐츠가 어떤 싱품에 대하여 지속적으로 부정적이거나 너무 황당하게 다루면 수용자들도 분위기에 휩쓸려 그 광고에 따라 반응하는 경향이 있다. 그래서 뉴스가 너무 부정적으로 흐를 때면 일반적으로 사진이라도 밝게 하여 수용자를 안심시키려 한다. 그 예를 TV 뉴스에서 볼 수 있는데, 상품과 함께 그에 따른 활기찬 내용의 보도를 방송에 내보내는 것이다.

끝으로 뉴스는 재정적 지원을 받기 위해서 소비자들을 유혹할 만한 광고를 자주 내보내는데, 광고주가 원하는 것을 이룰 수 있도록 수용자의 소구력을 높일 수 있는 뉴스를 제작한다. 이를테면 스폰서를 물색하기 위한 경쟁 때문에 뉴스는 상류층 수용자의 구미를 당길 만한 내용을 주로 다룬다. 그 결과 가난한 사람들에 대한 뉴스가 없어질 뿐만 아니라 범죄 기사는 제외되고, 기본적인 사회 규범이나 관용의 객관성조차 어겨진다. 실제로 편집자나 프로듀서들은 어떻게 하류층 사람들이 중류층이나 상류층 사람들에게 영향을 미치는가 따위는 다루지 않는다. 대부분의 의상이나 값진 상품들은 고소득층을 대상으로 한다. 물론 모든 뉴스가 상류층 사람들에게 다다르는 데 항상 성공하는 것은 아니다. 우리가 잘 알고 있는 고급 미디어인 「뉴욕 타임스」(*The New York Times*), PBS의 「뉴스 아워」(News Hour), 「나이트 라인」(Night Line), 「월 스트리트 저널」(*The Wall Street Journal*), 「워싱턴 포스트」(*The Washington Post*) 등은 언론인들에게 최고의 뉴스계로 간주되고 있다.

결국 광고는 뉴스 콘텐츠를 직접 결정하지는 않지만, 뉴스는 결코 광고로부터 자유로울 수 없다. 개인적으로 편집자나 프로듀서는 모든 뉴스에 대하여 똑같이 반응하지 않는다. 개인적으로 광고주 역시 모든 뉴스를 같은 수준으로 지각하지 않는다. 그렇지만 현대의 비평 연구에 따르면 우리가 말하는 뉴스란 뉴스 기업에서 일정 부분 중심적인 역할을 발휘하는 광고를 빼고는 논의할 수 없다는 것이다.

광고와 뉴 미디어 그리고 MTV

미디어 상품 가운데 광고 효과가 미치는 것이 단지 뉴스만은 아니다. 뮤직 비디오도 판매 촉진 역할을 하는 측면에서 분석해 볼 필요가 있다(Goodwin, 1992). 뮤직 비디오는 음반 산업의 광고라는 형식을 취한다. 음반 산업의 일환으로 제작되는 뮤직 비디오와 MTV 출범 간의 연결을 서로 떼어놓고 생각하기란 힘들다. MTV는 케이블 TV 성장 과정에서 창안되었고, 음반 산업에서 젊은 수용자를 대상으로 판매를 촉진하기 위해서 발전시킨 것이다. 케이블 TV가 새로운 채널을 만들기 위해 문을 활짝 열어놓은 상태에서 MTV가 만들어지자, 음반 산업체는 무료로 MTV에 프로그램을 공급했다. MTV는 경제적으로 말하자면 제작비가 전혀 들지 않았던 까닭에 생존할 수 있었다. 모든 MTV의 콘텐츠는 음반 산업의 광고와 직결되었기 때문이다. 음반 산업의 입장에서는 그러한 배열이 효율적일 수밖에 없다. 왜냐하면 뮤직 비디오를 만들려면 돈이 많이 드는데, 일단 제작을 하면 MTV라는 매체를 통해 무료로 배급될 수 있었기 때문이다. 적어도 초기 단계에 MTV의 존재는 음반 산업의 판매를 촉진시키기 위해 생긴 것이었고, 뮤직 비디오 자체는 광고의 새로운 형식이었던 셈이다(Banks, 1996).

한 걸음 나아가 앤드류 굿윈은 뮤직 비디오의 "흥행적 수요(promotional demand)"가 비디오를 어떻게 제작하면 좋은지를 결정하는 데 도움을 주었다고 말한다(Andrew Goodwin, 1992). 특히 그는 뮤직 비디오가 음악인이 아니라 레코드사와 그것에 소속된 제작자에 의해서 통제되고 있는 점에 초점을 맞췄다. 대부분 비디오는 음악인들의 예술적 표현으로서가 아니라 레코드사의 결정에 따른 마케팅 결과에 따랐다. 또한 뮤직 비디오는 장기적으로 경제적인 성공을 거둘 수 있는 음반 산업의 열쇠인 "스타 만들기(star identities)"를 위해 발전되고 개발되는 것에 불과했다(Goodwin, 1992).

종종 뉴 미디어 기술이 혁명적인 발전이라고 일컬어지지만 기존 광고계에까지 영향을 미칠 정도는 아니다. 그들의 비디오는 대부분 제도권 광고의 재정 지원을 받아 수용되는 것이다. '커뮤니케이션 혁명'의 대단한 잠재력을 예고하는 상호작용적 TV와 CD-ROM 잡지란 것도 알고 보면 광고주의 일부가 지원하는 것이다. 동시에 케이블 TV의 홈쇼핑도 갈수록 번창하고 있다. 이미 광고주들은 이런 게임을 앞질러서 어떻게 뉴 미디어가 상업적인 메시지를 잠재적인 소비자에게 전달할 수 있는지를 항상 생각하고 있다. 그 결과 뉴 미디어에 있어서도 앞으로 다가올 다음 세대의 생활 속에서 주요 상품이 무엇이 될 것인가를 결정하는 데 중심적인 역할을 할 것이다.

광고주들은 온라인 컴퓨터에서 어떤 종류의 서비스가 그들 광고의 목적에 가장 적합한 방법이라고 생각할까? 주요 미니어 기업은 '검색 엔진(search engine)'에 초점을 맞춘다. 검색 엔진이란 인터넷 월드 와이드 웹 사이트에 머물면서 사용자를 도와주는 초고속 사이트를 말한다. 예컨대 1998년에 Disney는 Infoseek를 매입했고 NBC는 Snap를 매입했다. 미디어 산업에서 광고의 역할에 대한 제도권 연구들은 '정보 고속도로'의 미래가 미래의 광고주와 긴밀하게 연결될 것으로 예측한다.

그렇지만 소비자 마케팅이 변하게 되면 광고와 매스 미디어 관계의 구체적인 속성도 바뀔 수밖에 없다. 이때 직면하게 될 사회적 현안은 그 관계가 수용자들의 분화(fragmentation)를 증대시킬 수 있다는 것이다. 매스 미디어 개념은 소수의 송신

표 2-8 케이블 TV와 틈새시장

케이블 TV 채널은 비교적 소수의 표적 시청자를 대상으로 틈새시장을 노릴 가능성이 높다. 아래의 채널 이름은 1998년 현재 협송 접근을 시도하는 케이블 TV 채널을 명기한 것이다.

Air & Space Network	The Golf Channel
American Legal Network	Hobby Craft Network
Arts & Antiques Network (AAN)	Home & Garden Television
The Auto Channel	Home Improvement Network
The Anti-Aging Network	Independent Film Channel
The Boating Channel (TBC)	Jewish Television Network
Celticvision	Museum Channel
The Crime Channel	My Pet Television Network
Cupid Network Television	Outlet Mall Network
Exxxstacy Premier	The Real Estate Network
Fish Network	Recovery Network
The Food Network	

출처 : *Broadcasting and Cable Yearbook(1998)*; Ultimate TV. 웹 사이트 http://www.ultimatetv.com/tv/us/cable. 1999. 1. 18.

자가 다수의 수신자에게 직접 메시지를 전송하는 커뮤니케이션 구조에 바탕을 두고 있다. 따라서 주어진 미디어의 차원에서 광고란, 동질적이면서 소비자의 최소 공통분모에 맞는 미디어 상품 생산을 장려하는 것이라고 말할 수 있다.

　새로운 기술적 여력과 새로운 소비자 시장은 미디어의 대중 지향성을 변화시킬 것이다. 사람들은 '협송(narrowcasting)'이란 용어를 사용하고 있는데, 이는 대중 수용자가 아니라 소규모이지만 구체화된 수용자를 대상으로 하는 케이블 TV를 일컫는 것이다(표 2-8). 요리 기구나 주방용품을 생산하는 기업에서는 드라마보다는 요리 프로그램을 선호할 것이다. 요리 프로그램을 통해서 광고주는 요리와 관련된 상품에 관심 있는 수용자에게 광고가 도달할 것이 확실하다는 것을 장담한다. 이는 드라마 시청에서는 결코 기대할 수 없는 것이다.

　광고주는 미디어 상품이 구체화될수록 잠재적으로 이익이 된다는 것을 깨닫고 있다. 광고주들은 구체적인 소비자를 대상으로 하는 미디어가 재정적 이윤이 남는다는 것을 잘 안다. 광고주들은 오랫동안 매스 미디어 세계가 갖는 동질화의 위력을 보아왔다. 오직 미디어만이 대중적 소비를 촉진시킬 수 있다는 점에서 그렇다. 그렇지만 새로운 기술의 등장과 마케팅 전략의 변화에 따라 광고주들은 빠르게 미디어 콘텐츠가 다양해지고 있음을 간파하고 있다. 그러나 광고주의 관심은 아주 구체적인 미디어 다양성에 주목한다. 이때 인구통계학적으로 '분할(segment)'된 수용자들과 미디어의 관계를 주목한다. 비록 미디어가 우리 주변 도처에 깔려 있지만 더욱 다양해지고 분할된 프로그램으로 새롭게 몰고 가면 점차 수용자는 분할될 여지가 높아진다. 어떤 사람들은 이렇게 분할된 문화적 경험의 장기적 결과에 대하여 우려를 나타내기도 한다. 조셉 터로우는 "이 시대의 광고주는 미디어 기업과 함께 작업하여 전자적인 동등체를 창안하려고 할 것"이라고 주장한다(Joseph Turow, 1997). 소비자 시장이 늘어남에 따라 이미 확보된 소비자 자료를 바탕으로 새로운 미디어를 이용하여 광고는 소비자에게 다가갈 것이다. 그동안 광고주가 별로 중요하게 여기지 않았던 빈곤한 소비자들은 여전히 미디어 위주의 광고주로부터도 외면당할 것이다.

2.6 | 결 론

이번 장에서는 생산의 관점에서 경제적 측면이 미디어 기업을 이해하는 데 어떻게 도움을 주는지 살펴보았다. 우리는 이러한 접근법을 통해 미디어의 사회적 과정이 어떻게 이루어지는가를 논의해 보았다. 그러한 접근 방법이 아주 근본적이긴 하지만, 미디어의 생산적인 경제력에만 초점을 맞추다 보면 매스 미디어와 사회의 관계를 보는 시각이 너무 편협해질지도 모른다.

한 가지 문제를 지적하자면 이번 장에서 개괄한 이러한 접근이 매스 미디어에 대하여 과장된 결정론적 관점을 제시하는 경향이 없지 않다는 것이다. 즉 경제적 힘이 미디어 상품의 성격을 결정한다는 식으로 너무 과장되게 강조할 수 있다는 것이다. '결정(determine)'이란 개념이 중심 단어인데, 생산 과정(production process)에서 경제가 매스 미디어의 구체적인 속성을 충분히 정의할 수는 없다. 그 이유는 생산 과정에 포함되어 있는 중개 변인(intervening variables)이 너무 많기 때문이다. 미디어 상품은 소비자의 판단과 해석에 따라서 결정된다. 결과적으로 어떤 소비 위주의 인간적 비판보다는 소비를 조장하는 미디어 주변에 변수가 많이 내포되어 있음을 알아야 한다. 그리고 생산 과정에서 제도적인 제한도 많이 있다. 우리는 이러한 비판을 모두 수용하지만, 생산의 관점으로부터 얻어진 통찰력까지 버릴 의도는 없다. 우리는 미디어 생산 과정에서 작용하는 경제적 위력의 효과를 과장하거나 무시할 수는 없기 때문이다.

사회학적 관점에서 보면, 미디어 산업의 경제적 차원은 확실히 비판적인 요소임에 틀림없다. 그렇지만 경제적인 면과 또 다른 요인들의 설명이 미디어 산업과 미디어 상품의 제작 과정을 이해하는 데 필요할 것이다. 즉 정치적이고 조직적인 요인도 반드시 고려해야 한다.

3 미디어에 미치는 정치적 영향

미디어를 더욱 잘 이해하려면 미디어를 에워싸고 있는 정치 환경을 잘 알아야 한다. 우리는 민주주의 사회와 전체주의 사회 사이에는 극단적인 정치적 차이가 있음을 알고 있다. 전체주의 국가에서는 정부가 일상적으로 매스 미디어를 통제한다. 그리하여 국가의 구조적인 제한이 대개 미디어의 매개 역할을 지배한다. 극단적인 경우 국가 소유의 통신사, 방송, 영화 촬영소는 국가의 선전 무기로 전락하여 정부가 의도하는 바대로 이미지와 메시지를 전파한다. 따라서 그런 국가의 수용자들은 정부의 선전을 해독하기 위해서는 행간에 숨은 뜻을 읽을 줄 알아야 한다. 그런 까닭에 그런 나라에서는 불법적인 지하 언론이 흔히 나타난다. 그리고 지하 언론은 시민들의 적극적인 매개체로 지지를 받는 상황이 벌어지곤 한다.

그와 반대로 민주주의 사회는 언론의 자유와 표현의 자유를 보호한다는 점을 큰 자랑으로 여긴다. 민주주의 사회는 항상 뉴스와 정보, 엔터테인먼트를 다채롭게 실어나르는 미디어를 사적 또는 공적으로 운영하여 소유 형태가 다양하다는 특징이 있다. 그렇지만 어떤 민주주의 사회에서는 아직도 몇몇 소수의 상업적 재벌에 의해 소유된 상업주의 언론이 일반화되어 있다. 이러한 경우 미디어는 기업의 지배 아래 놓이게 되는데 때로는 정부가 통제할 때보다 더 심각한 결과를 낳기도 한다. 이런 지배 유형도 전체주의와 마찬가지로 시민들에 의한 불법적 지하 언론을 낳는다.

대부분의 국가는 자유로운 언론 활동을 위해서 조직적인 구조를 구축한다. 이는 미디어와 정치적 세계에 응용되는 구조와 기관 간의 관계에서 비롯되는 긴장으로 나타난다. 정치적 힘과 미디어의 관계는 자유로운 표현과 경제적 이해관계, 정부의 역할 등에 대한 중요한 질문을 불러일으킨다. 이것이 3장에서 살펴볼 주제이다(나중에 7장에서는 정치에 미치는 미디어의 영향을 검토할 것이다). 여기에서는 소유를 규제하는 정부의 역할과 미디어의 기술과 콘텐츠, 그리고 콘텐츠의 배포 방식 등에 초점을 맞출 것이다. 그렇지만 미디어를 보호하는 집단이나 시민 단체, 종교 단체, 이익 단체, 미디어 비판 집단 등이 제기하는 비공식적인 정치적 압력도 아울러 살펴볼 것이다.

3.1 | '해적판 라디오'의 경우

아침 6시 30분, 미국 플로리다주 브루어의 집에 정부 기관원들이 난입했다. 군복을 입고 권총까지 찬 기관원들은 브루어와 그의 가족을 마루 위에 꿇어앉히고 집안을 샅샅이 수색했다. 경찰 헬리콥터가 주변 상공을 돌고 있었으며, 일부는 밖에서 권총을 들고 서 있었다. 그들이 들어왔을 때는 기관원들이 브루어의 손에 수갑을 채우고 의자에 앉힌 다음 수천 달러에 달하는 밀수품을 압수하고 있었다(Nesbitt, 1998; Shiver, 1998).

브루어는 마약상이 아니었다. 그는 *'Biker Rock'*이라는 음악을 방송하는 불법 '라디오 약탈자(Tampa's Party Pirate)'였다. 1997년 11월 아침에 그의 집을 급습한 기관원은 연방통신위원회(FCC: Federal Communications Commission) 직원으로, 이들은 허가를 받지 않은 라디오 방송을 감시하고 법을 집행하는 일을 했다. FCC가 불법적인 '해적판 라디오'를 급습한 것이었다. 그들이 압수한 밀수품은 방송용 장비였다.

우리는 미국의 헌법에 따라 브루어와 같은 사람을 보호해 주지 않은 것에 놀랄지 모르겠다. 미국은 표현의 자유가 보장되어 있는 국가이지만, 그의 권리는 묵살되었다. 왜냐하면 그는 라디오라는 방송 장비를 불법으로 소지하고 있었기 때문이다. 이처럼 라디오와 같은 방송 매체는 인쇄 매체와 달리 법적 제재를 받는다. 만약 그가 잡지를 만들기 위해 컴퓨터나 복사기를 가지고 있었다면 그는 1차 수정 헌법에 따라 보호를 받았을 것이다. 그러나 정부와 법원은 방송의 경우는 이와 다르게 다룬다. 왜냐하면 방송의 전파는 공공의 자산으로서 수용자에게 바로 영향을 미치기 때문이다. 문제는 제한된 전자 주파수이다. 정부는 누가 그러한 제한된 주파수를 허가도 받지 않고 사용하는지를 감시한다. 주변 방송국이 가지고 있는 호출 부호가 예를 들어 106.1 FM이라면, 이것은 그 방송국이 법적으로 허가받은 주파수가 그렇다는 것이다. 정부는 라이센스라는 공식 허가장을 방송사에 부여함으로써 해적판 라디오를 법으로 다스린다.

해적판 라디오의 전파는 그리 강하지 못하지만 공식 허가를 받은 방송국의 전파를 방해할 수 있다. 어떤 경우에는 핸드폰이나 삐삐, 경찰 무전기, 디지털 TV 시그널, 교통통제 통신 등과 같은 공공의 전파를 방해할 수도 있다. 만약 정부가 그러한 전파를 규제하지 않는다면 같은 주파수에 복수의 방송국이 존재할 수도 있고, 개인적인 통신 장비도 방해하여 통신의 대혼란이 일어날 수 있다. 이는 마치 고속도로에서 교통신호나 제한속도가 전혀 없는 상태와 비슷하다. 사실 이런 혼란은 라디오가 생겨난 초기부터 비롯된 것이다. 라이센스가 공식적으로 부여된 것은 1912년이 처음이었는데, 그 전에는 허가를 받지 않은 상업용 통신이 해군의 통신 활동에 엄청난 혼란을 초래하곤 했다. 그래서 정부는 '공익'을 보호하는 차원에서 라이센스제를 도입하기로 한 것이다.

그러나 해적판 라디오(좀더 자연스러운 용어로는 일반적으로 '마이크로 방송국'이라 부른다)는 이야기가 다르다. 정부가 라이센스 제도를 도입하여 법을 집행하는 이유 뒤에는 거대한 상업 방송들의 의도가 숨겨져 있다. 많은 마이크로 방송국은 자기네 방송이 다른 통신 서비스를 간섭하지 않는다고 주장하지만, 그렇다 해도 그들의 행위는 불법이다. FCC는 단순히 너무 작은 규모의 마이크로 방송국에 라이센스를 주지 않는다. 이는 곧 소규모 라디오는 법적인 허가를 받지 않았으므로 자동적으로 불법이며, 라디오는 대부분 상업적 대형 기업의 이해관계에 의해 지배되어 왔기 때문이다. 그런데 FCC는 라디오를 운영하고 싶은 사람들의 마이크로 방송국에 왜 허가권을 내주지 않는 것일까?

필라델피아에서 운영되는 '자유의 라디오' 옹호자인 페테 트리디쉬(Pete

TriDish)는 다음과 같이 말한다.

> 이 나라는 너무 미디어 소유가 집중되어 있어 보통 사람들의 목소리가 없다. FCC의 처사는 방송 독점에 관한 것뿐이다. 만약 FCC가 말하는 대로 마이크로 방송국이 다른 방송을 간섭한다면 나부터 먼저 달려가서 그런 행위를 혼내 줄 것이다. 그러나 어느 방송도 다른 방송을 간섭하는 일 따위는 없을 것이다(Shiver, 1998 인용).

미국에는 수백 개에 달하는 불법 라디오 운영자가 있는데, 그들은 지역적 이익이 전파의 다양성에 있다고 주장한다. '자유의 라디오'는 마이애미주 Haitian 음악에서부터 일리노이주 Decatur에서 진행되는 거주자 토론회에 이르기까지 모든 것을 방송한다. 또한 버지니아주 리치몬드에서 벌어진 인종 문제와 오하이오주 클리블랜드에서 게이들이 운영하는 나이트클럽의 음악에 이르기까지 모든 것을 방송한다. 노스다코타에 사는 한 농부는 방송국을 세워서 지역 내 일반 상업 방송국에서는 들을 수 없는 보수적인 대담 프로를 방송하기도 한다.

아마도 가장 잘 알려진 '자유의 라디오' 운동은 버클리에 있는 50W 출력의 자유의 라디오일 것이다. 자신을 버클리 지역의 대안적 목소리라고 자처하는 방송이다. 이 방송은 지역 뉴스, 인터뷰, 정보, 다양한 음악 등을 내보낸다. 이 방송의 목표는 전파를 개방하여 상업적인 방송국의 기업화를 견제하고, 자유로운 뉴스와 정보, 문화적·예술적 창의성을 전파하는 것이다(Free Radio Berekely, 1998). 방송국 창립자 스테펀 듀니퍼(Stephen Dunifer)는 벌써 몇 년 동안 법정에서 FCC와 허가권을 놓고 싸움을 벌이고 있다. "이러한 움직임은 곧 언론의 자유에 관한 것이다"(Kobell, 1998 인용).

3.2 | 미디어 규제의 일반성

해적판 라디오의 경우는 미디어 규제의 적용이 애매하다. 규제의 측면에서 보자면 모든 미디어가 해당되는 것은 아니다. 미디어를 지배하는 규제는 역사적으로 세 가지 분야의 미디어마다 서로 달랐다. 즉 인쇄 매체, 방송 매체, 통신 매체가 그것이다. 통신 매체란 'common carrier'라는 원어에서 출발했는데, 운영자가 국민들 가운데 누구나 동등하게 접근할 수 있는 권리를 말하며, 통신은 독점을 보호하는 등 여러 유형의 권리를 가지고 있다. 체신이나 우편 서비스는 통신 매체에 속한다. 한 예로 정부는 규제를 가함으로써 미디어를 도와주는 방법을 모색하고 있는데, 그중에서 신문이나 잡지 또는 책 같은 출판물이 우편을 사용할 때 우편료를 적게 물린다. 법적으로 전화나 전신, 컴퓨터의 경우도 통신 매체에 속한다. 1장에서 언급했듯이 이러한 미디어는 일반적으로 우리가 말하는 매스 미디어에 국한되지 않기 때문에 여기서는 중점적으로 다루지 않겠다.

둘째로 규제의 차이는 가끔 기술적인 차이와 관계가 깊다. 인터넷처럼 새로운 매체가 출범하면 규제자들은 그 매체가 작동하는 것에 따라 새로운 규제를 만들어야 한다. 미디어 발전과 미디어 사용에 있어서 기술적 역할이 중요하게 기능함을 알 수 있다.

세 번째 해적판의 사례에서 보여주는 교훈은 탈규제(*deregulation*)란 단어가 빈번히 사용된다는 것이다. 사실상 미디어에 관여하는 사람들은 누구나 정부의 규제를 받게 마련이다. 이는 진보 또는 보수에 속하는 모든 정치인들, 시민단체 간부들, 심지어 해적판 라디오 운영자들도 바라는 것이다. 그렇다면 이들 집단은 현재 어떤 종류의 정부 규제에 동의하지 않고 있는 것인가? 여기에서 '공익'과 자유로운 의사에 대한 한계의 차이가 드러난다.

끝으로 그리고 아마도 가장 중요한 것은 해적판 라디오의 경우에서와 같이 넓은 의미에서 규제가 한 행위자에게 가해지면 나른 행위자에게는 상대적으로 이득이 된다는 것이다. 예를 들어 정부가 해적판 방송을 불법이라며 통제하면 현재의 상업적 미디어는 자동적으로 재정적 이득을 보게 된다. 사실 미디어 산업은 정부의 적극적인 규제와 통제 없이는 현재의 위치를 유지할 수 없다. 바로 이 때문에 미디어 산업은 자신들에게 이득이 될 경우에는 정부의 어떤 규제라도 적극적으로 지지한다.

그러나 다음에 살펴보겠지만 어떤 규제는 미디어 산업으로부터 국민의 이익을 보호한다는 명분으로 너무 강력하게 제정된 것도 있다. 이럴 경우 미디어 업계에서는 탈집중화라는 개념을 부르짖는다. 그러므로 규제적인 측면에서 "그러한 규

표 3-1 연방 선거 후보자를 후원한 기업과 기부 금액 (단위:달러) (1997~1998년 현황)

기 업	전체	민주당	공화당
General Electric (NBC의 소유주)	646,500	267,500	379,000
National Cable Television Association	602,968	249,388	353,580
National Associations of Broadcasters	450,103	145,560	304,543
Time Warner	326,073	189,440	136,633
Seagram	320,290	135,512	184,778
Seagram ($ 133,690; $53,512; $80,178)			
Universal Studios ($186,600; $82,000; $104,600)			
Viacom International	171,038	80,238	90,800
Westinghouse (CBS의 소유주)	170,600	55,550	115,050
Walt Disney Company (ABC의 소유주)	152,986	94,054	58,932
Printing Industries of America	139,100	18,500	120,600
ASCAP	111,760	63,510	48,250
Sony Pictures Entertainment	99,500	46,750	52,750
(Sony Corp의 소유주)			
Comcast Corp	92,975	52,200	40,775
Motion Picture Association of America	89,118	39,771	49,347
NewsCorp (FOX의 소유주)	72,134	24,134	48,000
News America Publishing			
($47,000; $14,000; $33,000)			
Fox Inc. ($25,134; $10,134; $15,000)			
MediaOne	56,250	24,250	32,000
Recording Industry of America	55,002	30,802	24,200
Marcus Cable Properties Inc.	52,550	34,750	17,800
Tele-Communications Inc. (TCI)	46,000	26,550	19,450

출처 : The Center for Responsive Politics가 정리한 Federal Election Commission Data.
인터넷 주소 : http://www.crp.org. 1991. 1. 9.

제로부터 누가 득을 보는가"와 함께 "누가 제재를 당하는가"라고 묻는 것이 중요하다. 이러한 접근은 규제에 대한 논의에서 대단히 많이 언급되는 부분이다.

미디어 규제를 둘러싼 토론에서는 경쟁적 이해와 관련된 주제가 많이 등장한다. 미디어 기업은 그들이 지지하는 정치적 후원자와 로비스트들의 강력한 정치적 힘을 빌려 자신들의 관심사를 촉구한다(표 3-1). 이는 미디어 기업이 이익을 챙기고 외부의 위협을 제거하기 위하여 규제를 촉진하는 노력을 기울이는 것이다. 한

FCC 간부에 따르면 방송국이 그렇게 강력한 워싱턴의 로비 집단으로 활동할 수 있는 것은 그들이 지역 방송에서 방송 시간을 마음대로 주무르기 때문이라고 한다 (Hickey, 1995). 미디어를 등에 업고 출세를 꿈꾸는 정치인들은 미디어 산업에 영향을 미치는 법의 제정을 매우 중요하게 인식하는 경향이 있다.

반면에 보통 사람들은 보다 나은 미디어 체계를 갖기 위하여 시민 단체를 결성하기도 한다. 민주주의 사회에서 이러한 시민 단체들은 정부의 통제 그 자체에 대해서가 아니라 정부의 규제에 의해서 보호를 받아야 하는 미디어에 대한 기업의 통제에 관심을 보인다.

정치적 기류가 변화함에 따라 규제에 관한 토론도 상당한 변화를 겪었다. 여러 차례에 걸쳐서 그리고 여러 사람들에 의하여 정부와 미디어의 관계에 대한 성격을 규명하기 위해서였다. 예를 들어 1990년대 중반, 미디어가 반대하는 규제를 제거하도록 정치적 여론이 미디어 업계 편으로 많이 기운 적이 있었다. 바꾸어 말하면 이는 다양한 시민들의 움직임이 정치권에 작용했기 때문이었다. 어떤 사람들은 미디어 소유의 집중이 필요하다고 주장했고, 어떤 사람들은 다양성을 부르짖으며 지역 지향적인 비상업적 미디어가 출현하길 바랐다. 그리고 또 다른 사람들은 미디어에서 묘사되는 폭력성에 대한 사회적 오염과 지나친 선정주의를 지적하기도 했다.

기술적 변화와 법제적 참여가 활기를 띠면서 미디어 규제는 상당히 빠르게 변하고 있다. 사실 이 책을 쓸 때의 법규와 이 책을 읽을 때의 법규는 다를지도 모른다. 그러므로 우리는 미디어 법제의 구체적인 내용이 시간이 흐름에 따라 어떻게 변하는가에 대해서보다는 정부와 미디어 사이의 모든 유형을 특성화하는 일반적인 역동성에 더욱 관심을 갖는다. 사회학적인 관점에서 보면 이러한 정부와 미디어의 관계는 서로 끌어당기고 끌려다니는 것으로 묘사된다. 이는 정치적 속성과 크게 다르지 않은데, 상호 이해관계로 인한 경쟁의 균형을 유지하려는 외압에 적절히 반응하려는 것이다. 또한 '공익'과 '언론의 자유' 같은 개념의 속성을 사회적으로 구축하려는 시도이다.

3.3 | '첫 번째 자유'

미국에서 행해지고 있는 미디어 규제에 대한 토론은 건국 초기부터 다양한 이해관계자들이 대립의 균형을 찾기 위해서 이루어졌다. 대부분 미국인들은 1차 수정 헌법에 명시되어 있는 '언론의 자유'를 보장하는 것에 익숙해져 있다. 헌법 전문을 살펴보면, "의회는 종교에 따른 행동을 금지하는 아무런 법적 제한을 두지 않듯이 언론의 자유를 축소할 수 없다. 이에 대해 사람들은 평화적으로 연맹할 권리가 있으며, 만약 정부가 잘못하면 탄원할 수도 있다"고 되어 있다.

그렇다면 '언론의 자유'란 무엇을 의미하는가? 수정 헌법에는 "의회는 절대 법으로 언론을 다스릴 수 없다"고 명시되어 있다. 따라서 정부는 미디어를 간섭해서는 안 된다. 그리하여 어떤 사람들은 정부에 의한 모든 미디어 규제는 1차 수정 헌법에 위배되는 모순된 처사라고 비판한다. 그러나 현실은 훨씬 복잡하다.

우리는 또 다른 차원에서 정부와 미디어의 관계에 대하여 헌법보다 더 앞서나 갈 필요가 있을지 모른다. 헌법 8조 1항에 의하면 "의회의 권한"이 나오는데, 그 권한 가운데 하나는 의회가 한정된 시간 내에 저자와 발명자에게 그들의 저작이나 발명에 대한 독점권을 부여하여 과학적 증진과 예술의 창조를 고취시켜야 된다는 것이다. 여기에서 FCC는 의회로부터 커뮤니케이션 시장을 간섭할 수 있는 권리를 부여받는데, 이는 저작권과 함께 저자와 발명가의 이해를 보호하자는 취지에서이다.

헌법에서 명시하는 저작권은 미국 정부의 집행력과 함께 지금 여러분이 읽고 있는 책의 판매와 배포를 보호한다. 우리는 이 책을 펼치면 저작권이 쓰여진 페이지를 찾을 수 있는데 거기에는 이 책의 출판 일자, 출판사 이름과 주소, 저작권에 대한 내용이 실려 있다. 저작권은 "All rights reserved"라고 쓰여 있다. 저자의 서면 허락 없이 이 책 어느 부분이라도 무단으로 베껴서는 안 되며, 어떤 형식이나 어떤 수단으로 유용되어서도 안 되고, 복사나 기록, 저장, 검색을 해서도 안 된다. 이런 서술은 정부의 법과 규제에 의해서 저자의 허락 없이 누군가 이 책을 복사하거나 판매할 경우에 처벌받을 수 있음을 뜻한다. 저작권은 시간이 흐름에 따라 발전해 오고 있는데 복사기나 녹음기, 편집기 등 새로운 기술이 등장하면서 더욱 복잡해지고 있다. 위에서 언급한 어떤 미디어라 해도 허가받지 않은 복사는 모두 불법인 셈이다. 그러한 규제는 출판사의 판매에 따른 수익, 판매에 따라 저작권료를 받는 사람 모두를 보호하자는 취지에서 존속한다. 출판에 관계된 모든 사람들은 이 책을 만들기 위해 시간과 돈을 투자했기 때문에 법으로 이 책의 판매와 배포 그리고 판매에 따른 이윤을 통제하는 것이다. 만약 저작권이 없었다면 출판사가 투자한 만큼 이윤을 회수할 수 있는 방법이 없었을 것이다.

해가 거듭됨에 따라 정부와 법원은 저작권법을 확대시켜 나갔다. '지적 재산권(intellectual propery right)'이라는 항목에서 저작권에 해당하는 것은 영상, 음성, 컴퓨터 소프트웨어 등 그 범위가 아주 넓다. 예를 들어 음악 CD, 영화, 컴퓨터 소프트웨어 등을 함부로 복사하거나 판매하면 불법이다. 마찬가지로 저작권이 있는 사진을 마구 복사하여 상업적으로 되팔아도 불법이다. 이 책에 실린 사진은 모두 원래 저자의 허락을 받아 사용한 것이다. 우리가 아무리 원해도 저작권을 갖고 있는 사람이 허락하지 않으면 어떤 사진도 절대 실을 수 없다. 미디어는 산업적으로 어떤 면에서 정부의 규제를 원치 않을 수도 있지만 대개 정부의 간섭이 분명히 뒤따른다. 저작권에 대한 정부의 보호는 미디어 산업을 지속시키는 데 매우 중요한 것이다. 이 같은 정부의 법적 집행력이 없다면 미디어 산업의 이윤은 결코 장담할 수 없을 것이다.

그러므로 정부와 미디어의 관계는 단순히 '언론의 자유'라는 슬로건이 의도하는 것보다 훨씬 복잡하다. 이해를 돕기 위해서 '언론의 자유'가 갖고 있는 법적 의미를 역사적으로 이해할 필요가 있다. 이 나라 건국인들이 1차 수정 헌법을 제정할 때 그 당시의 유일한 매스 미디어는 신문이었다. 헌법 제징자들은 어떻게 유럽의 정부들이 출판인들과 편집인들을 학대해 왔는지를 잘 알고 있었다. 유럽 국가들 대부분이 라이센스를 요구한다거나 세금을 높게 부과하고 무자비하게 명예훼손을 거는 등 여러 가지 전술을 써서 출판사나 편집인들을 학대해 왔다(Eisenstein, 1968).

이에 반해 미국의 사법부 체계는 유럽과 다른 절차를 밟았다. 미국의 법에서는 언론의 자유를 몇 가지 방법을 써서 보호했다. 첫째, 언론에게 이유 없이 허가장을 부여하지 않는 것을 불법적인 '사전 억제'로 여겼다. 둘째, 언론에게 세금을 지나치게 매기지 못하도록 하는 전통을 발전시켰다. 셋째, 범죄적인 명예훼손을 크게 제한했다. 이러한 조치는 정부가 1차 수정 헌법을 통하여 미디어로부터 손을 떼자는 것이었다.

'언론의 자유'를 규정하는 1차 수정 헌법의 발기인들은 근본적으로 지역 신문사를 대상으로 하였다. 최근 방송 미디어나 케이블 TV, 위성방송, 컴퓨터 통신에 대해서는 새로운 법적 도전이 일어났다. 그것은 새로운 뉴 미디어 언론사에 해당하는 것들이다. 결과적으로 앞으로 나타날 새로운 미디어 기술의 소유에 대한 규제는 지속적으로 발전되어 나갈 것이다.

3.4 | '공익' 과 규제

FCC는 초기에 통신에 대한 규제를 책임지고 있었던 Federal Radio Commission 과 그 밖의 다른 관련 위원회가 통합·정리되어 1934년에 설립된 것이다. 이제 FCC는 미국의 라디오, TV, 위성, 케이블에 의한 국내외 커뮤니케이션과 관련된 모든 사항을 규제하고 있다. 또한 FCC는 방송국 허가장 부여와 벌금 부과, 커뮤니케이션 규칙을 집행한다. FCC는 의회의 비준을 받아 대통령이 지명하는 5년 임기의 위원 5명으로 구성된다(FCC에 대한 자세한 내용은 http://www.fcc.gov 참조).

FCC가 수행하는 미국 정부의 규제를 둘러싸고 토론이 자주 벌어진다. 탈규제를 지지하는 사람들은 일반적으로 미디어 생산자와 미디어 소비자의 요구를 충족시켜 주는 '자유시장(free market)'의 이념을 지지한다. 그들은 소비자가 미디어 상품을 구입하고 방송 채널을 선택하는 최종적인 힘을 발휘하므로 정부의 간섭이 필요없다고 말한다. 시장(marketplace)이야말로 정부가 아닌 소비자가 미디어를 결정한다는 뜻이다. 이에 따라 FCC는 유사(quasi) 미디어 규제의 장으로서의 역할을 발휘할 것으로 기대된다.

그러나 미디어를 탈규제화하라는 요구는 말하자면 선별적인 탈규제화를 말하는 것이지, 무조건 미디어 산업에 이익이 되는 정책을 펴라는 것은 아니다. 탈규제화 접근은 정책상 부정적인 관점에서 비롯된 것이다. 탈규제화를 부르짖는 입장에서는 어떤 규제에 대해서도 반대한다. 물론 그들은 '자유시장' 개념에 대한 지지를 분명히 표명하지만 그로 인한 파급에 대해선 정확한 의견을 유보한다. 탈규제를 지지하는 입장에서는 미디어를 어떻게 그리고 있을까? 그 대답은 분명치 않다. 그러나 시장의 입맛이 변하면 그에 따른 미디어 상품도 변할 것으로 기대한다. 만약 미디어에 섹스나 폭력이 난무한다면 시장의 입맛은 난감해진다. 민주적인 자유 언론의 개념하에 탈집중화로 인한 자유 이념이 지나치게 강화되면 과연 공익은 어디로 가는 것일까? 그러면 정부는 미디어 콘텐츠를 규제할 수 있을까? 이런 질문이 탈규제화에서 제기되는 중심적인 딜레마가 아닐 수 없다.

탈규제화 접근과는 다르게 미디어 규제를 옹호하는 입장은 항상 바람직한 결과에 기초한다. 이러한 결과를 평가하는 가장 공통적인 기준은 '공익'이다. 미디어의 공익이란 개념은 초기 라디오 방송의 시대로 거슬러 올라가는데, 공공이 소유하는 전파를 방송국이 사용한다는 점에서 정부는 공공의 이익을 담보로 라이센스를 부여했다. 그러나 '공익'이란 무엇인가? 이것이 규제를 실행하는 입장에서 제기되는 중심적인 딜레마이다.

FCC 정책은 일반적으로 '공익'을 지지한다. 그리고 공익의 개념을 잘 이해하기 위하여 FCC는 다양한 의견을 수렴하는 공동의 장을 마련해 왔다(Krugman & Reid, 1980). 예를 들어서 정책 수립자들은 FCC가 다양한 집단의 이해 관계를 균형 있게 다루기 때문에 공익에 대한 단일한 절대적 정의가 없다고 본다. 게다가 미디어의 기술적·경제적 변화가 너무 심하기 때문에 정부로서는 불멸의 단일한 미디어 규제를 정할 수도 없었다. 끝으로 그들은 권익을 보호하고 다양성을 추구하기 위해서 미디어 프로그램이 만들어질 수 있는 여건이 주어지는 것이 곧 규제라고 믿었다. 그렇지만 어떤 것이 정확히 '권익'을 의미하는 것인지에 대한 개념적 불신이 남아 있었다. 이처럼 유연한 개념을 정의하려는 작업이 공공 정책을 수립하려는 여러 관련자들에게 영향을 미치는 요인이 되었다.

3.5 | 국제적인 관점에서의 규제

미디어의 정치적·사회적 중요성 때문에 대부분의 정부는 규제나 통제를 목표로 어떤 정책을 설정한다. 그러한 통제를 목표로 정부가 택하는 방법은 아주 다양하다. 어떤 국가는 미디어를 소유하거나 억누르는 등의 직접적이고 권위적인 방법을 쓴다. 그러나 대부분의 국가에서는 미디어 규제와 관련하여 본질적으로 반(反)권위적인 모습으로 자유시장의 힘과 정부 규제를 적절히 혼합한다.

미디어를 규제하는 미국 정부의 역할은 다른 국가들과 비교하여 하찮은 것인지도 모른다. 예를 들어 유럽 국가들의 방송 규제는 일찍이 무선 전신에 영향을 미쳤던 규제의 정책적 부산물로 시작되었다(Hill, 1991). 초기 라디오 시대, 미국의 자유시장에 의거한 상업주의로 빚어진 혼란과는 다르게 유럽 국가들은 전파의 교란을 피하기 위해서 정부가 직접 관여하는 정책 접근을 도입했다. 그 결과 ① 공공 서비스 위주로 ② 국가적 특성을 가지고 ③ 정치적이며 ④ 비상업적이 될 수 있었다(McQuail, de Mateo & Tapper, 1992).

많은 국가에서는 이러한 접근을 국가 독점 체제의 도입이라고 여긴다. 영국의 공영방송 British Broadcasting Corporation(BBC)은 1922년에 처음으로 그런 체제를 적용한 방송이었다. 그 후 4년에 걸쳐 이탈리아, 스웨덴, 아일랜드, 핀란드, 덴마크 등에서도 영국의 BBC와 같은 공영방송을 설립했다. 유럽 국가들은 대부분 시간이 흐를수록 비슷한 공영 체계를 발전시켜 나갔다. 물론 예외도 있다. 예를 들어 벨기에 같은 국가는 불어와 벨기에어를 국어로 같이 사용했기 때문에 언어에 따라 공영방송이 따로 존재했다. 마찬가지로 어떤 국가들은 국가 소유의 방송을 운영했는가 하면, 어떤 국가들은 공영과 민영을 혼합하여 도입했다. 영국도 1950년대부터 공·민영 혼합 제도를 도입했다.

대부분의 유럽 국가들에서는 정부가 미디어를 통제하고 재정적 뒷받침을 해주지만, 프로그램은 대부분 독자적으로 만든다. 여기에서도 역시 단일한 경영 모델이 적용되는 것은 아니다. 공영방송이지만 외부의 프로듀서를 가끔 프로그램 제작에 기용하기도 한다. 그러나 미국과 달리 유럽 방송의 중심은 공영방송 제도이다. 이 제도는 정부의 통제로 이루어지는 방송이 공익성을 보장하기 때문에 질 높은 방송이 이루어질 수 있다는 전제에서 비롯된다. 물론 미국에서와 같이 공익에 관한 해석을 둘러싸고 유럽에서도 토론이 이루어진다. 그러나 일반적으로 사람들은 공영방송이 시민들에게 질 높은 엔터테인먼트, 정보, 교육 등 다양한 범주의 방송을 제공한다고 믿고 있다. 이 제도는 무조건 높은 이윤을 추구하는 것이 아니라 다양한 프로그램의 제작과 관련을 맺는다(Hill, 1991). 따라서 미국과 같은 순수한 상업적 성공이 유럽 방송의 궁극적인 목표는 아니다.

그렇지만 정부가 소유하는 방송국은 어려움이 많다. 어떤 국가에서는 프로그램의 정치적인 내용을 둘러싸고 벌어진 논쟁이 공영방송을 곤경에 빠뜨리기도 한다. 예를 들어 프랑스에서는 뉴스 보도의 불공정성을 둘러싸고 살벌한 토론이 벌어진 적이 있다. 부분적으로는 기술적인 변화 때문에 또는 정치적 풍향 때문에 유럽 국가의 방송은 1980년대 이후 극적인 변화를 맞았다. 정부가 방송에 대한 재정 지원을 심각할 정도로 줄인 것이다. 이러한 움직임은 공영방송과 민영방송 간의 경쟁이 더욱 치열해지는 계기가 되었다. 규제자들은 공영방송에도 광고를 내보내는가 하면, 새로운 민영방송을 늘려나갔다. 이는 결과적으로 광고를 늘렸고, 외국에서 프로그램을 수입하는 양 또한 늘어났다(수입물이 자체 제작보다 더 저렴했기 때문이다). 뿐만 아니라 대규모 복합기업들이 생겨나 군소 미디어를 매입하는 일이 많아졌다(Hill, 1991).

탈규제 정책은 원래 재정적인 면에서 미디어 콘텐츠를 규제하려는 의도가 없지 않았다. 그런데 이는 오히려 자유시장의 경쟁 구도를 낳음으로써 방송 콘텐츠에서 폭력성과 선정성을 증대시켰다. 그에 대한 반응으로 어떤 정부는 방송국의 새로운 편성 방침에 대해서 통제를 가했고, 광고 횟수를 줄이기도 했다. 예를 들어 어떤 국가에서는 뉴스나 종교, 어린이, 시사 프로그램 등에서 30분 간격으로만 광고가 나가도록 제한을 두었던 것이다(Hirsh & Petersen, 1992). 마찬가지로 프랑스, 영국, 스웨덴, 캐나다, 오스트레일리아 등지에서는 어린이 시간에 폭력물을 절대 방송하지 못하도록 제한을 두는 한편, 이를 어겼을 때는 벌금을 물렸다(Clark, 1993).

유럽에서 벌어지는 토론의 특성은 미국의 그것과 비슷하다. 다음에서는 미국의 미디어 규제와 공익에 대하여 좀더 자세히 다루고자 한다. 우리는 두 가지 부류로 나누어볼 것이다. 첫째는 미디어 소유와 통제에 관한 규제이고, 둘째는 콘텐츠와 유통의 규제에 관한 것이다.

3.6 | 소유와 통제의 규제

여기서는 미국의 미디어 소유와 기술을 규제하는 토론 사례를 살펴보기로 한다

(Brenner & Rivers, 1982; Noam, 1985; Pool, 1983; Tunstall, 1986). 우리는 이 사실을 역사적으로 나열하려는 것이 아니다. 그보다는 사회 구조와 제도권 사이에 생기는 긴장의 일환으로 벌어지는 정치와 미디어 관계에 대한 토론을 일차적으로 검토하고자 한다.

미디어 소유의 규제

미국에서 1차 수정 헌법이 처음 제정될 무렵 미디어 소유는 대개 지역적인 문제였고 탈규제화된 상태였다. 애초부터 1차 수정 헌법은 "언론의 자유 또는 의사의 자유"와 밀접하게 연결되어 있었다. 왜냐하면 식민지 시대에는 그 두 가지 개념이 비슷했기 때문이다. 그리고 당시에는 개인적인 출판업자가 몇몇 직원을 두고 소규모의 미디어를 꾸려나가는 정도에 불과했다.

따라서 미디어 소유는 별로 문제되지 않았다. 신문을 제작할 장비도 뻔했고 그러한 장비를 구입하거나 임대하는 데 필요한 자본도 아주 빈약했다. 이론적으로 볼 때 그러한 여건에서는 잠재적인 신문사의 수에 한계가 없었다. 그렇지만 시간이 흐를수록 커뮤니케이션 미디어는 상당히 많이 변했다.

첫째로 미디어 기술이 변하고 있었다. 방송 미디어의 경우, 전국적인 네트워크 시스템을 구축함으로써 수많은 사람들을 대상으로 하는 방송국이 나타나기 시작했다. 이러한 현상은 미디어의 속성을 바꿔놓기에 충분했고 잠재적인 영향력을 확대시켜 나갈 수 있었다. 그러나 기술적인 면에서 주파수 대역은 누구나 자유롭게 방송 활동을 하기에는 한계가 있었다. 방송국은 자유롭게 전국 어디서나 우후죽순처럼 설립되었는데, 이는 방송 규제를 정당화하는 중심적 명분으로서 전파의 '희소성(scarcity)'이란 개념을 만들어냈다. 인터넷도 논리적으로는 이와 마찬가지이다. 인터넷에 접속하는 사람은 누구나 텍스트, 음성, 영상 등의 콘텐츠를 제공받을 수 있기 때문에 기술적 규제가 새롭게 만들어질 필요가 있었던 것이다.

둘째로 소유의 형식이 변했다. 지금과 같은 규모의 미디어 상품을 제작하기 위해서는 엄청난 재정적 투자가 필요했다. 미디어 소유로 인하여 규제를 받을 대상은 계속되는 불경기에도 불구하고 새로운 미디어를 지속적으로 구입할 능력이 있는 사람들만이 해당되는 것이었다. 미디어 기술과 미디어 상품의 규모가 확장되어도 소유의 경쟁에서 이기는 자는 자본이 아주 넉넉한 사람들이었다. 예를 들어 인터넷의 주요 웹 사이트를 개설하려면 보통 자본이 수백만 달러가 있어야 한다. 바야흐로 미디어 소유의 재정 규모에서 독립적인 지역성의 범주를 벗어나 전국적이고 국제적인 규모의 대기업체가 등장하기 시작한 것이다. 우리는 이 책의 마지막 장에서 대규모의 국제적 복합기업들이 수많은 소규모 지역 신문사까지 소유하고 있음을 살펴볼 것이다. 잡지나 서적을 발행하는 출판사도 지금은 국제적인 규모로까지 기업화되고 있다. 이제 소규모 출판사를 대상으로 '출판의 자유'를 부르짖던 시절은 지났다. 그 대신 Time Warner나 Viacom 같은 대기업에 의해 점점 집중되고 있다.

이러한 기술과 소유의 변화는 미디어 규제를 불러왔다. 예를 들어 FCC는 한 회사가 소유할 수 있는 TV와 라디오의 수를 규제하였는데 그 한계는 시간이 흐름에 따라 달라졌다. 1990년대 초까지만 해도 정부는 한 회사가 전국 시청률의 25% 이상을 차지하는 TV 방송국을 12개까지 소유할 수 있도록 인정했다. 그리고 한 회사가 AM 라디오와 FM 라디오를 각각 20개씩 소유하는 것으로 제한하였으며, 한 구역에서 AM과 FM을 각각 2개 이상 소유하지 못하게 했다. 그러한 규제를 가한 것은 미디어 복합기업의 잠정적인 독점력을 제한하고 미디어 소유의 다양화를 실현하기 위해서였다.

그렇지만 1996년 들어 변화의 바람이 불었다. 새로 제정된 통신법(Telecommunications Act)에서 TV와 라디오 소유의 제한이 철폐된 것이다(표 3-2). TV의 경우, 한 회사가 가질 수 있는 방송의 한계를 아예 없앴는가 하면 도달 시청률의 범위도 높여서 35% 이상으로 상향 조정했다. 라디오의 경우에도 소유 한도를 철폐했다. 뿐만 아니라 하나의 시장권에서 차지하는 소유권의 한계도 없앴다. 예를 들어 규모가 큰 시장에서는 45개 이상의 방송국이 운영되었는데, 그중에서 한 기업이 8개의 방송국까지 소유할 수 있도록 했다. 그리고 AM이든 FM이든 5개 이상을 소유하여 경영하는 것을 금했다. 이러한 제한은 소규모 지역일수록 더 낮게 책정되었다.

그러나 FCC는 방송의 교차 소유(cross-ownership)를 금지했다. 이를테면 같은 도시 안에서 한 기업이 일간 신문과 방송국을 동시에 소유하는 것을 금지한 것이

표 3-2 1996년 개정 통신법에 따른 미디어 소유 규정의 변화

*1996년 개정된 통신법은 미디어 소유의 제한을 완화하여 미디어 소유의 집중을 가져왔다.

	이전의 규칙	새로운 규칙
전국 TV	한 기업이 ·12개의 방송국 소유 가능 ·시장 점유율 25%까지 방송국 소유 가능	방송국 소유의 제한 없고, 누구나 시장 점유율 35%까지 방송국 소유 가능
지역 TV	한 기업이 한 단위의 시장에서 방송국 한 개 소유 가능	이에 대해 FCC 재고중
전국 라디오	한 기업이 각각 20개의 FM과 AM 방송국 소유 가능	방송국 소유 제한 없음
지역 라디오	한 기업이 ·한 단위의 시장에서 각각 2개의 FM과 AM 방송국만 소유 가능 ·공동 소유의 경우 시청률이 25%를 초과할 수 없음	시장 규모에 따른 소유권의 변화 ·45개 이상의 방송국이 있는 경우 : 하나의 기업이 8개 이상의 방송국 소유 금지, AM 과 FM을 포함하여 5개 이상의 방송국에 동일한 방송 불가. ·30~44개의 방송국이 있는 경우 : 하나의 기업이 7개 이상의 방송국 소유 금지, AM 과 FM을 포함하여 5개 이상의 방송국에 동일한 방송 불가. ·15~29개의 방송국이 있는 경우 : 하나의 기업이 6개 이상의 방송국 소유 금지. AM 과 FM을 포함하여 4개 이상의 방송국에 동일한 방송 불가. ·14개 미만의 방송국이 있는 경우 : 하나의 기업이 5개 이상의 방송국 소유 금지, AM 과 FM을 포함하여 3개 이상의 방송국에 동일한 방송 불가.

다. 마찬가지로 한 도시에서 TV 방송국과 케이블 TV를 동시에 소유하는 것도 금
지했다. 지역 미디어 시장에서 미디어의 독점적 통제를 막아보자는 목적에서였다.
1996년 제정된 통신법은 오랜 기간에 걸친 변화의 결과였다. 1996년의 통신법에
서는 미디어 경쟁으로 인한 시민의 공익이 침해되는 것을 막기 위하여 방송 소유
현황을 2년마다 검사하도록 했다. 그래도 많은 사람들은 소유 규제가 전보다 훨씬

완화된 것이라고 생각했다.

미디어 산업에 정부가 간섭하는 가장 확실한 방법은 미디어 소유의 규제였다. 미디어의 독점을 인정하지 않음으로써 아이디어의 자유로운 유통이 저해될지 모른다는 주장도 있었지만, 정부는 공익이라는 명분을 내세워 법을 집행했다.

그러나 정부의 제약을 반대하며 규제 완화를 부르짖은 끝에 미디어 산업은 마침내 1996년에 이르러 성공을 거두었다. 그러나 소유에 대한 규제의 법적 완화는 결국 소유의 집중을 낳을 뿐이었다. 예를 들어 라디오 소유의 한계를 철폐한 지 2년도 못 되어 전체 방송국의 수는 3% 정도 증가했다. 그래도 FCC는 이에 대해 "라디오 산업은 소유면에서 새롭게 통합 정리되었다"고 단언했다(FCC, 1998). 그러나 이러한 법적 개정은 마이크로 방송이라는 이른바 해적판 라디오의 등장에 불을 붙였다. 1998년 FCC는 이러한 규제를 다시 한 번 검토하고, 일부 마이크로 방송국에 대해서는 면허증 발급을 고려하기도 했다.

어떤 사람들은 탈규제로 인하여 미디어 소유가 점차 소수의 재벌에 통합되는 것이 전에 없는 위협이 되고 있다고 주장하고 있다. NBC News의 전 회장 루벤 프랭크(Reuven Frank)는 다음과 같이 역설한다.

자유 언론에 대한 가장 큰 위협은 신문사, TV, 그밖의 미디어가 거대한 기업에 꾸준히 흡수되고 있다는 것이다. 그 기업들은 지식을 이윤으로 바꾸는 방법을 알고 있다(Shales, 1995 인용).

프로그램 소유에 대한 규제: 'fin-syn' 규칙의 경우

정부의 관여가 가장 폭넓게 미디어 시장에 미치는 효과는 미디어 상품의 소유를 보호하는 것이다. 우리가 이전에 언급했듯이 정부는 미디어와 관련된 어떤 상품이라도 허락을 받지 않고 도용하거나 모방하는 것을 절대 금지하여 예술가, 작가, 미디어 업계의 저작권을 전반적으로 보호해 준다. 이런 점에서 확실히 정부는 미디어 산업을 위축시키는 것이 아니라 권한을 부여해 주는 것이다.

그렇지만 정부는 미디어 자산을 보호해 주면서도 독점 형태의 자산만큼은 인정하지 않는다. 이에 대한 한 예로 FCC의 이른바 fin-syn(financial interest and syndication)이라 부르는 TV 프로그램의 통제와 소유의 한계에 대한 규칙을 들 수 있다 (Crawford, 1993 ; Flint, 1993 ; Freeman, 1994a, 1994b ; Jessell, 1993). 최근까지도 대부분의 사람들은 일반적으로 TV 네트워크가 그들이 방송한 프로그램의 소유권을 가질 수 없다는 것을 잘 모르고 있는 것 같다. 미국의 방송국은 단지 다른 사람이 만든 프로그램을 전송할 권리를 가지고 있는 것에 불과하다. 1970년대에 제정된 fin-syn 규칙은 3대 네트워크 방송(ABC, NBC, CBS)이 TV 프로그램의 경제적 이윤 또는 신디케이션 권리를 획득할 수 없게 만들었다. 신디케이션이란 독립제작자가 제작한 프로그램을 여러 방송국에 되팔 수 있는 권리를 말한다. FCC가 프로그램의 다양성을 확보하기 위하여 네트워크 프로그램에 대한 통제의 한계를 부여한 것이다(FCC, 1995). 1970년대 TV 방송을 거의 독점한 3대 네트워크가 신디케이션을 통제하고 소유하는 것은 엄청나게 우려할 만한 일이었다. 그래서 규제자들은 방송국들이 외부의 독립제작사로부터 프로그램을 사들이도록 의무화한 것이다.

20년이 넘도록 fin-syn 규제는 계속되었다. 그러나 이 기간에 미국의 방송계는 엄청나게 많이 바뀌었다. 수많은 독립 방송이 새로 설립되고, 케이블 방송도 세워졌으며, 새로운 TV 네트워크도 출범했다. 이에 따라 3대 네트워크가 지배하던 수용자도 점차 줄어들고 네트워크 독점도 그 기력을 잃어갔다. 마침내 1993년에 미국 연방 법원은 네트워크 방송에 대한 fin-syn 제도의 규제를 없애도록 명령했다. 그동안의 방송 환경이 달라져 신디케이션이 제거되었다고 보았기 때문이다. 즉, 기술적 변화에 따라 정부의 규제 방식도 변한 것이다.

FCC 규제 변화 가운데서도 가장 뚜렷한 것은 네트워크 방송국이 경제적 이해관계를 확보하고 모든 네트워크 프로그램을 다시 팔 수 있는 신디케이션 권리를 획득했다는 것이다. 이러한 변화가 가져온 여파는 대단한 것이었다. 예를 들어 1990년대 중반에 *Home Improvement*'란 ABC 방송국에서 방영한 30분 짜리 인기 프로그램이 있었다. Wind Dancer Entertainment와 Touchstone에서 공동 제작한 이 프로그램은 1994년에 편당 300만 달러에 신디케이션으로 팔려나갔다. 당시 130편 넘게 제작하였으므로 그 프로그램의 소유권을 가졌던 네트워크는 거의 4억 달러의 순수 판매액을 벌어들인 셈이다(Freeman, 1994a).

새로운 규제로 인해 야기되는 이러한 변화는 아주 순식간에 일어났다. 새로운 규제가 있기 전에 네트워크 TV는 주시청 시간대에 최대 20%의 자체 제작 프로그램을 방송해야 한다는 한계가 있었다. 그러나 규제가 바뀐 지 1년 만에 3대 네트워크 방송국은 주시청 시간대 프로그램의 절반 이상을 자체적으로 제작하기에 이르렀다. 그에 따라 시장을 잃은 독립제작사들은 경제적 어려움에 처할 수밖에 없었다. 그로 인해 네트워크 TV와 독립제작사 간에 새로운 협상이 벌어지기도 했다.

그러한 협상은 1998년에 들어 최고조에 달했다. 예를 들어 그해 1월부터 Warner Brothers에서 소유한 인기 드라마 *'ER'*이라는 프로그램을 NBC에서 방송하기로 결정했을 때 3년 동안 8억 5천만 달러, 즉 편당 1천 3백만 달러로 계약한 적이 있다. 그때 TV 네트워크는 그들이 방송하는 프로그램 제작을 외부에 맡기고, 자신은 그 소유권을 가졌다. 그럼으로써 비싼 제작비 부담을 덜려는 것이었다. 결과적으로 1998년 가을을 기점으로 27개의 새로운 프로그램 가운데 20개를(75% 정도) 네트워크가 전부 또는 부분적으로 소유하게 되었다(Pope, 1998). 네트워크가 소유하는 프로그램으로 인해 방송산업 이윤의 매력은 당시 방송국을 출범시키려는 대기업들에게 매우 고무적인 것이었다. WB network(Warner Brothers, a Time Warner company), UPN(Paramount, a Viacom company), USA Network(Seagram), Pax Net(Home Shopping Network의 Paxon Communication Corporation) 등이 당시의 그러한 대기업들이다.

fin-syn을 둘러싼 토론은 당시 미디어 기업을 긴장시켰다. 그러나 fin-syn이 폐지된 이후로 미디어 복합기업이 성장하게 되었다. 그에 따라 소형 미디어 제작사들은 상당한 위협을 느끼지 않을 수 없었다. 그들은 미디어 세계가 독섬석인 통제에 돌입했다고 불평했다. 정부가 이렇게까지 미디어 기업들을 통제하는 것이 꼭 필요한지에 대한 불평이었다.

이러한 논의는 아직도 구조와 매개체 사이의 긴장을 나타내는 것이다. 어떨 때는 미디어의 저작권 보호와 같은 규제가 프로그램을 되팔거나 제작하는 능력을 장려하는 것이라고 주장할 것이다. 그러나 미디어 산업에서는 이러한 변화에 적응할 만한 능력이 충분하다고 보았다. 그리고 새로운 네트워크의 출현도 이끌어낼 수 있을 것으로 보았다. 결국 규제란 어떤 사람에게는 압박감을 주지만, 어떤 사람들에게는 이익을 주는 것 같다.

소유의 규제와 기술의 통제

어떤 사람들은 이 시대야말로 활자 매체가 등장한 이후 가장 혁명적인 시대라고 주장한다(Hickey, 1995 ; Jost, 1994a). 이러한 극적인 변화가 오게 된 것은 정보를 0과 1이라는 두 개의 숫자로 나타내면서부터이다. 이 두 숫자는 바이너리 코드의 기본을 이룬다. 디지털 부호라는 정보의 기본적인 비트를 낳은 것이다. 그러한 디지털 정보는 우리에게 익숙한 컴퓨터 응용에 사용된다. 그런데 디지털 기술은 지금 모든 정보 처리에 응용되고 있다. 예를 들어 CD(Compact Disk)는 음악의 녹음에 디지털 기술을 응용한 것이다. CD의 음질은 놀랍도록 깨끗하다. 왜냐하면 디지털 정보는 레이저에 의해서 '해독(read)'되는 까닭에, 매번 우리가 CD를 작동할 때마다 같은 음질을 들을 수 있기 때문이다. DVD도 마찬가지 원리로 작동된다.

어떤 디지털 정보의 효과는 CD의 경우처럼 확연하다. 그렇지만 디지털화의 가장 획기적인 결과는 제작자가 손쉽게 디지털 정보를 이 매체에서 저 매체로 옮길 수 있다는 것이다. 사실상 디지털 TV, 비디오, 디지털 CD, 디지털 전화, 디지털 컴퓨터 등은 서로 대화가 가능하다. 디지털화의 기본적인 포맷은 각각의 미디어 커뮤니케이션이 상호작용적 전송을 할 수 있게끔 만들어졌다는 것이다.

디지털화의 효과는 광통신과 디지털 방송에 의하여 더욱 높아졌다. 종래의 구리선을 통해서 정보가 전송될 때와 달리 광통신은 레이저 광선을 이용해 인간의 머리카락보다 가느다란 순수 유리 섬유를 통해 정보를 유통시킨다. 이러한 형태는 대단히 빠른 속도로 엄청난 양의 정보를 전송할 수 있어 종래의 미디어 유통 용량을 배가시켰다. 디지털 방송 역시 이 때문에 다양한 기술적 여력을 증가시킨 것이다.

새로운 기술을 열광적으로 지지하는 사람들은 오늘날 새롭게 부각되는 정보 접근 기술을 바탕으로 미래를 꿈꾼다. 인터넷과 같은 컴퓨터 네트워크는 하나의 좋은 사례가 되고 있는데, 상업적인 사이트를 통해 지역 공동체, 정부 기관, 그리고 다른 수많은 개인들이 서로 연결되고 있음을 주시한다. PC를 통해서 각 개인은 은행 업무, 쇼핑, 공과금 지불, 온라인에 의한 교육, 전자 광고, 정치 토론, 예약, 교통난 등을 손쉽게 해결하고 있다. 그러한 커뮤니케이션은 이제 점점 더 일반화되어 가고 있다. 그렇지만 이러한 정보 사이트의 구체적인 속성을 살펴보면서 이들 정보를 누가 통제하는가에 대한 의문점은 아직도 토론의 주제라고 할 수 있다.

최근의 상업적인 온라인 서비스는 모종의 교란을 일으킬 가능성이 있다. 예를 들어 1990년대 상업적인 온라인 서비스는(예컨대 미국의 Sears와 IBM의 합작투자) 전자우편 서비스를 자주 보내는 사람들에게 사용료를 부과하기로 결정했다. 일부 과격한 컴퓨터 사용자들은 이를 듣고 매우 분개했다. 심지어 온라인 접속업체인 Prodigy의 사용자들은 온라인에 실리는 광고를 거부하는 운동을 벌이기까지 했다. Prodigy는 온라인에 올려지는 반대자들의 규탄 메시지를 삭제하고 심지어 계정을 해제해 버리기도 했다. 「뉴욕 타임스」의 여론란에는 Prodigy가 회사를 비판하는 목소리에 귀기울여야 한다는 주장이 실렸다(Shapiro, 1995). 만약 정부가 그러한 통제를 했다면 국민들로부터 엄청난 반발을 샀을 게 틀림없다.

디지털화와 광통신은 매스 미디어의 융합을 이끌어냈다. 케이블 TV와 공중파 TV, 전화, 컴퓨터 등의 정체성은 날이 갈수록 그 경계가 희미해지고 있다. 그 결과 보다 융합된 형태의 '멀티미디어' 서비스가 등장할 것이다. 우리는 9장에서 그러한 기술을 좀더 자세히 살피려고 한다. 그러나 여기서 중요한 것은 그러한 기술적 변화로 인하여 기술 규제에 대한 비판이 야기되고 있다는 점이다.

지금까지 정부는 미디어 소유와 기술을 규제함으로써 독점에 반하는 보호를 해왔다. 예를 들어 전화 사업자는 TV 방송 사업에, TV는 전화 사업에 서로 개입하지 못하도록 되어 있었다. 그렇지만 1990년대 들어 새로운 미디어들이 서로 융합되면서부터 이러한 규제는 변화를 맞게 되었다. 1996년 의회는 연방법을 수정하여 케이블 TV의 소유 제한을 철폐하였다. 정부는 'Baby Bells'라고 부르는 7개의 지역 전화 회사도 케이블 TV 시장에 진입할 수 있도록 허용한 것이다. 바꾸어 말하자면 탈규제화 정책으로 인하여 지역 전화 회사도 원하기만 하면 케이블 TV를 운영할 수 있고, 케이블 전송선을 이용하여 전화 서비스를 하겠다면 케이블 TV도 전화 서비스를 운영할 수 있게 한 것이다. 이런 변화를 환영하는 입장에서는 본격적으로 경쟁적이고 융합적인 미디어를 향한 일보 전진으로 받아들였다. 반면에 이에 대해 전화 회사가 꾸준한 전화 수입과 함께 케이블 산업에까지 침투하여 새로운 독점 사업을 벌일 수 있다는 우려를 나타내는 사람들도 있었다. 많은 비평가들은 '단선(single wire)'의 독점을 우려하며 한 회사가 가정으로 전화, 케이블 TV, 컴퓨

터 모두를 서비스할 수 있다는 데 불만을 터뜨렸다. 이를 입증하기라도 하듯 1998
년에는 장거리 전화 회사인 AT&T와 케이블 TV의 거목 TCI가 330억 달러 규모의
기업 합병을 하기에 이르렀다.

이러한 변화는 FCC를 곤혹스럽게 만들었다. 1998년에는 인터넷, 케이블 TV, 전
화가 융합됨에 따라 FCC는 인터넷이 케이블에 들어가는지 통신에 들어가는지에
대해서 여론을 청취해야만 했다. 모든 법적 근거에 따른다면 각각 다른 유형의 규
제가 가능했을 것이다. FCC의 한 관리는 "인터넷이 연결된다면 어떤 법이 적용될
것인가, 아니면 전혀 법적 적용을 받지 아니할 것인가를 생각하게 될 정도였다"고
말했다(Simon, 1998, p.B8 인용). 그러한 기본적인 제도적 수정에 관한 논의는 앞
으로도 새로운 기술이 등장할 때마다 계속될 것이다.

디지털 TV가 등장함에 따라 규제에 관한 토론이 다시 벌어지고 있다. 1996년에
는 정부가 모든 TV 방송국에 디지털 방송을 위한 두 번째 주파수를 무상으로 주기
로 결정했다. 이를 비판하는 사람들은 그렇지 않아도 부족한 공공 자산을 미디어
공룡 기업들에게 선심 쓰는 처사라고 비판하면서 그 주파수가 약 7백만 달러 이상
에 해당하는 자산임을 강조했다. 이에 대해 FCC는 어떤 방송국이든 디지털 TV를
실시하면 주파수를 주는 조건으로 5% 정도의 세금을 부과한다고 발표했다(Farhi,
1998). 사실 방송규제법은 디지털 시대 이전인 1997년에 제정되었기 때문에 당시
클린턴 대통령은 새로운 디지털 시대에 적합한 방송의 적절한 공익성을 위해 특별
위원회를 만들 것을 지시하기도 했다.

또 다른 미디어 산업의 반독점 행위에 대한 조치로써 1998년 Microsoft를 상대
로 미국내 각 주의 법관 20명이 사법부를 통해 기소한 반독점법 위배를 들 수 있
다. Microsoft가 생산하는 Window는 전체 PC의 90% 정도에 사용되고 있는데, 이
는 컴퓨터를 작동하는 소프트웨어의 독점력을 가지고 있는 것이었다. 이 기소의
주장 가운데에는 Microsoft가 운영 시스템(OS)의 독점을 통해서 인터넷 브라우저
시장을 점령하는 불법적인 반경쟁 행위와 연루되어 있다는 것이었다. 이로 인해
그들 컴퓨터에 소프트웨어를 끼워서 인터넷 브라우저('Explorer')와 함께 일괄 판
매를 시도했다는 점을 지적했다. Microsoft의 작동 시스템 소프트웨어의 사용자들
이 Microsoft의 인터넷 브라우저를 선택할 여지도 없이 채택함으로써 시장에서는

Microsoft가 독점적 통제를 할 수 있었던 것이다.

이런 사례는 미디어 기술의 발전으로 인해서 나타나는 비슷한 변화의 일부에 지나지 않는다. 어떤 변화는 국제적으로까지 적용된다. 위성방송과 인터넷을 기반으로 미디어 상품은 아주 쉽게 국경을 넘나들기 때문이다. 예를 들어 그러한 정보의 사회적 의미를 통제하는 시도의 하나로 중국 정부는 위성을 통해 들어오는 모든 뉴스 콘텐츠를 검열하겠다는 압력을 가하고 있다. 그리고 1996년에는 모든 인터넷 사용자들이 정부에 공식적으로 등록할 것을 명령한 바 있다. 이러한 통제의 움직임은 기술적 변화에 따라 앞으로 세계 각국의 정부와 미디어 기업들에 의하여 눈에 띄게 많이 늘어날 것이다. 아마도 기술적 변화에 따른 제도적 수정은 더욱 거세질 것이다.

3.7 | 미디어 콘텐츠와 유통의 규제

미디어의 편성과 기술 등 미디어 소유와 통제에 대한 규제와 관련하여 미디어 콘텐츠를 둘러싸고 여러 가지 상황이 벌어지고 있다. 여전히 미디어 구조의 역동성이 남아 있기 때문이다.

우익과 좌익의 규제: 다양성과 자산권

정치적 세계의 보수주의와 진보주의 모두에서 미디어 규제를 요구한다. 그러나 정치적 지향이 다른 탓에 서로 규제를 원하는 내용은 다르다. 뿐만 아니라 규제를 원하는 방식도 서로 다르다.

진보와 좌익 진영은 한마디로 정부가 규제를 가해서라도 미디어 기업을 적절하게 통제할 필요가 있다는 것이다. 반면에 보수 진영은 이런 정부의 규제가 자유시장을 간섭한다며 규제가 필요없다고 주장한다. 진보 진영의 관점은 독점 기업의 횡포로부터 공익을 보호하기 위해서는 정부가 미디어를 규제해야 한다는 입장이다. 즉, 시장은 스스로 규범 체계를 잡기 어렵기 때문에 미디어의 상업적 목표로 말미암아 권력이 부당하게 영향력을 행사하는 것을 막아야 한다는 것이다.

어쨌든 진보와 좌익 진영 모두 미디어의 다양성을 추구하는 공평성의 원칙(fairness doctrine) 같은 규제를 지지한다. 우리는 다음에 공평성의 원칙에 대해서 자세히 설명할 것이다. 진보 진영에서는 상업 방송에서는 볼 수 없는 중요한 프로그램을 제공하는 Public Broadcasting Service(PBS)나 National Public Radio(NPR)와 같이 공공이 소유하는 방송을 지지한다. 진보와 좌익 진영의 주요 정책적 주제는 모든 미디어에는 다양성이 필요하다는 것이기 때문이다.

반면에 보수와 우익에서는 자산권(property right)을 인정하고 자유시장 체제를 지지한다. 또한 기업의 이윤을 보호해야 한다고 주장한다. 미디어의 소유권을 규제하고 통제하기보다는 차라리 정부의 무간섭주의(laissez-faire)적인 접근을 지지하는 것이다. 그러면서 관료주의적 정부의 간섭이 위험할 수 있다고 경고한다. 그들은 종종 미디어의 긍정적인 발전을 유도하기 위해 이윤 동기를 지닌 미디어 사업자들의 능력을 인정하자는 것이다. 보수 진영의 입장은 일반적으로 모든 미디어는 인기 정도에 따라서 미디어 상품의 수용이 최종적으로 결정되기 때문에 미디어가 시장에 나가서 자유롭게 경쟁을 하도록 내버려두라는 것이다. 이들은 공평성의 원칙이나 공영 방송 제도를 미국의 주류 미디어 변두리에 머물러 있는 형식적인 것으로 간주한다.

비록 보수 진영은 자산권을 제한하는 것에 대해서는 대단히 혐오하지만 가끔 도덕성을 이유로 일부 미디어 상품의 콘텐츠에 제동을 거는 것은 기꺼이 긍정한다. 미디어의 순수한 자유시장적 사상의 문제는 때로는 폭력성이나 선정성이 높은 콘텐츠를 유도할 수 있기 때문이다. 물론 섹스나 폭력을 다룬 미디어 상품은 대단히 인기가 높고 이윤도 많이 남긴다. 그렇지만 대부분의 사람들은 그러한 미디어 상품을 정부가 통제해 줄 것을 바란다. 특히 어린이나 소수 이해 집단을 보호하기 위해서는 더욱 그렇다. 실제로 소수 이해 집단에 부적합하다고 여겨지는 미디어 상품에 대한 규제를 강력히 부르짖는다. 그래서 보수 진영은 공평성의 원칙과 같은 정부의 규제를 반대하는 반면에 다양성의 실천을 요구하고 있다. 즉 일반적으로 부적절하다고 여겨지는 프로그램의 배포를 금지하거나 한계를 긋는 정책을 요구하는 것이다. 이때 미디어 콘텐츠에 대한 자율적인 규제가 가장 바람직하다. 타율적인 정부의 규제가 반드시 뒤따를 필요는 없다는 것이다. 이제 미디어의 공통적인 콘텐츠에 대한 규제를 살펴보기로 하자.

다양성에 대한 규제: 공평성의 원칙

미디어는 사람들에게 세계가 어떻게 돌아가는지를 알려주는 대단한 잠재력을 가지고 있다. 아울러 정치적 또는 상업적인 남용을 지적하는 잠재력도 가지고 있다. 그러한 잠재적 영향력을 지닌 미디어의 지배를 견제하기 위해 정부는 공평성의 원칙 같은 규제를 하고 있다(Cronauer, 1994; Frank, 1993; Jost, 1994b; Simmons, 1978; Wiley, 1994). 이것의 목적은 중요한 공동 현안에 대해서 어떤 하나의 지배적인 의견만 일방적으로 다루지 말고 그에 대한 상반된 의견도 반영하여 공평한 보도를 하자는 것이다. 공평성의 원칙은 공익성을 명분으로 미디어 콘텐츠를 규제하려는 정부의 노력이 강해지기도 하고 때로는 약해지기도 하는 재미있는 사례를 많이 남겼다.

1949년에 FCC는 "라디오는 순전히 개인적 또는 사적으로 면허장을 받는 데에만 신경쓰지 말고 일반 국민들이 공정하고 자유롭게 의사를 발표할 수 있는 매체로 되어야 한다"고 의회를 통해서 방송 정책을 단언한 바 있다. 이러한 목표를 달성하기 위한 FCC의 주장은 방송권 내에 사는 지역 주민들의 중요 현안에 대한 토론 방송을 넉넉하게 배분하고, 동시에 그러한 프로그램에서 중요 이슈에 대한 주민들의 다른 의견도 발표될 수 있도록 충분한 기회를 주어야 한다는 것이었다(13 FCC 1246 [1949] in Kahn, 1978, p.230). 이처럼 공평성의 원칙은 시간이 흐름에 따라 두 가지 기본적인 명분을 동시에 낳았다. 첫째로 방송은 주민의 현안을 발표할 기회를 충분히 줘야 하고, 둘째로 현안에 반대되는 의견도 발표할 기회를 주어야 한다는 것이다.

공평성의 원칙을 적용하는 목적은 방송국 프로그램에서 다양한 의견을 제시하기 위해서이다. 예를 들어서 이 제도는 보수적인 대담 위주의 라디오 프로그램을 방해하려는 의도에서가 아니라, 어떤 의견에 대해 그와 다른 견해가 있을 때에는 그 의견도 포함시키도록 요구하는 것이다. 그러므로 공평성의 원칙은 결코 어떤 견해를 짓누르려는 것이 아니라 균형을 잡기 위한 추가적인 의사를 요구하는 것이다. 다시 말하자면 비판을 억누르기 위한 것이 아니라 찬반 의사를 똑같이 방송하는 데 그 목표가 있다. 이 제도에 대한 FCC의 관여는 어떤 프로그램을 불만스러워하는 누군가가 정식으로 자신의 불평을 알려왔을 때만 이루어졌다.

시간이 지날수록 공평성의 원칙을 두고 여러 가지 반응이 나타났다. 케네디, 존슨, 닉슨 행정부에 이르기까지 공평성의 원칙은 가끔 언론인들을 난감하게 만들었다(Simons, 1978). 그 제도로 인해 사람들이 전혀 알지 못하고 넘어갈 의견까지 방송을 통하여 알게 되는 경우가 많았던 것이다. 그러나 이것이 바로 그 제도의 의도이기도 했다.

방송국은 그 제도의 적법성에 도전을 받은 셈이었다. 1969년 대법원은 무기명으로 그 정책을 지지했다. 법원은 전파의 희소성을 감안하여 권익을 보호하는 차원에서 그 결정을 승인한 것이다. 1987년 레이건 정부 때 탈규제화의 일환으로 FCC는 공평성의 원칙을 표결에 부치기로 했다.

공평성의 원칙에 반대하는 데 쓰인 주요 논거는 전파의 희소성 가설이 더 이상 문제되지 않는다는 것이었다. 비판자들은 1949년에 처음 그 제도가 도입되었을 때는 미국 내에 TV 방송국이 51개, 라디오 방송국이 2600개 있었지만, 1990년대 중반에는 TV 방송국이 무려 1500개, 라디오 방송국이 1만 1500개로 증가했다고 지적했다. 그러므로 1969년 희소성의 논란은 미디어의 수가 문제가 아니라고 법원은 판결했다. 지난 몇 년 동안 방송국은 수적으로 엄청나게 증가하였지만 수요는 여전했던 것이다. '해적판 라디오'가 등장한 것도 바로 그 수요 때문이다. 개인의 커뮤니케이션 장비와 같은 새로운 기술들은 한정된 주파수에 더 많은 공간을 요구하고 있다. 그래서 기술적인 변화에도 불구하고 방송의 희소성 논리가 아직도 존재하는 것이다.

공평성의 원칙에 대한 논의는 우리가 잊기 쉬운 중요한 주제에 초점을 맞추고 있다. 그것은 바로 전파는 사적인 소유물이 아니라 공공의 자산이란 점이다. 면허를 따기 위해서는 자동차 운전 시험을 치르는 운전자가 도로 규칙을 따라야 하듯이 방송국도 제도적 규칙을 따라야 한다. 공평성의 원칙을 지지하는 사람들은 방송국이 서로 다른 견해를 방송할 때는 이러한 규칙을 지켜야 된다고 믿는다. 이에 반해 반대하는 사람들은 정부가 사상의 자유를 침해한다고 주장한다. 그렇지만 이 글을 쓸 무렵엔 공평성의 원칙에 반대하는 사람이 찬성하는 사람보다 더 많을 것이다.

공평성 원칙의 희소성 논리에 의존하는 사람은 보다 근본적인 주제를 무시하고 있다. 미디어의 콘텐츠를 결정하는 시장의 원리에 따르면 상업 방송에서는 오직 인기가 좋은 아이디어만이 살아남는다. 상업적 시장에서는 가장 많은 사람들에게 가장 인기 좋은 상품을 제공해야 하기 때문이다. 이러한 접근은 아마 일반 소비자 상품에도 해당할 것이다. 방송은 곧 사상적 '상품(commodity)'인 것이다.

공평성의 원칙이 사라진 이래 FCC는 더 이상 공익에 관한 주제를 심각하게 다룰 것을 요구하지 않고 있다. 이제는 설령 방송이 공익에 관련된 주제를 다룰 때 심각한 반대 의견이 있어도 그냥 하나의 목소리를 내보내도 된다. 어떤 사람들은 이대로 미디어 문화가 분화된다면 마치 정당같이 방송국도 그들의 정치적 견해만을 반영할 것이라고 비판한다. 한 가지 가능한 결과는 각 방송국이 이제 독자적으로 정치적 입장을 밝힐 수 있다는 것이다. 어쨌든 우리는 거의 모든 매스 미디어가 상업적 이해 관계와 얽혀 있음을 반드시 기억해야만 한다. 그러므로 미디어 기업들은 비록 균형의 문제에서는 자유롭지 못할지 모르지만 경영 측면에서 볼 때 구태여 소비자들을 비방하는 방송을 할 필요를 느끼지는 못할 것이다.

도덕성의 규제

1995년 5월 당시 대통령 후보였던 밥 돌(Bob Dole)은 미국에서 제일가는 오락 도시 로스앤젤레스에서 '사악한 대중문화'에 대해 연설했다. 그에 따르면 "미국 가정의 가치관을 뒤흔드는 가장 큰 위협 중 하나는 대중문화가 우리 주변에 깊숙이 침투되어 있다"는 것이었다. 또한 우리 곁에 항상 맴도는 음악, 영화, TV, 광고 등은 어린이들을 대상으로 일상적인 섹스와 폭력을 주제로 한 파괴적인 메시지를 퍼부으며 품위의 한계를 넘어서고 있다는 것이다. 돌은 경영인들에게 "언론은 언론의 자유라는 고상한 언어 뒤에서 이윤을 남기기 위해 미국의 품격을 떨어뜨리고 있다"고 호통을 치면서 "우리는 전체 오락산업과 할리우드가 이윤만을 추구하는 것을 차단해야 된다"고 역설했다.

밥 돌 연설의 일부는 다음과 같다.

우리가 누리는 자본주의를 유지하기 위해서는 우리의 자유가 전세계가 갖고 있는 삶의 표준이란 점을 인식해야 한다. 자본주의 시스템을 작동시키는 엔진은 이윤 동기이며,

이는 경의를 표할 만도 하다. 그러나 이윤 때문에 현대의 도덕성까지 팔아먹는 사람들에게 이 점을 강조하고 싶다. 우리는 부끄러운 것에 대해서는 당연히 부끄러운 줄 알아야 된다. ……난폭한 사람들도 말할 수 있는 자유가 있다. 만약 우리가 악독한 것을 저주하지 않으면 그것은 관용이 아니라 굴복하는 것이다. 그러나 우리는 결코 굴복하지 않을 것이다.

밥 돌이 겨냥한 비판의 대상은 미디어 공룡 기업인 Time Warner였다. 그는 특히 대중음악을 비판하면서 기업의 이윤 때문에 어린이들을 위험에 빠뜨리고 미국의 품격을 떨어뜨리고 있다고 비판했다. 그러한 비판은 Time Warner가 랩 음악을 주로 다루는 자회사인 Interscope Music을 통해서 전체 기업 이윤의 50% 정도를 차지한다는 사실에서 비롯된다. 그러나 그가 Time Warner에 대해서 호통을 친 후에 중요한 사건이 일어났다. 밥 돌이 말한 "부끄러운" Time Warner가 그에게 23만 달러를 정치자금으로 기부한 것이다. 더욱 중요한 것은 그가 그런 연설을 한 지 2주도 지나지 않아 통신산업의 탈규제법이 절대적인 지지를 받으며 의회를 통과했다는 것이다. 말할 것도 없이 그 탈규제법은 Time Warnner에게 대단히 이로운 것이었다.

어떤 면으로는 보수주의의 전통상 그는 정부가 아닌 시민들의 지지를 받아 미디어 기업들을 부끄럽게 만들어 변화를 불러일으켰다. 그러나 다른 한편으로는 시민들의 압력에 점점 면역되어 가는 기업들이 미디어를 더 집중시킬 수도 있는 법안을 통과시킬 수 있도록 도와준 셈이 되었다. 그의 행위는 오랫동안 보수주의가 추구하던 전통과 맥을 같이하는 것이었다. 보수주의는 미디어 소유에 대한 규제에서 손을 떼자는 입장을 지지하기도 했지만 때로는 미디어 콘텐츠를 통제해야 한다고 최전선에서 지지했던 이념이다.

| 등급과 경고 |

산업계에서 미디어 콘텐츠를 규제하는 또 하나의 방법은 정부의 관여가 아니라 자율 규제이다. 등급(ratings)과 경고(warnings)가 그런 자율 규제에 속한다 (Cronauer, 1994 ; Frank, 1993 ; Jost, 1944b ; Simmons, 1978 ; Wiley, 1994). 영화산업에서 대표적인 자율 규제의 사례를 찾아볼 수 있다. 1960년대 전까지만 해도 MPAA(Motion Pictures Association of America)의 형태로 영화산업은 자기네들끼리 모임을 결성했는데, 제작하거나 상영하는 어떤 영화라도 MPAA가 외설적이라고 지적만 하면 영화사 내부에서 그 지적을 자율적으로 수용했다. 그러나 이런 자율적 규제는 1960년대에 모두 바뀌었다. 영화 감독이나 제작자들이 MPAA의 권위에 강력히 도전하기 시작한 것이다. 외설이나 거친 언어를 포함하는 많은 영화들은 도대체 대중적 표준이란 것이 무엇인지에 대해 의문을 품기 시작했다.

할리우드 영화의 새로운 세대는 성숙한 주제를 과감히 다루어 공공의 관심과 함께 통제할 필요성을 불러일으켰다. 이에 대하여 의회는 등급 체계를 요구하였다. 정부의 규제를 피하기 위하여 MPAA도 1968년 전국의 극장주나 영화 배급자들과 협력하여 영화 제작자들이 자진해서 등급 체계를 발전시켜 나가게 했다.

수년간 등급 체계는 일반적으로 누구나 관람이 가능한 경우에 G를 매겼다. PG는 어린이들에게 적합하지 못하여 부모의 동반이 필요한 경우에 매겨진 것이다. PG-13은 13세 미만 어린이들에게 적합하지 않은 경우이며, R은 성인을 동반하지 않은 17세 미만 어린이의 영화관 출입이 부적합한 경우에 매겨진 등급이다. X 등급은 오직 성인 관객들만을 의도하고 만든 영화에 매겨진다.

그러나 이러한 등급 체계는 문제가 있었다. 첫째로 상영하는 영화의 절반 정도가 R 등급 영화인데, 대부분의 극장주들이 그런 영화에 대하여 느슨한 태도를 보인 것이다. 그런 문제들은 지금도 여전히 남아있다. 최근 갤럽에 의뢰한 여론조사에 따르면 12세에서 17세 사이 청소년들의 1/3 이상이 R 등급 영화를 동반자 없이 관람하고 있다(Sandler, 1994).

더욱 큰 문제는 사람들이 X 등급 영화를 성인 영화로 간주하는 것이 아니라 포르노 영화로 여긴다는 것이다. 문제의 일부분은 MPAA가 모든 영화의 4% 정도에만 X 등급을 매기는데, 이런 영화 대부분은 섹스 장면이 노골적으로 드러나는 영화라는 것이다. 문제는 성인용 소재를 다루는 소수의 주류 영화에 X 등급을 매길 때의 혼동이다(예를 들어 MPAA는 성인 대상으로 제작된 영화 *Midnight Cowboy*에 X등급을 매겼는데, 이 영화는 1969년 아카데미 최우수 작품상을 수상했다).

포르노를 제작하는 사람들은 그들의 영화가 하드코어 포르노물과 동급으로 취

표 3-3 미디어 콘텐츠의 등급과 경고

영화	G	모든 연령대 입장 가능
	PG	어린이들에게 부적합
	PG-13	13세 미만 어린이에게 부적합
	R	17세 미만 어린이는 부모의 동반이 유추됨
	NC-17	17세 미만 어린이 입장 불가
TV	* 아래의 등급은 어린이를 대상으로 제작된 프로그램에만 해당	
	TV-Y	모든 어린이 시청 가능
	TV-Y7	7세 이상 어린이 시청 가능
	FV	
	* 아래의 등급은 모든 시청자를 대상으로 제작된 프로그램에 해당	
	TV-G	모든 연령대 시청 가능
	TV-PG	부모와 동반하여 어린이 시청 가능
	V,S,L,D	V : 약간의 폭력
		S : 약간 성적인 상황
		L : 이따금 거친 말투
		D : 약간 선정적인 대화
	TV-14	14세 미만 어린이 시청 제약
	V,S,L,D	
	TV-MA	성인용, 17세 미만 어린이 시청 제약
	V,S,L	

출처: Motion Picture Association of America; and TV Parental Guidelines (www.tvguidelines.org)

급되는 것에 대해 격분했다. 당시 일반 관객들은 잘 알지 못했지만 MPAA의 등급 체계와는 무관하게 제작사들은 자기 스스로 등급을 매기고 있었다. X 등급은 주류 영화에서는 죽음의 키스를 의미했는데, 그것은 많은 신문들이 X 영화의 광고를 실어주지 않았고 극장주들 역시 그런 영화를 상영하지 않으려고 했기 때문이다.

1990년 MPAA는 X 등급을 NC-17이라는 등급으로 바꾸었다. NC-17이란 극장에서 17세 미만의 어린이는 관람시키지 않는 것을 말한다. 이러한 새로운 등급은 제작자나 예술가들의 지지를 받았다. 그들로서는 반가운 소식이 아닐 수 없었다. 더욱 많은 성인 위주 영화 제작이 이로 인해 활성화될 것을 기대했기 때문이었다. 물론 일부 종교적인 보수주의자들은 이러한 주류 영화들의 등급을 비난하기도 했다.

영화 등급의 이야기는 정부의 규제와 산업계의 자율이 부딪쳐서 불똥을 일으키기에 충분하다는 것을 보여주는 하나의 예에 속한다. TV 등급에서도 정부의 요구와 산업계의 자율적 규제가 몇 가지 점에서 상충되는 것을 알 수 있다. 1996년 제정된 통신법(Telecommunications Act of 1996)에서는 TV 프로그램마다 등급을 매기고 그 등급에 따라 편성의 기준(blocking programming)을 세울 것을 요구하였다. 1997년에는 NAB(National Association of Broadcasters)와 NCTA(National Cable Television), MPAA가 서로 결집하여 등급 체계를 내놓기도 했다. 그 등급으로는 TVG(General Audience), TVPG(parental guidance suggested), TV14(unsuitable for children under 14), TVMA(intended for mature audiences)로 책정했다. 게다가 어린이들 프로그램은 TVY(suitable for all children)와 TVY7(intended for children 7 and above)로 매겼다. 이들 등급은 뉴스, 스포츠, 케이블 TV의 비삭제 영화 등에 적용되었다.

이에 대해 학부모 집단은 등급 체계가 너무 애매하다며 불만을 터뜨렸다. 그래서 1998년에 나온 것은 연령과 내용을 함께 고려한 등급이었다(표 3-3). 이를테면 S(sexual situation), V(violence), L(coarse language), D(suggestive dialogue)를 새로 집어넣은 것이다. 게다가 2000년 1월 1일부터 모든 TV는 등급과 관련하여 어린이를 보호하는 'V-chip'을 TV 수상기마다 설치할 것을 의무화했다.

음악 가사에서도 또 하나의 자기 규제가 발견된다(Clark, 1991a ; Harrington, 1995). 대중음악 가사에 점점 섹스와 관련된 언어가 늘어나는 것에 대한 반응이었다. 1985년에는 워싱턴D.C.에서 학부모들이 'Parents Music Resource Center (PMRC)'라는 모임을 구성했다. 그러나 학부모라고 해서 누구나 이 단체에 가입할 수 있는 것은 아니었다. 설립자들은 상원의원 부인과 하원의원 부인 10명이었다(그중에는 앨 고어 당시 테네시주 의원의 부인인 티퍼 고어가 눈에 띈다). 의회 청문회를 통해서 잘 알려진 이 단체는 결성하자마자 음반 기업체들에게 자진해서 경고 문구를 도입할 것을 설득했다. 처음에 각 음반 기업은 각자의 고유한 상표를 사용했지만 결국 1990년에 "Parental Advisory : Explcit Lyrics"라는 문구를 도입하였다. 당시 93개의 헤비메탈 그룹, 랩, 블루스, 팝, 코미디 등의 음반이 이 제도를 받아들였다.

1995년까지 PMRC의 구성원들은 많이 바뀌었지만 새로운 세대의 구성원들도 열심히 싸워나갔다. PMRC의 새 회장 바브라 웨이트(Barbra Waytt)는 상표 제도(labeling system)가 별로 효과적이지 못하다고 보고, 노래 가사가 형편없는 경우에 "worse"라는 한마디로 지적하자고 제안했다. 그때까지도 정부 규제에 대해서 반대하는 경우도 있었지만, 음반 판매장에서는 그러한 경고 문구가 수록된 음반은 팔지 않았다. 극단적 보수주의자였던 당시 교육부 장관 윌리엄 베네트(William Bennett)와 밥 돌 상원의원은 애당초 음반 기업체들이 그런 음악을 제작하지 말았어야 했다고 주장했다.

| 유통의 통제와 무법자 |

상점에서 이상한 가사의 음악을 수용자에게 팔지 말도록 제안한 것은 확실히 도덕적인 면에서 미디어 기업을 적극적으로 규제하는 사례가 되었다. 이는 미디어의 외설물을 통제시키려는 시도와 관련이 깊다. 외설물(obscene material)이란 성적 자극을 유발하는 것을 말한다. 음란물(indecent material) 또는 포르노와는 다르다. 포르노나 음란물은 비록 정부가 배포하거나 방송하는 것을 금지하지만 제작은 합법적이다.

미국은 성행위를 지나치게 다룬 콘텐츠에 대하여 규제해 온 오랜 역사가 있다. 1711년에 매사추세츠주 정부는 "사악하고 불경스러우며 불결하고 추악한 외설적인 내용의 출판물을 금지한다"고 발표했다(Clark, 1991b, p.977). 당시 통제의 주제는 외설물의 정의에 초점을 맞춘 것이었다. 법원은 이러한 정의 아래 출판물이나 영화, 그리고 최근에는 컴퓨터와 관련된 제작과 유통을 제한하고 있다. 1973년에는 대법원에서 어떤 것이 가장 외설적인지 표준을 정해 판정을 내리기도 했다. 1차 수정 헌법을 초월하여 외설적이라는 판정을 내리기 위한 외설 테스트가 만들어졌는데, 다음은 그 테스트의 일부이다. ① 현대의 공동체적 표준을 기준으로 할 때 보통 사람들에게 전반적으로 성욕을 불러일으키는가? ② 구체적으로 주법이 명시한 규정을 어겨가며 명백히 성행위를 불쾌하게 묘사하고 있는가? ③영상물 제작이 전반적으로 문학적이고 예술적이며 정치·과학적인 가치가 결여되어 있는가?(Clark, 1991b, p.981). 법정에서는 외설물이라는 딱지를 오직 노골적인 포르노에 한해 적용하고자 했다. 그렇지만 법관들은 의견을 달리했다. 윌리엄 더글러스 (William Douglas) 법관은 "1차 수정 헌법은 일반 국민들에게 진정제로서 분배되는 견인차가 아니다. 수정 헌법의 일차적인 기능은 성실한 사람에게나 음란한 사람 모두에게 토론의 장이 열려 있는 것이다"라고 주장했다. 우리 앞에 펼쳐진 그 따위 외설물은 쓰레기에 불과할지 모르지만 TV, 라디오, 신문 등에서 정치적 캠페인을 벌일 경우에는 그런 것들이 소중하게 사용될 때가 있다(Clark, 1991b, p.981).

또한 여러 가지 법률이 지나친 성행위를 규제하고 있지만 외설의 기준이 모든 지역에 동일하게 적용되는 것은 아니었다. 예를 들어 포르노 잡지나 비디오를 일부 소수에게 판매하는 것은 불법에 속한다. 마찬가지로 라디오나 TV에서는 성행위와 관련된 방송을 하는 것을 금지하고 있다. 1970년대와 1980년대, FCC는 밤 10시부터 새벽 6시까지 시간을 정해놓고 방송이 그 시간에만 음란물을 방영할 수 있도록 허락한 적이 있다. 이러한 조치는 아직 성숙하지 않은 어린이들을 보호하자는 취지에서였다. 주기적으로 방송에서 그러한 음란물을 완전히 제거하자는 시도도 있었지만 법원은 일반적으로 1차 수정 헌법에 따라 음란물이라도 보호해야 한다는 취지를 살려두었다. 1990년에 라디오 대담 프로그램인 하워드 스톤 (Howard Stone)의 *Shock Jock*'에서 라디오에서 다룰 수 없는 음란성의 도를 넘어선 내용을 방송한 적이 있다. 이 프로그램을 내보낸 방송사는 FCC에 벌금을 물어야 했다.

인터넷에서도 과도하게 성행위를 묘사하는 내용에 대해서는 제한이 필요하다는 목소리가 높아지고 있다. 컴퓨터에 접속하는 사용자들은 손쉽게 음란물을 영상이나 문자로 구할 수 있는데, 이는 불법이다. 사람들은 컴퓨터를 통해 집단으로 온라인 토론을 즐기는 데 참여하기도 한다. 그렇다면 정부는 소수의 컴퓨터 온라인 토론을 법으로 금지할 수 있을까? 공공 도서관에서 제공하는 인터넷의 경우, 그런 음란 사이트에 접근하지 못하도록 어떤 차단 장치가 수록된 소프트웨어를 장착하여 사용할 수 있을까?

섹스물을 제작하는 사람들에 따르면 인터넷은 인쇄 문화에 속하므로 규제 대상이 아니라고 주장한다. 물론 대부분의 인터넷 제작자들은 그런 제작물을 배포하거나 방송하지 않는다. 그리고 공중파를 이용하지도 않는다. 미성년자들이 음란 사이트에 접근하려면 의도적인 노력이 필요하다. 만약 인터넷 사이트에서 어린이들이 포르노를 접하지 않게 하려면 학부모들은 'Net Nanny', 'Cyber Patrol' 등 차단 기능을 갖춘 소프트웨어를 장치하면 된다. 그러나 이에 반대하는 사람들은 인터넷을 방송 매체로 간주하고 그 콘텐츠를 정부가 규제해야 된다고 주장한다. 인터넷에 접속하는 것은 TV 채널을 돌리는 것과 다를 게 없다는 것이 그들의 주장이다.

이러한 문제는 아직도 법적으로나 정치적으로나 흔들리는 추와 같다. 인터넷상의 외설물에 관해서는 1996년 제정된 통신법의 일부로 CDA(Communication Decency Act)가 만들어져서 규제적인 차원 이전에 법규로서 지지를 받았다. 그렇지만 법이 제정되던 해에 사상의 자유를 부르짖는 사람들의 고소를 받아 CDA는 법적 실효를 거두지 못했다.

1988년에 클린턴 대통령은 COPA(Child Online Protection Act)라는 법률을 승인하여 CDA를 부활시키려는 가능성을 터놓기도 했다. COPA는 미성년자들에게 해롭다고 여겨지는 제작물을 상업적으로 배포하면 형사처벌한다는 제한을 두어서 원래 CDA보다 더 구체적이라는 평가를 받았다. 그러나 아직도 COPA와 같은 법률은 근본적인 문제가 있다고 반발하는 사람들이 많다.

COPA의 문구 가운데 문제가 되는 부분은 "공동체적 표준"이라는, 외설물을 판정하는 기준이었다. 즉, 어느 정도가 외설물에 속하는지 판단하기가 쉽지 않다는 것이다. 인터넷에 오르는 외설물은 어느 한 곳에서 제작되지만 접속 대상은 전세계의 네티즌인 만큼 그 표준에 적용되는 사람들이 과연 누구냐는 것이다. 그러나 어린이들이 나오는 포르노는 비합법적이라는 판정이 전반적으로 통용되었다. 예를 들어 1998년 가을 미국의 사법기관과 13개의 유럽 국가들은 인터넷 어린이 포르노에 대해서 심각한 우려를 나타냈다(Grunwald, 1998).

그렇지만 외설물에 대한 표준에 대해서는 아직도 부정적으로 보는 경우가 더 많다. 1973년 미국 대법원에서 결정한 외설에 대한 정의는 국제적 커뮤니케이션에서는 적용될 수 없다고 판정한 적도 있다. 예를 들어 1995년 말 독일에서는 무려 200여 개의 명백한 섹스 토론에서 인터넷의 데이터베이스에 저장된 포르노 사진과 독일의 포르노 관련 방지법을 논의한 적이 있다. 그들의 사이트 가운데는 에이즈나 유방암에 관련된 기사도 있었다. 당시 법적 기소에 불안해했던 서비스 사업자인 CompuServe가 일시적으로 전세계의 모든 인터넷 접속자를 대상으로 200여 개의 인터넷 사이트를 폐쇄하자, 미국의 가입자들과 그 밖의 나라에서는 이를 사이버 검열이라고 항의하며 분개하였다. 그들은 집단적으로 CompuServe를 상대로 그 결정을 되돌리라고 요구했다. 결국 그 서비스는 다시 재개되었으며, 1998년에 CompuServe의 독일 지사장이었던 펠릭스 좀(Felix Somm) 이 포르노 법에 저촉되어 구속되기에 이르렀다. 독일의 법관들은 CompuServe가 "청소년 보호를 뒷전으로 하고 오직 이윤의 극대화에만 치중한다"고 판정했다(*Richmond Times-Dispatch*, 1998). 이것은 국제적인 차원에서 인터넷 콘텐츠의 규제가 완전히 해결되지 못했음을 드러낸 단적인 예이다.

폭력은 미디어 콘텐츠의 규제 대상으로 주목을 많이 받고 있는 분야이다(Ballard, 1995 ; Clark, 1993 ; Lazar, 1994 ; Schlegel,1993). TV의 폭력적 묘사는 어린이들이 쉽게 접근할 수 있다는 점 때문에 항상 토론의 중심이 되어 왔다. 예를 들어서 미국의 심리학회(American Psychological Association)는 미국의 보통 어린이는 초등학교를 마치기 전에 8천 번 정도의 강도 사건을 TV를 통해 볼 것이라고 어림한 적이 있다(Clark, 1993, p.267).

미디어의 폭력성에 관한 연구 보고서는 약 3천 건에 달한다(Clark, 1993, p.269). 어떤 연구자들은 폭력적인 내용을 접하는 어린이들의 경우에는 더욱 폭력적이 되고(공격자 효과), 폭력에 대한 두려움이 많이 생기며(피해자 효과), 남에게 폭력을 행사하는 것을 보아도 냉담해지는(무관심 효과) 경향이 있다고 주장한다. 아직도 폭력에 대한 연구 결과를 놓고 토론이 계속되고 있는데, 점차 의견이 모아지는 것은 장기간 폭력물에 노출된 사람에게는 폭력물이 영향을 미친다는 것이다. 한 연구는 TV 폭력에 관한 기존의 약 200가지 연구를 다시 분석한 바 있다(Paik & Comstock, 1994, p.516). 이들은 "여러 연구들마다 효과의 차이는 있지만 TV 폭력과 공격성 사이에는 분명하고도 주목할 만한 상관 관계가 있다"고 결론을 내렸다.

폭력물을 제작하는 프로듀서들은 자신들은 단지 사회에 현존하는 폭력을 반영했을 뿐이라고 해명한다. 그렇지만 여론조사에 따르면 사람들은 매스 미디어에 얼룩진 폭력 때문에 실제 폭력이 더욱 확대되고 있다고 믿고 있다. 그렇기 때문에 미디어의 폭력물을 규제할 것을 대부분의 사람들이 지지하는 것이다.

TV 폭력을 설명하는 네 가지 기본적인 접근이 있다. 첫째, 어떤 사람은 미디어 시장이 곧 프로그램을 결정하므로 정부가 아무리 규제해도 소용이 없다고 말한다. 둘째, 일부 비판자들은 TV 폭력물을 전부 근절해 버리면 오히려 공공의 정신 건강에 해로울 것이라고 한다. 셋째, 아마도 가장 많은 사람들이 오후 10시에서 다음날 새벽 6시 사이, 즉 어린이들이 TV 시청을 할 수 없는 시간대에 폭력물을 내보내라고 말한다. 넷째는 폭력물에 대해서 등급이나 V 칩을 사용하여 TV 폭력을 차단시키라는 것이다.

1972년 미국 Surgon General에서는 TV 폭력의 효과에 대한 보고서를 5권으로 발행한 적이 있다. 이 보고서에서는 원래 폭력적인 기질이 있는 어린이에 한해서 TV의 폭력성은 현실과 인과 관계가 있다고 보았다. 하여튼 1970년대에 TV 폭력물은 더욱 기승을 부렸지만 FCC는 그에 대해서 강력한 조치를 취하지 않았다.

그러나 시민들과 시민 운동 단체들은 이를 강력히 규제해 줄 것을 요구했다. 1976년 미국 의사협회(American Medical Association)는 "청년들의 건강과 복지"를 위협하는 TV 폭력을 반드시 근절할 것을 주장했다(Clark, 1993, p.278). 또한 미국의 전국학부모-교사협회(PTA: The National Parent-Teacher Association)에서는 오후 2시에서 10시 사이에 TV에서 방송되는 폭력물은 반드시 줄여야 된다며 해결책을 요구했다. 그런가 하면 1982년 국립정신보건원(National Institute of Mental Health)은 TV 폭력이 일부 폭력적 기질이 있는 어린이들뿐만 아니라 모든 어린이에게 영향을 끼친다는 결과를 발표하기도 했다.

그러나 1980년대는 탈규제화의 시대였다. 의회는 어린이 TV 프로그램에 대해 어떤 조치도 취하지 않았다. 오히려 정부는 어린이 방송 시간에 적용되었던 기존의 법규를 완화하거나 아예 없애버렸다. 그 가운데는 어린이 방송에 들어있는 광고에 관한 규제도 포함된다. 이로 인해 드러난 한 가지 결론은 어린이 만화 프로그램에서 장난감 제조 회사들이 그들의 장난감 판매를 높이기 위해서 프로그램 시간만큼 긴 광고를 시도했다는 것이다. 첫 번째 만화는 *'He-Man'*이었다. 그 만화는 폭력을 조장하는가 하면 같은 이름을 가진 장난감도 만들어졌다. 시간이 지날수록 광고는 어린이들에게 'GI Joe', 'Teenage Mutant Ninja Turtles'와 같은 장난감을 팔고자 더욱더 많이 방송되었다. 1983년에서 1986년 사이에는 전쟁과 관련된 폭력물로 대부분 프로그램이 구성되었는데 탈규제화가 발효되고 나서 전쟁용 장난감 판매는 600% 늘어났다고 한다(Lazar, 1994).

폭력은 보편적인 현상이어서 어느 문화권에서나 쉽게 이해된다. 그러므로 갈수록 중요해지는 국제 시장을 겨냥해서 많은 제작자들은 폭력이 깃든 제작물 만들기에 열을 올릴 수밖에 없다. 그러한 폭력적 내용의 창조 때문에 의심할 여지 없이 미디어 폭력을 우려하는 사람들이 더 많이 생기게 될 것이다. 여기에서 우리는 미디어 세계와 실제 세계가 어떤 관계가 있는지를 알 수 있다.

정확도의 규제 : 광고

콘텐츠 규제와 관련하여 관심을 갖게 되는 분야 중 하나가 광고이다(Clark, 1991a). 수많은 기관들이 광고에 관심을 갖고 있는데 그 이유는 광범위하고 다양한 상업적인 차원의 광고가 모든 형태의 매스 커뮤니케이션을 에워싸고 있기 때문이다. 예를 들어 미국 연방거래위원회(Federal Trade Commission)는 허위 광고 사례들을 다루고 있다. 또한 안전교환위원회(Securities and Exchange Commission)는 주식이나 신탁 광고를 전문적으로 책임지고 있으며, 교통부(Transportation Department)는 해외 비행기에 게재되는 광고를 조사한다. 재무부(Treasury Department)에서는 담배와 술 광고를 규제하고 있으며, FCC는 어린이 광고를 책임지고 있다.

이러한 규제 기관들은 두 가지 기본적인 고려 사항을 분명히 한다. 첫째, 속임수를 쓰거나 허위 광고로부터 국민을 보호한다. 광고 회사는 사실을 왜곡해서 강매하는 경향이 있다. 가장 터무니없는 위반으로는 유방 확대와 같은 기적의 처방을 내리는 소규모 기업들이다. 대개 그런 광고는 잡지 뒷면에 나오는 항목별 광고(classified ads)에서 볼 수 있다. 잘못된 광고는 대형 회사에서도 나온다. 예를 들어 1997년 FTC는 Jenny Craig사에게 체중 감소에 성공할 수 있는 프로그램 광고의 일부를 더 이상 내보내지 말라고 명령한 적이 있다.

둘째로 정부는 미성년자들을 대상으로 잠재적으로 위험한 상품은 광고하지 못하도록 규제를 가한다. 담배나 술에 대한 광고를 규제하는 것이 그것이다. 예를 들어 TV에서는 담배 광고를 할 수 없다. 1995년에 정부는 한 발 더 나아가서 TV로 중계하는 스포츠 경기에서도 담배 광고를 하지 못하도록 금지한 적이 있다. 농구 경기의 담배 입간판에서부터 자동차 경기장 주변의 담배 상표 부착까지 금지시킨 것이다.

또한 정부는 어린이를 상대로 하는 광고량을 제한시키는 규제를 가한다. 예를 들어 1990년 어린이 TV 강령(Children's Television Act)에 따르면 TV는 주말에 시간당 10.5분, 평일에는 시간당 12분만 광고를 하라고 명령했다. 광고 회사들은 이러한 규제를 반대하고 나섰다. 어린이 대상 광고의 적절성은 자유시장의 논리에 맡겨야 된다는 이유에서였다.

1980년대의 탈규제 바람을 타고 FCC 역시 라디오나 TV의 광고 시간을 제한하는 규제를 완화했다. 8년 사이에 전체 광고비는 2배 이상 증가하였는데, 1982년에는 660만 달러였으나 1990년에는 1천 3백만 달러에 달했다. 1965년 이래로 TV 광고는 1990년대 초까지 거의 3배 증가했고 연간 20%씩 늘어났다(Clark, 1991a, p.661). 동시에 30분짜리 '인포머셜(informercial)'이 가끔 생방송으로 방영되어 광고와 프로그램의 경계를 모호하게 만들기도 하였다.

사람들은 미디어 광고를 정부가 통제하거나 규제한다는 것은 잘 알고 있으나 광고 회사에 도움이 되는 법규에 대해서는 잘 알지 못한다. 가장 중요한 사실은 대부분의 광고가 매년 수백만 달러에 달하는 세금 공제를 받고 있다는 것이다. 그런가 하면 정부는 선거 캠페인을 통해 광고 회사를 지원해 주기도 한다. 특정 상품에 대해 광고 회사를 보조해 주는 농림부(Department of Agriculture)는 광고를 싣는 잡지나 신문 배달에 사용되는 우편료를 할인해 주기도 한다. 끝으로 정부는 매년 수백만 달러씩 들여 국방을 홍보하거나 그 밖의 공익 광고를 하는데 직접 나서기도 한다.

'국익'을 위한 규제 : 미디어와 군대

남북전쟁 당시 군 장교들은 남부에서 발행하는 신문을 통해 정기적으로 적군이 어떻게 이동하고 어떤 전략을 짜고 있는지에 대한 정보를 입수했다. 그 뒤로 독자에게 정보를 전달할 의무가 있는 신문과 전쟁 중에 예민한 정보를 보호해야 할 필요가 있는 정부 사이에는 팽팽한 긴장감이 감돌았다. 이러한 긴장의 속성은 역사적으로 상황마다 조금씩 달랐다. 예를 들어 2차 세계대전 때는 미디어가 자진해서 군대의 제한에 동조, 아군의 정보를 공개하지 않아서 전쟁을 수행하는 데 도움을 주기도 했다.

이러한 관계가 극적으로 달라진 것은 베트남 전쟁 때였다. 그때 TV는 정부가 국민에게 보여주고 싶지 않았던 전쟁에 대한 정보를 대대적으로 보도했다. 군부는 언론이 때로는 그런 정보에 대해서 아무런 책임감도 없이 보도한다고 여겼다. 어떤 언론 보도는 군부의 안전을 위태롭게까지 했다.

이에 반해 미디어 측에서는 군부의 발표는 믿을 수 없는 게 많아서 전체 국민들의 신뢰를 잃고 있다고 보았다. 언론을 등에 업고 가끔 국방부가 정보를 공표하는 적이 있었지만 국민들은 미디어를 통해서 나오는 뉴스를 정부 발표보다 더 신뢰했던 것이다. 베트남 전쟁이 소강 상태에 접어들면서 언론은 매일 오후 국방성 'Five O'clock Follies'에서 흘러나오는 정보를 불신하기 시작했다. 베트남 전쟁의 실상은 TV 보도를 통해서 처음으로 중계되었다. 정부는 미국의 승리가 곧 다가온다고 반복해서 주장했지만, 네트워크 TV는 죽어가는 군인들을 비춰주거나 반전 데모를 보여주어 현실과 다른 세계를 보여주었다.

베트남 전쟁을 겪고 나서 군은 두 가지 상반된 면에서 새로운 정보의 전송 수단을 만들었다. 첫째, 군부에 대한 긍정적인 이미지를 국민들에게 각인시킬 수 있는 미디어를 확대시킨 것이다. 이를 위해 미디어를 다룰 줄 아는 언론 전문가들을 많이 고용했다. 군부는 미디어를 통해 알리고자 하는 정보를 유통시키는 데 아주 노련해진 것이다.

둘째, 군은 미디어를 통하여 국민에게 정보를 배분하는 데 필요한 통제 방법을 강구했다. 이러한 전략 가운데 중요한 것이 합동취재 제도이다(Cheney, 1992; Bennet & Paletz, 1994; Denton, 1993; Jeffords & Rabinoviz, 1994; Mowlana, Gerbner & Schiller, 1992; Taylor, 1992). 페르시아 걸프 전쟁 때 파나마와 그라나다에 시험 침공했던 미국은 국무성을 통해 언론의 합동취재를 거쳐 정보를 유포한 적이 있다. 군부에서는 정보를 구하려고 혈안이 되어 있는 미디어를 억제하기 위해서는 정보에 접근하는 데 제한을 두는 것이 필요하다고 보았다. 전쟁을 효과적으로 치르려면 언론인들의 움직임을 통제할 필요가 있다고 보았던 것이다.

심지어 합동취재단에 들어갈 미디어 기자를 선정한다든지 미리 정해진 장소에서만 정보를 발표하는 등 군부는 효과적으로 군 작전에 대한 정보를 최대한 통제하였다. 군부 내의 언론 전문가들은 병사들과의 인터뷰나 미디어를 미리 훑어보아서 외부로 미디어가 발매되기 전에 신속히 자신의 정보를 처리하기도 했다. 언론인들은 군부의 그러한 제한이 못마땅했지만, 별수 없이 그대로 따라야만 했다. 어떤 미국인은 걸프전 당시 신문 전면에 난 전쟁에 관한 경고 문구를 보고 놀란 적이 있다고 한다. 그 경고에는 전쟁에 대한 모든 정보를 취재하는 데 미군의 검열을 반드시 받아야만 한다고 명시되어 있었기 때문이다.

지난 반세기 동안 적극적인 언론과 이를 압박하는 군부 사이에 감돌았던 팽팽한 긴장은 '예민한 정보'를 둘러싸고 벌어진 것이다. 예민한 정보란 군부가 통제하고자 하는 정보를 말한다. 군부는 군대에 위험하다고 생각되는 정보는 예민하다고 본 것이다. 언론은 예민한 정보의 기준에 대해서 아무런 문제를 느끼지 못했지만 군부는 미군에게 위험이 될 수 있다고 생각되는 정보가 유출되는 것은 제한해야 한다고 믿었다. 그렇지만 많은 언론인은 군부가 정보까지 검열하는 것에 대해선 반대하였다. 그러나 군부는 '예민한 정보'는 뭐든지 국민들의 사기를 떨어뜨릴 것으로 보았고, 국민들의 그러한 마음은 군대의 사기에도 좋지 않은 영향을 미칠 것이라고 보았다. 예를 들어 걸프전 때 무기도 없이 누더기가 된 성조기를 걸친 미군 병사가 탱크 위에 있는 모습을 찍은 사진이 방송된 적이 있다. 이런 이미지는 직접적으로 미군 병사들의 안전을 위협한 것은 아니었지만 전쟁에 대한 국민들의 지지를 손상시키는 것이었다. 그러나 그러한 검열은 국민의 지지를 얻고자 하는 정부의 노력이 너무 지나쳤고, 아무리 전쟁중이지만 정부가 언론의 자유를 제한하는 것이 과연 정당한가에 대한 심각한 의문을 남겼다. 그런 제한이 가해진 때문인지 예를 들어 이라크에서 미군의 습격을 받아 무고한 시민들이 죽어간다는, 논쟁의 여지가 많은 정보가 전쟁이 끝날 때까지 일반 국민들에게 알려진 바 없다.

합동취재는 미 국무성의 공식적인 언론 정책의 하나로 지금까지 남아있다. 그리고 앞으로도 미군들이 해외에서 전략을 짤 경우에는 그 정책이 쓰여질 것이다. 이러한 정책으로 인하여 정부의 정보 구속력과 국가 기관들의 통제에 관한 이슈는 다시 한 번 다음 전쟁 때 다루어지게 될 것이다.

3.8 | 비공식적인 정치 · 사회 · 경제적 압력

이번 장에서는 일차적으로 미디어에 미치는 정부의 규제와 비공식적인 정부의 통제에 초점을 맞추었다. 그러나 미디어에 영향을 미치는 정부의 통제는 정치적인 면과 관계가 깊다는 것을 염두에 두어야 한다.

미디어에 대한 토론에서 가장 주목을 받는 인물은 많은 정보를 제공하는 미디어 비평가들이라고 할 수 있다. 그런 비평가들 중에는 매스 미디어를 전공하는 학자도 있을 것이고, 사적으로 후원하는 단체에 속해 미디어와 관련된 정책을 분석하는 두뇌 집단들도 있을 것이다. 그러한 사람들은 정치적인 범위를 넓혀가며 자신들에 대한 재정 지원이 누구로부터 비롯되었는지도 모르는 채 눈앞의 현안에 대한 분석 결과를 제공하고 있다.

미디어 비평가들보다 더 중요한 사람들이 정치 전역에 걸쳐 산재해 있는 작가, 교육자, 로비스트 등인데 이들은 미디어에 대해서 민감하게 반응한다. 이들이 반드시 미디어에만 초점을 맞추고 행동하는 것은 아니다. 예를 들어 그들은 종교 집단의 도덕심을 바탕으로 미디어에 압력을 가하기도 한다. 어떤 경우에는 논쟁이 되고 있는 책이나 잡지에 실린 기사를 배척하기도 하고 논쟁이 붙은 프로그램을 지원하는 광고의 상품 구입을 거부하는 경우도 있다. 1997년 남부 침례교 집회에서는 Disney에서 제작되어 ABC 드라마 *Ellen* 으로 인기를 얻어 등장한 게이 상품인 'gay friendly'의 구매를 거부하기도 했다.

폭력이 난무하는 할리우드 영화와 어린이들이 쉽게 접근할 수 있는 인터넷, 그리고 어린이 대상 방송에 비쳐지는 정치적 뉴스에 관하여 10여 개에 달하는 지역별 · 나라별 조직들이 미디어를 심층적으로 살펴본 적이 있다. 이들은 구체적으로 정치적인 측면에서 살펴보았는데, 예를 들면 캐나다 밴쿠버에 자리한 Media Foundation은 매스 미디어의 심장이라고 할 수 있는 상업주의에 강력히 도전했다. 이들은 미디어 속에 나오는 광고를 비판적으로 다룬 잡지 「어드버스터스」

(*Adbusters*)를 출판하기까지 했다. 또한 캐나다에서는 미디어에 나오는 눈속임 광고를 신랄하게 지적하는가 하면 소비자의 가치에 도전하는 광고를 다룬 종합지 「아무것도 사지 않는 날」(*Buy Nothing Day*)을 출판하기도 했다.

미국에서는 방송국 허가를 재심하는 과정에서 시민 단체들이 법적 지위를 갖고 참여한다. 방송이 처음 시작될 무렵에 FCC는 방송에 경제적인 기여가 있는 사람들에게만 아주 중요한 지위를 부여하여 라디오나 TV의 사업 허가 심사 과정에 참여시켰다. 이러한 절차는 1960년대 중반에 미국의 그리스도연합교회(United Church of Christ)가 법원에 항소하여 미시시피주 잭슨에 TV 방송국의 허가권을 받는 과정에서 바뀌게 된다. 당시 그리스도연합교회는 흑인 시청자를 차별하는 방송국과 단호히 싸워나갔다. 미국 컬럼비아 지역의 공소심 법원(Court of Appeals)은 전문가 집단, 노동자 단체, 교회, 교육기관 등 사회적 책임이 강한 지역 단체들에게 방송 재심 절차에 참여할 수 있는 권한을 부여했다. 물론 이러한 계속되는 도전이 별로 성공을 거두지는 못했지만 방송국 일부는 방송 재심 과정에서 그들과의 마찰을 피하기 위해서 이들 지역 단체와 미리 협상할 것을 제의하기도 했다 (Longley et al., 1983). 때로는 그러한 도전이 미디어에 대한 주민들의 토론에 불을 붙이기도 한 것이다.

1998년 과격 단체인 Rocky Mountain Media Watch는 콜로라도주 덴버에 있는 4개 TV 방송국의 면허 갱신을 거부할 것을 FCC에 탄원한 바 있다. 이들은 뉴스에서 폭력이나 경범죄 사건을 지나치게 많이 다루는 방송은 주민들에게 해롭기만 할 뿐 아무런 도움이 되지 못한다고 주장했다. 그러한 사례에서 엿볼 수 있듯이 부적절한 뉴스를 보도한 경우도 이런 도전을 받는다. 끝으로 이들 단체들은 지역 뉴스가 너무 여성이나 소수 민족에게 지나치게 불리한 묘사를 일삼고 있다고 지적했다(Rocky Mountain Media Watch, 1998). FCC는 1차 수정 헌법에 근거하여 그러한 탄원을 기각시켰지만, FCC의 움직임은 주류 미디어에 대한 심각한 토론을 유발시켰다.

시민 단체의 주장은 다양했다. 지역 방송과 뉴스의 문제점을 지적한 단체가 있는가 하면 대안 미디어를 제시한 단체도 있었다. 또 어떤 단체는 학부모들에게 미디어를 이용하여 "미디어 해석(media literacy)" 기술을 가르치라고 충고했다. 어떤 단체는 의회 앞에서 미디어와 관련된 주제를 발표했고, 어떤 단체는 풀뿌리 접근을 시도, 지역 미디어를 대상으로 토론을 벌여서 시민들의 소비를 촉진할 수 있는 방법을 모색하기도 했다. 심지어는 단체들이 직접 행동으로 옮기는 전략을 사용하기도 했다. 예를 들어 1998년에 단파 방송국들은 FCC와 워싱턴에 있는 전국방송인연합회(NAB: National Associatiom Broadcasters) 앞에서 시위를 벌였다. 그들은 FCC의 라디오 규제를 보호하는 의미에서 해적판 라디오를 엄하게 단속할 것을 주장하며 미디어 복합기업과 FCC 의장을 상징하는 인형들을 내걸며 행진했다. 그런가 하면 이동용 방송 장비를 이용한 불법 방송에 대한 불복종 운동을 벌이기도 했다. 시위가 끝나면 시위대는 NAB 건물 밖에서 NAB기를 내리고 대신 해적판 라디오를 상징하는 해골이 그려져 있는 해적기를 내걸었다.

이러한 과격 단체는 다양한 방법으로 미디어에 대한 저항을 거듭했다. 이들은 보수와 진보 두 이념 사이를 가로지르며 압력을 가한 결과 지속적으로 미디어에 대한 진지한 토론을 이끌어낼 수 있었다. 그들은 미디어 기업에게 중요한 비공식적인 정치적 압력을 가했던 것이다.

3.9 | 결 론

정부의 규제는 미디어가 반드시 실천해야 하는 기준을 마련해 준다는 면에서 대단히 중요하다. 이번 장에서는 규제의 역사를 간단히 살펴보았지만 미디어 외부의 어떤 힘은 미디어 기업의 방향과 발전에 심각한 영향을 미친다는 사실을 명백히 알 수 있었다.

미디어의 역할을 제대로 알기 위해서는 이와 같은 미디어 외부의 영향력을 반드시 고려하지 않으면 안 된다. 미디어의 형식이나 내용, 목적은 모두 사회적으로 결정된다. 이는 곧 미디어의 규제로 지배된다. 결과적으로 미디어는 시간이 지날수록 다양해지며 문화권에 따라 달라지게 된다. 이러한 미디어의 형태는 경쟁적 이해 관계를 반영하는 일련의 사회적 과정의 결과라고 할 수 있다.

미디어 조직은 그들 자체의 통제를 초월하여 외부적인 경제적 · 정치적인 힘에 의하여 형성되는 환경 내에서 운영된다. 그러나 미디어 상품은 단순히 이러한 구조적 구속에 의해서 지배받지는 않는다. 미디어 전문가들은 이러한 경제적·정치적 힘을 헤쳐나가며 그들 나름대로 전략을 발전시켜 나간다. 그래서 미디어는 그들만의 규범과 규칙을 갖게 되는 것이다. 4장에서는 이러한 언론의 조직과 전문가들에 대해서 논의하기로 하자.

4 미디어 조직과 언론인

앞서 2장과 3장에서는 미디어 기업의 경제적인 구속력(constraints)과 함께 정치적인 구속력에 관해서 각각 살펴보았다. 그렇지만 우리는 미디어 활동 과정에서 구조적으로 어떤 구속력이 불가피하게 뒤따르고 있는지 잘 모른다. 넓은 의미에서 구조적 구속력에 따라 어떤 선택은 매우 매력적이지만 어떤 선택은 매우 위험하며, 또 어떤 선택은 상상이 가지 않을 정도로 강력한 영향을 미친다. 그러한 구속력 속에서 미디어 전문가들은 미디어 상품을 만들어내는데 무엇을 어떻게 만들지, 그리고 상품을 어떻게 소비자에게 배포할지를 선택한다. 할리우드의 감독들, 네트워크 TV의 관리들, 출판 편집인들, 뉴스 기자들은 단순히 미디어 기술이 잘 돌아가게 만들어주기 위한 자동화된 기계가 아니다. 그들의 행위는 사회구조 속에서 이루어진다. 그래서 마냥 쉽게 미디어 상품을 속속 제작해 내는 것도 아니다.

이제 우리의 분석은 구조적 힘 사이에서 생기는 역동적인 긴장감을 찾아내는 것이다. 이때 구조적 힘이란 어떤 태도를 형성하는 데 결정적인 힘을 발휘하고 어떤 선택을 내리는 데 중요하게 작용하는 것이다. 자주 인용되는 마르크스의 문구에 따르면 미디어 전문가들은 그들의 상품을 반드시 즐겁게 만드는 것만은 아니라는 것이다. 그들은 자신의 의도에 맞게 미디어 상품을 선정하는 것이 아니라 과거부터 있어 왔던 관행에 따라 단순히 맞추어나가는 경향이 강하다.

이번 장에서는 미디어 조직의 역동적인 구조에 초점을 맞추고자 한다. 우리는 미디어 상품을 창출하는 데 전문가들이 어떻게 미디어 작업을 조직적으로 하는지, 그리고 미디어 전문 분야에서 어떻게 조직의 규범과 실천이 구속력을 가지는지를 검토하고자 한다. 또한 미디어의 전문적 배양(cultivate)이 사회적 또는 개인적인 네트워크를 통해 어떻게 구현되며 미디어 작업의 방법을 결정하는 조직적 구조는 어떻게 구성되어 있는지를 검토하고자 한다.

4.1 | 경제적 · 정치적 구속력의 한계

앞장에서 보았듯이 경제적 · 정치적 힘은 아주 강력한 구속력을 발휘한다. 아래에서 살펴보겠지만 미디어 전문가들은 가끔 그들이 수행하는 작업에 미치는 이러한 구속력의 한계를 느끼면서도 이러한 구속력에 능동적으로 반응한다.

경제적 구속력 안에서의 작업

상업적 논리에 따른 TV의 속성에 대해서는 2장에서 논의했지만, 다시 그 논의로 돌아가 보자. 네트워크 TV는 수요에 따라 프로그램이 결정된다. 이윤은 인구 통계학적인 자료를 바탕으로 높은 시청률과 광고주의 강력한 요구에 따라 프로그램을 제작한다. 네트워크 간부들은 이러한 경제적 압력에 당면하여 프로그램 편성을 시도한다. 그래서 가능한 많은 수용자를 확보하고, 수용자들이 심각한 거부 반응을 보이지 않는 '안전한' 프로그램을 선택한다. 이것이 상업적 네트워크 TV의 논리이다. 이 논리는 대부분 상업 TV에서 나타나는 비슷한 현상이다.

2장에서 우리는 네트워크 TV의 상업적 조직이 갖는 구속력을 강조한 바 있다. 그러나 기틀린은 경제적 구속력과 네트워크 전문가들(프로듀서, 작가 등) 사이의 긴장을 미묘하게 분석한 바 있다(Gitlin, 1985). 방송국 내에서 프로그램을 실제로 선정하고 제작하는 사람들은 주어진 예산 안에서 작업하는 것이 보통이다. 만약 TV 작가가 상업적으로 성공하지 못한 대본을 계속 쓴다면 TV 작가로서의 미래는 위기에 빠지게 된다. 마찬가지로 네트워크의 주시청 시간대에 평범한 글을 써서 시청률이 떨어진다면 조만간 작가는 다른 직장을 구해야 될 것이다. 주시청 시간대 TV 프로그램 편성 결정 과정에 참여하는 사람들도 많고, 그 결정이 이루어지는 단계도 다양하고 복잡하다. 그리고 수용자의 취향도 역동적이고 예측 불가능하여 어떤 프로그램이 성공하고 어떤 프로그램이 실패할지 알 수 없기 때문에 프로그램을 결정하는 데 어떤 단순한 공식을 적용할 수도 없다. 결과적으로 TV 세계에서 사는 사람들은 성공적인 프로그램을 창안하고 선정하기 위해서 수용자의 현재 분위기와 어떤 프로그램의 소구력이 강한지를 잘 해석해야만 한다.

여기서 이루어지는 구조적 역동성은 분명하다. 경제적 힘은 의사결정 과정에서 가장 중요한 영역을 형성하면서 프로그램 제작의 목표를 규정한다. 그리고 제작자들은 올바른 제작을 실천하려는 노력 속에서 프로그램과 수용자를 제대로 평가해야만 한다. 그러나 이 바탕에서 프로그램이 성공을 거두기란 결코 쉽지 않다. 그러한 어려움이 산재되어 있음에도 불구하고 TV 전문가들은 보다 안전하게 그들의 업무를 수행하려고 노력한다. 그들은 의사결정 과정을 일상화하고 그들의 작업을 순조롭게 진행하기 위하여 나름대로 어떤 규칙을 도입한다. 예를 들어 TV 세계에서 모방은 관행적으로 이루어진다. 방송 전문가들이 적용하는 기본 법칙 가운데 하나는 예전에 인기가 많았던 프로그램과 유사한 프로그램을 제작하는 것이다.

정치적 구속력에 대한 반응

정치적 힘, 특히 정부의 규제는 미디어 조직의 환경을 만드는 데 매우 중요한 역할을 한다. 연방법이 요구하거나 금지하는 특정 행위가 구속력을 갖고 있어 미디어 조직이 반드시 이를 따라야 하는 것은 아니다. 사실 미디어는 가끔 그러한 규제를 무시하거나 재해석하기도 하고 도전하기도 한다.

첫째, 일단 관련 법이 의회를 통과하게 되면 분명히 하나의 문제로 떠오른다. 그러나 법에 따라 규제를 실천하는 것은 또 다른 문제이다. 역사적으로 FCC는 법을 마지못해 집행한 적도 많았다. 그것은 대부분 미국 의회와 미디어 기업 간의 복잡한 관계 때문인데, 이로 인해 커뮤니케이션 규제가 종종 무시되거나 어떤 결말도 나지 않은 경우가 많았다.

둘째, 정부의 규제는 항상 미디어 조직과 힘겨루기를 했는데, 그것은 규제 사항이 대부분 해석하기에 따라 달라질 수도 있었기 때문이다. 예를 들어 1990년 아동의 TV 시청 규제에는 토요일 아침 편성에 어린이 교육 프로그램을 포함하기로 되어 있었으나 '교육적'이라는 개념을 둘러싸고 다양한 해석이 나왔다. 결과적으로 방송인들은 교육적이라는 의미를 대단히 포괄적으로 보아 'The Flintstones'나 'The Jetsons'와 같은 만화영화를 포함시켰다. 방송인들은 그러한 규제가 개혁적인 차원에서 내려지는 부분적인 구속력이라고 간주하고 반응하였던 것이다.

가끔 정부의 노력은 미디어 조직의 행위를 형성하는 데 성공적일 때도 있다. 걸프전 때 미 국무성은 정보를 규제하는 방법의 하나로 미디어 뉴스의 콘텐츠를 통제한 바 있다. 물론 직접적인 검열은 없었지만 미디어가 요구하는 정보를 거의 전략적인 이유로 정부가 독점하고 있었다. 이런 경우에 정보의 통제가 전부는 아니다. 기업인으로서의 저널리스트들은 독자적인 정보를 수집하기 위해서 군대의 제한을 무시해 버렸다. 심지어 어떤 언론인들은 정보에 접근하지 못하도록 봉쇄하는 국무성을 대상으로 법적 대응도 서슴지 않았다.

이는 미디어 조직이 정보를 얻기 위하여 정부의 법적 구속력을 피해 제3의 통로를 선택한다는 것을 의미한다. 만약 언론이 그러한 통로를 확보하게 되면 그들은 정부 규제에 도전하여 그 규제를 바꾸거나 폐지시키려 들 것이다. 이때 미디어 조직은 법적 전략을 동원하기도 한다. 법적으로 적극 대응을 하는 것뿐만 아니라 정치 전략의 하나로 정치인들을 대상으로 로비를 벌여 미디어에게 이로운 새로운 규제를 만들려고 노력한다.

마지막으로 미디어 기업은 외부의 규제에 앞서 미리 자기 규제를 하기도 한다. 마지막 장에서 다루겠지만, 이러한 전략은 영화나 음반 산업에서 채택하는 경우가 많다. 그들은 직접적인 정부의 규제를 모면하기 위해 자체적으로 영화의 등급을 매기거나 음반에 경고문을 붙이기도 한다. TV 방송국도 자체적으로 프로그램에 연령별 시청 등급을 매긴다. 궁극적으로 경제적 힘이 미디어 전문가들의 행위를 완전히 결정할 수 없듯이, 미디어 조직은 수동적으로 정치적 구속력을 고분고분 따르지 않는다. 두 경우 다 미디어 전문가들은 특별한 정치적·경제적인 틀 안에서 적극적인 중개인으로서 의사를 결정하고 전략을 추구한다. 미디어 전문가들은 이러한 환경을 가능한 통제하고 가장 효율적으로 주어진 구속력을 헤쳐나간다. 그들의 이러한 행위는 지속되고, 때로는 기본적인 구조적 구속력을 바꿔나가기까지 한다.

지금까지는 주어진 환경 안에서 미디어 제작자와 소비자가 어떻게 존재하는지에 일차적으로 관심의 초점을 맞추었다. 이제는 어떻게 전문가들의 작업이 조직화되는지를 검토하기 위해 미디어 제작자들의 세계로 직접 들어가 보자.

4.2 | 미디어 조직

사회학자 하워드 베커는 널리 인용되고 있는 그의 저서에서 "예술적 제작이란 구체화된 인력의 정교한 협업(cooperation)을 요구한다"고 주장한다(Howard Becker, 1982, p.28). 우리는 이 말을 미디어 콘텐츠의 제작에도 적용할 수 있다. 영화, 책, 음악, 라디오, 잡지, 신문, TV 등의 콘텐츠를 제작하고 분배하자면 많은 사람들의 작업이 요구된다. 비록 겉보기에는 단순한 개별적인 미디어 상품처럼 보이지만 제작 과정에는 상당히 많은 사람들의 참여가 요구된다. 음악의 경우만 해도 제작자, 배급자, 레코드 디자이너, 판매자 등 많은 사람들이 참여한다.

베커는 그 많은 사람들 중에 누가 미디어 작업에 참여하는가를 묻는다. "그들은 어떻게 협업의 목표에 도달할까?" 어떤 연구자는 미디어 전문가의 행동은 조직의 '필요(need)'에 의해서 형성된다고 강조한다(Epstein, 1973). 달리 말하면, 조직 내에서의 성원은 각각 개별화된 개인들이지만 모두 조직의 목표에 따라 같은 방향으로 간다는 것이다. 이러한 미디어 작업은 '조직적 필요(organizational need)'라는 개념으로 설명된다. 우리는 어떻게 조직적 필요를 측정할 수 있을까? 정말로 조직 활동은 무엇보다 '필요'에 따라 이루어진다는 주장이 타당할까? 어쨌든 필요라는 개념을 응용하여 조직적 분석을 시도하는 것이 미디어 전문가의 독자적인 행위를 설명하는 데 적절할 것이다.

또 다른 방법으로는 미디어 전문가들이 협업을 하기 위해서는 각자가 주어진 업무를 위해서 노력하기 전에 서로 타협을 해야 한다는 것이다. 왜냐하면 개인적인 능력이 강조되면서도 동시에 미디어 작업에 깔려 있는 제한조건이 있기 때문이다.

직업이라는 것에 대해서 베커는 보다 실용적으로 접근, 구조와 매개체 사이의 긴장을 인식해 본다. 그는 말하기를 "미디어 작업을 협업하는 사람들은 대개 새로운 것만을 찾는 데 연연하지 않는다. 그보다는 전에 약속했던 것이 지금은 어떻게 변화하고 있는지를 처리하는 데 있어서 그 관행에 의존한다"(Becker, 1982, p.29).

관행은 이 분야에서 폭넓게 사용하고 있는 실천이나 테크닉을 말한다. 관행의 의미를 따진다든지 또는 어디에서 출발되었는지를 설명하는 것보다 관행적인 과정을 밝히는 게 훨씬 쉬울지도 모른다. 우리 모두는 뉴스 보도나 대중음악 또는 광고를 지배하는 어떤 관행을 밝히길 좋아하는 경향이 있다. 예를 들어서 거의 모든 미국의 저녁 뉴스 방송은 앵커가 앉아 있고 그 뒤로 배경이 나오는 형태의 스튜디오에서 이루어진다. 이러한 형태는 뉴스 방송마다 내려오는 관행이다. 더욱 중요한 것은 구체적인 상황이 아무리 바뀐다고 해도 이러한 뉴스 관행은 변치 않는다는 점이다. 관행은 미디어의 모든 영역에서 찾을 수 있다. 인기 가요 순위 톱 40에서도 그렇다. 대부분의 가요는 으레 가사/후렴/가사의 구조로 되어 있다. 대부분 잡지에서도 맨 위에 잡지의 이름이 써 있고 크고 화려한 그래픽이 뒤를 잇는다. 패션 광고에서도 모델이나 옷은 달라도 똑같은 이미지의 배열에 익숙해 있다. 관행에 익숙한 프로듀서나 수용자들에게 갑자기 너무 혁신적이고 공격적인 장면이 연출되면 오히려 역효과가 날 수도 있다.

관행은 결코 임의적이 것이 아니다. 그것은 미디어 전문가들이 일상적으로 작업하는 가운데 나타나는 결과이다. 관행에 따른 미디어 콘텐츠를 이해하려면 어디서부터 관행이 비롯된 것인지, 어떻게 그런 관행이 작업하는 가운데 생겨난 것인지, 그리고 우리가 '관행적'이라고 할 만한 미디어 상품을 어떻게 생산하는지를 충분히 고려해야 한다.

뉴스의 일상성

뉴스란 무엇인가? 이는 우리가 우리 자신에게 자주 묻는 질문은 아니다. 너무 당연하겠지만, 뉴스란 최근에 일어난 사태에 대한 정보이다. 우리는 직접 겪지 못한 중요한 사건이 무엇이 있었는지 알기 위해서 아침마다 커피를 마시며 신문을 읽는다.

우리는 항상 뉴스의 정의를 알려고 애쓰지 않는다. 무엇이 중요한 사건인지 우리가 어떻게 알겠는가? 우리는 이러한 질문을 전문적인 언론인들에게 맡길 뿐이다. 결과적으로 우리는 무엇이 중요하고 무엇이 중요하지 않은지, 또는 이른바 뉴스 가치(newsworthy)가 있는지의 판단 여부를 언론인들에게 맡긴다. 궁극적으로 뉴스가 무엇인지를 이해하려면 어떻게 언론인들이 그들의 판단을 구성하고 그들의 생각을 구축하는지를 이해하여야 한다. 달리 말하면 매일 되풀이되는 언론인들의 작업을 검토할 필요가 있다. 왜냐하면 이러한 관찰이야말로 어떻게 뉴스가 정의되고 뉴스 기사가 어떻게 쓰여지는지를 말해주기 때문이다.

뉴스 조직에서 작업하는 사람들이 어떻게 세상을 조망하는지 살펴보기로 하자. 매일같이 뉴스 제작자들은 그날 무슨 일이 벌어지건 벌어지지 않건 간에 신문에 기사를 전부 채우기 위해서는 많은 기사를 써야만 한다. 이는 편집자나 기자들이 매일같이 뉴스를 찾아야 한다는 뜻이다. 실제로 매일 수천 건의 일이 벌어진다. 사람들은 식사를 하고, 개와 같이 산책을 하며, 상품을 사거나 팔고, 어떤 범죄에 관여되며, 새로운 국가 정책이 발표되기도 하고, 법정의 판결에 대하여 의견을 제시하기도 하고, 스포츠 관람도 즐길 것이다. 또는 모래 사장에 누워 있기도 하고, 싸움도 할 것이며, 선거 사무실에서 선거 운동도 하는 등 수많은 일에 관여한다. 그 상황을 나열하자면 끝이 없다. 그렇지만 뉴스에서 이 모든 것을 보도하지는 않는다. 오직 몇몇 중요하다고 생각되는 '일어난 일'만을 발표한다. 기자들로서는 어떤 일이 뉴스 가치가 있는지 판단하고, 그런 정보를 기사로 충분히 수집한다는 것이 그리 쉽지는 않다.

겉으로 보기에 뉴스 보도는 불가능한 일처럼 보이기까지 한다. 언론인들은 어떤 사항은 보도하고 어떤 사항은 버리는 것일까? 그들도 우리와 같이 뉴스를 보도하기 전에 실제로 모든 행사에 직접 가볼 수는 없다. 그렇다면 기자들은 어떻게 뉴스 거리를 처음 접하게 되는가? 우리는 언론인들이 우리에게 중요한 사건에 대해서 말해주기를 기대하는데 그렇게 중요한 사건들을 그들은 어떻게 찾아낼까?

두 개의 고전적인 사회학적 연구에 따르면, 우리는 위와 같은 질문에 따른 저널리즘의 일상적인 실천에서 그 답을 찾을 수 있다(Fishman, 1980; Tuchman, 1978). 뉴스 조직은 매일같이 신선한 기사만 다룰 수 없기 때문에 뉴스를 수집하고 보도하는 작업이 합리적으로 이루어져야 한다. 달리 말하면 뉴스 조직은 어디에서 뉴스가 터질지를 기대할 수 있어야 한다. 그 뉴스가 터지기 전에 기자들의 과제를 적절히 구조화해야 한다는 것이다. 뉴스 조직 내에서 기자들은 어디에서 뉴스 거리를 찾아내며 어떻게 효율적으로 기사를 수집할지를 일상화한다. 이렇게 똑같은 기본적이고 일상적인 일을 전문가 규범으로 채택하면 여러 가지 뉴스 가치를 판단하는 데 전문 기자들은 모두 비슷해진다. 이러한 상황에 결국 어떤 가치 판단이 내려지느냐 하는 것이 어려울 뿐이다.

그렇다면 무엇이 저널리즘에서의 일상성일까? 게이 투치먼(Gaye Tuchman)은 "뉴스 네트(news net)"라는 용어를 사용하여 뉴스를 수집하는 표준화된 실천을 설명한다. 뉴스 조직은 무선 서비스로 엮어진 나름대로의 '네트'를 구성하여 뉴스 가치가 있는 사건들을 '잡아낸다'. 그렇지만 네트가 모든 것을 잡아내지는 못한다. 모든 네트는 단 몇 개의 큰 대어를 낚을 뿐이다. 이것은 뉴스 조직의 실수가 아니다. 뉴스를 수집하는 데 있어 네트와 같은 속성은 뉴스로서의 기준에 못 미칠지라도 뉴스 거리만큼은 골라낼 수 있다.

뉴스가 어떻게 수집되는가를 이해하면 어떤 기준에서 뉴스 네트를 구축하는가를 잘 알 수 있다. 신문은 그들이 중요하다고 생각하는 곳에 특파원을 파견한다. 예를 들어 뉴스 매체는 대개 워싱턴이나 런던에 특파원을 파견한다. 휴스턴과 같은 작은 도시에는 보내지 않는다. 결과적으로 미리 예견한 중요한 장소를 중심으로 일어나는 일들이 뉴스로 채택되고 그렇지 않은 지역의 사건은 무시되기 일쑤다.

뉴스 조직이 탁월하다면 뉴스가 일어날 만한 지역에 소위 그들만의 '세력권'을 닦아놓는다. 실제로 경찰서, 법원, 시청, 도청, 의사당, 백악관 등 공식적인 장소에는 기자들이 상주한다. 매일같이 시청에 파견되어 있는 기자들의 세력권에서는 그곳에서 일어나는 한두 가지 이상의 사건을 제공할 의무가 있다. 시청에서도 매일같이 출입 기자들에게 뉴스 거리를 여러 공식적인 경로를 통해 발표하려 들 것이다. 결국 매일 뉴스 거리가 생기는 장소에서는 고정된 뉴스 공급을 위해서 기자들과 관계를 구축하는 경우가 많다.

세력권은 기자들이 사건을 취재하는 데 중심을 이룬다(Fishman, 1980). 언론사에서는 기자들을 특정 지역에 파견함으로써 뉴스 기사를 집중적으로 다룰 수 있도록 구조화한다. 그러나 이러한 구조 속에서도 뉴스가 가치 있도록 방향을 잡으려면 전략적으로 기사를 발전시켜야 하는데, 기자들은 각각의 세력권에서 뉴스의 잠재적인 영역을 지배한다. 피시먼은 지역 신문의 '정의(justice)'로운 세력권으로 세

군데를 꼽는다. 경찰청, 보안청(county sheriffs), FBI가 그것이다. 그밖에 네 가지 형사 기관이 꼽히는데, 두 군데는 청소년 시설이고 두 군데는 법정이다. 그 가운데 는 마약 사범을 다루는 곳도 포함된다. 이상과 같은 거대한 영역을 지배하며 기자 들끼리 소위 그들이 말하는 "서로 돌려가며(round)" 복잡한 사건들을 기사로 발전 시켜 나간다고 피시먼은 지적한다(Fishman, 1980, p.33).

'서로 돌리는' 구조란 근무중 기자들이 처음으로 노출되는 사건을 여러 기자들 이 공유하는 것을 말한다. 실제로 '돌리기'는 세력권에서 기자들이 사건 지역을 방문하거나 누군가에게 말을 걸어 기사를 작성하는 과정에서 이루어진다. 그러한 작업은 세력권을 메우는 기관들의 관리 조직에 의해서 일상적으로 설정된다. 예를 들어서 법원을 드나드는 기자는 공식적인 자료를 수집하기 위해서 갖가지 정보를 구할 수 있도록 작업 시간표를 짤 것이다. 그 기자는 동시에 규칙적으로 일정을 꼽 아가며 무슨 일이 벌어지는지 여기저기 둘러볼 것이다. 예컨대 세력권의 기자는 청소년 보호 시설에서 각 방을 돌아다닐 것이며, 집행관들을 만나볼 것이고, 법정 에 직접 입회하여 중요한 사건을 졸속 처리하는지를 살펴볼 것이다.

어느 날 무슨 일이 벌어지기도 전에 뉴스 조직은 뉴스를 어디에서 찾을까라는 결정을 내린다. 일상적으로 사건과 관련된 뉴스 수집에 있어서 어떤 사건은 뉴스 에서 제외되기도 한다. 기자들에게는 마감시간 전에 그들의 상관에게 뉴스를 전송 해야만 하는데, 뉴스 작업에서 그런 일은 일상화되어 있다는 것이 놀랄 일도 아니 다. 그밖에 어디에서 기자들은 효율적이고 지속적으로 기사를 수집할까?

뉴스의 사회학은 뉴스 조직의 요구에 따라 반응해야 하는 언론인들이 중요한 사 건을 어떻게 뉴스로 포장하느냐를 분석하는 데 깊은 통찰력을 준다. 즉 뉴스 수집 에 있어서 표준화된 실천과 그에 상응하는 정의를 통해 뉴스는 왜 공식 기관의 행 위에 초점을 맞추는지를 설명해 준다. 영상에 초점을 맞추는 TV 뉴스는 문자 미디 어와는 다른 작업의 일상성을 요구한다. 물론 두 미디어 사이에는 뉴스 가치에 대 한 정의가 서로 비슷하다. 어느 쪽이든 뉴스는 전문적인 일상성의 결과로서 우리 가 이해할 필요가 있는 일반적이고 합법적인 내용이다.

1면 보도의 선택

일단 기자가 뉴스를 수집하고 기사를 작성하면 신문사 편집인은 어떤 기사를 1면에 올릴지를 결정한다. 1면이란 편집자가 그날 일어난 사건 중에 가장 가시적으로 중요한 기사를 선정하는 장소이다. 이는 기자의 성공을 가늠할 수 있는 열쇠를 제공하기도 한다. 결과적으로 매일같이 1면 기사를 결정하는 일은 신문 편집인의 업무 가운데 가장 중요한 부분이다. 매일 일어나는 사건의 뉴스 가치를 일차적으로 정의하는 것과 같이 1면 기사의 선정은 우연히 결정되는 것이 아니라 잠재적으로 갈등이 내재된 일상적인 규범에 의해 결정된다.

이러한 규범을 밝히는 한 가지 방법은 1면에 실릴 기사를 결정하는 구체적인 기준에 따라 기사를 일일이 열거하는 일이다. 이러한 접근은 우리로 하여금 기사의 시의성, 독자들에게 미칠 영향, 사건에 관여할 도발성 등의 여러 가지 현안을 고려하게 만든다. 그러한 기준은 편집자가 기사를 훑어보고 가장 적절한 기사를 선정하는 데 도움을 준다.

이상과 같은 접근은 편집자들이 그들의 기사를 선택하는 데 중요한 요인이 되기도 하고, 우리에게 1면 기사를 결정하는 일반적인 원칙을 알려준다. 그렇지만 이런 접근은 편집자들이 어떻게 이런 결정을 내리게 되는지 그 실제 과정을 잘 알려주지는 못한다. 설사 우리가 어떤 관행을 따른다 해도 편집자들은 이러한 규칙과 타협을 볼 것이고, 대개 자기 주관이 아닌 집단적인 결정을 내리기도 한다. 클레이먼과 레즈너는 그들의 연구에서 "관행적 분석(conventional analysis)"이란 기법을 사용했는데, 이는 매일 1면 기사를 선정하는 편집회의에서 비롯된다(Clayman & Reisner, 1998). 그들의 연구에 따르면 1면 기사는 집단의 규범에 따라 편집회의에서 결정된다. 이 편집회의에서 편집인의 개별적인 입장에서 그들 산하의 기자가 작성한 기사를 선택하는 경우가 있기도 하지만, 편집인 동료나 사장의 기대에 부응하는 선택을 할 때도 있다.

전문가들이 말하는 "행동하는 게이트키핑(gatekeeping in action)"이란 곧 기사의 선택이 이루어지는 실제적인 과정을 일컫는다. 클레이먼과 레즈너는 8개 일간 신문사에서 매일 열리는 마지막 편집회의를 분석한 바 있다. 회의가 열리는 동안 각 부서의 편집인들은 그날 들어온 주요 기사를 살피는데, 그들은 동료 기자들에게 먼저 1면 기사로 올릴 만한 기사를 간략히 요약해 줄 것을 요구한다. 클레이먼과 레즈너는 편집인들이 일반적으로 전체 기사 가운데 하나를 1면에 올리려고 열성을 부리지는 않는다는, 아주 중요한 사실을 하나 알아냈다. 그보다는 각 부서의 기사를 살피고 나서 그 뉴스들의 가치를 공평하게 평가한 다음 그중 하나를 1면 기사로 결정한다는 것이다. 그들의 연구에 의하면 비록 제한적이긴 하지만 편집인들은 회의를 통해 기사의 가치를 결정하는 가장 평범한 방법을 사용하고 있었다. 사실 편집자들은 개인적으로 기사 가치에 대해서 비호의적이거나 호의적인 극단적인 평가보다는 부드러운 방식으로 두리뭉실하게 선정한다는 것이다.

누군가 머리기사를 선정하기 위해서 전체 기사를 검토하는 과정을 일차적인 목표로 여기거나 어떤 기사의 뉴스 가치가 있다고 열렬히 주장한다면 편집인들은 어떻게 억제할까? 클레이먼과 레즈너는 1면 기사를 선정할 때 편집인들은 자신이 현명한 평가자라는 기대감을 가지고 기사를 작성한 기자들과 같은 동지 의식을 갖고 있다는 것을 보여주는 일종의 사회적 과정을 채택한다고 역설한다. 두 연구자는 "편집인들은 기사를 평가한다는 우월한 위치를 나타내고자 한다. 그래서 편집인과 동등한 편집 동료들과 기사 작성에 충실한 기자들 모두의 눈치를 많이 본다. 그들 사이에는 밀착과 격리라는 긴장이 존재한다는 뜻이다"(p.194).

기사의 중요성을 가리는 편집인의 의무를 수행하기 위해 편집인들은 그들이 선호하는 바를 기자들에게 넌지시 암시한다. 예를 들어 기자들이 '최고'라고 생각하는 기사를 비공식적인 회의에서 처음 소개하게끔 만든다. 왜냐하면 단호하게 우기는 극단론자는 비교적 흔치 않으므로 편집장이 넌지시 강조하는 기사가 대개 1면에 실리기 때문이다. 사실 연구자들은 그들의 표본 가운데는 각 부서장에 의해 넌지시 추천되어 호의적인 지지를 받아 1면 기사로 되는 경우가 많았다고 한다. 이러한 방식의 추천이 편집회의에서 어떤 공식적이고 표준화된 절차를 밟는 것이 아니기 때문에 오히려 효과적이라는 것이다.

이들의 연구는 우리에게 뉴스 가치가 어떻게 결정되는지를 알려주는 일종의 창문 역할을 한다. 앞에서도 보았듯이 1면에 실리는 뉴스는 경제적인 구속력에 의해 결정될 수도 있고 뉴스를 수집하는 조직에서 결정되기도 한다. 그렇다고 매일 이런 결정이 단순히 힘있는 사람들에 의해서나 주어진 규칙에 따라 정해지는 것은 아니다. 뉴스 가치는 매일매일 협업을 통해 편집장이 관행을 따라 결정하는 것으로, 그러한 작업은 다음날에도 계속된다. 결과적으로 1면 기사의 게이트키핑은 뉴스 가치 이상의 인간적 커뮤니케이션이 이루어지는 분위기에 따라 결정되며, 이는 편집장의 주재하에 능동적으로 일상적인 편집회의를 거쳐 매일같이 이루어진다.

객관성

우리는 지금까지 '뉴스'와 '뉴스 가치'에 대한 정의를 구체적으로 내려보았다. 결국 뉴스 가치는 기자들이 작업을 조직하는 과정에서 이루어진다고 말할 수 있다. 그렇지만 저널리즘이란 전문직을 파헤쳐보면 그 이상의 것이 있다. 객관성이란 개념을 생각해 보자. 미국 언론에 대한 평가는 처음부터 끝까지 객관성이란 기준에 따라 이루어진다. 정치가들이 항상 주장하는 언론의 문제는 결국 객관성이 부족하다는 것이다.

　1993년 클린턴 대통령은 그에게 아무런 도움을 주지 않던 "반사적인 자유주의 언론(knee-jerk liberal press)"을 고발한 바 있다(Wenner & Greider, 1993). 1995년까지 미국 의회 대변인이었던 뉴 깅그리치(Newt Gingrich)는 객관성이 부족한 국내 일부 언론의 광고주들을 편협한 뉴스 통로로 인식하고 이들에 대한 재정 지원을 철회해야 한다고 주장한 바 있다. 1996년 대통령 후보였던 밥 돌 역시 언론의 진보적인 편견을 응징해야 한다고 주장했다. 1990년대까지 계속되던 PBS(Public Broadcasting Services)와 NPR(National Public Radio)에 대한 연방정부의 재정 지원을 둘러싼 토론에서도 과연 언론이 재정 지원을 받을 정도로 충분히 객관적이냐는 문제로 시끄러웠다. 이에 대한 비판론자나 옹호론자 모두 기본적인 틀로 제시한 개념이 객관성이었다. 1997년 News Corporation이 24시간 케이블 TV 뉴스 채널을 출범할 때의 구호는 "우리는 보도만 합니다. 결정은 여러분이 내리십시오(We Report, You Decide)"였다. 이러한 구호는 예전에 Fox News가 탄생할 때와 비교된다. 그때는 편협한 다른 방송과 비교하여 "공정하고 균형 잡힌 보도(Fair and balanced coverage)"를 부르짖었다. 이처럼 언론과 관련된 이해 집단에서는 종종 객관성에 대한 불만을 터뜨린다. 뉴스 보도에 불만인 사람들은 정기적으로 언론인들이 전문가로서 가장 밑바탕이 되는 기준을 어기고 있다고 주장한다.

뉴스 미디어에 대한 대중적 토론에서 주로 논쟁이 되는 것이 객관성이다. 우리가 가족이나 친구, 또는 가까운 사람들과 뉴스에 대해 말할 때도 과연 언론 보도가 충분히 객관적이냐 하는 것이 평가의 토대가 되고 있다. 다음과 같은 서술은 잘 알려져 있다. "나는 「뉴욕 타임스」를 구독한다. 왜냐하면 보도가 가장 객관적이기 때문이다." "그러나 언론인은 마치 도끼로 가루를 내는 것과 같다. 나는 기자라고 불리는 누구도 객관적이라고 여기지 않는다." "나는 사설란에서 여론을 읽고 싶다. 그러나 1면 기사만큼은 객관적이라고 생각한다." 미국 언론의 중심이 객관성에 있다는 것에 대해서 우리는 당연하다고 여긴다. 또한 뉴스는 객관적이어야 한다고 생각한다. 그런데 문제는 뉴스라는 것이 가끔 객관성의 기대에 어긋나고 있다는 것이다.

사회학적인 분석에서는 뉴스가 객관적이냐고 묻는 것보다 객관성의 가치는 어디서 비롯되는가에 초점을 맞춘다. 왜 우리는 객관성에 관심을 두는가? 마이클 슈드슨(Michael Schudson)의 연구 가운데 『뉴스의 발견』(*Discovering the News*, 1978)이라는 저서가 있는데, 그 책에서 그는 객관성의 이상은 저절로 이루어지는 것이 아니라 설명되는 것이라고 정의한다. 바로 이것이 우리가 왜 미디어를 이해하기 전에 언론인이라는 직업의 전문적인 규범과 실천을 먼저 알아야 하는지를 말해준다.

| 객관성의 기원 |

'객관성'이란 무엇일까? 슈드슨은 "객관성의 신념은 사실에 대한 믿음이며, 가치에 대한 실천이고, 차별에 대한 불신이다"라는 아주 유용한 정의를 내린 바 있다(Schudson, 1978, p.6). 객관성은 단순히 직설적인 사실 그 이상의 것이다. 객관성이란 '사실(fact)'과 '가치(value)'를 분리하여 그 뜻을 깨달아야 한다. 객관성이 살아 있는 언론을 객관적 저널리즘이라고 한다.

그런데 이런 시각이 어디에서 비롯되었으며, 이러한 저널리즘에 대한 접근은 언제부터 생겨났을까? 슈드슨에 따르면 객관적 저널리즘은 비교적 최근에 발전된 것이라고 한다. 마치 객관성이 처음부터 존재했던 것처럼 우리가 객관성을 이야기하지만 사실은 1차 세계대전 이후 미국 저널리즘에서 지배적인 가치로 부각되었다.

1차 세계대전 이전까지만 해도 기자들은 우리가 말하는 객관성에 대해서 신념을 가지고 있지 않았다. 최초의 통신 서비스인 AP(Associate Press)는 가능한 한 많은 신문에 뉴스를 전하려고 애를 썼다. 「뉴욕 타임스」도 엘리트 독자를 대상으로 정보를 전달하는 데에만 급급했다. 그러나 당시 언론인들은 사실과 가치의 차이를 생각지 못했고, 사실 그 자체를 믿는 것을 별로 문제삼지 않았다. 1차 세계대전 이전의 언론인들은 진실(facts)만을 거론했다. 진실을 기본으로 삼은 저널리즘의 목표는 단순히 사실만을 밝히는 것이었고, 그렇게 함으로써 객관적인 보도에 대해서는 아무 언급이 없었다. 언론인의 목표는 뚜렷했다. 진실을 찾아서 보도하라는 것이었다. 그 시대의 언론인은 관련 사실을 규명하는 능력으로 충분했고, 그런 사실을 정확히 보도하는 것이 전부였다.

이러한 신념은 미국의 경우 1920년대부터 바뀌기 시작했다. 미국의 많은 기자들이 1차 세계대전 중에 종군기자로 참여하면서 단순히 '사실'만을 이해하는 데 문제가 있다고 여기게 되었던 것이다. 사실을 취재하는 것은 너무 쉬웠다. 그러자 언론인들은 점차 비판적으로 되었다. 그들은 사실을 믿지 않기 시작했고, 사실이 곧 진실이라고 간주하는 것이 환상이라고 생각했다.

동시에 공공 관계(public relation)의 분야가 부상했다. 초기의 전문적인 공시자(publicists)란 사람들은 '회진 의사(spin doctor)'에 불과했다. 그들은 정보를 기자에게 흘리거나 미디어에 제공하는 사진 전시회 같은 행사만 벌였다. PR 전문가라는 사람들도 사실을 요리조리 돌리거나 전략적으로 정보를 분배하고, 또 별로 의미가 없는 기사까지 공식적인 유인물을 통해 유포하는 일 따위를 했다. 그로 인해 당시 저널리스트들에 대한 냉소주의는 깊어만 갔다.

정보의 조작 가능성과 함께 전문직(PR직)이 부상함에 따라 대중들은 저널리즘에 대한 기대감을 떨쳐버리기 시작했다. 슈드슨의 설명에 따르면 객관성이란 이러한 신뢰감의 위기를 "과학적"으로 해결하기 위해서 등장한 것이라고 한다. 결과적으로 처음 입사한 수습 기자들은 교육 과정에서 객관성에 대한 과학적 방법의 하나로 사실 위주로 작성하던 기사에서 직업적으로 특별히 기사를 처리하는 방법으로 변형시켰다. 결국 객관성이란 전문 언론인들이 따르도록 훈련받은 실천의 일환이자 관행으로 자리를 굳혔던 것이다.

그렇다면 이 방법은 어떻게 확립되는가? 랜스 베네트(W. Lance Bennett)는 저널리즘의 전문적 규범을 연구하면서 다음과 같은 여섯 가지 중요 실천 요강을 밝혔다. ① 정치적 중립성의 유지, ② 친절하고 우아한 취향에 대해서 널리 알려진 표준이 무엇인지를 계속 관찰, ③ 물리적인 증거에 의존한 기록물의 사용, ④ 일정하게 표준화된 형식의 뉴스 꾸러미 사용, ⑤ 전문인보다는 일반인으로서의 기자 훈련, ⑥ 편집자가 기사를 검토할 때는 이러한 방법을 사용하도록 강행 등이 그것이다.

| 일상적 관행으로서의 객관성 |

사실 객관성이라는 개념은 애매하다. 언론의 객관성을 이해하자면 언론사의 일상적인 실무를 깨달아서 뉴스 미디어를 이해해야 한다. 예를 들어서 우리는 서로 다른 뉴스 채널임에도 모두 비슷비슷한 기사를 내보내는 것을 알 수 있다. 저녁 TV 뉴스를 보면 각기 다른 네트워크 방송들이 많은 부분에서 같거나 비슷한 뉴스를 내보내는 것을 알 수 있다. 신문의 경우도 마찬가지이다. 몇몇 신문을 훑어보라. 아마 대부분 같은 기사가 눈에 띌 것이다.

뉴스가 비슷할 수밖에 없는 이유는 기자들이 기본적으로 같은 일상성을 따르고 있기 때문이다. 그들은 같은 사람에게 말을 걸고, 같은 포맷을 사용하며, 하라, 하지 말라는 기본적인 것들을 관찰한다. 그리고 자기가 맡은 직분을 벗어나지 않는 범위 내에서 서로를 주의깊게 본다. 만약 우리가 객관성이라는 것을 일련의 일상적인 언론인들의 관행을 통해서 이해할 수만 있다면 왜 모든 미디어의 뉴스 기사가 거의 같은지 그 이유를 알 수 있을 것이다. 사실 미디어마다 뉴스가 서로 다르다면 객관적인 기사 처리에 대해서 의문이 생길 것이다. 이는 전문 직업에 대한 위기의 신호탄과도 같다.

많은 기자들은 객관성에 대한 표준화된 관행을 따르는 탓에 기사마다 서로 유사하다는 것에 별로 신경을 쓰지 않는다. 그보다 객관성의 이상을 실현하기 위해서는 기사의 유사성이 불가피하다고 생각한다. 그렇지만 기자들이 공통적인 관행을 따른다고 해서 반드시 객관성의 이상을 성취하는 것은 아니다. 이는 가치와 진실의 차이일 뿐이다.

앞에서 뉴스의 일상성에 대해서 논의해 보았다. 이로 인해 근본적으로 뉴스의 콘텐츠가 어떻게 형성되는지도 알아보았다. 즉 뉴스가 선정될 수 있는가 없는가를 뉴스 수집 구조를 통해 살펴본 것이다. 특별히 언론에서 나열하는 사건들을 우리는 뉴스라고 정의해 왔다. 이러한 범주를 벗어난 사건들은 언론인들에 의하여 포착되지 않은 것이다. 설사 포착되었다고 해도 언론으로부터 중요한 뉴스 가치를 부여받지 못한 것이다. 바로 이 때문에 뉴스가 일상적이고 예측 가능해도 모든 뉴스가 뉴스로서의 가치를 갖는 것은 아니다. 그래도 언론인을 포함한 뉴스 조직은 언론사를 통하여 일상성과 예측 가능성에 의존하여 대부분 뉴스를 만들어낸다.

이처럼 뉴스의 가치는 사회적으로 구축된다. 어떤 사건의 본질에 기울기보다는 언론인들에 의하여 사건에 가치가 부여되어 뉴스 기사로 올려지는 것이다. 우리가 일단 이를 인식하면 전통적인 방식을 따라 뉴스로 보기 시작한다. 사실 사회적 '거울'로서 뉴스는 더 이상 존재하지 않는다는 주장도 있다. 거울조차 전세계를 비출 수는 없기 때문이다. 어떤 것은 반사하고 어떤 것은 배제함으로써 특정한 방향만 볼 수 있을 뿐이다. 뉴스 미디어의 시간과 공간의 구속력은 일반적으로 비록 대단한 주제라 해도 기사를 선정하는 토론에서 배제되기도 한다. 그래서 종종 어떤 역사적인 기사라 해도 놓치는 결과를 낳는다. 그러므로 미디어에 의해 진열되는 이미지란 완벽하기가 어렵다. 기껏해야 사회의 일부분만을 비춰줄 뿐이다.

더욱이 미디어를 통해 반사되는 주제 가운데는 수동적인 경우가 많다. 사람들은 각기 다른 관심을 가지고 권력을 휘두르며 뉴스에 영향을 미치는 것을 매우 즐긴다. 그러므로 알고 보면 뉴스란 가끔 어떤 객관적인 현실을 알려주기보다 우리 사회에서 누군가 휘두르는 권력에 따라 의도적으로 이미지를 반사하는 것이라 할 수 있다.

뉴스는 사회적 과정에서 나타나는 산물이다. 미디어 전문가들은 어떤 것이 뉴스 가치가 있고 없는지, 누가 중요하고 중요하지 않은지, 어떤 관점은 포함시켜야 하고 어떤 관점은 배제해야 되는지에 대해서 결정한다. 이러한 결정이 모두 객관적이라고 보기는 어렵다. 어떤 사건은 미디어로부터 무시되기 일쑤지만, 미디어와 관련이 있는 객관성의 실천에서는 엄청난 힘이 가시화된다. 그러므로 객관적 저널리즘은 이러한 힘을 선호하는 균형으로 보여질 수 있다.

우리가 보아온 대로 뉴스는 전문가들이 그들의 근무와 그들이 근무하는 조직의 요구를 만족시켜 가며 이루어지는 일련의 관행과 일상성의 결과이다. 이러한 관행은 전문직의 근본적인 규범(객관성)이자 조직의 기본적인 목표(뉴스 수집)이다. 미디어 관행의 일상성이야말로 최종적인 미디어 상품을 만드는 데 꼭 필요한 것이다.

언론인들은 일상적인 관행을 이용하는 미디어 전문가만은 아니다. 그들 업무의 관행과 전문적인 규범을 분석하면 다른 미디어를 이해하는 데도 마찬가지로 도움이 된다. 그래서 이번에는 사진과 출판 편집인, 두 분야의 사례를 검토해 보고자 한다.

4.3 | 직업적 역할과 전문직의 사회화

미디어 이미지 가운데 하나가 사진이라고 할 수 있다. 우리는 신문이나 잡지, 책, 컴퓨터 화면을 통해서 빈번히 사진을 본다. 어디서 이런 사진이 나오는 것일까? 많은 사람들에게 사진은 그다지 신기한 것이 아니다. 우리는 휴가 때나 가족들이 모두 모였을 때 사진을 찍곤 한다. 우리가 다루는 카메라는 조작이 간단하고 선택 사항도 별로 없으며 거의 자동화되어 있어서 다루는 데 별로 실수가 없다. 우리는 직접 암실에 들어가 작업하지 않고 동네에 있는 현상소에 필름을 맡긴다. 이에 비해 아마추어 사진작가는 줄거리가 담긴 장면을 남기거나 그들만의 예술적 재능을 과시하고자 사진을 찍는다. 과연 우리 가운데 누가 정작 아마추어 사진작가일까?

이러한 질문에 가장 쉬운 대답은 재능(talent)일 것이다. 전문적인 사진작가는 그들의 사진에 보통 사람들이 하기 어려운 영상적 재능을 담아낸다. 의심할 여지 없이 전문가의 사진을 보면 뭔가 다르다. 우리는 누가 사진 전문가라는 자격을 갖추었다고 생각하며, 누가 평범한 아마추어 사진가라고 구분할 수 있을까? 아마도 사진작가는 사진작가로서의 역할을 발휘하며 그 역할 규범에 따라 행동하는 사람일 것이다. 사실 마셜 바타니(Marshall Battani)는 19세기 중반에 어떻게 구체적으로 사진작가의 직업적 역할이 주어졌는지를 설명한다. 초기의 사진작가는 자신들의 분야를 인정받기 위해서 그들의 직업을 제도화하는 방법을 모색했다. 그들의 명성을 높이기 위해서 부유한 고객을 끌어들였고 사진 재료상과도 좋은 관계를 맺었다. 초기의 사진 전문가들은 실내 스튜디오나 야외에서 사진 찍는 모습을 과시했다. 물론 다양한 유형의 사진이 있었기 때문에 그들의 역할도 다양했다.

'역할'이란 개념은 사회학 이론과 연구에서 오랜 역사를 가지고 있다. 역할은 개인과 사회의 관계를 정립하는 데 도움을 주는 것은 물론 구조와 매개체 사이의 관계에도 영향을 미친다. 우리는 일상적인 대화에서 역할이라는 용어를 많이 쓴다. 사회학적으로 역할이란 각기 다른 사회적 위치와 연관된 기대로 간주될 수 있다. 예를 들어 학생은 기본적으로 학생의 역할을 알고 있다. 다름아닌 수업에 임하고 과제를 제출하고 교사에게 존경을 나타내는 등의 행동을 말한다.

우리는 좀처럼 역할의 내용을 구체적으로 생각하기가 어렵다. 왜냐하면 역할이란 것이 대부분 인간에게 내재되어 있기 때문이다. 역할을 학습한 사람들은 무엇을 반드시 하라는 지시를 내리는 경향이 있지만, 그것을 역할이라고 여기지는 않는다. 사실 역할은 우리 자신이 가지고 있는 감각의 일부분이다. 사람들은 "나는 학생이다"라고 말하지 "나는 학생으로서의 역할을 수행 중이다"라고 말하지는 않는다.

그렇지만 가끔 사회적으로 구축된 역할의 본질은, 특히 역할 기대가 확연히 무너질 때 명백해진다. 만약 어떤 학생이 강의실에서 코를 심하게 골면서 깊이 잠들었다고 하자. 다른 학생들은 다소 불편함을 느낄 것이다. 잠을 자는 학생이 학생으로서의 역할을 어겨가며 강의실에서 잠을 자고, 그것도 코를 심하게 곤다면 참으로 주제넘게 보일 것이다. 학생이라면 수업에 열심히 참여하고 마음에 들지 않아도 강의에 관심을 보이는 척이라도 해야 한다. 이 학생은 최소한의 역할 기대를 위반하고 있는 것이다. 이러한 예는 역할 규범을 명백히 보여준다. 우리가 해서는 안 될 것은 곧 우리가 어떻게 해야 되는가를 말해주는 것이 아닐까?

또 하나 우리가 역할이란 것을 인식하기 시작하는 건 우리가 새로운 것을 배워야 할 때이다. 전에는 해보지 않았던 일을 새롭게 시작할 때를 생각해 보자. 그 일이 무엇이든 간에 처음 며칠간은 새로운 역할에 대한 기대가 많을 것이다. 그 일은 분명하지도 않고 심지어 복잡하게 느껴질 수도 있다. 그러나 결국 새로운 직업의 요령을 터득하게 된다. 다른 사람들이 일하는 모습을 본다든지 또는 자신의 일에 돌아오는 피드백에 의해서 말이다.

이렇게 우리가 기본적인 역할의 규칙을 배워나가는 것을 사회화(socialization)라고 부른다. 언론인, 전문 사진가, 작가, 영화감독, 음악인 등 이 책에서 다루는 모든 미디어 직업은 일종의 사회화 과정에서 역할을 요구받는다. 우리는 특별한 재능이 있는 사람이 이룬 작업을 창조적인 일이라고 여긴다. 그렇지만 우리가 명심해야 할 것은 이러한 창조적인 미디어 직업을 가진 사람이라 하더라도 그들의 역할을 반드시 이행해야 되고, 그러기 위해서 그들이 일하는 조직의 기대에도 반드시 부응해야 한다는 것이다.

한편으로 역할이란 개념은 외형적인 사회적 통제의 중요성을 강조한다. 말하자면 구체적인 역할이란 우리에게 기대하는 바를 분명히 해주는 사회적 통제 개념의 기제를 제공한다. 다른 사회적 집단의 구성원들도 역할 규범을 알고 있기 때문에 여러 사람과의 상호작용에 의해서 그들의 역할을 강요받는다. 우리는 일반적으로 역할 기대에 대한 압박이 숨이 막힐 정도는 아님을 깨닫고 있다. 왜냐하면 사회적 통제란 강제로 부과되는 것이 아니기 때문이다. 우리는 정도의 차이는 있지만 다양하게 역할을 내재화한다. 역할 개념은 한 개인의 행동이 넓은 의미에서 사회적 힘에 의해 영향을 받게 되며, 또한 하나의 양식이 어떻게 자리를 잡아가는지를 설명해 준다.

그렇지만 지금까지는 단지 반쪽만 설명한 것이다. 역할은 고정된 것이 아니다. 어떤 지시를 받아 구체적인 행동이 이루어지는 것이 아니다. 그러나 개인은 가끔 그들이 속해 있는 역할의 범주 내에서 굉장히 많은 절충을 꾀하려고 한다. 예를 들어서 부모들은 가능한 부모의 역할 규범을 벗어나지 않는 범위 내에서 다양한 방법으로 아이들과 좋은 관계를 맺으려고 한다. 물론 한계는 있다. 어떤 부모의 행위를 보면 부모의 역할 규범에서 완전히 벗어나 보일 때가 있다. 예를 들어 아이들을 마구 폭행하거나 집 밖으로 내보낸다든지 하는 식으로 부모의 역할을 완전히 벗어나는 경우가 있다는 것이다.

또한 역할은 변하지 않는 것이 아니다. 위에서 언급한 부모의 역할을 말하자면 역할의 역동성을 나타낸다. 오늘날에 기대되는 부모의 역할은 50년 전의 그것과는 다르다. 역할은 영구한 것이 아니다. 사회 상황의 변화는 어떤 특정한 역할을 창조해 내기도 하고 제거해 버리기도 한다. 다음에는 역할과 사회화라는 개념이 어떻게 미디어 전문직에 함께 응용되는지를 검토하기로 하자.

사진

갖가지 다른 영상을 창조하여 그 결과로 나타난 여러 가지 다른 유형의 사진을 보면 굉장히 매혹적임을 느끼게 된다. 우리는 사진 전문가가 다양한 배경을 가지고 각기 다른 역할을 수행하는 것을 주시하고자 한다. 달리 말하자면 언론사의 사진 기자와 광고사의 전문 사진가는 비록 모두 비슷한 사진 장비를 가지고 활동하지만 서로 다른 기대와 규범을 가지고 각기 다른 업무를 수행하는 것을 알 수 있다.

바바라 로젠블럼(Barbara Rosenblum)은 그의 저서 『사진 촬영 작업』(*Photography at Work*, 1978)에서 기대 역할과 조직적 요구가 서로 다른 유형의 사진을 다루는 신문과 광고의 차이를 설명한다. 그것은 두 가지 다른 상황에서 전문 사진가의 각기 다른 창의성 개념을 말하는 것이다. 로젠블럼은 관행의 존재만으로 창의성을 설명하기에는 충분치 않다고 강조한다. 우리는 인간의 기본적인 행동 조건을 형성하는 관행의 사회적 과정이 무엇인지를 밝혀내는 것이 필요하다.

뉴스 사진과 광고 사진은 서로 다른 이미지를 가지고 있어 확연히 구분되는 스타일의 관행이 있다. 뉴스 사진은 광고 사진에 비해 세련되지 않은 시각으로 다루었음을 쉽게 알 수 있다. 잠깐만 생각해 보자. 만약 우리가 뉴스 사진과 광고 사진을 늘어놓고 두 종류로 나누라면 어떻게 하겠는가? 아마도 이런 분류 작업은 쉬울 것이다. 구체적으로 기억은 잘 나지 않지만 우리는 두 종류의 사진을 항상 접하고 있다. 「베니티 페어」(*Vanity Fair*)라는 잡지에 실린 청바지나 향수 선전의 사진과 「뉴욕 타임스」지 1면에 실린 사진의 차이를 우리는 쉽게 알 수 있다. 만약 사진의 스타일과 전문 사진가들의 관행이 서로 다르다면, 이러한 차이의 원인은 사진가들의 역할이나 사진이 필요로 하는 조직적 목표가 서로 다른 사진의 사회화를 통해 알 수 있다.

우리는 먼저 사회화에 대해서 논의를 시작하고자 한다. 우리는 앞서 사회화란 사람들이 특정 역할에 대한 기대를 익혀나가는 과정이라고 했다. 신문이나 광고에서 일하는 젊은 사진작가들은 그들만의 특정 역할을 터득해 나간다. 그들은 사진 촬영에 필요한 기본적인 기술적 요구를 잘 알기 때문이다. 사진의 사회화는 초보자로 하여금 작업의 기교를 뛰어넘어서 전문적인 사진작가로서 주변의 이미지를 어떻게 보느냐를 학습하게 만든다. 이러한 특성은 모든 사진작가가 적절한 사진을 제작하는 과정에서 터득하게 되는 것이다. 여기서 하나의 기본적인 가정을 말하자면 이미지를 나열하는 방식은 사회적으로 구축된다는 것이다. 신문의 사진기자나 광고 사진작가 모두 전문적이고 조직적인 역할과 관련된 방식으로 그들의 이미지를 배워나가야만 한다.

초보 사진작가는 그들이 몸담고 있는 조직의 기본적인 규범을 내재화하는 동시에 그들만이 갖는 전문직의 문화를 배워나가야 한다. 그들은 굉장히 많은 사진들을 찍어낸다. 그렇지만 아침에 일어나서 신문을 접하면 그렇게 많은 사진들 가운데 단지 몇 장만 나오는 것을 볼 수 있다. 사진 편집인들이 그들의 책임 아래 어떤 사진이 적절한지를 선택하기 때문이다. 사회화 과정의 일부분으로서 사진 편집인들이 선정하는 사진이 제작되기까지는 사진 선택 과정의 규범을 익혀야 한다. 결국 사진기자의 일차적인 목표는 그들이 찍은 사진이 신문에 실리는 것이다. 모든 사진은 사진기자의 책임이다. 우리는 매일 수많은 광고 사진에 노출되기 때문에 사진의 특별한 의미를 쉽게 잊는 경향이 있다. 그러나 모든 사진은 단계별로 자세한 배경이 있다. 이를테면 배경에 따라 조명 또한 다르다. 모델의 헤어스타일, 의상, 장신구 등이 여기에 속하고 사진의 배경이 있게 되며 사진에는 중심이 되는 소품의 구체적인 속성이 드러난다. 한 여인이 속옷만 입고 결혼 반지를 끼고 있으면 어떨까? 그럴 경우에 그 여인의 손이 반지와 함께 자연스럽게 놓여 있을까? 광고 사진작가는 그러한 부분에도 세심하게 신경쓸 것이다. 전문가라면 어떤 조직적 통제에도 단련되어 있어야 하고, 기본적인 기교를 발전시켜 나가기 위해서 학습을 해나가야 할 것이다.

광고 사진작가는 여러 사람들과의 집단적인 과정을 통해서 사진 기술을 배워나간다. 이때 예술 감독이나 광고 임원들과의 관계는 매우 중요하다. 그리고 광고 사진작가로서 성공하기 위해서는 강력한 이미지를 창조하기 위한 기교나 관점을 배워나가야 된다. 동시에 사진작가는 광고의 창조적인 통제력을 가진 사람과 타협할 줄도 알아야 한다. 사실 순수 예술가라고 자처하는 개인들로서는 이런 과정 속에서 무엇인가를 배워나갈 여지가 많지 않을지도 모른다.

하지만 전문적인 광고 사진작가는 상업적인 논리에 따라 집단적 과정의 한 부분으로서 그들의 역할을 바라볼 줄 알아야 한다.

| 사진기자의 직업 역할과 조직의 목표 |

보도국에서는 각 부서마다 사진기자들이 가져온 사진들을 고른다. 신문사 사진기자들은 여러 사람들과 협업을 한다. 협업을 하는 사람들에는 사진의 배열을 결정하는 사람, 사진을 선정하는 사진 편집자, 어떤 기사가 다루어지는지를 결정하는 편집자 등 수없이 많다. 신문은 고도의 관리 체제로 발달되어 있다. 관리 체제는 확실히 규칙을 엄수하고 시스템을 체계화한다. 이러한 조직은 누구나 쉽게 뉴스 사진으로서 인식할 수 있는 표준화된 사진을 사진기자들에게 요구한다. 문제는 전시, 재앙, 정치 캠페인, 법정 등 기사 유형별로 나누어진 분리 체계이다. 뉴스 기사를 작성하는 데는 이미지를 포함하여 표준화된 집필 방식이 요구된다. 사진기자들에게는 그러한 표준화된 기사에 적합한 사진이 요구된다. 만약 기사와 사진이 서로 맞지 않을 때는 사진 편집자들에 의해서 대개 빠지기 일쑤인데, 사진기자들은 이런 사진은 애초부터 적절하지 않다는 것을 곧 알게 된다.

역할 기대는 창조라는 개념의 틀을 제공한다. 편집자는 사진기자가 좋은 뉴스 사진을 판단할 수 있기를 기대한다. 이는 좋은 사진을 구하기 위해서, 그리고 사진이 기사를 더욱 돋보이게 하기 위해서 필요하다. 더구나 편집자나 독자는 신문사의 사진기자가 표준화된 기사에 맞는 표준화된 사진을 규칙적으로 제공해 주길 바란다. 그러한 기대는 사진기자들의 독자적인 창의성을 살리지 못한다. 사진의 주제는 항상 주어지고 조직적 규범은 기사에 적절한 사진의 유형을 제시하기 때문이다. 결과적으로 사진기자들은 그들 자신을 창조적인 예술가로 보는 것이 아니라 사진을 찍는 기자로 간주해 버리는 것이다.

이와 반대로 광고 사진작가는 스스로 '장사꾼'의 역할을 한다고 간주한다. 왜냐하면 그들은 일반적으로 예술 감독의 지시를 따라서 광고주와 광고사에게 미리 정해진 사진을 주어야 하기 때문이다. 따라서 많은 광고 사진들은 작업상 기교만 문제삼지 않는다. 광고 사진작가들은 창의적인 결정을 효율적으로 수행하기 위해서는 기교와 함께 지식도 갖춰야 한다. 많은 광고 사진작가들이 매일같이 이미지를 창조하기 위해서 예술 감독이 원하는 대로 스튜디오 조명이나 카메라 각도와 같은 조그만 변화를 주어서 여러 가지 다양한 사진들을 찍어낸다.

대부분 많은 광고 사진작가들은 창조성이란 추상적인 이미지 속에 있는 것이 아니라 원하는 이미지를 포착할 수 있는 능력에 있다고 본다. 그들은 가끔 사진을 제작하는 과정에서 기술적인 문제를 해결하기 위해 여러 가지 궁리를 한 끝에 위와 같은 목표를 달성한다. 사진에서 창조성이란 어떤 표준화된 방식이 아니라 예술 감독이 원하는 대로 이미지를 포착하여 혁신적이라 할 만큼 제시할 줄 알아야 한다. 광고 사진에서의 창조성은 상상력뿐만 아니라 어떤 기술적 숙달에 있는 것이다(Rosenblum, 1978).

물론 사진작가들이 모두 같지는 않다. 그들은 각기 다른 조직에서 일하며 조직의 요구에 부응할 뿐이다. 그들은 각기 다른 전문적인 역할로 사회화되고 있으며 각기 다른 사진을 다룬다. 조직적이거나 직업적인 규범은 그들이 찍어낸 사진들을 이해하는 데 어떤 맥락을 제공한다. 한 가지 중요한 교훈은 사진작가들에게 초점을 맞추기 위해서는 직장 내에서의 권위 관계를 밝혀야 한다는 것이다. 광고나 신문의 사진작가들은 우수한 사진에 의해서 만족을 얻고자 한다. 대부분 시간 속에서 그들은 다른 사람들의 창조적인 요구를 만족시키려 든다. 조직의 서열상 높은 자리에 있는 미디어 전문가들은 어떠할까? 그들이 조직을 꾸려나가는 데 사회적 힘이나 규범은 어떤 영향을 미칠까? 출판 편집인들의 작업을 들여다보면 이러한 질문의 답을 내리는 데 도움을 줄 것이다.

출판 편집인의 의사결정

출판 편집은 대단히 역동적이고 다면적인 작업이다. 출판물은 다양한 주제와 형식 그리고 여러 가지 형태를 갖추어서 많은 유형의 독자에게 팔려나간다. 더구나 아주 대형 출판사에서는 특정 저자의 책을 미리 선금을 주고 계약하는 경우도 있으며, 학술적인 소형 문고판만을 고집하여 출판하는 경우도 있다.

출판사의 가장 중요한 업무는 출판할 원고를 결정하는 작업이다. 베스트셀러가 몇 권 나오거나, 대학 교재로 어떤 책이 채택되는 것이 문제가 아니다. 출판의 '성공'이란 출판사가 수많은 원고들 중 어떤 것을 책으로 출간하느냐에 달려 있다. 이러한 선정 작업은 다른 미디어에도 해당된다. 레코드 판매도 일부 소수에게 해당된다. 할리우드에서 영화화되는 것은 몇 편에 불과하다. TV 네트워크에서도 프로그램을 새로 편성할 때 단지 몇 편만을 올릴 뿐이다.

기업의 분야는 아주 다양한데, 기업은 각기 다른 규칙을 가지고 의사결정을 한다. 상업적인 미디어가 꾸준히 이윤을 내기 위해서는 중앙의 의사결정 과정을 존중해야 한다. 이러한 의사결정 과정이 중요한 이유는 특정 영화나 서적과 같은 미디어의 이윤을 높이는 전략을 발전시킬 필요가 있기 때문이다.

이 과정에서 두 가지 공통적인 방법을 말하면 최근에 히트한 상품을 모방하는 것과 최근에 히트한 작가와 계약을 맺는 것이다. 모방의 기본적인 가정은 모방당하는 대상과 그것을 모방하는 두 가지 모두 히트한다는 것이다. 앞서 2장에서 보았듯이 네트워크 TV의 상업적 역동성은 히트를 쳤던 프로그램을 모방하여 이루어질 때가 많다. 우리는 그러한 역동성을 다른 미디어에서도 찾아볼 수 있다. 록 그룹 너바나(Nirvana)의 상업적 성공은 허술하기 짝이 없는 밴드를 대형 회사의 이름을 붙여 대형 스타와 같은 물결을 타게 만든 것이었다. 스티븐 킹(Stephen King), 패트리샤 콘웰(Patricia Cornwell), 존 그리샴(John Grisham)과 같은 대중 서적의 인기 저자들은 앞으로 쓸 책에 대해 엄청난 돈을 받는다. 본질적으로 히트된 영화들 모두 같은 수순을 밟는다.

그렇지만 대중성이나 경제적 성공을 거둘 수 있는 확실한 공식이 있는 것은 아니다. 많은 상품들은 성공을 거둘 것이라고 예상만 할 뿐이지 사실 실패하는 경우가 많다. 아놀드 슈왈츠제너거의 1993년 영화 *The Last Action Hero* 가 대표적인 예이다. 그 영화가 비교적 성공한 유형을 일부 변형시켰음에도 극장 수입은 불발탄에 그치고 말았다. 1998년에도 예전 공식에 맞춰 영화를 제작했지만 흥행에 실패한 두 가지 사례가 있다. 엄청난 광고에도 불구하고 *Godzilla* 라는 영화와

'*Meet Joe Black*' 이라는 두 편의 영화가 그런 경우이다. 결국 모방이 경제적 성공을 반드시 가져오는 것은 아니다. 그러나 비공식적인 가정에 따르면 그래도 미디어 조직이 성공을 극대화할 수 있는 방법 중의 하나가 모방이라고 한다.

각 미디어는 분야에 따라 경제적 성공이란 개념을 각기 다르게 정의한다. 이는 여러 산업마다 성공을 하나의 개념으로 일반화하는 것이 참으로 어렵다는 뜻이다. 그러므로 일련의 관행이나 전제에 따라 의사결정이 어떻게 이루어지는지를 알기 위해서는 어떤 한 분야의 역동성을 살펴보는 것이 유용하다. 이런 실제 사례로서 출판 편집인의 예를 들기로 한다.

| 출판 편집인의 작업 |

대부분의 출판사에서는 원고를 수집하고 평가하며 최종적인 출판 여부를 결정하는 사람을 출판 편집인(acqusition editor)이라고 한다. 이들은 양질의 책을 선정하고 적절치 않은 원고를 솎아내는 등 저자와 상의하여 조직의 목표에 맞는 책을 펴낸다. 출판 편집인은 나름대로 다양한 자율성을 가지고 전폭적인 편집 결정권을 위임받고 있지만 대부분 책의 출판이 이루어지는 과정에서 일차적으로 걸러내는 역할을 맡는다.

출판에 대한 한 연구에 따르면 원고가 출판되느냐 되지 않느냐는 것은 잠재적인 저자가 출판사 대표의 주목을 받을 수 있게 만드는 채널이 중심 요인이라고 한다(Coser et al., 1982). 반드시 '질'이 좋다고 해서 책으로 출판되는 것은 아니다. 그보다는 편집자의 주목을 받는 것이 중요하다. 편집자는 수북이 쌓인 원고 더미 가운데에서 출판을 결정한다. 가장 성공하지 못한 방법 중 하나로는 어떤 저자가 출판사에 강렬한 인상을 주기를 희망하면서 출판사에서 청탁받지도 않은 원고를 던져주고 소식이 있을 때까지 마냥 기다리는 것이다. 불행히도 이런 방법을 통해서는 야심이 있는 일부 저자들에게는 출판의 기회가 잘 오지 않는다. 대형 출판사의 경우 매년 청탁받지도 않은 원고가 약 1만 편에 달하는데, 그중 단지 3~4편 정도가 최종적으로 출판된다고 한다(Coser et al., 1982).

출판될 수 있는 방법이 또 한 가지 있다. 이름이 잘 알려진 편집자에게 원고를 보이는 것이 그렇지 않은 편집자에게 보이는 것보다 좋다는 것이다. 더욱 중요한 것은 개인적인 접촉이 출판을 결정하는 데 유리하다고 한다. 가능한 비공식적인 채널, 이를테면 다른 저자나 친구 또는 전문적인 모임을 통해서 원고 더미를 내미는 것이 좋다.

무의식적이라 해도 출판사는 위와 같은 방식으로 모든 작업을 조직화한다. 조직적으로 이러한 체제는 각기 다른 시발점에서 출판이 이루어질 때까지 일종의 전력 투구를 하는 것이다. 어디에서부터 원고 더미가 출발하느냐에 따라 출판이 되기도 하고 또는 거절당하기도 한다. 그리고 어디에서 출발하든지간에 출판 과정에서 각기 다른 여러 가지 장애물에 부딪친다. 장애물의 구체적인 본질은 출판사 조직의 특성에 따라 다르다.

어떤 서점을 가봐도 한 해에 쏟아지는 책은 매우 많다. 출판사로서는 어떤 책을 출판할지를 일련의 관행에 따라 결정하고, 서점에서는 그들 나름의 관행에 따라 어떤 책을 판매할지를 결정한다.

서평이나 도서목록 같은 것은 책을 판매하는 사람들에게 도움을 준다. 그러나 그런 작업은 단지 시작에 불과하다. 로라 밀러(Laura Miller)에 따르면 책을 구입하려는 사람들은 다음과 같은 사항을 고려한다고 한다.

저자가 지난번에 발간한 책의 판매량, 현재 책의 장르에 따른 대중성, 출판사의 제작 비용, 저자의 서점 순회 계획과 미디어의 책 소개 여부, 저자의 명성과 편집자의 열성 어린 추천, 주문 방식과 수신의 간편함, 정가 할인, 우편 배달료, 지불 방식이나 반환 방식, 책의 가격, 책의 질과 표지 디자인, 책 제목, 지역 독자의 취향과 습관, 독자 개인의 취향 등.

물론 서점들은 독특한 저마다의 독창성을 발휘, 열성 소비자를 겨냥하여 다양한 방책을 생각해 낼 것이다. 이는 서점마다 수익을 올리려는 당연한 규범이다. 예를 들어 어떤 서점은 그 지역 저자들에게 관심을 쏟는다. 그러나 어떤 서점들은 판촉비가 들어가지 않은 책을 진열대 위에 놓기를 망설이고, 단골 고객의 기분을 상하게 할 것 같다고 생각되는 책들은 회피한다. Borders나 Barnes & Noble과 같은 전국 망을 가진 대형 서점이 어떤 책을 구입하느냐는 대개 중앙집중적으로 이루어지는데, 전국에 있는 서점을 위해서 책이 선정되기도 하지만 지방에 있는 서점의 특성에 따라 책이 배분되기도 한다. 밀러는 책의 선정 작업은 독립적인 서점과 전국 망을 가진 서점과의 차이를 보여주고 있다고 주장한다. 이를테면 독립 서점은 지방색에 더욱 비중을 두어 결정을 내린다는 것이다.

| 학술 서적 |

월터 파웰(Walter Powell)은 두 군데 학술 서적 출판사를 대상으로 출판될 원고가 어떻게 결정되는지를 연구하였다. 학술 서적은 특별한 사례이다. 왜냐하면 명확히 이윤 지향적이 아니기 때문이다. 일반적인 법칙에 따르면 책은 제작비에 상응하는 판매가 뒤따를 필요가 있고, 학술 서적으로서 출판사의 기준에도 맞아야 된다. 그렇지만 편집인들은 학술 서적이 베스트셀러에 오르기를 기대하지 않아도 된다. 결과적으로 학술 전문 출판사의 편집인은 판매만이 목표인 상업적인 출판사들과 다른 목표를 가지고 있기 때문이다.

학술 서적 편집자들은 표준화된 작업 과정에서 일련의 일상성의 지배를 따르는데, 그 절차가 어떤 책을 출판할지를 결정하는 데 도움을 준다고 한다. 사실 원고의 양이 너무 많아서 각각의 원고를 관심을 가지고 하나하나 검토하는 것은 불가능하다. 그래서 편집자들은 예전부터 내려오는 일상성을 따라 출판을 결정한다는 것이다.

출판 가능성이 높은 원고라 해도 먼저 도착한 순서대로 좋은 평가를 받는 것은 아니다. 출판사와 전혀 접촉이 없었던, 잘 알려지지 않은 저자들은 편집자의 주목을 잘 받지 못해 출판에 이르기가 쉽지 않다. 반면에 출판사와 사전에 관계가 있거나 편집자에게 원고 청탁을 받아본 적이 있는 저자들은 쉽게 그리고 빠르게 주목을 받을 수 있다. 더구나 편집자들은 '시리즈 편집' 경험이 있는 출중한 학자들로부터 새로운 저자들을 알게 되거나 그들의 원고를 평가받는 등의 도움을 받는다. 이런 방법으로 편집자들은 어떤 특정 분야의 전문가들을 익히게 되는 것이다. 대부분 학술 전문 출판사들은 외부 전문가들에게 평가를 맡긴다. 편집자들은 이들을 무기명으로 선정하여 원고를 검토하게 하는 것이다. 편집자들은 이러한 모든 방법을 동원하여 그들의 저자, 동료, 친구들과 일치하게끔 시도하는 것이다. 이러한 모든 일들이 편집자의 자율성에 속한다. 그들은 시리즈 편집자를 선정하고, 외부 검토자에게 원고를 보내기도 하며, 그들이 이미 알고 있는 학자들이 포함된 프로젝트에 관심을 기울인다.

파웰은 연구 과정에서 편집자의 업무를 형성하는 어떤 비공식적인 통제와 조직적 구조를 발견했다. 그는 특히 출판의 독특한 구조를 발견했다. 처음에 그는 책의 출판 여부를 결정하는 데 독특한 판단력을 가지고 있다는 편집자들의 설명을 받아들였다. 그러나 후에는 그런 사실이 회의적이라는 것을 알게 되었다. 편집자들은 물론 어떤 저자의 책을 먼저 출판하고 어떤 저자의 책은 유보해야 하는지에 대한 확실한 감각을 가지고 있다. 편집자들은 아무 책이나 선정하지 않는다. 그들의 출판 감각에 따라 결정한다. 거기에다 편집자들 가운데는 가끔 출판 결정을 갑자기 뒤집는 경우도 있다. 파웰은 자신이 직접 출판사에서 관찰하는 동안 어떤 원고가 출판이 되고 어떤 원고가 거부되는지를 예측하는 데 전문가가 되고 있음을 알 수 있었다. 본질적으로 그는 출판에서 의사결정 과정이 더 이상 신비로울 것도 없는 비공식적 규칙이 지켜지고 있음을 깨달을 수 있었다.

학술 출판에 대한 우리의 서술은 앞서 논의했던 사진의 경우와 비슷하다. 출판의 사회화 과정을 통해서 편집자들은 자신이 몸담고 있는 출판사가 지향하는 가치를 배워나가는 것이다. 그러한 사회화 과정은 조직이 지니는 일종의 통제 기제를 말한다. 편집자들이 갖는 사회화의 중심은 출판사가 펴내는 책의 '유형'에 대하여 학습해 나가는 것이다. 사회화의 일부분으로서 편집자는 그 회사의 전통을 배워나간다. 그것은 그동안 출판사의 어떤 책이 잘 팔렸는가를 살펴보거나 유명한 저자들을 보면서 익숙해지는 것이다. 간단히 말하자면 성공적인 편집자라면 그 출판사에서 그동안 출판한 책의 목록이라든지 최근에 발행한 책의 제목들을 모두 이해하지 않으면 안 된다. 이를테면 신간이라면 반드시 기존에 나온 책의 목록에 적합해야 된다. 즉, 새로 나온 책들은 기존의 책들을 보완해야 한다는 것이다. 편집자들은 그런 경우에 적응하는 데 일종의 구속을 받게 되고 그들 자신의 편집 결정에서 하나의 규범으로 적용하게 된다. 이런 방법으로 새로운 책을 발행할 때의 최종 선택은 그전에 발간했던 책들의 유형에 맞추는 것이다. 게다가 대부분 외래 편집인들은 그 출판사에서 책을 발간한 경험이 있기 때문에 새로 나올 책에 대해 비슷한 규범을 따른다. 끝으로 출판 계약을 할 때 필요한 서류 작업은 매번 표준화된 방식을 따른다. 이때 편집자들은 출판사 조직의 목적에 부합하는지를 먼저 주의깊게 본다. 대부분 편집자들은 이러한 절차에 따라 출판의 선택이 조직의 요구와 일치하는지를 검토하게 된다.

파웰에 따르면 편집자들이 출판하기로 선택한 원고는 출판사의 기본적인 규범과 좀처럼 부딪치지 않는다고 한다. 편집자들의 계획이 수포로 돌아가는 경우는 거의 없다. 왜냐하면 출판사의 의도와 맞지 않는 원고는 사전에 밀쳐놓기 때문이다. 편집자에게 보내오는 원고는 출판사의 지향점과 맞아떨어져야 한다. 이런 작업이 편집자들이 자신의 업무에서 자율성을 갖게 되는 근간이 된다. 비슷한 경우로 제니스 래드웨이의 연구에 따르면 '이 달의 책' 모임의 편집자들은 그 모임에 적합한 책을 선정하는 데 있어서 놀라울 정도로 편집자들간에 일치를 본다고 한다(Janice Radway, 1997). 책을 선정하기 위해서 매주 한 번 편집회의가 열리는데, 편집자들이 마치 일종의 의식을 치르듯이 모두 모여 분명하게 합의를 본다는 것이다. 그들은 모여서 '이 달의 책' 모임의 의미가 무엇인지, 그리고 그 모임이 다른 경쟁사와 어떻게 차별화되는지를 명심한다는 것이다.

책의 목록은 과거의 편집자들에 의해서 내려진 결정을 누적시킨 것으로서 현재의 결정을 내리게 하는 지침이라 할 수 있다. 그러나 그 결정은 과거의 목록과 다를 수도 있고 미래의 방향성에도 영향을 미칠 수 있다.

4.4 │ 인터넷에서 부각되는 규범

위에서 저널리즘, 사진, 출판 편집 등 세 분야에서 살펴보았듯이 이들은 모두 비교적 안정된 직업이다. 우리가 살펴본 이들 직장은 오래된 전통을 가지고 있다. 결과적으로 이러한 전문직의 의사결정이나 그들이 몸담고 있는 조직의 규범은 그들 전문가의 활동이 조직적인 힘과 연관되어 있음을 암시한다. 그러나 새로운 형태의 미디어에서는 어떨까?

정보 고속도로라는 개념이 부각되고 있는 요즈음 뉴 미디어의 질서와 규칙이 이제 막 나타나고 있다. 아직까지는 뉴 미디어 가운데 사회화가 정착되어 있는 분야가 그리 많지 않다. 게다가 고도의 탈집중적인 컴퓨터 네트워크의 조직적 가치의 역할이 무엇인지 아직은 알 수 없다. 사실 인터넷에서의 '가상 공간'이란 개념은 사이버 공간에서의 사회적 행위가 완전히 자율적이라고 생각하게끔 만든다. 즉, 여기서 자율성이라 함은 종래의 미디어처럼 집중적인 미디어 생산으로 이루어졌던 일종의 전통적인 관행으로부터 자유로워지는 것을 말한다.

말하자면 가장 소구력이 강한 개념은 사이버 공간이란 말이다. 앞으로 가상문화의 참여자들은 새로운 역할을 갖게 될 것이다. 그들은 섹스 상대도 마음대로 바꿀 수 있고 나이나 직업, 그리고 신분까지 익명으로 바꿔가면서 상호작용을 할 것이다. 더구나 컴퓨터 네트워크는 미디어 메시지의 '송신자'와 '수신자' 사이의 차별을 희미하게 만들 것이고, 매스 커뮤니케이션과 쌍방향 커뮤니케이션의 특징을 서로 합치게 될 것이다. 이는 컴퓨터 네트워크가 일종의 자유지대(liberated zone)가 되어간다는 뜻이다. 자유지대란 관료주의도 없고 비밀스러운 전통도 없는 곳을 말한다. 한마디로 모든 게 매개체일 뿐이고 구조가 없다는 말이다.

사이버 공간은 상호작용과 매개 커뮤니케이션(mass-mediated communication)의 속성에 대한 기존의 어떠한 명제에도 새로운 형태로 도전을 할 것이다. 그러나 인터넷을 자유롭게 누비고 다닐 수는 있지만 사이버 공간의 규칙을 위반하면 어떤 벌칙을 받게될 것이다.

우리는 새로운 기술을 이해하기 위해서는 특별한 언어를 구축해야 한다. 이는 다분히 순수한 도구에 속한다. 그렇지만 그러한 언어는 본질적으로 네트워크를 지각하는 데 관행적인 방법을 공식화하기 위해서 오직 사이버 공간에서만 통용되는 것이다. '홈페이지', '뉴스 그룹', '플레밍(flaming)', '러킹(lurking)', '스팸(spam-ming)' 등과 같이 사이버 공간을 말할 때 자주 사용하는 이런 언어들은 가상 공간에서의 행동을 특징지을 때 사용하는 표현이고, 그중에는 벌써 정형화되어 버린 것도 있다. 어떤 사이버 공간의 개념들은 미래의 어떤 기대감을 수반하며 특정한 가상의 역할을 드러내는 서술 방식을 가지고 있다.

1990년대 초에 인터넷과 관련된 소규모 기업들이 난무했다. 지역마다 있는 컴퓨터 전문 상가나 대형 서점의 컴퓨터 구역에 들르면 사이버 공간의 기본적인 이해를 돕는 출판물이 즐비했다. 이러한 자료들은 네트워크 조직에 대한 지식을 제공해 주었다.

사이버 공간에서는 누구나 미디어 메시지 프로듀서의 자격으로 접속할 수 있다. 그러면 미디어 프로듀서의 규범이나 실천을 이해하는 데 매우 유용하다. 마거릿 맥루린(Margaret McLaughlin)과 그의 연구진은 이에 대한 질문을 전자 뉴스그룹의 "행동의 표준"이라는 개념으로 설명한다. 실제로 그들은 온라인 뉴스그룹 참여자의 역할과 관련된 기대감이 무엇인지를 연구했다. 그 가운데서도 특별히 "비난받아 마땅한" 네트워크 행동이 무엇인지를 알아보았는데, 그것은 인터넷에서의 기본적인 규범을 지키지 않는 것이었다. 정기적으로 사이버 공간을 방문하는 사람들은 알겠지만 네트에서의 규범은 대개 '네티켓(netiquette)'이라 부르며 그러한 표준을 모두 신중히 받아들이고 있다.

다른 네트워크 사용자들로부터 비난을 받는 행위로는 무엇이 있을까? 그중 하나는 일반적으로 아직 네트를 잘 모르는 초보자와 관련이 있는데, 대개 기술 장비를 정확히 사용할 줄 모르는 데서 비롯된다. 한 예로 어떤 한 사람에게 보내려 했던 메일을 전체 그룹 성원들에게 모두 보낸 실수를 저질렀다고 하자. 이때 규범을 어긴 행동이란 너무 많은 네트워크에 긴 메시지를, 그것도 같은 메시지를 모든 사람들에게 보냄으로써 '광대역(bandwidth)'을 낭비했다는 것이다. 이밖에 누군가 메시지에 전자 서명을 하지 않았든지 사전에 보냈던 메시지에 자신을 밝히지 않았다든지 따위의 기본적인 네트워크 관행을 위반한 것이다. 이렇게 비난받을 만한 일을 저지른 사람은 온라인으로 그룹의 다른 사용자들로부터 질책을 받는다. 그런 질책은 품위 있게 이루어지고 자연히 교육적이다.

뉴스그룹의 규범은 단호하다. 왜 뉴스그룹에 등록한 많은 사람들이 대개 영구한 '잠복자(lurkers)'에 그치는지를 알 수 있는 대목이다. 뉴스그룹에서 잘 알려진 규범 가운데 하나는 메시지를 교환하기 전에 가끔 남의 눈치를 살핀다는 것이다. 이는 새로 들어오는 사용자는 그룹의 사회화를 익히게 되고, 그룹의 전통을 알게 되며, 그룹이 어떤 의견을 중심으로 움직이는지를 알 수 있게 만든다. 일단 뉴스그룹에 등록하여 구성원이 되면 먼저 그룹에 참여하는 법을 알게 된다. 사용법에는 전체 시스템에 대한 기술적 참고 사항과 적절한 실천 따위가 소개될 것이다. 옛날 구성원들의 토론 자료도 볼 수 있고 새로운 집단 구성원들로 하여금 그것들을 검토해 보라고 권장하기도 한다. 더욱이 '자주 쓰는 질문(frequently asked questions:

FAQs)’ 더미를 신규 가입자에게 보내서 똑같은 질문 때문에 네트워크가 난장판이
되지 않도록 한다.

　기술적 관행을 위반하면 단순히 비난받는 것으로 그칠지 모르지만 가상 공간에
서 질서를 유지하기 위해서는 관행을 지키는 것이 매우 중요하다. 맥루린과 그의
동료들의 연구에 따르면 아마도 가장 중요한 것은 그러한 모든 과정에 가상 공간
의 관행이 나름대로 사회적 뿌리를 내리고 있다는 것이다. 이러한 관행은 전자 공
동체의 집단적인 정체성을 보호하고 강화해 준다. 다른 미디어의 프로듀서들과 마
찬가지로 인터넷 사용자들은 매일같이 되풀이되는 일상성이 인터넷의 규범을 조
성하고 우리의 가상 행동을 정형화하는 데 도움을 준다는 것을 깨닫고 있다.

4.5 | 히트, 스타, 그리고 의사결정

우리는 미디어 프로듀서들이 비교적 안정되고 일상화된 업무를 창조적으로 수행
하는 전문가들이라는 것을 알았다. 그러나 모든 미디어 전문가들이 똑같은 수순에
따라 움직이는 것은 아니다. 미디어 산업에서 가장 중요한 재원은 ‘명성’ 또는 ‘스
타덤’, 그리고 각기 다른 일련의 규칙에 따라 운영되는 미디어 스타들이라고 할 수
있다. 미디어 기업마다 왜 스타들이 중요할까? 그리고 스타들의 명성이 미디어 세
계에서 어떻게 의사결정에 영향을 미치는 것일까?

　대중의 입장에서 스타덤에 대한 문제를 보기로 하자. 영화 관람객이나 도서 구
매자, 대중음악 팬, TV 중독자 등에게는 스타가 지배적인 상징이 아닐 수 없다. 대
형 인기 스타들을 만들어내는 시스템은 어디에나 편재해 있다. 우리는 그들의 사
생활에 대해서 잘 알고 있으며, 그들의 이름 석자만 들어도 알 수 있고, 그들의 약
력에 대해서도 익히 알고 있다. 그들의 인기는 우리가 영화 관람을 선정한다든지
CD를 구입할 때 아주 중요한 유인책이 된다. 미디어 스타는 상당히 많이 깔려 있
어서 그들이 없는 미디어를 상상하기 어려울 정도이다.

　매스 미디어마다 스타가 그렇게 중요한 이유는 그가 히트하게 되면 대부분 매스
미디어의 목표인 경제성을 보장해 주기 때문이다. 출판 편집인들은 베스트셀러를
원한다. 음반 제작자는 인기 차트에 오르는 최고의 레코드 판매를 원하고, 영화 제

작사 역시 최고의 흥행을 기대한다. 대부분의 영화, 음악, 책 등이 손실을 많이 보는데 히트작이 나오면 그러한 손실을 메워주고 심지어 이윤까지 남겨준다. 그런 까닭에 스타는 더욱 양산되고 미디어 산업에서 더욱 매력적으로 부각되는 것이다. 간단히 말해서 히트 시스템이란 미디어 기업마다 기본적으로 깔려 있는 속성이다. 만약 히트가 목적이라면 가장 간단한 성공의 지름길은 수용자에게 소구력이 있는 스타를 제조하는 히트 프로듀서를 낳는 것이다.

이러한 스타를 발굴하는 요인은 미디어 세계에서 광범위하게 도입하고 있는 기본적인 규범이다. 방송국마다 아주 대단히 떠받드는 뉴스 앵커가 있다. 피터 제닝스(Peter Jannings), 탐 브로카우(Tom Brokaw), 댄 래더(Dan Rather)가 그들이다. 시청자들은 이름만으로도 그들의 매력을 구매하려 한다. 이들 앵커와 그밖의 몇몇 이름난 방송국 기자들이 대담에 나왔다 하면 그 프로그램의 시청률은 상승한다. 대학 참고서 산업 역시 이러한 스타 시스템과 다를 게 없다. 대학 개론서의 저술로 높은 판매고를 기록한 교수의 경우는 물론이고 잘 알려지지 않은 교수들도 책을 쓴다. 주어진 미디어 시장의 특성상 몇 권 되지 않는 개론서의 지배는 마치 영화나 음악이 히트하는 것과 마찬가지이다. 참고서를 출판하는 기업이 역량 있고 가시성이 있는 학술계의 '스타'들을 찾으려고 노력하는 것은 결코 놀랄 일이 아니다.

기존의 스타들을 영입하기에는 너무 돈이 많이 들고 어려워서 미디어 조직에서는 스스로 스타를 발굴하려고 한다. 이는 물론 어려운 일이다. 더욱이 최고의 편집자라 해도 누가 스타의 자질을 갖추었는지 잘못 판단하기가 쉽다. 우리가 생각하기에는 모든 미디어 상품에서 히트칠 수 있는 스타가 나타날 확률은 똑같아 보인다. 결국 스타는 최종 판단자라 할 수 있는 수용자에 의해서 결정되기 때문이다. 수용자의 관심이 히트와 스타를 만들어낸다는 것이다. 그러나 이는 잘못된 관점이다.

모든 미디어 상품이 히트를 치기까지 기회가 똑같이 오는 것은 아니다. 또 모든 미디어 퍼스낼리티가 스타덤에 오를 확률도 같지 않다. 히트와 스타는 좀처럼 쉽게 나타나는 것도 아니고, 스타를 만드는 장치 또한 제한되어 있다. 그래서 수용자가 스타를 접하기 전에 미디어가 먼저 히트칠 수 있는지를 예상한다. 사실상 상품을 생산하고 유포하는 기업이 가능성이 없다고 이미 판단했다면 스타가 된다는 것은 거의 불가능하다. 반면에 장담은 못하지만 만약 스타의 질에 대해서 심사숙고하는 전문가라면 스타덤에 오를 수 있는 기회를 만들지도 모른다.

만약 히트가 예상된다면 미디어 기업은 대대적으로 홍보를 한다. 홍보 방법 가운데는 신문 전면 광고, TV 광고, 대담 프로그램 참여, 주제 음악 유포, 전국 극장에서의 예고편 상영 등이 있다. 히트칠 것 같지 않은 영화는 홍보도 별로 하지 않는다. 물론 많은 영화관에서 상영되지도 않는다. 우리가 비디오 대여점에 갈 경우, 영화관에서 상영한 영화도 있지만 전혀 들어보지도 못한 영화가 그곳에 진열되어 있다면 그 영화에 대해서는 관심을 두지 않을 것이다. 영화는 대개 히트할 것 같은 예감이 들 때에만 과감히 홍보하는 것이다.

이러한 역동성은 음악계에도 해당된다. 가수들은 둘로 나뉜다. 하나는 스타가 될 가능성이 있는 경우이고, 다른 하나는 오직 소수에게만 특별한 호소력을 갖는 경우이다(Frith, 1981). 음악가들의 첫 번째 관문은 데뷔 앨범이 나오기 전에 일단 어떤 부류에 속하느냐는 것이다. 당연히 잠재적으로 히트칠 것으로 기대되는 음악가는 그렇지 않은 음악가보다 히트칠 기회를 더 많이 얻게 된다.

출판사의 경우도 이와 유사하다. 편집인들은 어떻게 책을 만들어낼지를 결정한다. 부수는 얼마나 찍어낼지, 정가는 얼마로 매길지, 홍보는 어떻게 할 것인지, 어디에다 배포할 것인지 등을 결정한다. 이러한 판단은 가끔 마지막 도안이 완성되기 전에 결정된다. 마찬가지로 TV 프로그램에서 주시청 시간대에 일단 방송하기로 되면 어떻게 일정을 잡을지, 다른 방송국의 경쟁 프로그램은 무엇인지 등을 알아낸다. 말할 것도 없이 어떤 프로그램은 다른 프로그램에 비해서 좋은 시간대를 차지한다. 시청률이 높은 프로그램과 달리 어정쩡한 프로그램은 일반적으로 조만간 폐지할 수도 있는 시간대로 밀리곤 한다.

미디어 조직은 히트 상품을 만들어 수용자를 끌고 결국은 큰돈을 벌려고 한다. 이 때문에 인기가 좋고 돈을 많이 버는 스타들이 미디어 전략의 중심을 차지한다. 논리적으로 보면 다음과 같다. 즉, 히트는 돈을 벌게 하고 스타도 돈을 벌게 한다. 그리고 히트는 스타를 갖게 된다. 그러므로 히트는 스타를 필요로 한다. 불확실성으로 가득 찬 미디어 세계에서 의사결정자들은 결정을 내리기에 앞서 어떤 규칙을 찾는다. 스타에게 너무 매몰되는 것은 히트 가능성이 매우 유동적인 미디어 산업에서 결코 바람직하지 않기 때문이다.

예를 들어 영화 제작은 대단히 불확실한 사업이다. 상업적인 성공을 확신할 방법도 없고 수많은 사람들이 제작 과정과 배포에 관여하고 있기 때문이다. 이때 만약 스타 배우들을 소유하고 있다면 그것만으로도 위험 요소를 줄일 수 있다. 설사 위험이 따른다 해도 스타들은 제작자들이 안고 있는 위기감을 훨씬 줄여준다. 실제로 스타라는 존재는 전반적인 제작 과정을 합리화시켜 준다. 스타 시스템은 영화 산업이 아니더라도 불투명한 산업에 적용시킬 수 있는 유용한 제도이다(Prindle, 1993).

TV에서도 마찬가지 역동성이 작용한다. 제작자들은 그들이 무엇인가를 제작하는 데 있어 이전에 히트했던 경험을 바탕으로 제작 결정의 정당성을 찾는다(Bielby, 1994). 같은 방식을 영화 산업에서도 찾아볼 수 있는데, 제작자들은 히트되기 어렵고 히트를 예측하기도 어려운 상황에서 제작에 임한다. 그런 만큼 제작자들은 광고주, 지역의 극장주, 네트워크 간부 등 다양한 기반을 만족시켜야 한다. 그들은 작품 제작 결정이 결코 임의로 이루어진 것이 아님을 떠벌리곤 한다. 이럴 경우, 히트했던 과거의 경험이 있으면 그것의 명성에 힘입어 확고한 신뢰를 얻게 된다. 다양한 전문가들이 들끓는 TV 산업에서 과거의 히트물이 있다면 프로그램을 선정하는 데 하나의 기준이 된다.

그렇지만 '스타-히트-성공'이라는 등식이 미디어 상품의 판매 과정에서 반드시 관철되는 것은 아니다. 예를 들어서 할리우드 스타인 메릴 스트립, 로버트 드니로, 리처드 기어, 버트 레이놀즈 등이 나온 영화도 1980년대에 수익면에서 참패를 한 적이 있다(Prindle, 1993). 각 스타들은 흥행에서 한두 편의 성공을 거두었지만 불발탄에 그칠 때도 많다. 물론 영화사들은 비디오 판매라든지 해외 시장으로의 수출, 그밖에 지방 영화관 상영 등을 통해 수입을 올리기도 한다. 또 다른 사례로 최근의 연구에 따르면 TV의 사전 프로그램 제작에서 예전에 히트를 쳤던 프로듀서가 네트워크 프로그램을 시도하는 경우를 들 수 있다. 그렇게 히트를 쳤던 프로그램이 아주 새롭게 시도하는 프로그램보다 수익성이 높기 때문이다(Bielby & Bielby, 1994).

이와 같은 예는 스타가 반드시 히트를 친다는 공식을 허물어뜨린 것이다. 그러나 영화나 TV 산업과 같이 불확실성이 높은 제작 산업 분야에서는 여러 가지 갈등 요인이 있음에도 불구하고 어째서 히트와 스타의 관계가 계속해서 의사결정을 하는 데 결정적 역할을 하는지를 설명하는 데 도움을 준다.

4.6 | 결 론

이번 장에서는 어떻게 전문적인 규범과 기업적 전제, 조직적 구조가 미디어 제작자의 일상적인 업무를 결정하는지를 살펴봄으로써 미디어 제작에 대해 논의해 보았다. 우리는 언론인, 사진기자, 출판 편집인, 인터넷 사용자 등의 미디어 수용자들이 일상의 제작 과정에서 구성되고 재구성되는 적극적인 참여자임을 깨달았다. 이러한 일상성은 미디어 제작에서 하나의 관행을 제공하는 것이었다.

일상성과 관행은 경제적이고 정치적이며 조직적인 힘에 의해서 미디어 산업의 각 부문을 구성한다. 그렇지만 미디어 제작의 일상성은 그런 힘에 의한 결과로 인해 나타나는 간단하고 직설적인 결과가 아니다. 일상성과 관행은 다양한 조직적 구속력 밑에서 열심히 일하는 전문가들에 의하여 적극적으로 발전해 나가는 것이다. 그들 전문가들은 미디어 제작의 규범과 실천을 도입하는 어떤 틀을 계속해서 만들어나간다. 비록 이러한 변화가 느리게 진행될지도 모른다. 궁극적으로 관행 그 자체는 구조적 구속력의 형태가 되기 때문이다.

제작 과정에서 바라보는 관점은 우리의 생활 일부를 차지하는 미디어 메시지를 이해하는 데 도움을 준다. 다음 3부에서는 매스 미디어의 콘텐츠로 관심을 돌려 불평등과 이데올로기에 대한 질문에 초점을 맞추고자 한다.

2부에서 미디어 산업 내부의 생산 과정을 검토하였으나 우리들은 대부분 이런 진행 과정을 실제로 보지는 못한다. 우리가 접하는 것은 생산 과정의 결과물인 영화, 책, TV 프로그램, 인터넷 사이트, 신문, 잡지와 같은 미디어 상품들이기 때문이다. 이런 미디어 상품들은 우리 대부분이 매스 미디어를 경험하는 가장 일반적인 방법이다.

따라서 3부에서는 매스 미디어가 사회를 어떻게 표현하는가를 살피면서, 이런 미디어 상품들의 콘텐츠에 주목하기로 한다. 이를 위해 5장에서는 미디어 상품이 일상적으로 드러내는 가치, 신념, 규범들을 통해서 이데올로기의 문제를 제기하고, 6장에서는 인종, 계층, 성, 성적 지향성의 문제에 초점을 맞춰서 미디어가 어떻게 현재 사회의 균열을 그려내는지 살펴본다. 또한 다양한 집단들이 매스 미디어에서 어떻게 표현되는지, 시간이 흐름에 따라 그와 같은 표현이 어떻게 변화되는지, 그리고 이런 변화는 실제 사회와 어떤 관계가 있는지를 알아본다.

3부 콘텐츠 - 사회를 표현하는 미디어

5 미디어와 이데올로기

대부분의 미디어 연구자들에 의하면 미디어 텍스트는 세계를 바라보는 방법에 대하여 일관된 입장을 가지고 있다고 한다. 미디어 텍스트는 우리가 사는 세계를 정의하고 그에 적절한 인간의 태도와 행동 모델을 제공한다. 그렇다면 미디어 상품은 남자와 여자, 부모와 자식, 상관과 부하 등의 적절한 역할을 그려내고 있을까? '성공'의 궁극적인 모습이 무엇이며, 어떻게 해야 성공했다고 미디어는 말할 수 있을까? 미디어에서는 무엇을 '범죄 행위'로 지목하며, 범죄가 사회 무질서의 원인이 된다면 그 이유는 무엇일까? 미디어 콘텐츠 저변에 깔린 메시지의 의미는 무엇이고, 그 메시지는 누구의 관심을 끄는가? 바로 이런 것들이 근본적으로 미디어와 이데올로기에 대한 질문이다.

매스 미디어 상품에 대한 대부분의 이데올로기 연구는 미디어 '효과'에 관한 것이 아니라 메시지의 콘텐츠에 초점을 맞추고 있다. 이는 과거와 현재 그리고 미래에 대한 콘텐츠를 말한다. 이번 장에서는 미디어 메시지에 초점을 맞추고자 한다. 이 책의 4절에서는 미디어 메시지와 수용자 사이의 관계를 돌아볼 것이다.

5.1 | 이데올로기란 무엇인가?

이데올로기(ideology)란 어떻게 쓰이느냐에 따라 각기 다르게 해석할 수 있는 아주 복잡한 개념이다. 일상생활에서 누군가 너무 "이데올로기적"이라고 말한다면 왠지 저항감이 생긴다. 이런 표현은 누군가 상대의 지배적인 신념을 지나치게 비판할 때 사용된다. 마르크스주의자들이 이데올로기를 말할 때는 권력을 쥐고 있는 사람들이 현실을 왜곡하거나 잘못 표현할 때 그것을 정의롭게 수정하도록 도와주는 신념 체계를 의미한다. 우리가 흔히 이데올로기를 말할 때는 그 용어의 의미가 무엇인지를 구체화할 필요가 있다.

미디어 상품의 이데올로기를 드러내고 싶다면 그 상품이 어떻게 사회의 이미지를 제공하고 있는지를 관심 있게 바라봐야 할 것이다. 이러한 맥락에서 이데올로기는 기본적으로 세상을 정의하고 설명할 수 있도록 도와주는 의미의 체계를 말하는데, 그것은 세상에 대한 가치를 판단하게 만들어준다. 이데올로기는 '세계관(worldview)'이나 '가치 체계(value system)'란 개념들과 관계가 깊지만 이보다는 좀더 폭넓은 개념이다. 이데올로기는 세상에 대한 신념뿐만 아니라 세상이 어떻게 정의될 수 있는지를 기본적으로 알려주는 의미를 갖고 있다. 따라서 이데올로기란 넓은 의미에서 정치적이며 근본적인 함축성(connotation)을 가지고 있다.

우리가 미디어의 이데올로기를 연구할 때는 신문, 영화, 음악 등 개별 매체에 관해서는 별로 관심을 쏟지 않는다. 이러한 부분적 개별 매체로 따지기보다는 광범위하게 전체적으로 미디어라는 종합적인 시스템으로 본다. 이데올로기 분석의 중심은 구체적으로 미디어 텍스트와 텍스트의 메시지가 갖는 이미지 사이에 놓여 있는 적합성 여부이다. 그리고 그것을 바라보는 사고방식이나 사회적이고 문화적인 사항들에 대하여 폭넓게 판단을 내리는 것이다.

다음 장에서 검토하겠지만 미디어 학자들은 가끔 미디어의 콘텐츠와 '실제 세계(real world)'를 비교하여 측정하는 데 관심을 보인다. 학자들은 여성이나 흑인들의 이미지를 미디어가 어떻게 그려내는지, 그리고 이런 이미지가 시간이 흐름에 따라 어떻게 변하는지에 관심을 갖고 있다. 왜냐하면 미디어의 이런 이미지는 사회 내에서 이들 집단의 존재를 밝히기 때문이다. 이런 경우에 던져지는 질문은 미디어의 이미지가 '사실적'인지의 여부가 아니다. 왜냐하면 이데올로기 연구는 일반적으로 '사실'을 있는 그대로 정의하고, 그것이 바로 이데올로기를 구축하는 것으로 감지하기 때문이다. 우리가 가장 사실적인 것을 정의할 때 누구의 '사실'을 말하는 것일까? 그것은 대개 눈에 보이는 가시적인 것을 말하는 것일까? 또한 가장 공통되면서 가장 광범위한 것을 말하는 것일까? 상상의 이미지로 사물을 측정하는 것보다 사실을 바탕으로 어떤 판단을 내리는 것이 중요한데, 이데올로기 분석은 이러한 미디어의 메시지가 사회 내의 우리 자신에 대해서 무엇을 말하고 있는지를 묻고 있다.

정치인들은 매스 미디어의 뉴스나 엔터테인먼트의 형식을 통해서 이데올로기가 어떻게 유포되는지를 지켜본다. 이것은 미디어가 빈번히 정치적 토론의 주제가 되는 첫 번째 원인이다. 사실 잘 알려진 정치인들은 일상적으로 미디어가 사회 문제를 부추긴다고 주장한다. 예를 들어서 1998년 클린턴 대통령의 탄핵과 관련하여 정당간에 토론이 열띠게 벌어졌을 때 민주당에서는 과장된 스캔들 보도를 일삼는 미디어를 강렬하게 비판한 적이 있다. 특히 인터넷에서 사건이 확대되는 것을 보고 정치인들은 네티즌들이 인터넷에서 섹스를 다루는 정도가 너무 심하다며 비난을 퍼부었다. 그리고 인터넷에서의 이미지와 콘텐츠에 대한 정부의 비규제를 지적하며 이런 것들이 바로 어린이들의 안정과 복지를 위협하고 있다고 주장했다. 그런가 하면 1995년 4월 오클라호마에 있는 주정부 청사의 폭탄 테러 직후 클린턴 대통령은 사회적 불만을 부추기는 라디오 대담 프로그램을 통렬히 비난했다. 이들 라디오 출연자들이 폭력을 미화하는 세계관을 유포했다는 것이다. 1995년 로버트 돌(Robert Dole) 의원은 대중적인 TV나 영화, 그리고 대중음악에서 지나치게 섹스와 폭력, 반가정적인 주제를 마구 퍼뜨리는 것을 통렬히 비난한 바 있다. 역시 1995년 전 교육부 장관이었던 윌리엄 베네트(William Bennett)도 패거리적 랩 음악을 마구 배포하는 거대한 기업 Time Warner의 미디어 운영을 공격한 적이 있다.

본질적으로 라디오, TV, 영화, 음악, 인터넷 등 모든 유형의 미디어를 대상으로 메시지를 팔고 있는 미디어의 이데올로기에 대해 의문을 품은 정치인들이 정치적인 공격을 가하는 것은 흔한 일이다. 이러한 미디어 비판이 때로는 긍정적으로 받아들여지기도 한다. 많은 사람들이 말은 하지 않지만 미디어가 이데올로기의 전달자라는 점을 잘 알고 있다. 미디어가 그들의 상품과 아이디어를 판매하는 것은 곧 미디어 퍼스낼리티의 세계관을 팔고 있는 것이다. 그래서 매스 미디어 상품과 문화적 가치가 근본적으로 서로 어울려서 광범위한 대중의 호응을 얻어내는 것이다.

지배적인 이데올로기와 문화적 모순

미디어 텍스트가 아무리 이데올로기적인 면에서 이해된다고 하지만 커뮤니케이션의 형식에 따라 어떤 아이디어에 대한 옳고 그른 판단은 항상 문제점을 남긴다. 미디어 이데올로기에 대한 연구에 따르면 한쪽에서는 미디어의 세계관이 너무 강력하다고 하고 다른 한쪽에서는 미디어가 모순된 메시지를 많이 포함하고 있다고 주장하고 있어서 그 둘 사이에 격렬한 토론이 벌어지곤 한다. 두 견해 모두 '지배적인 이데올로기(dominant ideology)'를 표명하고 있으며, 적어도 부분적으로는 세계관에 대한 도전이기도 하다.

우리는 미디어 텍스트가 이데올로기의 분절에 대해서 하나의 목소리를 내는 것보다 다수의 문화적 분쟁을 반영하는 것을 더 좋아한다. 달리 말하자면 미디어 텍스트를 통해서 서로 다른 이데올로기적 관점을 가지고 일종의 투쟁을 벌이는 것이 자연스럽다는 것이다. 어떤 아이디어는 인기가 있는 미디어 이미지와 편승하여 대중의 지지를 받는다. 그런가 하면 어떤 아이디어는 미디어 저변에만 머물러 있기 때문에 자세히 들여다보지 않으면 좀처럼 드러나지 않는 것도 있다. 정치인이나 기업의 임원들이나 시민 운동가들이나 종교 집단과 같은 다양한 집단마다 어떤 아이디어를 진척시키기 위해서는 일차적으로 미디어에 의존할 수밖에 없다.

사실 미디어는 제임스 헌터(James Hunter)가 말하는 현대 미국 사회의 "문화 전쟁(cultural wars)"의 중심에 서 있는지도 모른다. 이는 미디어가 윤리라는 차원에서 싸워나간다는 뜻이다. 헌터는 광고나 뉴스, 여론 등을 통해서 미디어가 전달하는 피드백 체계를 강조한다. 미디어는 문화 전쟁이라는 명분으로 대중적 담론의 근본적 주제를 제공하는 것이다. 낙태, 동성애, 문화적 저주 등과 같은 윤리관이 따르는 문제는 가끔 극단적인 용어로 표현되는데, 문화적 보수주의와 문화적 진보주의 간에 그들의 주장을 내세우기 위해 모두 미디어 기술을 사용한다.

그렇지만 미디어는 단순히 그러한 대립된 메시지를 전달하는 매개체로 끝나지 않는다. 미디어는 문화적 대립의 전쟁터 이상으로 존재한다. 현대 사회에서 벌어지는 문화 전쟁의 본질은 상당 부분 매스 미디어가 방출하는 이미지의 수용성에 관한 것이다. 이러한 윤리관과 가치에 대한 분쟁은 가끔 대중적 미디어의 이미지에 나타나는 뚜렷한 제시에서 비롯한다. 몇 가지 뛰어난 사례 가운데 하나가 신앙의 의미가 무엇인지를 다룬 영화 *'Priest'* 의 경우인데, 이는 교회의 신부가 섹스에 대한 갈망을 갖게 된다는 이야기이다. 또한 *'The Last Temptation of Christ'* 는 예수가 섹스를 하는 꿈을 꾼다는 영화이다. *'Nothing Sacred'* 라는 TV 드라마도 비록 짧게 방송되었지만 가끔 도시에 있는 교구에서 벌어지는 세속적인 사건을 둘러싸고 개방적인 한 천주교 신부가 교회의 교리를 비판하는 내용이다. 그밖에도 TV 여성 드라마나 다큐멘터리에서 이런 예들을 볼 수 있는데, 레즈비언이라고 당당하게 말하는 *'Ellen'* 의 커밍아웃, PBS의 기록영화 *'Tongues United'* 에서 흑인 동성애자의 경험을 폭로하는 이야기, 랩이나 헤비메탈 음악에서 음란한 가사를 붙이는 것에 대한 찬반 토론 등을 들 수 있다. 미디어를 중심으로 격렬한 찬반 토론을 벌이는 것이 때로는 과격하게 발전되어 미디어 통제와 미디어 자유에 대한 찬반론으로 갈라지기도 한다.

미디어 이미지가 논쟁을 일으키게 되는 근본적인 원인 가운데 하나는 미디어의 아이디어가 객관적이라고 이해하는 것이다. 간단히 말하면 비판론자들은 미디어 텍스트에서 다루어지는 주제가 자신의 의견을 지지해 주면 별로 비판하지 않는다. 이데올로기 분석에 따르면 정치적으로 뜻을 같이하는 경우에는 협력하지만 그들의 이념적인 요점이 미디어 메시지와 다르면 비판을 일삼는다. 결과적으로 매스 미디어의 이데올로기가 교활하게 이용되는 것이다.

가장 민감한 이데올로기 분석은 미디어가 전달하는 메시지가 무엇을 말하려는지, 그리고 미디어 텍스트 안에 잠재적인 논쟁거리가 무엇인지를 연구하는 것이다. 이데올로기 연구에서 미디어의 아이디어를 공공연히 꼬집는 정치적 비판은 단순히 미디어의 힘을 감소시키려는 것이 아니다. 이데올로기를 분석할 때는 광범위하게 미디어 이미지의 의도도 살펴보아야 한다. *'Forrest Gump'* 와 같은 영화의 저변에 흐르는 이데올로기를 곰곰히 생각해 보는 것은 흥미로운 일이다. 그렇지만 이런 분석은 우리가 영화 한 편만 독자적으로 분석하지 않고 미디어 텍스트의 이미지 유형에 대하여 전체적으로 신중하게 들여다보면 심각한 분석으로 변하기 쉽다.

규범화로서의 이데올로기

미디어 이데올로기를 중심으로 이러한 분쟁이 야기되면 무엇이 위태로운가? 한편으로 보면 미디어 텍스트는 기본적인 사회 규범을 분명히 해주는 중심 사이트로 보일 수 있다. 미디어는 규범이 갖는 광의의 사회적 의미가 무엇인지 그 정의를 형성시켜 주는 중요한 역할을 한다. 그리고 일상적인 사회적 상호작용과 사회 제도권의 그림을 보여준다. 본질적으로 누적된 미디어 이미지는 어떤 것이 '정상'이고 어떤 것이 '비정상'인지를 보여준다는 것이다. 대부분 TV나 대중적 광고를 통해 미디어는 아주 좁은 범위의 행동과 생활 습관을 비쳐줌으로써 미디어의 기능을 발휘한다. 이는 이미 대중적으로 통용되는 규범과 다르게 행동하는 사람이 있다면 미디어에서는 그런 사람을 소외시키거나 무시해 버리는 것을 말한다. 그렇지만 TV 토크쇼에서 극단적인 출연자가 나타나면 사회적으로는 격리당하겠지만 미디어가 그를 비쳐줌으로써 대중의 관심을 끌기도 한다.

예를 들어 미디어에서 혼전 섹스를 부추긴다든지 중·상류층 가족의 이미지를 지나치게 부풀려 묘사하면 보통 사람들은 난처해질 수도 있다. 그런 애매한 사회 문제들을 미디어 이미지에서 정상적인 것처럼 다루면 일반 대중은 그것을 사실로 모두 믿게 될 수도 있다. 만약 미디어 텍스트에서 어떤 행동을 규범화하면 사람들은 당연히 사회에서 납득할 만한 아이디어라고 받아들이게 된다. 바로 그런 미디어 텍스트 내에서 이데올로기가 유형화되는 것이다. 미디어에서 일상적으로 그려지는 아이디어나 태도는 국민적 여론을 통해 정당성을 부여받게 된다. 반면에 대중적인 미디어에서 제외되거나 반대로 미디어에서 예외적으로 등장하는 아이디어는 비웃음을 사게 될 것이고 사회적인 정당성을 얻지 못한다.

미디어 전문가들은 미디어가 단순히 이데올로기의 제공자라는 논리를 부정한다. 물론 미디어가 인간의 규범적인 행동을 그리고 그 행동의 범위를 창조한다는 점에서 미디어 전문가들은 미디어가 어떤 사회적 기능을 발휘한다고 믿는다. 그러나 이것은 이데올로기가 아니라 단순히 사물이 어떤가에 대한 기본적인 합의를 거울과 같이 반사해 줄 뿐이다. 2장에서 보았듯이 매스 미디어는 상업적으로 조직되어 이윤을 남기기 위해 수용자의 관심을 사듯이, 미디어 제작자는 어떤 이데올로기에 관여하는 것보다 더욱 중요한 것이 대중성이라고 믿는다. 그런 이유로 미디어 제작자들은 의식적으로 어떤 사고와 존재 방식을 팔기 위해(인기를 얻기 위해) 노력한다. 이데올로기는 외형적으로 가시화되는 것에만 관여하는 것이 아니다. 우리가 보았듯이 일상생활 속에서 합의된 상식적인 개념으로서 수없이 많은 이데올로기를 찾아볼 수 있다.

5.2 | 이데올로기 분석의 이론적 뿌리

이데올로기 분석은 마르크스에서 시작되며, 특히 20세기의 유럽 마르크스주의자들로부터 발전되었다. 이데올로기 분석은 마르크스의 기원을 유지해 오면서 더욱 복잡하고 미묘하게 발전되었다.

초기 마르크스주의의 이데올로기

초기 마르크스주의에 있어서 이데올로기의 토론은 '허위의식(false consciousness)'의 개념과 연관되었다. 이데올로기를 지배 계급의 구성원들이 그들의 피지배 계급자들에게 세계관을 심어주어 통제하려는 강력한 메커니즘으로 본 것이다. 그러한 체계에서는 지배 계급의 기본적인 이데올로기를 받아들이는 피지배 계급자들은 허위의식을 갖고 있는 것으로 간주되었다. 왜냐하면 그들의 세계관은 자기 자신이 아니라 결국 다른 사람들의 관심에 의해 만들어지기 때문이다. 초기 마르크스주의자들은 사회 혁명이 지배 계급의 아이디어를 자유롭게 파괴할 수 있는 노동자 계층에 달려 있다고 보았다. 노동자 계층은 그들의 허위의식을 걷어버리고 '혁명적' 의식을 발전시켜 노동자에게 맞는 물질의 관심을 표명하자는 것이다. 이러한 새로운 사고방식은 지배 계급의 이데올로기와 맞섰고, 자본주의 계층의 경제적 관심과 상충되었다.

이러한 맥락에서 이데올로기는 '허위'라는 개념으로 이해되었다. 자본가들이 산업 사회를 지배하는 방식 중의 하나는 자본가의 이해에 봉사하는 세계관을 노동자들에게 강요하는 것이다. 그렇게 되면 부자와 가난한 자의 관계가 보편적으로 융합된다. 더구나 이데올로기는 직설적으로 말해 경제적으로 소외된 계층에 치우친 용어이다. 자본가는 노동력 착취를 통한 자본의 축적이라는 계급적 이해를 갖고있다. 개인주의와 자유시장을 찬양하는 사람들의 이데올로기는 경제적 이해에서 온 결과이다. 노동자들이 계급에 관심을 갖고 있는 이유는 언젠가는 그들의 노동 조건을 바꾸고 생산의 사회적 관계를 재구조화할 수 있다는 기대 때문이다. 이는 사회 혁명을 통해 이루어진다고 믿었다. 마르크스주의 학파의 주장에 따르면, 이러한 경제적 현실을 인식하지 못하는 체계는 자본가들의 이데올로기 권력에서 오는 결과 때문이라는 것이다.

이데올로기에 대한 비판은 대부분 허위의식이란 개념과 연결되면서부터 시작된다. 그리고 지금까지 초기 마르크스주의 모델의 기본적인 개요는 유지되고 있다. 이데올로기 분석은 권력을 휘두르는 과정을 포함하는 부분을 지닌 시스템에 대해서 질문을 던진다. 그리고 피지배 집단이 사회의 어떤 면에 구체적인 관심을 가지고 투쟁하는지에 대해서 초점을 맞춘다. 그러나 이데올로기에 대한 현대적인 연구는 지속적으로 사람들이 어떻게 그 투쟁과 타협하는지를 주목하고 있기 때문에 갈수록 이론적으로 복잡해지고 있다. 사상은 단순히 '허위'가 아니며, 사상과 경제적 이해 간의 관계가 반드시 직설적이지도 않다. 사실 이데올로기의 현대적 연구는 경제적 계급 관계에서부터 출발하여 지금은 문화적 영역에 이르기까지 더욱 폭넓고 역동적인 개념화를 향해서 움직이고있다.

헤게모니

오늘날 미디어 이데올로기의 연구에 활기를 불어넣어 주는 이론적 개념의 중심은 헤게모니이다. 이탈리아 마르크스주의자인 안토니오 그람시(Antonio Gramsci)가 1920년대와 1930년대에 주장한 헤게모니 개념은 문화, 권력, 이데올로기 등과 관련이 있다. 간단히 말해서 지배 계급은 세력이나 동조, 또는 이 둘을 조화시키면서 자신의 계급을 유지해 나간다. 그들은 피지배 계급이 자신들에게 복종하도록 물리적인 강압의 일환으로 경찰이나 군대와 같은 제도권의 힘을 필요로 한다. 지난 역사를 돌이켜볼 때 혹독하고 강제적인 강압과 위협을 통해 지배 계급으로 군림하던 경우가 적지 않았다. 군사독재가 대표적인 예이다.

그렇지만 그람시에 따르면 권력이란 강압적일 뿐만 아니라 문화나 이데올로기의 수준에서도 실천된다고 본다. 미국과 같이 자유민주주의 국가의 이데올로기는 물리적인 힘만이 강력한 지배의 1차적 수단이 아니다. 물론 금세기 들어 무력을 사용하여 노동자를 짓밟는 사례도 많았다. 1950년대 공산당원들의 투옥, 그리고

1960년대 미국 흑인 과격파에 대한 폭력 사태 등이 단적인 예이다. 그러나 물리적 힘의 사용은 사회적 목표를 유지하는 데 반드시 필요한 전략이 아니다. 물론 그람시의 지적에 따르면 현존하는 사회적 배열을 지지한다는 명분으로 물리적 권력이 휘둘러진 경우가 많다.

이때 일종의 '문화적 지도력(cultural leadership)'이 행해진다. 사회 내의 지배 계급은 그들의 세계관에 사회 모든 구성원들도 같이 따르도록 적극적으로 부추긴다. 이때 학교나 종교, 미디어와 같은 제도권 집단은 강력한 문화적 지도력을 발휘한다. 그런 제도권 집단이야말로 사회에 대한 지배적인 사고방식을 생산하고 또 재생산하는 곳이기 때문이다.

그렇지만 헤게모니는 한 집단의 아이디어를 다른 집단으로 옮기는, 단순한 이데올로기의 지배를 말하는 것이 아니다. 그보다 이데올로기의 전승 과정은 대단히 미묘하다. 헤게모니는 우리가 사회 생활을 영위하면서 겪는 상식선의 수준에서 "자연스럽다"거나 "세상은 다 그런 거야" 하는 식으로 수용하면서 조성된다. 이때 헤게모니는 상식과 관련이 있다. 상식이란 '누구나 다 아는 것'을 말하거나, 적어도 알아야 되는 사물을 기술하는 방식이다. 그러한 지식은 깊이 그리고 오랫동안 간직되어 온 문화적 신념이다. 사실 우리가 상식이란 수사학적 용어를 도입할 때는 항상 사물이 어떻게 움직이는가에 대한 기본적인 접근을 강조하기 위해서이다. 그람시는 지배의 가장 효과적인 방법 중 하나는 상식을 만드는 것이라고 주장한다. 우리가 경쟁이 전혀 없는 영역에서 살고 있다면 상식의 필요성도 못 느끼고 상식에 대해 질문할 필요도 없을 것이다(Gamson et al., 1992).

헤게모니 이론에서 상식이란 사회적 구성을 유지하는 데 "당연한 것"을 의미한다. 상식은 사회 내의 특정한 이해를 포함한다. 예를 들어 "우리는 시청 공무원들과 싸울 수는 없다"라든지 "여성이 남성보다 생활력이 강하다"는 것이 합리적으로 받아들여지면 그것은 곧 상식에 속한다. 적어도 상식에 대한 가설을 인정하는 사람이라면 사회적 관계에 대한 어떤 신념이나 이데올로기도 인정한다는 뜻이다.

비슷한 가설로서 우리가 "자연적"이라고 말할 때를 생각해 보자. 자연은 문화와 상반된다. 왜냐하면 자연적인 문화는 인간이 인위적으로 통제할 수 없는 영역에서 이루어지기 때문이다. 우리가 일반적으로 "자연적"이라고 말할 때는 인위적인 사회적 구성과는 다르다는 뜻이다. 자연은 인간 사회에서 만들어낸 어떤 창조물보다 안정되어 있고 지속적이다. 자연적이라는 사회적 관계를 생각해 보자. 어떤 사람은 부자이고 어떤 사람은 가난한 것, 사람들이 정치에 관심이 없는 것, 혹은 제각각의 인종·종족적 배경을 가진 사람들이 자기네들끼리 살기를 바라는 것이 자연스러운 일인가? 만약 이러한 상황들이 단순히 자연적이라면 경제적 불평등이나 정치적 무감각, 지역 차별 등과 같은 골치 아픈 문제에 대해서 고려할 필요도 없을 것이다. 왜냐하면 그것들은 자연의 질서이지 사회적 문제가 아니기 때문이다.

자연적이란 것에 대한 논쟁에서 제기되는 주장을 좀더 깊이 들여다보자. 인종차별주의 이데올로기에서 가장 중요한 토대 가운데 하나는 한 인종이 다른 인종보다 월등하다는 것이다. 남녀 차별주의는 남자와 여자는 업무를 수행하는 데 있어 타고날 때부터 서로 다르고 동등하지 않다는 가설에 기초한다. 성에 대한 오늘날의 토론은 이성간의 관계는 자연적이지만 게이나 레즈비언은 "부자연스럽다"는 주장으로 가득 채워져 있다. 우리가 자연적 또는 정상적이라고 하는 말은 헤게모니의 중심 영역에 위치한다고 볼 수 있다.

그렇지만 헤게모니는 영구하지 않다. 헤게모니는 완전히 이루어진 것도 아니고 절대 불멸의 대상도 아니다. 그람시는 헤게모니는 항상 만들어지고 있는 하나의 과정이라고 여긴다. 다수의 동의를 얻어서 권력을 효과적으로 휘두르고 싶다면 문화적 지도력을 통해서 이데올로기를 지속적으로 구축해야 한다. 그리고 자연과 상식의 영역은 반드시 계속해서 서로 보강된다. 왜냐하면 인간이 실제 경험한 것만으로 이데올로기의 가설이 성립될 수 없기 때문이다. 사람들은 적극적이고 사회는 모순 덩어리이다. 그러므로 헤게모니는 결코 완료되거나 종말적일 수가 없다. 물론 어떤 사람은 헤게모니의 기본적인 세계관을 받아들이지 않을 것이다. 또한 어떤 사람은 헤게모니를 거절하려 들 것이다. 궁극적으로 그람시는 헤게모니란 항상 개선되고 반발의 벽에 부딪쳐야만 하는 현실적 개념으로 보았다. 지배자들이 안정감과 정통성을 가져오기 위해서 기본적인 이데올로기의 틀에 잠재되어 있는 반대권력과 협상하려 들 것이라고 주장한 것이다. 치명적인 사례로 1960년대 일어났던 인종 폭동은 당시에는 그 이미지가 사회 전체에 얼룩졌으나 지금은 자유주의 사회에서 긍정적으로 통합되고 있다.

영국 문화계의 대표적인 석학인 사회학자 스튜어트 홀(Stuart Hall)은 어떻게 매스 미디어가 헤게모니 개념과 맞아떨어지는지를 정교하게 연구했다. 홀은 매스 미디어야말로 문화적 지도력 가운데 가장 중요한 위치를 점하면서 헤게모니를 행사한다고 주장한다. 미디어는 홀이 말하는 "의미의 정치학(politics of signification)"을 내포한다. 이는 미디어의 이미지에는 특정한 의미가 담긴 사건이 제공된다는 것이다. 미디어 이미지는 단순히 세상을 반영하는 것이 아니다. 미디어는 묘사하는 것이다. 저편에 있는 세상의 현실을 단순히 재생산하는 것이 아니라 어떤 현실적 실천을 보여준다. 홀이 강조하듯이 "묘사라는 것은 반영과 개념적으로 매우 다르다. 미디어의 기능은 이미 주어진 의미를 단순히 전달하는 것이 아니라 의미를 갖게끔 만드는 적극적인 노동이다"(Hall, 1982, p.64).

미디어의 표현에는 권력과 이데올로기의 문제가 뒤얽혀있다. 왜냐하면 사진에 의미를 부여하는 과정이 잠재적으로 현실에 대한 복수의 정의가 가능하다는 것을 암시하고 있기 때문이다. 홀에 따르면 미디어는 "특별한 방법으로 어떤 사건을 중요하게 만드는 힘이 있다"고 강조한다. 그러면 문제는 "사건을 묘사할 때 어떤 유형을 취하는가?"에 있다. 이는 이데올로기에 대한 근본적인 질문일 수도 있다. 왜냐하면 미디어는 어떤 견해는 진실로 퍼뜨리면서 반대되는 어떤 주장에 대해서는 무시하거나 제외시키는 효과적인 능력이 있기 때문이다. 많은 학자들은 미디어가 일반적으로 지배적인 가설을 수용하며 누구나 알고 있는 세상의 상식적 조망에 기초한다고 역설한다. 결과적으로 미디어의 묘사는 기본적인 줄거리의 바탕에 헤게모니의 토대를 가지고 전체 줄거리를 재생산하는 경향이 있다.

의심할 여지 없이 뒤의 8장에서 보겠지만, 미디어는 단순히 수용자에게 이데올로기를 부여하지 않는다. 미디어는 서로 다른 견해들 간에 서로 경쟁하도록 만드는 문화적 공간이다. 미디어의 이론적 논의로 옮겨가기 전에 구체적인 매스 미디어 상품을 예로 들어 이데올로기와 헤게모니에 대해서 살펴보기로 하자. 우리는 미디어 상품에 대한 광의의 이데올로기적 토론을 통해서 이것이 얼마나 복잡한지를 알게 될 것이다.

5.3 | 뉴스 미디어와 토론의 한계

수십 년 동안 미국에서는 뉴스 미디어를 둘러싸고 열띤 토론이 벌어졌다. 기본적인 가설에 따르면 이 토론의 핵심은 뉴스 미디어가 이데올로기적이라는 것이다. 기사를 선정하고 작성하는 데 있어 가치관의 개입이 불가피하다는 말이다. 미디어는 대단히 개방적인 정치적 우파와 매우 보수적인 좌파의 양면 공격을 피해나가야한다. 언론인들은 자신들이 어느 위치에 있어야 되는지를 분명히 알고 있다. 다름아닌 중간 지대이다. 이런 중간 지대는 기자들이 자신들을 방어할 수 있는 입장의 중심이 되어주기 때문이다.

우리는 일반적으로 이데올로기와 연관시켜 아이디어를 극단적으로 인식하기 쉽다. 언론인들은 이데올로기의 어중간한 중간 지대야말로 매우 안전한 곳이라고 간주하는 경향이 있다. 그래서 언론인들은 중간 지대를 선호한다. 중간 지대만 고수하면 여러 가지 비평들을 필요에 따라 회피할 수 있기 때문이다.

그렇지만 뉴스는 어떤 '합의'를 반영한다는 점에서 뉴스 자체가 이데올로기를 비껴나갈 수는 없다. 왜냐하면 뉴스의 합의가 정의되기 위해서 적극적으로 작업이 이루어지기 때문이다. 일단 합의가 내려지면 보도란 단순히 이미 존재하는 합의를 반영하는 것뿐이라는 주장을 고수한다. 같은 이치가 언론계에도 적용된다. 현실적으로 뉴스는 중간 지대를 많이 차지할 수 없다. 뉴스 보도는 사회적 배열(arrangement)을 재생산하기 때문이다. 중간 지대는 곧 상식적 가설이 생산되고 또 재생산되는 곳이다.

엘리트와 내부자

많은 연구 논문에서 뉴스 미디어가 어떻게 국가와 세계에 대한 이데올로기를 제시하는가를 다루고 있다. 연구들에서 밝혀진 기본적 사실 가운데 하나는 뉴스란 일반적으로 기존의 유력자들이나 제도권에 초점을 맞추고, 일반적으로 기존의 이해관계를 반영한다는 것이다. 이 때문에 뉴스가 진보적이거나 보수적이 되는 것은 또 다른 문제이다. 그래서 어떤 사람들은 '특정 체제'를 진보적이라고 하는 반면, 또 다른 사람들은 그것을 보수적이라고 한다. 여하튼 연구 논문에 따르면 뉴스는 기본적인 사회 질서를 재긍정하고, 그 질서가 바탕을 두고 있는 가치관과 가설을 재확립한다고 한다.

널리 알려진 『뉴스 결정』(*Deciding What's News*, 1979)에서 저자인 허버트 갠스 (Hebert Gans)는 뉴스에서 가장 지속성이 있는 두 가지 주제가 "사회적 질서"와 "국가 지도력"이라고 주장했다. 이러한 질서와 지도력에 초점을 맞추는 이유는 뉴스가 이미 확립된 서열을 지지하고 절제하고 있기 때문이다. 갠스는 그의 저서에서 "극단적으로 말하자면 뉴스는 대중, 비즈니스, 전문직, 중상위 계층, 중년, 백인 남성 등을 위주로 이루어진 사회적 질서를 지지한다"고 말한다(p.61). 간단히 말해서 뉴스는 엘리트의 행위와 엘리트 위주의 제도권에 더욱 관심을 두고 지지한다는 것이다.

뉴스는 세계의 이미지를 전달하는 데 있어 다양성을 부각하면서 엘리트에 초점을 맞춘다. 이러한 초점을 가지고 대부분의 주요 미디어 뉴스는 정치적인 세계를 다룬다. 미디어 뉴스는 사실 정치 문제를 폭넓게 다루지는 않는다. 사실 어떤 조건에서 누가 권력을 휘두르는지, 그리고 어떤 결과를 빚고 있는지를 다루지 못하며, 최근의 사태에 대한 광범위한 토론도 싣지 않는다. 그보다는 소수의 정치적 선택을 받은 자들만 다룰 뿐이다.

정치적 뉴스에서 '내부자'란 그들이 과거에 어떤 권력을 가지고 있었든지 간에, 그리고 그들이 과거에 무슨 말을 했든지간에 뉴스의 정규적인 토론자로 등장하고 뉴스의 주요 소식통이 된다. 현재까지도 어떤 내부자들은 권력과 밀착되어 있다. 그럼에도 불구하고 뉴스가 고려하는 소위 '전문가'로 행세하고 있다. 사실 내부자들은 현재 일어나는 사건에 대해서 분석하고 논평할 자격이 있는 사람들이다. 그러므로 우리가 뉴스에서 자주 접하는 '토론'이란 가끔 과거의 정치판에 참여한 적이 있지만 현재는 배제되어 있는 내부자들 간에 벌어지는 것이다.

언론사로부터 초대받은 내부자의 범위는 대단히 좁아서 그들의 대화는 잘 알려지지 않는다. 예를 들어 1991년 쿠웨이트를 상대로 지상군을 사용해야 하는지, 독단적으로 공군을 이용해서 이라크군을 공격해야 하는지 등 처음에 어떤 군사력을 동원해야 하는지를 놓고 다양한 가설이 제기된 적이 있다. 1993년 건강 증진을 위한 클린턴 대통령의 '관리보호제(managed care)' 방침과 공화당의 제한 개혁 간의 토론은 단일 지불 체제와 같은 가능한 대안들을 무시했다. 뉴스에 대한 이러한 접근은 제한된 범위 밖의 대중들에게는 거의 아무것도 알려주지 않는다. 이런 접근은 더욱 중요하게 다른 위치가 심각하게 고려되어야만 한다는 것을 부정한다. 궁극적으로 뉴스가 이데올로기적이 되는 원칙적인 방법은 수용 가능한 것(내부자들의 관습적인 생각들)과 그렇지 않은 것 사이의 경계선을 긋는 것이다.

경제 뉴스와 이데올로기의 형성

경제 관련 뉴스야말로 이데올로기가 깊이 반영되는 분야이다. 대부분의 경제 뉴스는 기업 공동체에 대한, 그리고 그들 공동체에 의한 것을 뉴스로 다룬다(Croteau & Hoynes, 1994). 경제 분야에서 노동자, 소비자, 투자가 등 다양한 역할을 하는 개인들이 많지만 경제 뉴스는 투자가들의 행보나 그들의 이해 관계에 지나치리만큼 초점을 맞춘다. 가장 뚜렷하게 부각되는 사실 가운데 하나는 모든 신문에 경제란이 있지만, 소비자란이나 노동자란은 없다는 것이다. 결국 비즈니스 뉴스는 기업 경영자나 투자가들에게만 주로 관심을 보인다.

경제 뉴스는 주가 등락을 중심으로 다룰 때가 많은데, 이는 국민경제의 건강 지표를 나타낸다. 국민경제를 다루는 데 있어 투자가들의 움직임과 경제지표는 동등하게 다루어지는데, 이때 경제 뉴스는 이데올로기에 의해 장악된다. 그렇게 되면 당연히 여러 사람들이 각기 다른 경제적 이해를 가지고 있음을 반영하기 어려워진다. 비록 주가가 상승하여 국가 전반에 걸쳐 경제 뉴스가 긍정적으로 보도된다 해도 그곳에는 분명히 손실을 보는 사람이 있게 마련이다. 예를 들어 어떤 기업의 이윤이 늘어나 생산성이 향상된다 해도 어떤 기업은 구조조정이라는 어려움을 겪을 수도 있다. 한 예로 AT&T는 1996년에 기업의 주가가 올랐음에도 불구하고 직원을 4만여 명의 해고해야만 했다. 이는 해고되거나 임금을 삭감당한 사람들에게는 결코 긍정적인 발전이 아니었을 것이다.

국민경제를 다루는 경제 뉴스에 대해서 살펴보자. 만약 뉴스가 노동자들의 권익에 초점을 맞춘다면 경제적 건전성은 노동 조건의 관점에서 다뤄질 것이며, 노동조합 간부들을 대상으로 경제 분석을 강조해야 된다. 그렇게 되면 '안티-비즈니스' 또는 '노동자 우선' 등에 초점이 맞춰져서 편향된 비평이 나올 것이다. 그럼에도 불구하고 뉴스 미디어는 기업이나 투자가들만을 강조하는 입장에서 경제 뉴스를 다루고 있다. 사실 경제 뉴스에서 다뤄지는 비즈니스 세계에 대해서 대부분 뉴스는 아주 자연스럽게 받아들인다. 이렇게 당연하게 여기는 이유는 경제를 곧 미국 기업들과 동등하게 여기며, 경제적 건강 여부는 투자가들의 만족도로 알 수 있다고 보기 때문이다. 이러한 예를 통해 어떻게 미디어 뉴스가 헤게모니 이데올로기를 어떻게 재생산하는지가 극명하게 드러난다.

5.4 | 영화, 군대, 그리고 남성미

미디어 상품의 이데올로기를 분석할 때 어려운 문제 중 하나가 '매스 미디어'라는 개념이 단수가 아니라는 것이다. 매스 미디어는 복수이다. 미디어 환경은 이러한 복합적인 조직과 기술이 모여 있음을 뜻한다. 결과적으로 우리가 미디어 콘텐츠의 이데올로기를 말할 때는 어떤 특정 매체나 미디어 텍스트를 구체적으로 지목하는지를 잘 살펴야 한다. 이데올로기 분석에서는 미디어 텍스트가 문화적 틀 안에서 역사적 맥락을 제공한다. 매스 미디어의 이미지는 결코 정체된 것이 아니다. 이미지는 관찰 가능한 형식이나 내용면에서 항상 변한다. 그러므로 이데올로기 분석을 시도할 때는 미디어 이미지가 극적으로 명확하게 움직이는 변화에 관심을 두어야 한다. 그래야만 미디어의 역동적인 본질을 깨달을 수 있다.

만약 구체적이고 개별적인 매체의 텍스트를 대상으로 미디어와 이데올로기를 세심하게 분석하고 싶으면 어떤 분석적 전략이 필요할까? 가장 보편적인 연구 방법은 예를 들어 공포 영화, 연애 소설, TV 드라마, 할리우드 영화 등과 같은 미디어 장르의 구체적인 유형에 먼저 초점을 맞추는 것이다. 대부분의 학술적 미디어 이데올로기 연구 결과는 그들의 연구 주제가 상당히 구체적이라는 것이며, 주장 또한 너무 편협하다는 것이다. 그런 경우는 미국의 주간 드라마에 나오는 등장인물들의 성별에 대한 메시지를 주제로 한 연구(Modeleski, 1984)와 라디오 토크쇼인 'American Dream'의 이데올로기 연구에서 잘 드러난다(Levin, 1987).

더구나 미디어 텍스트에 대한 학술 연구를 살펴보면 일반적으로 구체적인 역사적 시점이나 또는 여러 시간적 교차에 따른 미디어 장르를 비교하는 연구로 이루어져 있다. 레이건 시대의 외교정책 뉴스를 분석한 연구(Herman & Chomsky,

1988)는 전자에 속하고, 1940년대에서 1970년대에 이르기까지 발행된 베스트셀러의 연구(Long, 1985)는 후자에 속한다. 이러한 분석은 한편으로 어떻게 하나의 매체가 이데올로기 갈등이나 특정 세계관을 제공하고 있으며, 또 다른 한편으로는 시간이 경과함에 따라 어떻게 사회가 변하고 있는지를 알 수 있게 한다.

1980년대와 1990년대 초에 상영되었던 액션과 전쟁 영화, 두 가지 장르의 영화는 영화의 인기도를 고려할 때 영화 저변에 깔린 이데올로기를 탐색하는 데 매우 유용하다. 'Raiders of the Lost Ark' 또는 'Romancing the Stone'과 같은 액션 영화와 'Rambo'나 'Top Gun'과 같은 전쟁 영화는 많은 관객들을 모았고, 후속편을 제작하거나 비슷한 영화를 꾸준히 만들 정도로 인기가 높았다. 학자들은 이런 영화의 밑바탕에 깔린 의도를 이해하기 위해서 이데올로기의 틀을 이용했다. 이런 영화는 무엇에 관한 것일까? 왜 그런 영화들이 미국의 관객을 끌어모을까? 달리 말해서 이런 영화들의 이데올로기는 무엇인가? 광의의 이데올로기 관점에서 이런 영화들은 어떤 방법으로 세상을 들여다볼까? 이러한 질문들은 영화 해석에서뿐만 아니라 영화가 사회적 맥락에서 어떤 의미를 가지고 있는지를 이해하는 데 도움을 준다.

액션 영화

액션 영화는 1980년대에 가장 인기가 높았다. 해리슨 포드가 주연했던 'Indiana Jones'가 대표적인 경우인데, 90분 정도의 영화 속에서 용맹과 기교로 민첩하게 악당을 쳐부수는 남성 영웅의 놀랄 만한 위업이 연출된다. 이러한 장르의 영화에서는 주인공을 주로 멀리 이국적인 장소로 옮겨놓고, 예측 불가능한 액션으로 악당을 섬멸하게 한다. 이러한 줄거리는 'Die Hard'나 'Speed'와 같은 미국 영화에서 흔히 볼 수 있다. 어떤 면에서 이런 영화는 스릴과 서스펜스 그리고 로맨스를 포함하고 있고, 영웅은 새로운 도전을 극복하고 불투명한 상황을 헤쳐나가서 관객들이 흥분하고 만족하게끔 끝을 맺는다. 그렇지만 그런 액션 영화의 밑바탕에 깔린 의도를 파헤치면 그러한 줄거리는 곧 우리의 사회적 딜레마를 반영하고 있음을 알 수 있다.

지나 마셰튀(Gina Marchetti)는 위와 같은 영화 장르의 이데올로기의 중심은 주연 배우들의 일반적인 배역에서 찾아볼 수 있다고 강조한다. 여기에서는 곧 선과 악, 강자와 약자, 용기와 비겁 사이의 본질적 차이 등과 같은 여러 가지 다른 주제에 대한 각색이 뒤따른다. 백인 미국인이 위험한 이방인을 반격하는 것 같은 빈번한 주제는 국적이나 인종에 따라 달라진다. 달리 말하자면 문명인은 항상 원시인을 ('*Indiana Jones*', '*Temple of Doom*'같은 영화처럼) 이기게 되어 있다. 달리 표현하자면 법이나 질서를 파괴하는 미친 사람들은 '*Speed*'에서처럼 비참한 종말을 맞게 되어 있다.

궁극적으로 영웅은 항상 센세이셔널한 마지막 장면에서 악당을 죽이는 것으로 효과적으로 위험을 제거한다. 비유적으로 말하자면, 응분의 죽음을 맞이하도록 운명지어진 악당(부적응자)을 통해서 수용 가능한 것과 그렇지 않은 것 간의 경계를 재확인함으로써 사회 질서가 회복되는 것이다. 영웅 곁에 나오는 조역은 주류 사회의 일원으로 함께 동반하기에 충분하다. 그들은 주인공과 같은 동지 의식이 받아들여질 수 있게끔 충분히 표현된다(Marchetti, 1989). 현대 사회의 계급적 사회관계에서 다른 사람을 영합시켜서라도 반대의 목소리는 파괴하든지 길들이든지 둘 중 하나로 만들어야 한다. 결국 영웅의 개인적 승리에 초점을 맞추는 액션 영화는 대부분 남성의 힘을 보여주는 줄거리이며, 아메리카 드림이라는 이데올로기의 환상적인 형태로 나타난다.

베트남 영화

1980년대 액션 영화의 한 특징은 '*Rambo*'라는 영화처럼 베트남 전쟁 당시로 다시 회귀하는 장르의 영화가 많았다는 것이다. 이러한 영화는 '*Missing in Action*'이나 '*Uncommon Valor*'와 같이 베트남 전쟁의 퇴역 군인이 베트남으로 다시 돌아가서 오랫동안 정부에서 방치해 오던 10여 년 전의 미군 포로들을 구출하는 내용이다. 그 과정에서 주인공인 실베스터 스탤론이나 척 노리스와 같은 배우들이 영웅으로 등장하여 극악무도한 베트남 적군을 몰살하고 포로들을 구출한다.

이러한 영화 속의 이데올로기는 애매하게 그려져 있다. 그러나 당시 레이건 정부의 이데올로기와 맞아떨어지는 영화가 나온 것이 그리 놀랄 만한 일은 아니었다. 근본적으로 이러한 영화는 미디어에 의해 매개된 전쟁의 재발인데, 그 속에서 미국인은 선량한 인간이고 항상 승리를 거둔다. 그런 영화는 베트남 전쟁에서의 패배로 아직도 수치심과 갈등을 겪는 미국인에게 일종의 회복감을 안겨준다. 만약 미국이 베트남 전쟁에서 이겼다면 영화는 줄거리의 결말을 바꿔서라도 영화가 갖는 환상의 세계를 다르게 그렸을 것이다. 이런 영화에서는 결코 패배의 수치감을 더 이상 느끼게 하지 않는다. 오히려 그보다는 자랑스러운 조국의 굳건함을 재차 확인시켜 준다. 확실히 이러한 영화는 당시 레이건 대통령이 갖춘 소구력의 일부였고, 1980년 대통령 선거 캠페인에서 국력에 대한 자부심을 갖게 하여 '베트남 신드롬'을 극복하려는 목표를 달성했다.

베트남 전쟁을 다룬 영화를 보면 무엇보다 영화가 영화 속의 승리를 통해서 베트남 신드롬을 극복하려는 이데올로기의 일부임을 느낄 수 있을 것이다. 수잔 제퍼드(Susan Jeffords)는 이러한 영화가 조국의 자존심을 회복하고 베트남 전쟁에서의 패배를 재해석하는 것이라고 주장한다. 그녀는 베트남 영화야말로 미국 사회의 "남성화(男性化 : remasculinization)" 과정의 일부라고 단언하고, 레이건 대통령 시절의 이데올로기의 중요한 요소가 되었다고 주장한다. 그때는 강인함이 곧 남성화라고 정의되던 시절이었으며, 그것은 베트남 전쟁의 패배와 여성운동의 성장이라는 두 가지 위협에 당면하여 재강조되었던 개념이었다.

제퍼드에 따르면 그러한 베트남 전쟁 영화는 미국 "남성상"의 상징이었으며, 이런 개념이 갖는 당시 전통적이고 강인한 이미지는 1960년대 일어났던 사회 운동에 도전하는 것이었다. 실베스터 스탤론이나 척 노리스와 같은 배우들은 그들의 강인함과 강력함을 과시하기 위해서 베트남으로 돌아갔다. 이는 정부가 그러한 용기 있는 임무를 수행하기에 연약하지 않다는 것을 강조하기 위해 등장한 것이다. '되돌림'의 이데올로기는 강력한 미국인이 전세계를 지배하고 강력한 가장의 이미지로써 적지에 들어가서 아군 포로들을 구출하는 환상적인 과거로 되돌아가는 것이었다. 'Rambo'나 'Braddock'과 같은 영화는 이러한 이데올로기를 영상을 통해서 구체적으로 해결하고자 하는 갈망의 상징이었다.

그러한 대중적인 미디어 이미지는 우리가 엔터테인먼트를 즐기는 가운데 얻게 되는 천진난만한 환상은 아니었다. 이데올로기 측면에서 이런 영화를 읽어보면, 영화의 텍스트 그 자체와 인기는 우리에게 1980년대 미국의 문화와 사회에 대해 무엇인가를 말해준다. 당시의 남성적/군대 영화는 미국 남성의 두려움과 갈망을 반영해 주는 것이었으며, 1990년대에 우세하게 된 강인함이란 새로운 상표를 복제하는 데 일조했다. 그런 영화는 정치적 문화의 일부분이었던 것이다. 이로 인해 미국은 유명한 1989년의 파나마 침공 상황을 창조했고, 1991년의 걸프전을 더욱 유명하게 만들었다. 당시 TV 뉴스의 이미지는 영화 'Top Gun'과 크게 다르지 않았다. 1980년 후반에 미국은 베트남 신드롬을 극복하고 파나마와 이라크를 상대로 군사력을 발휘하여 상징적으로 국민적 지지를 얻었다. 대중적인 할리우드 영화들은 이데올로기의 일부분으로서 이러한 변형을 초래할 수 있었던 것이다.

5.5 | TV, 대중성, 그리고 이데올로기

인기 있는 대중 영화처럼 네트워크 TV 프로그램도 이데올로기 분석을 하는 데 알맞은 주제이다. 사실 미디어의 이데올로기 분석에서 TV는 좀처럼 연구 대상으로 다뤄지지 않았다.

이는 단순히 몇 사람이 저지른 오해에서 비롯된 것이 아니다. 지난 20세기 동안 지배적인 양식의 미디어란 점에서 영화와 TV는 동등하게 간주되는 것이 마땅하다. 실제로 시청률이 높은 프로그램은 1천 5백만에서 2천만 명의 시청자를 확보하는 것으로 어림잡는데, 이는 80개 이상의 주요 신문 가운데 한 신문당 6백만 구독자 정도에 해당한다고 한다. TV는 우리 여가시간 대부분을 차지하며, 일상적으로 미국의 문화적 조망을 지배한다. 따라서 TV를 결코 과소평가할 수 없다. 대통령 선거전에서부터 오제이 심슨의 법정 사건, 각종 전쟁에 얽힌 드라마 등 그 아이디어나 이미지는 TV를 통해서 신속하고 폭넓게 우리 주변을 에워싸고 있다.

그렇다고 시청자의 규모만을 따져서 TV를 가장 인기 있는 매체로 간주하는 것은 아니다. TV는 대중적 미디어에 대해 정기적으로 비평을 한다. 사실 엄청나게 많은 TV쇼가 최소한 부분적으로라도 미디어에 대한 것이다. 'Frasier'에는 라디오 토크쇼의 진행자로 변신한 심리학자가 등장하고, 'WKRP in Cincinnati'와 'NewsRadio'는 록과 뉴스 라디오 방송국에 각각 초점을 맞추었으며, 'Lou Grant'는 대도시 신문사의 업무에 대한 것이었다. 'The Naked Truth'는 사진기자에 관한 내용이고, *Just Shoot Me* 는 의상 잡지 사무실을 배경으로 했으며, *Suddenly Susan* 에서는 브룩 실즈가 잡지 칼럼니스트 역할을 맡았다. *Lois and Clark* 에서는 중년의 신문기자를, *Caroline in the City* 에서는 신문 만화가를 주인공으로 그렸다. *Dave's World* 는 신문기자를 배경으로 했으며, *Everybody Loves Raymond* 는 스포츠 기자를, *Mad About You* 에서는 기록영화 작가를 그렸다. *Dick Van Dyke Show* 는 드라마 작가 집단을 다루었고, *Family Ties* 는 공공 방송의 간부를 다루었다. *Mary Tyler Moore Show* 는 TV 뉴스센터를 다루었으며, *Larry Sanders Show* 는 심야 토크쇼를 다루고, *Home Improvement* 는 케이블 방송에 대해서, *Murphy Brown* 에서는 뉴스 매거진을 제작하는 사람들 이야기를 다루고, *Sports Night* 는 매일 벌어지는 케이블 방송의 스포츠 프로그램 이야기를 담고 있다. 더구나 토크쇼나 엔터테인먼트 지향적인 프로그램들은 미디어 스타들이나 방송국, 촬영장, 음악 제작 현장 등에 드나드는 사람들의 생활에 초점을 맞추었다. 인기 있는 미디어를 소재로 하거나 무대로 한 프로그램을 많이 제작하여 TV는 시청자들이 미디어 문화에 깊숙이 관여할 수 있도록 만드는 것이다. 이는 구체적으로 미디어에 대한 지식이 어느 정도 있어야 시청하는 즐거움을 느낄 수 있게 된다는 것이다.

4부에서 보겠지만, 미디어 세계에서 TV가 중심 위치에 있기 때문에 시청자들은 TV 메시지를 해석하기 위한 풍부한 자료들을 얻을 수 있는 것이다. 간단히 말해서 TV를 보다 보면 시청자들은 대중문화에 대한 수준이 높아져서 프로그램 배경을 빨리 알아차리고, 미디어에 대한 보편적인 지식이 많은 기술적인 시청자(skilled viewers)가 된다는 것이다.

TV와 현실

상당수 학자들이 주장하듯이 TV가 미디어 문화의 중심에 있다면, TV 프로그램이 유포시키는 모호한 개념들은 실제로 사회적 중요성을 가지게 된다. 현대 사회에 대하여 TV가 말하려는 요점은 무엇일까? TV는 제도권을 어떻게 묘사하고 있으며, 여러 유형의 사람을 어떻게 그리고 있을까? 한마디로 TV는 어떻게 사회적 분류를 정의하고 있는 것인가? TV 세계에서는 무엇이 '정상' 이고 무엇이 '일탈' 일까?

어째서 TV 속에 이데올로기가 담겨 있다고 하는가? TV 카메라에 의해서 가면을 쓰고 관행적인 현실적 이미지 구축에 의존하여 그려지는 프로그램의 이데올로기 정체는 무엇인가? 결과적으로 가족 드라마나 법정 드라마는 우리의 이웃을 보여주거나 우리를 법정에 앉아 있게 만든다. 물론 대부분의 사람들은 주의해서 살펴보면 TV 속의 가정이나 법정이 진짜가 아니라는 것을 잘 안다. 우리는 실제와 TV의 이미지를 혼동하지 않는다. 그런데 TV의 일부분은 사실처럼 보인다. 우리는 TV를 시청하는 동안만큼은 잠깐 우리가 갖고 있는 지식을 무시해 버린다. FBI 요원의 이름 가운데 멀더나 스컬리가 실제로 있는지 우리는 알 수 없다. 킹건스(Kingons)라는 지명도 모르고 FYI라는 뉴스 전문 잡지도 실제로 찾아볼 수 없다.

그런데 TV 이데올로기는 '실제'처럼 명령하고 정의를 내린다. 그 실제란 가족 생활의 즐거움과 어려움, 경찰들의 위험성, 20대 독신 생활의 환희와 갈등, 법정 드라마 등에서 흔히 볼 수 있는 것들이다. 이러한 현실은 작가와 프로듀서에 의해서 만들어지는 것으로, 미디어 수용자의 관심을 끌어내는 것을 목표로 한다. 그러한 이미지는 진실로 현실을 반영하는 것이 아니고 30분 또는 60분짜리 연속 프로그램 안에서와 같이 주어진 시간 안에서 세계를 표현할 뿐이다.

인기를 얻기 위해서 TV 프로듀서는 가끔 '최소한의 거부 프로그램(least objectionable programming)' 전략을 도입한다. 최소한의 거부란 정치적으로 지루하거나 복잡한 논쟁을 회피하려는 의도에서 프로그램을 제작하는 것이다. 이런 접근이 곧 이데올로기이다. 어떤 이미지와 줄거리가 지루할 때에는 과감히 그것을 주변부로 밀어내거나 없애버린다. 할리우드 제작자들이 진보적이라고 하지만 TV의 경우도 주시청 시간대임에도 불구하고 프로듀서들이 게이나 레즈비언의 동성연애를 주제로 다루기도 한다.

그렇지만 마냥 인기를 얻고자 하는 네트워크 간부들을 보면 TV 프로그램에 담겨 있는 이데올로기가 왜 지지를 얻지 못하는지를 알 수 있다. TV 프로그램이 어떻게 이데올로기를 지니며, 프로그램이 사회적 또는 정치적으로 어떻게 예민하게 반응하는지 알아보기 위해서 우리는 좀더 조심스럽게 특정 프로그램을 살펴볼 필요가 있다. 엘라 테일러(Ella Taylor)는 1950년에서 1980년까지 주시청 시간대에 가족의 이미지가 어떻게 변하였는지를 연구한 바 있다. 이는 TV 네트워크의 이데올로기가 어떻게 뒤틀리고 바뀌어져 왔는지 알 수 있는 명백한 사례로 남게 될 것이다.

TV와 미국 가정의 변화

1950년대와 1960년대에 걸쳐 미국에서는 '*Leave It to Beaver*', '*Ozzie and Harriet*', '*Father Knows Best*', '*Bewitched*', '*I Dream of Jeannie*'와 같은 TV 프로그램의 인기가 매우 높았다. 이들 드라마는 백인 중류층 가정을 배경으로 행복하고 단란한 가정을 그리고 있었다. 네트워크 TV는 도시에서 떨어져 있는 교외에 위치한 가정을 주로 배경으로 삼았는데, 이들 가정은 사회적 문제를 쉽게 해결하고 인종이나 계급적 차별을 갖고 있지 않으며 갈등이라고는 찾아볼 수 없는 가정이었다. 테일러는 실제로 그런 가정이 존재한다면, 그야말로 방송 광고주들이 찾고 있는 모습일 것이라고 주장한다. 제작자들은 2차 대전 후, 미국의 평범한 가정의 이미지를 배경으로 누구나 공감할 수 있는 줄거리를 엮어냈다. 그러나 중요한 사실은 아무리 그런 가정이 TV에 등장해도 그것이 결코 실제 미국의 보통 일상적인 가정의 모습은 아니라는 것이었다.

TV에서 그려지는 가정은 정적(靜的)이기보다는 사회적 조건에 도전하기도 하고 경쟁적 이미지를 창조하면서 TV 산업이 새로운 경영 전략을 세우는 데 도움을 주는 배경이 되었다. 가장 큰 변화는 1970년대에 찾아왔는데, 테일러는 이를 "관련성으로의 회귀(turn to relevance)"라고 부른다. 이는 가정이 사회적·정치적 문제를 불러일으키는 장소가 되기 시작했음을 뜻한다. 당시에 노만 리어(Norman Lear)의 '*All in the Family*'라는 가족 드라마가 있었는데, 이 드라마는 뉴스에서조차 내용을 요약하여 소개할 정도로 시청률이 아주 높았다. 이 드라마는 뉴욕시 변두리를 배경으로 하여 다양한 배역을 내세워 가족 구성원들 사이에서 일어나는 긴장 관계를 그린 것이다. 아치 벙커라는 전형적인 건강한 백인 고집쟁이 중년 남자와 보수적인 에디스라는 부인이 한 축을 이룬다면, 여권주의자인 아치의 딸 글로리아와 대학에서 사회학과를 졸업하고 정치적 급진파인 마이클이라는 그녀의 남편이 또 다른 축이다. 이들 아치와 마이클은 인종 문제나 여성의 역할에 관한 문제, 미국의 외교정책, 심지어 먹는 음식의 취향에 대해서도 항상 말다툼을 벌인다. 정치적인 토론을 벌일 때 이들은 서로 모욕을 주기도 하고 분노를 터뜨리기도 한다. 아치는 1950년대 좋았던 시절의 향수에 젖는가 하면, 글로리아와 마이클은 그들의 불투명한 미래를 신경질적으로 바라보기도 한다. *'Jefferson'* 이나 *'Maude'*, *'All in the Family'* 등은 *'Sanford and Son'*, *'Good Times'* 등의 후속 프로그램으로 등장한 것이다. 모두 1970년대 중반에 인기가 높았던 프로그램들이다.

1970년대 중반에 접어들자, 가족의 이미지는 모두 백인이라든지 중류층도 아니었고 가정의 안정 역시 더 이상의 덕목이 아니었다. 가정은 갈등의 온상이었고 편안하고 사랑스러우면서도 분쟁이 끊이지 않는 모습으로 나타났다. 간단히 말하자면 사회 문제들이 TV 가정에도 그대로 투영된 것이다. 테일러는 이러한 변화의 주된 이유를 특히 CBS 같은 방송국에서 도시풍의 젊은 고학력층 시청자들이 갈망하는 프로그램을 제작하고자 했기 때문이라고 설명한다. 물론 그런 시청자들은 광고주들이 좋아하는 대상이다. 온화하고 향수에 젖어 있기보다는 강한 자의식으로 당면 문제에 부딪치는 새로운 가족의 이미지가 1960년대 사회 격변을 겪었던 젊은 소비자들에게 매력적으로 받아들여졌다. 그러나 TV가 지니던 이데올로기의 변화는 매우 느리게 진행되었고 여러 면에서 난해한 것이었다. 향수가 묻어나는 프로그램이었던 1970년대 드라마는 이상적인 중류층 가정을 배경으로 하여 역시 인기가 높았다. 그중에서 *'Happy Days'* 라는 프로그램이 대표적이다.

동시에 1970년대에 묘사된 TV 속의 가정은 기쁨에 찬 이미지를 잃어가고 있었다. 새로운 가정의 모습은 노동의 세계로 나타났다. *'M*A*S*H*'* 나 *'The Mary Tyler Moore Show'*, *'Taxi'*, *'Barney Miller'* 같은 프로그램의 배경은 가정이 아니었다. 직장 동료들과의 관계나 테일러가 부르는 "근로 가족(work-family)"이 그 배경이었다. 이러한 직장이야말로 사람들이 만나서 서로 의지하고 나름대로 공동체를 구성하여 그들의 가정보다 인간적인 따뜻함을 주는 곳이었다. 따라서 일터는 어느 면에서는 가정보다 사람들의 관계가 많은 곳이기도 했다. 테일러는 1970년대에는 공동의 사회와 개별적 사생활 사이의 경계를 바꾸고자 하는 문화적 갈망이 있었기 때문에 직장의 이미지는 더욱 인기가 높을 수밖에 없었다고 설명한다. 특히 당시는 전문직에 종사하는 젊은이들이 성공과 위신을 추구하던 때였다. 본질적으로 근로 가족의 배경은 TV 세계에서나 현실 세계에서 안전한 모습을 제공해 주고 있었다.

　1970년대 미국의 직장은 합리화 정신이 무르익어갈 때였고 여자나 남자나 구분 없이 직장을 다니고 있었다. 테일러는 근로 가족 드라마의 인기가 높다는 것은 TV의 사회적 역할에 대하여 많은 것을 시사한다고 말한다. "만약 드라마가 우리의 갈등을 제대로 해결할 수 있게끔 제작된다면 대단히 효과가 컸을 것이다. 그렇게 되면 기업이나 공동체가 지향하는 결합의 가능성을 합리화할 수 있고, 현대 기업에서 생길 수도 있는 소외를 비판하는 가족도 긍정적으로 변할 수 있게 될 것이다."

　물론 TV가 사회적 딜레마를 너무 정교하게 해결하면 TV가 곧 이데올로기가 될 수도 있다. 이럴 경우에는 네트워크 TV가 전문적이고 경력 지향적인 이데올로기를 통해 직장 안에서 그 갈등을 해결하는 방법을 제시해 줄 것이다. 마지막으로 비록 TV가 갈등을 환상의 영역에 편입시켜 다룰 때도 있겠지만 TV 드라마는 여전히 시청자들에게 만족을 줄 것이며, 그것이 곧 아메리카 드림의 기본적인 윤곽임을 확언해 줄 것이다.

　최근에는 가정 생활의 갈등이 시청자의 주목을 끌고 있다. 1990년대 들어 가족 구성원간의 친밀한 우정을 그린 인기 드라마 *'Seinfeld'* 와 *'Friends'* 가 주시청 시간대의 주요 상품이 되었다. 1998년에 방송된 *'Will and Grace'* 도 게이 남자와 정상적인 여인을 등장시켜 그들의 동거 생활을 묘사한 적이 있는데, 이러한 새로운 가족의 이미지는 TV 프로그램의 이데올로기가 항상 정상적인 것만은 아니라는 것을 보여주는 것이다. 1970년대에는 가족의 의미 뒤에 엄청난 문화적 갈등이 엮어지기도 했는데, TV 이미지는 이데올로기 경쟁과 관계없이 있는 그대로 가족의 의미를 묘사하기도 했다. 물론 여기서 TV가 묘사하는 데에는 중요한 한계가 있다. 예를 들어서 여러 인종이 함께 섞이거나 또는 게이와 레즈비언이 섞인 가족은 TV에서 다루어지지 못했다. 그러나 그런 한계가 고정불변의 것은 아니었다. 비록 일시적이지만 위와 같은 한계가 도전을 받으며 TV 드라마에 대한 격론이 벌어질 때도 많았다. 비록 갈등과 다양성은 제한된 형식에 머물렀지만, 1990년대 *'The Cosby Show'* 가 방영된 이후부터 그 격론은 심화되었다.

5.6 | 랩 음악과 이데올로기 비판?

미디어 상품의 이데올로기는 일률적이지 않다. 이데올로기는 변할 수도 있거니와 모순되는 경향도 보인다. 간단히 말해서 매스 미디어 텍스트에는 하나의 이데올로기만 들어 있는 것이 아니다. 모든 미디어는 미국 사회의 근본적인 자본주의적 민주주의가 갖는 현행 사회 질서를 재생산하여 어떤 한 가지 지배적인 형태를 만들려고 할 것이다. 동시에 관행적인 규범이나 주류의 가치 체계를 재차 긍정하기도 하고, 많은 수용자를 대상으로 미디어 텍스트(뉴스, 영화, TV 등)의 형식이 조금씩 달라지기도 할 것이다. 또한 매스 미디어 상품을 통해서 매일같이 자본주의의 헤게모니는 구축되기도 하고 도전받기도 할 것이다.

그렇다면 이렇게 널리 퍼져 있는 매스 미디어에 반대하는 헤게모니가 존재할 수가 있을까?

현대 미국 사회에서 랩 음악의 의미를 연구한 트리키아 로즈(Tricia Rose)는 랩이 미국 사회의 저변에 깔린 매스 미디어에 대한 비판이라고 주장한다. 랩은 권력과 권위로 구조화되어 있는 현대 사회를 해석하고 있다는 것이다. 예를 들어 *It Takes a Nation of Millions to Hold Us Back*'이라는 앨범에서 퍼블릭 에니미(Public Enemy)는 *'Black Steel in the Hour of Chaos'*란 곡을 부른다. 이 노래는 정부에서 보낸 군입대 징병 통지를 받는 내용을 다루고 있다. "그들은 내가 군대에 가기를 원하는데 나는 결코 원하지 않아, 빌어먹을 자식들…… 그렇지, 그놈들은 절대 나 같은 사람을 끌어갈 수 없지."

많은 랩 음악은 검찰청이나 경찰서, 교육기관 등 제도권에 대한 비판을 담고 있다. 대부분 제도권은 인종차별을 드러낸다. 이런 기관들은 인종차별을 보여주고 재생시키는 곳으로 재해석된다. 그러나 이런 대안적 해석이 항상 명확한 것은 아니다. 가끔 랩은 아주 미묘하게 표현되기 때문에 랩이 무엇을 말하려는지를 충분히 이해하기 위해서는 노랫말의 밑바탕에 깔린 의미를 잘 해석해야 한다. 랩은 거친 언어와 과장된 문화적 코드를 사용하여 현 권력의 불평등을 이야기하고, 이에 도전한다. 때로는 농담, 몸짓, 노래를 통해 다양한 권력을 비판함으로써 랩의 사회 비평은 이데올로기적 불복종을 보여준다. 사람들은 패거리식 랩이 표출하는 분노에만 관심을 두는 반면에, 로즈는 랩 음악의 많은 부분이 간접적이고 미묘한 방법으로 흑인 청년, 도시 생활, 인종차별에 대한 지배 이데올로기의 전제들을 거부한다고 지적한다.

상투적인 이야기를 새로운 이야기로 바꾸는 랩의 이데올로기적 변환은 사회의 불평등에 그 뿌리를 두고 있다. 로즈는 랩의 이야기들은—대안적이고 상반되기까지 하는 방법으로 사회를 이해하는—도시 흑인 청년들의 생활 경험에서 비롯된다고 말한다. 근본적으로 랩은 밑으로부터의 이데올로기 비판을 담고 있는데, 현대 사회에서 비교적 권력이 없는 사람들의 관점에서 사회 제도권에 대한 비판을 음악적으로 표현한 것이다.

동시에 랩은 이데올로기의 모순을 안고 있다. 정치적으로 급진적인 랩 음악을 주로 하는 가수들(rappers)은 사회 제도권이 인종차별주의적이라고 비판하면서도 종종 그들의 음악 이미지와 가사는 남녀차별적이거나 동성애 혐오적이다. 그들은 가끔 폭력적으로 여성을 비하하기도 한다. 비록 그들이 인종차별주의와 같은 지배적인 이데올로기에 도전한다고는 하지만, 어떤 흑인 음악가들은 성적 역할이나 섹스에 대한 전통적인 이데올로기 가설을 보강시켜 주기도 한다. 그럴 경우에는 랩 음악에서의 이러한 담론은 기존의 이데올로기에 대한 절대 반대의 입장이라고 하기 어렵다.

그렇지만 로즈는 비록 일부에 그치겠지만 랩의 가사가 담고 있는 비판적인 내용을 어떻게 이해해야 하는지를 설명한다. 랩 음악은 비록 가사에서 직접적으로 정치 문제를 다루지는 않지만 공공 영역에 대한 투쟁의 일부분이라고 할 수 있다. 간단히 말해서 랩 음악에 대한 지배적인 담론은 "흑인에 대한 공간적 통제"에 대한 담론과 깊이 연결되어 있다. 랩의 경우, 그 초점은 랩 문화 특히 공연장에 운집한 대규모의 흑인 청년 군중들이 사회 질서에 위협이 되는 방법에 맞춰진다. 로즈는 흑인 청년들이 공적인 공간을 차지할 권리를 주장하는 랩 공연의 존재는 랩 공동체가 사회의 위협이 된다는 지배적 해석을 거부하는 이데올로기 투쟁의 일부라고 주장한다. 공공 영역을 대상으로 그러한 저항의 움직임이 정치화되고 있다는 것은 곧 새로운 표현 양식과 새로운 아이디어의 출현으로 이어질 것이다. 이렇게 공공 영역을 대상으로 싸우게 되면 로즈가 말한 대로 랩은 언젠가 "숨겨진 정치(hidden politics)"의 하나로 자리잡게 될 것이다.

물론 랩은 흑인 공동체 내에서 맴돌고 있는 모순된 정치적 표현의 형식 이상의 것이다. 또한 랩은 대단히 높은 이윤을 보장하는 상업적인 산업이다. 사실 랩의 상업적 성공은 대부분 랩 음악이 교외의 백인 청년들에 의해서 소비되고 있기 때문이다. 백인들은 흑인들보다 랩이나 힙합 음악을 더 많이 소비한다. 이런 현상은 랩의 이데올로기를 아주 복잡하게 만든다. 이는 랩이 지배적인 이데올로기에 저항하는 형식으로 내세우는 '반(反)헤게모니'적 주장을 단순히 받아들이기 어렵다는 말이다. 원래 그러한 미디어 메시지는 중상층 백인들이나 일반적인 레코드 산업계에게는 매력을 주지 못한다. 로즈의 주장에 따르면 랩의 이데올로기는 종종 가면을 뒤집어쓴 것 같으며, 랩의 형식을 초래한 흑인 도시 문화를 잘 아는 사람들에게는 쉽게 다가온다. 그러므로 흑인 청년들은 랩의 의미를 해석하는 데 있어서 백인 청년들과 아주 차이가 많다. 물론 두 집단 모두 랩 음악을 즐겨 듣는다는 전제 하에서이다. 앞으로 4부에서 논의되겠지만 랩의 의미가 얼마나 복잡한지를 알게 될 것이다. 상업주의라는 딜레마와 부딪치기 때문이다.

상업적인 매스 미디어 상품이 이데올로기적 관점에서 상반될 수 있는가? 랩 음악은 경찰서나 학교 등 주로 제도권에 속한 기관이나 문화산업의 하나인 상업적인 주류 미디어에 대한 비판을 담고 있다. 그런데 랩은 상업적인 상품으로서 제작되고 포장되어 이런 비판을 지지하는 소비자에게 판매되고 있다. 음악이 팔리지 않는다면 그리 장기간의 시장점유율을 보이는 것은 불가능할 것이다. 간단히 말하자면 랩은 이데올로기 경쟁에서 중재 역할을 맡은 하나의 상업적 상품인 것이다.

1960년대에는 상업주의 이미지에 대한 반항과 함께 문화산업에 저항적이었던 미디어가 주류의 상업적 상품으로 전환될 수 있었다. 예컨대 존 레넌과 요코 오노의 이미지를 빌려서 애플 컴퓨터의 판매를 촉진시킨 바 있다. 현재 랩 음악은 잠재적인 저항의 메시지를 던져주는 동시에 상업적인 레코드로서 잘 팔려나가고 있다. 그렇지만 랩과 같은 문화적 형태가 상업적으로 영합했다고 해서 이데올로기 비판이 완전히 사라졌다고 말할 수는 없다.

궁극적으로 랩 음악의 사례에서 보듯이 헤게모니는 어디에서나 과시되고 있다. 매스 미디어 텍스트는 모순적인 데가 많다. 미디어 텍스트는 이데올로기의 대안으로서 반대 의견을 드러낼 수도 있지만, 구체적인 지배 이데올로기의 가설을 지지할 수도 있다. 상업화란 이데올로기 투쟁을 통한 과정의 일부분이다. 심지어 아무리 비판적인 미디어 상품이라도 현실에서는 주류의 대중적 미디어 상품과 영합한다. 물론 이것은 일시적인 과정일 뿐 이러한 영합이 전부는 아니다. 미디어는 어떤 표현 양식도 잘 길들여서 대중적 시장에서 판매시킬 충분한 능력이 있다는 것이다.

5.7 | 광고와 소비자 문화

매일같이 우리는 가정에서는 물론 차 안에서, 직장에서, 거리에서 광고의 폭격을 받고 있다. 기업들은 광고할 수 있는 새로운 곳을 찾는 데 혈안이 되어 있는 만큼 광고는 어디에서나 찾아볼 수 있다. 버스 정류장 또는 지하철 같은 장소에서도 광고는 승객들 시선을 모은다. 어떤 공항에서는 비행기 구석구석까지 찾아서 광고를 하고 있다. TV와 라디오는 오랫동안 광고로 가득 찼다. 우리는 인터넷을 이용할 때 색깔이 요란한 배너 광고를 볼 수 있는데, 이 역시 사이버 공간에서 갖게 되는 경험의 일부가 될 것이다. 광고는 경기장에서 벌어지는 스포츠에서도 볼 수 있다. 광고는 우편이나 팩스로 날아들기도 한다. 우리는 로고가 박힌 옷을 입고, 광고 CF를 콧노래로 흥얼거리며 샤워를 하기도 한다. 간단히 말하자면 광고는 한마디로 우리가 보고 듣고 심지어 냄새를 맡는 모든 환경 속에 깊숙이 내재해 있다(사진 5-1).

  광고는 어떠한 종류의 줄거리를 우리에게 말하려는 것일까? 확실히 어떤 면에서 광고는 그들의 상품이나 서비스를 구체적으로 제시한다. 광고는 우리에게 만약 어떤 맥주나 음료수를 마시면 여성에게 보다 매력 있게 보인다거나, 우리가 어떤 자동차를 구입하면 권위를 세울 수 있고, 또 여성이 어떤 화장품을 사용하면 멋있는 남자를 만날 수 있다고 설득한다. 또한 광고는 우리에게 특정 상품을 구매함으로써 비용을 절감하고, 보다 건강해지며, 사랑하는 사람에게 정겨운 선물이 될 것이라고 말해준다. 이러한 광고에는 매우 다양한 구체적인 메시지가 담겨 있고 생활과 상품 사이의 연결, 즉 서비스와 정서의 관계, 그리고 가격과 관련된 구입력에 대한 수많은 정보를 알려준다. 우리는 이러한 광고에 노출되는 단순한 수동적 참여자가 아니다. 우리는 광고의 관행을 알고 있으며, 광고가 하는 말을 그대로 믿지

광고가 점점 더 공공 장소의 많은 부분을 차지하고 있다. 위 사진은 갈수록 늘어나고 있는 도심지의 광고를 보여준다. 또한 광고는 우리의 일상 속에서 덜 극적인 방식으로 혼재되어 있다. 매스 미디어 외에 티셔츠나 식품점 봉투, 우편, 컴퓨터 등을 통하여 엄청나게 많은 광고가 쏟아지고 있다. 오늘도 우리는 어디에서 광고를 보고 있는가?

도 않는다.

다양한 재미와 해학으로 가득 차 있는 광고 메시지에도 불구하고 거의 모든 광고에는 한 가지 공통점이 있다. 근본적으로 판매에 목적을 두고 있다는 것이다. 광고는 그들의 수용자를 소비자로 간주하고 소비를 미덕으로 간주하게 만든다. 물론 이러한 관점은 말할 것도 없이 하나의 이데올로기이다. 광고는 우리에게 상품을 구입함으로써 행복과 만족을 살 수 있으며, 개인적인 소비야말로 최상의 것이고, 상품을 사고 파는 시장 관계야말로 아마도 유일하게 가족의 친밀도를 높이는 적절한 사회적 관계라고 강조한다. 때때로 가족간의 친밀도를 내세워 판매를 높이기도 한다. 광고의 가치를 측정하는 척도는 다름아닌 구매력이며, 정상적인 중상층을 대상으로 소비 문화를 부추긴다.

이러한 과정에서 광고는 상품을 소비하는 사람들에게 어떤 가치를 높여 소비를 거의 신앙적 경지에까지 이르게 한다. 더욱이 광고는 개인의 사생활 영역까지 침투하여 집단적인 가치와 공공의 세계관을 부추긴다(Schudson, 1984). 이처럼 광고는 곧 이데올로기이다. 상품 판매를 위한 광고 캠페인의 성공 여부에 상관없이 우리의 미디어 문화에 침투하는 광고 메시지의 저변에는 소비주의란 가치가 가장 중요한 자리를 차지하고 있다.

20세기 초반의 소비주의

스튜어트 에웬(Stuart Ewen)은 지금과 같은 소비자 문화가 생겨난 것은 광고가 창조되기 시작한 20세기 초반부터라고 역설한다. 전환기의 산업계는 빠르게 진행되는 산업사회에 정당성과 안정성을 가져다줄 수 있는 방법이 대중적 광고라고 생각했다. 그리하여 광고는 미국 국민들의 의식을 조장하는 하나의 방법이 되었다. 이는 곧 소비의 즐거움을 기반으로 한 새로운 생활방식을 창조하는 것이었다. 대중적 광고는 1920년대에 등장하는데, 경영계의 지도자들은 그들의 판매처를 강화하기 위한 이데올로기적 노력을 하지 않으면 안 되었다. 바로 그때 광고가 상품 판매를 위해 중심에 서기 시작했던 것이다. 광고는 단순히 상품 판매뿐만 아니라 다민족으로 구성된 미국인들을 새로운 미국적 생활방식의 주류 속으로 영합시켰다. 이것은 동등한 선거 행위처럼 상품의 구매 행위도 민주화 과정에 필요하게끔 만들었다.

처음부터 광고는 원래 소비자를 창출하는 것 이상으로 상품을 팔기 위한 수단이었다. 이를테면 공장에서 장시간 근무하는 노동자를 달래기 위해서는 새로운 자극이 필요했다. 이것이 광고의 출발이다. 초기 광고 실무자들은 생활에 대한 사람들의 불안감을 해소하고 새로운 소비 상품에 대한 갈망을 갖도록 하기 위해서 광고를 구축했다. 개인적인 문제를 해결하기 위해서 소비의 세계를 찾고 기분전환을 위해서는 쇼핑 행위의 즐거움이 있다는 보편적인 태도를 조성한 것이다. 광고들은 새로 쏟아져나오는 상품들이 사람들을 당혹스럽지 않게 해주고, 현대 사회로 진입하는 입장권을 준다고 주장한다. 소비를 미덕으로 삼는 새로운 '미국 방식'에 길들여지기 위해서는 과거의 습관이나 미국으로 이민올 때 가지고 온 전통은 버려야 했다. 광고는 20세기 미국의 사회 통합을 위한 출입구로서 소비주의를 부추겼다. 또한 광고는 계층간의 사회적 갈등을 매끄럽게 만들기 위한 사회적 단결이라는 이데올로기의 역할을 했다.

소비주의를 촉진하기 위한 방법의 하나가 생산보다는 소비의 영역에 초점을 맞추는 것이다. 비록 산업현장은 불만족스럽고 단조로우며 고되지만, 광고는 이를 지워버리고 소비 생활의 경이로움만 강조함으로써 새로운 세계를 보여주었다. 결국 이는 사람들이 그렇게 살아가든 아니든 간에 하나의 생활방식으로 간주하도록 만들려는 광고의 세계관이다. 에웬이 지적했듯이, 소비주의 이데올로기는 여유가 있는 사람들에게 소비를 하고픈 욕구와 자극을 불러일으키는 것을 말한다(Ewen, 1976, p.108). 그리고 일시적일 수도 있지만 행복감을 준다. 좀더 넓은 맥락에서 보자면 상업적 문화에서 가장 절대적인 규범은 꿈을 꾸는 것이다(what to dream). 그러한 꿈의 실현은 광고에서 말하는 행복한 생활을 추구하기 위해서 지속적인 소비를 하는 것이다. 이처럼 우리의 소비 문화는 광고와 밀접한 연관이 있는데, 광고는 결국 현대 미국의 이데올로기 중심에 자리잡은 소비주의가 유지되도록 소비를 창출하고 이어지게 하는 데 톡톡히 한몫하고 있다.

광고와 여성 잡지

여성 잡지는 끊임없이 소비 이데올로기를 부추기며 광고 지향적으로 제작되는 미디어의 한 형태이다. 미국의 여성 잡지인 「보그」(*Vogue*), 「글래머」(*Glamour*), 「레드북」(*Redbook*), 「코스모폴리탄」(*Cosmopolitan*), 「모던 브라이드」(*Modern Bride*) 등은 특별히 여성을 상대로 한 번쩍거리는 상품 광고로 가득하다.

일반적으로 그런 잡지는 소비 시장에서 구입할 수 있는 사회적 지위, 선정성, 아름다움, 요리 솜씨, 성공적인 직장 경력 등을 보여줌으로써 소비 생활을 부추긴다. 소비 이데올로기의 관점에서 보자면, 사회적 문제는 적절한 상품을 구입함으로써 해결될 수 있는 사적인 문제로 재정의된다. 구체적인 하나의 사회 집단을 대변하는 여성 잡지는 상품을 필요로 하는 소비자 분류에 여성을 집어넣는다. 그런 잡지는 여성을 구체적인 소비 행동과 결부시킨다. 여성이라면 무엇을 구입해야 하는지를 알아야 한다는 것이다. 여성 잡지에 실리는 광고들은 상품들을 소개할 뿐만 아니라 소비의 필요성과 즐거움을 부추기는 내용으로 가득 차 있다.

대개 여성 잡지의 독자들은 잡지를 넘길 때 광고의 제목만이라도 훑어보게 된다. 그러나 엘렌 맥크레켄은 광고가 아닌 편집자의 기사에서도 광고와 유사한 소비자 이데올로기가 부추겨지고 있다고 경고한다(Ellen McCracken, 1993). 가장 두드러지는 광고는 표지 인물이다. 겉표지에 나오는 이상적인 여성의 표준화된 이미지는 잡지의 독자들에게 무엇을 어떻게 구입하면 그런 여성과 비슷하게 될 수 있는지 실마리를 제공해 준다.

심지어 여성 잡지에 실리는 '편집자의 충고(editorial advice)'도 소비 이데올로기를 파는 광고에 지나지 않는다. 예를 들어 아름다움에 관한 충고는 일상적으로 아름다움을 실현하기 위한 방법으로 다양한 화장품을 소개한다. 그러한 선전은 오히려 상품의 이름을 알리는 데 효과적이다. 보통 여성들도 멋있는 모델처럼 변할 수 있다는 기사는 근본적으로 잡지 어디서나 등장하는 화장품 광고에 불과하다. 그렇게 되면 그 충고는 결국 적절한 소비 습관에 관한 것에 그친다. 마치 초기 뉴스 잡지의 광고가 그랬듯이 여성 잡지도 여성이 원하는 것을 광고하는 것이다. 결국 여성 잡지는 잡지를 팔기 위해서, 그리고 정체성 형성과 개인의 만족을 위한 수단으로서 여성용 상품 소비를 찬양하는 이데올로기를 고취시키기 위해서 직·간접적인 광고를 이용하는 것이다.

5.8 | 광고와 문화의 국제화

광고는 미국뿐만 아니라 전세계로 뻗어나가려는 꿈을 가지고 있다. 코카콜라나 리바이스 청바지와 같은 미국 상품의 광고는 세계의 미디어 문화를 통해서 전파되고 있다. 일반적으로 미국에서 만들어진 상품들은 TV 프로그램에서 할리우드 영화에 이르기까지 엄청난 세계의 수용자들에게 소비되고 있다. 즉, 광고와 프로그램은 미국의 물질적 풍요와 소비 기회에 초점을 맞춤으로써 미국의 생활방식을 국제적으로 관철시키는 일종의 수단이 되고 있다.

상품은 저마다 각기 다른 판매 수단을 사용하고 있는데, 특히 오락 미디어는 다양한 장소에서 여러 가지 주제를 활용하고 있다. 미디어의 소유와 운영이 이윤을 목적으로 하기 때문에 소비를 목적으로 한다는 기업의 전체적인 이미지는 그리 놀랄 일도 아니다. 급속히 성장하는 세계 경제를 염두에 둔 미국 기업들은 세계 시장을 21세기 성공의 열쇠 중 하나로 여긴다.

만약 광고를 통해서 미국식 사고방식을 고취시킬 수만 있다면, 사람들은 무엇을 판매하려 들까? 미국에서는 개인들이 자신의 욕구를 얼마든지 채울 수 있다는 점에서 미디어는 미국을 일종의 꿈의 나라로 묘사한다. 꿈의 나라가 갖는 이미지는 엄격한 획일성을 요구하지 않는다. 왜냐하면 미국 이데올로기의 중심은 개인주의이며 자유주의이기 때문이다. 그리고 이것은 소비자 선택이라는 개념과 결합된다. 그 꿈은 개인이 소비자로서 무엇을 구매하는가에 따라 채워질 수 있다. Coke, Pepsi, 7Up, Calvin Klein, The Gap, Ralph Lauren, Nike, Reebok, Macintosh, IBM, Avis, Hertz 등의 상품을 생각해 보자. 아마도 지금과 같은 꿈의 나라에서 행복으로 가는 길은 이와 같은 상품을 올바로 구매하는 것이라고 할 수 있다. McDonald의 광고를 보면서 저녁을 먹으면 얼마나 행복할까, 또는 Ralph Lauren 잡지 광고에 비쳐지는 세계는 얼마나 평화로울까.

현대 소비 상품에 둘러싸여 안락한 삶을 살아가는 멋진 사람들의 이미지를 그린 TV 프로그램인 'Friends'나 'Beverly Hills 90210' 그리고 MTV의 장면들에서도 비슷한 묘사를 찾아볼 수 있다. 이러한 광고와 엔터테인먼트 미디어는 사람들로 하여금 의상, 자동차, 여가시간, 음식 등의 소비뿐만 아니라 여러 가지 스타일을 추구하며 소비할 수 있도록 한다. 스타일에 대한 강조는 특히 젊은이들을 겨냥하고 있다.

그들은 가장 욕심나는 시장이고, 특히나 열광적인 미디어 사용자들이다. TV나 대중음악과 같은 분야에서 이루어지는 국제적 광고는 각기 다른 국가의 10대 젊은이들의 의상이나 외모, 음료수, 담배, 음식, 음악 등에서 비롯되는 국제적인 청년 문화를 부추긴다. 국제적으로 10대 시장은 국경을 넘나든다. 그러나 세계의 청년 스타일은 미국 제품의 도움을 받아 여러 면에서 미국의 소비 상품과 이미지를 토대로 하고 있다.

미국의 미디어 상품은 전세계에 걸쳐 가장 활발히 유통되고 있다. 이는 미국에 한정된 이야기가 아니다. 유럽과 일본 기업의 다양한 제품도 국제 시장에서 미디어 광고를 이용하여 미국 기업들과 어깨를 나란히 하고 있다. 허버트 실러(Herbert Schiller)는 미국의 미디어를 비판하는 초기 저술에서 전세계를 맴도는 미디어 이미지는 국적에 상관없이 모두 비슷한 이데올로기를 부추기고 있다고 지적했다. 시장경제의 도구로서 미국의 매스 미디어가 압도적으로 많이 사용되고 있지만, 결국 국제적인 현상으로 확대된다는 것이다. 비록 국제적인 미디어의 이미지는 판매책의 일환으로 국가간의 문화적 차이를 강조하지만, 상품 구입과 획득의 가치를 향상시켜 주는 방법의 하나로 그 차이점을 강조한다. 이상하게도 국제적인 미디어 이미지에서 문화적 차이가 있는데도 불구하고 각기 다른 문화권을 하나의 동질적인 국제적 소비 문화로 끌어들인다. 1980년대에 히트한 노래 'We are the World'는 기아 해방을 주장하고 전세계가 동질의 상품을 소비한다는 꿈을 노래하고 있다.

문화는 점차 국제화되어 가고 미디어 이미지는 국가적 경계를 넘나들고 있다. 동시에 미국의 미디어 이미지는 세대 차이를 극복하고 더욱 다양하게 펼쳐지고 있다. 그러나 이러한 국제화된 문화 속에서 미국의 미디어는 어떤 이미지로 미국의 모습을 보여주었을까? 이러한 질문은 곧 이데올로기에 대한 것이다.

윌리엄 오바르(William O'Barr)는 광고에 나타난 외국인의 이미지에 대한 연구에서, 광고의 이데올로기적 분석을 위해서는 광고 내부의 "2차적 담론"에 주목할 것을 주장한다. 1차적 담론이란 광고된 상품에 대해 구체적으로 질적인 문제를 다루는 데 반해, 2차적 담론은 광고 내면에 담긴 주로 사회적 관계에 대한 내용을 담고 있다. 이런 관점에서 광고 이미지의 이데올로기는 상품 판매와 함께 사회 생활에 대한 메시지를 담고 있다. 광고 모델들 간의 상호작용을 보면 2차적 담론의 의도를 알 수 있다.

오바르에 따르면 현대의 인쇄 광고에는 외국인의 이미지가 두드러지는 세 가지 범주의 광고가 있다. 여행 광고, 상품 추천, 국제 비즈니스 광고가 그것이다. 여행 광고에서 다루는 외국인들은 광고가 겨냥하는 '우리'와는 다르다. 즉, 그 광고에는 우리가 아닌 전혀 다른 사람들이 미국 여행의 즐거움을 느끼는 것으로 나온다. 이국인들이 미국 여행사 직원들과 춤을 추거나 그림을 그리면서 미소를 짓는 이미지와 광고 문구에 써 있는 대로 '귀한 손님' 또는 미국 방문객에게 비즈니스를 위한 이국 땅이라는 메시지를 각각 상상해 보자. 그러한 이미지에서는 즐거움을 목적으로 하는 지역민의 만족감과 미국인이 갖고 있는 필요와 욕구의 잠재적인 관계가 중심을 이룬다.

이국인의 이미지를 드러내는 상품 광고는 대개 광고자의 상품과 외국 땅을 연결짓는다. 예를 들어 아프리카와 연결시킨 여성용 속옷은 아프리카 흑인 여성 모델을 통해 일종의 원시적인 의상을 드러내고, 인도나 중국을 배경으로 한 향수 광고에서는 중국의 예술품이나 인도의 타지마할과 관련지어 이들 이국 땅과 상품의 이미지를 연결시킨다고 오바르는 말한다. 기이한 것은 속옷이나 향수의 경우, 그 광고의 상품과 광고의 배경이 되는 중국이나 인도와는 아무런 상관이 없다는 점이다. 결국 '타자(others)'의 이미지는 단순히 상품 판매를 촉진시키기 위해 서방 세계의 광고에서 사용될 뿐이다.

그러면 왜 광고는 그러한 이미지를 그려내는 것일까? 오바르에 따르면 이국의 이미지를 사용하면 그 상품이 더욱 이국적이고 신비롭게 느껴진다는 것이다. 그렇게 해서 아프리카, 중국, 인도 등은 미국과 다른 원시적이고 보다 섹시한 모습으로 그려진다. 이러한 상호 관계는 의도적으로 상품을 더욱 매력 있게 만드는 동시에 미국에서 만든 상품이 외국과는 다르다는 것을 재확인해 주는 것이다.

관광이나 상품 광고가 외국의 이미지를 배경으로 하는 까닭은 소비자에게 새로운 것들은 모두 쾌락을 줄 수 있다는 것을 강조하기 위해서이다. 그렇지만 경제의 국제화는 외국인들에게 새로운 이미지의 광고를 뜻한다.

국제 비즈니스를 얘기할 때 광고의 이미지는 더 이상 비즈니스의 장애물이 아니다. 국제적인 비즈니스 광고에서 외국인은 미국인과 좋은 관계를 맺고있고 같은 목표를 갖고 있는 동료의 이미지로 강조된다. 외국의 경영자들은 신비롭거나 위협적인 존재가 아니라 바로 우리와 같게 그려진다. 물론 이러한 광고는 여행이나 상품 광고와는 다르게 국제적 경영인이라는 제한된 수용자에게 이른다. 비즈니스 광고는 비록 지금은 국제적 기업 공동체라는 한계가 생겼지만 외국인을 남처럼 묘사하는 것은 이제 옛말이 되었다는 것을 의미한다.

광고에서 가장 널리 유포되는 '남(otherness)'이란 이미지는 미국인의 견해와는 뚜렷이 다른 외국인에 대한 메시지를 전달하는 것이었다. 이는 근본적으로 '우리'

와 '그들'과의 차이를 가리키는 것이며, 그들과 우리가 권력 관계에 있다는 것이
며, '그들'은 언제든지 '우리'를 자극하고 유쾌하게 만들 수 있는 사람으로 생각한
다는 뜻이다. 국제 문화에서 앞으로 더욱 많은 외국인과 외국 땅에 대한 새로운 이
미지가 제공될 것이다. 그러나 아직도 광고에서 그려지는 우리가 누구인지, 그리
고 그들이 누구인지에 대한 오래된 가설은 결국 강력한 미국인과 종속적인 외국인
의 관계에 그치고 있다.

5.9 | 결 론

이번 장에서는 이데올로기 접근을 통해 본 매스 미디어의 콘텐츠를 살펴보았다.
우리는 이데올로기 분석의 이론적 틀을 검토하고 구체적인 사례를 통해 어떻게 매
스 미디어가 이데올로기를 지향하는지도 알아보았다. 우리가 여러 사례에서 살펴
보았듯이 대중적 미디어는 획일적인 방법으로 이데올로기를 추진하지 않는다. 미
디어의 이데올로기를 연구하는 학자들은 미디어와 사회의 관계에 관심을 갖는다.
그리고 미디어가 어떻게 정상적인 행동을 취하고 어디까지가 정당한 가치의 범위
인지를 논의한다. 대부분의 대중적인 미디어는 가끔 애매하고 심지어 모순된 방법
으로 우리 사회의 제도권을 정당화하기도 하고 주류에서 비껴난다고 생각되는 행
동이나 태도를 도태시켜 버린다.

　미디어 이미지는 가끔 현대 사회의 조직이나 규범을 비판하면서 이러한 주류에
도전하기도 하지만, 상업성 때문에 그러한 비판적인 목소리를 유지하는 데 어려움
을 겪곤 한다. 대중성, 더욱 광범위한 유통, 수익성에의 추구는 미디어를 주류 이
데올로기로 밀어붙이면서 미디어의 비판성을 무디게 하는 경향이 있다. 물론 대안
적인 이데올로기 관점을 고수하는 미디어도 있다. 지방의 뉴스 주간지, 공공 접근
TV(public access TV), 독립영화제작사 등에서는 가끔 지배적인 주류 대중 미디어
와는 다른 관점을 제시한다. 그렇지만 그러한 대안 미디어는 대개 주변으로 밀리
게 되며, 수용자를 확보하기도 어렵고, 자본이 부족하여 지배적인 미디어로부터
끊임없이 도전받는다.

　이번 장에서는 매일 우리가 직면하는 이미지들 속에서 기초가 되는 관점들을 검

토하면서 다양한 미디어 텍스트의 이데올로기를 상세히 살펴보았다. 이를 위해 미디어 콘텐츠를 살펴보았지만, 미디어가 어떻게 사회를 표명하고 있는지를 좀더 구체적으로 살펴볼 필요가 있다. 이를 위해 6장에서는 미디어 이미지와 사회적 불평등의 관계에 관심을 돌려볼 것이다.

6 사회적 불평등과 미디어

미디어 콘텐츠에 대한 분석은 전통적으로 미디어 연구에서 가장 흔히 사용된 방법 중 하나이다. 아마도 미디어 상품에 접근하기 쉬웠기 때문일 것이다. 미디어 상품은 영화 촬영장이나 음반 스튜디오, 편집자의 책상 등 비교적 먼 곳에서 만들어지지만 우리 주변 어느 곳에서든 볼 수 있다.

어떤 이유에서든 미디어 콘텐츠 연구는 지금까지 대단히 많이 이루어져왔고, 미디어 콘텐츠의 속성에 대한 논평도 매우 많다. 이번 장에서는 이러한 연구 결과를 모두 검토하기보다 미디어 콘텐츠에 대해 살펴보기로 하자. 우리는 "사회에 대한 미디어의 표현은 '실제' 세계와 어떻게 다른가?"라는 질문을 던지고자 한다. 아래에서 논의하겠지만 물론 이러한 질문이 미디어와 사회를 관련짓는 유일한 분석은 아니다. 그러나 미디어와 사회의 관계에 대한 우리의 사회학적 관심에서는 그것이 중심이 된다고 할 수 있다.

더욱이 우리의 논의는 사회적 불평등에 초점을 맞추려고 한다. 미디어 콘텐츠 제작자들은 가끔 실제 사회에 존재하는 성별·인종별·계층별 불평등을 묘사한다. 그렇다고 미디어가 단순히 수동적으로 사회의 불평등을 거울에 비추듯이 그려낸다는 것은 아니다. 그보다는 미디어가 역사적으로 미국의 중년층 백인 상류 집단이 미디어를 통제하다 보니 주로 세상에 대한 이들의 시각을 반영한다는 것이다. 따라서 사회의 불평등은 미디어 상품을 생산하는 미디어 산업 구조에도 영향을 미쳐왔다.

일부 행동파들은 미디어에 맞서 그들의 편협한 시각을 넓히도록 요구해 왔다. 어떤 사람들은 대안 미디어를 발전시켜 나가기도 한다. 최근에 진취적인 사회 운동가들은 사회의 불평등을 바로잡는 데 일부 성공을 거두기도 했다. 이러한 움직임은 사회와 함께 미디어 산업의 조직도 변화시켰다. 즉, 현대의 미디어는 살아남기 위해서라도 이러한 변화를 다양한 측면에서 반영해야만 했다.

6.1 | 미디어 콘텐츠와 '실제' 세계

미디어 콘텐츠는 실제 세계를 제대로 반영하고 있을까? 그러한 질문에 대한 엄청난 양의 미디어 연구 결과에 따르면 대부분 아니라고 대답한다. 미디어 상품의 내용 분석에 따르면 미디어 세계와 현실 세계는 차이가 많다고 한다. 이러한 실제 세계와 미디어가 그려내는 세계의 격차(gap)가 이번 장의 주제이다.

"미디어는 실제 사회를 어떻게 묘사하는가?"는 대단히 중요한 문제이다. 왜냐하면 일상적으로 미디어가 얼마나 실제와 가깝게 표현하느냐에 따라 미디어의 잘잘못이 평가받기 때문이다. 예를 들어 우리는 소설과 비소설, 뉴스와 엔터테인먼트, 기록영화와 드라마 등의 차이에 대해서 논란을 벌이곤 한다. 미디어의 효과는 대개 미디어가 실제 사회와 엄청난 괴리를 보일 때 심각해진다. 예를 들어 미디어 콘텐츠가 폭력이나 섹스와 같은 화제를 과대 포장하거나 그 다양성을 인정하지 않으려고 들면 우리는 그곳에 관심을 집중하게 되는 것이다.

"미디어의 표현이 외부에 펼쳐지고 있는 실제 사회와 어떻게 다른가?" 하는 질문은 몇 가지 또 다른 문제를 제기한다. 첫째, 미디어와 문화를 다룬 문헌에 따르면 아무리 수용자가 실제로 받아들이려 해도 미디어의 표현은 실제가 아니라는 것이다. 미디어의 표현은 기록영화처럼 실제를 그대로 반영하려고 노력하지만 어떨 때는 불가피하게 실제에 대해서 무시해 버리는 선별적 과정의 소산물이다. 우리가 특정 표현의 좋고 싫음을 평가하는 기준으로 이미지의 '실제성'을 종종 사용하지만, 모든 표현들은 불완전하고 편협한 방식으로 사회를 '다시 나타내는 것'이다.

둘째, 미디어는 항상 '실제' 세계를 있는 그대로 반영하지 않으려 한다. 대부분 뉴스나 역사책, 기록영화 등은 되도록 사회에서 일어난 사실을 바탕으로 표현하려고 하는 데 반해, 미디어물이 제작되는 과정을 잘 살펴보면 제한된 시간과 자료 때문에 그렇게 자세한 사실적 묘사를 하기가 어렵다는 것을 알 수 있다. 예를 들면 공상과학 영화는 실제 현대 사회와 많이 다르다. 그러나 그런 차이에도 불구하고 수용자의 흥미를 돋운다. 아마 미디어 세계와 실제 세계가 아무런 차이가 없다면 미디어라는 장르는 존재하기 힘들지도 모른다.

공상과학 영화처럼 '환상적'인 미디어 상품은 우리가 살고 있는 세상에 대해 뭔가를 가르쳐주는 힘이 있기 때문에 우리는 그 격차를 알면서도 미디어 이미지의 매력을 떨칠 수가 없는 것이다. 1960년대 TV에서 인기를 끌었던 'Star Trek'에서 커크 대장과 우루 소위가 서로 키스하는 장면이 나온 적이 있다. 그것은 미국 TV에 처음으로 등장한 서로 다른 인종간의 키스였다. 아무리 미래 지향적인 공상과학 무용담이라고 하지만, 미디어 콘텐츠는 현대의 미국 사회에서 인종간의 관계에 대한 어떤 전환점이 된 것이다. 'Star Trek'의 후속으로 제작된 드라마 'Voyager'에서 여자 대장이 나온다거나 'Deep Space Nine'에서 흑인이 등장하는 것도 그 연장선상에서 볼 수 있을 것이다. 이 두 가지 프로그램은 비록 공상과학 영화였지만, 그 드라마가 방송되던 당시의 사회적 조건을 정확히 반영하는 것이었다.

여기서의 요점은 모든 미디어 상품에는 사회적 중요성이 어느 정도 잠재되어 있다는 것이다. 미디어 상품의 창조자들은 가끔 이러한 사실을 인식하면서도 실제 사회를 설명할 때 엔터테인먼트 요소를 미디어에 사용한다. 독자와 시청자들은 오락과 뉴스 매체를 통해서 적어도 사회에 대한 감각을 키우기 때문에 미디어 메시지가 무엇인지 주목해야만 한다.

위에서 "미디어 표현이 외부에서 펼쳐지고 있는 실제 사회와 어떻게 다른가?"라고 질문했는데, 그에 대한 세 번째 문제는 '실제'라는 개념에 관한 것이다. 사회학자가 현실의 사회적 구성에 대해 가르치고, 포스트모더니스트가 인식 가능한 현실의 존재 자체에 도전하는 시대에 '현실 세계'란 개념은 과거로부터의 기이한 가공품처럼 보일지도 모른다. 일반적으로 사회 구성론적 관점에서는 미디어가 '현실'이나 '사실'을 있는 그대로 표현한 것은 하나도 없다고 본다. 왜냐하면 미디어는 반드시 어떤 주제를 미디어 형식에 맞춰야 되고 현실 세계의 다원적 요소들을 제외하거나 또는 포함시키는 인위적인 작업을 하기 때문이다. 물론 어떤 사회적 진실은 미디어가 아무리 조작해도 흔들리지 않고 견고하기도 하다. 간단한 예를 하나 들어 보자. 우리는 미국의 연령별 분포를 대충 알 수 있다. 1998년 통계청에 따르면 미국 전체 인구의 약 21%가 15세 미만이다. 이유도 모르는 채 어떤 TV 드라마에서 전체 배역 가운데 2/3 정도가 어린이들로 채워질 경우를 상상해 보자. 우리는 현실과 비교하고 나서, 이 드라마에서 차지하는 아역의 비율이 실제보다 세 배나 높다고 언급할 수 있다. 이런 주장은 우리가 전체 인구의 연령별 분포를 측정하는 정확한 방법을 알고 있을 때에만 가능하다.

그러나 그러한 사례가 잘 이해되지 않으면 다른 예를 들어 보자. 누군가 주장하듯이 미디어 콘텐츠가 실제 사회보다 더 진보적일까? 물론 그 대답은 '진보적'이란 뜻을 어떻게 정의하느냐에 따라 달라질 수 있다. 그리고 '진보성'을 미디어나 실제 세계에서 어떻게 측정하고 있느냐에 따라 달라질 것이다. 그러한 개념은 연령 분포에 비해 훨씬 더 애매하기 때문에 우리는 미디어를 이야기할 때 어떤 '편견'이 작용하고 있는지 조심해서 살피지 않으면 안 된다.

마지막으로 "미디어의 표현이 외부에서 펼쳐지고 있는 실제 사회와 어떻게 다른가?"라는 질문은 미디어가 반드시 사회를 반영하고 있어야 되는 것처럼 묻고있다. 그러나 이러한 전제를 반드시 긍정할 필요는 없다. 많은 사람들에게 있어 미디어는 일상생활에서의 탈출을 도와줄 뿐이다. 그러므로 미디어가 얼마나 실제와 가까운가 하는 것은 어떤 사람에게는 심각한 질문이 아니다. 그렇기 때문에 실제 사회와 미디어의 실제를 비교하는 데 있어서 미디어가 사회를 상세히 반영해야 한다고 주장할 필요는 없다. 어쨌든 미디어 콘텐츠와 실제 사회와의 차이를 알고자 하는 것은 매우 흥미 있는 질문이 아닐 수 없다.

6.2 | 콘텐츠의 중요성

이번 장에서는 미디어 콘텐츠에 초점을 맞추기로 한다. 콘텐츠를 연구하는 데는 적어도 다섯 가지 주제가 있다. 미디어 콘텐츠와 연결하여 ① 제작자의 의도, ② 수용자의 이해, ③ 사회 구조, ④ 수용자 효과, ⑤ 콘텐츠 그 자체가 그것이다.

이런 다섯 가지 주제를 알아보기 위하여 가상의 어린이 코미디 드라마를 예로 들어 살펴보기로 하자. 만약 연구자들이 실제보다 세 배나 더 많은 아역 배우들이 코미디 드라마에 출연하는 것을 알게 된다면 몇 가지 해석이 가능할 것이다. 위의 다섯 가지 주제마다 미디어 콘텐츠의 중요성과 그 이유에 대해 설명할 수 있을 것이다.

제작자의 의도로서의 콘텐츠. 첫째, 어린이 중심의 콘텐츠가 있다고 치자. 이 콘텐츠는 작가나 프로듀서의 의도를 충실히 반영할 것이다. 콘텐츠와 제작자 간의 관계는 우리에게 작가와 프로듀서의 사회적 특성을 분석하게 만든다. 우리는 그러한 콘텐츠에서 어린이뿐만 아니라 젊은 어머니, 즉 '30대' 미시족의 상황을 알 수 있다. 결과적으로 각자 개성이 다른 어린이들이 다양하게 배치될 것이다. 아니면 아마 기업의 광고주들이 제작자들로 하여금 그런 어린이 프로그램을 만들도록 강력히 요구하였을 것이다. 이러한 관계에 대한 분석은 미디어 콘텐츠 및 미디어 전문 집단, 제작 과정에 대해서 구체적으로 분석하게 만든다.

수용자 선호도로서의 콘텐츠. 둘째, 아마도 우리는 아역 배우의 등장이 곧 드라마의 수용자를 반영하고 있다고 추론할 것이다. 물론 아역 배우가 등장했다고 해서 수용자가 많다는 뜻은 아니다. 대부분의 학부모들은 단지 아역 배우들이 드라마 속에서 익살을 부리는 것을 즐겨 시청할 것이다. 여기서 생각할 수 있는 것은 미디어 전문가들은 단순히 수용자들이 좋아하는 것에 대해서 반응한다는 것이다. 전문인들 자신의 이해 관계가 걸려 있는 것도 아니고 제작 과정의 영향력 때문도 아니다. 미디어 프로듀서들은 오직 수용자가 원하는 것만 주면 된다는 생각을 갖고 있으며, 사람들은 미디어를 통해서 자기가 원하는 것을 얻는 데 목적을 둔다는 것이다. 이러한 주장을 시험하기 위해서 연구자는 미디어 콘텐츠 이상을 탐구해야 한다. 연구자들은 수용자까지 연구 영역을 넓혀야 할 것이다.

사회의 반영으로서의 콘텐츠. 셋째, 어떤 연구자들은 사회 규범, 가치관, 사회적 이해 관계의 표준으로서의 미디어 콘텐츠를 조사한다. 어떤 분석자들은 어린이가 많이 나오는 시트콤은 어린이들에게 기울이는 사회적 관심이 크다는 것을 반영하는 것이라고 할지도 모른다. 그들은 어린이들을 소중하게 여기는 어린이 중심의 사회에 우리가 살고 있음을 반영하는 것이라고 생각할 것이다. 그러한 주장을 지지하려면 미디어 콘텐츠의 영역을 훨씬 뛰어넘는 맥락의 연구가 필요할 것이다.

수용자에게 미치는 영향력으로서의 콘텐츠. 넷째, 가끔 연구자들은 수용자에게 미치는 잠재적인 영향력을 알아내기 위하여 미디어 콘텐츠를 조사한다. TV에서 귀여운 쌍둥이 자매가 등장하는 경우가 간혹 있다. 여기서도 역시 연구자들은 내용에 대한 분석을 하면서 다양한 수용자 해석을 시도할 것이다. 그렇지만 미디어의 영향력이 너무 분산되어서 이를 직접적으로 연결시키기는 매우 어렵다. 이 경우에 강조하고자 하는 바는 앞의 세 가지와 다르다. 즉 제작 과정이나 수용자, 사회 등의 반영으로서의 콘텐츠가 아니라 수용자에게 미치는 사회적 영향력으로서의 콘텐츠가 될지도 모른다.

텍스트로서의 콘텐츠. 끝으로 많은 연구들은 미디어 콘텐츠 자체만 분석한다. 다시 말하자면 콘텐츠는 위에서 언급한 콘텐츠 외의 다른 어떤 것들과 연결하려는 의도가 전혀 없을 수도 있다. 이럴 때는 차라리 콘텐츠의 의미를 정밀하게 '해독'하는 것이다. 예를 들어 영화 *Rambo* 를 분석한 경우를 살펴보자.

미국과 다른 적군과의 갈등을 그린 '전쟁 영화'의 경우처럼 할리우드 영화의 장르별 구분은 영화가 어떻게 결말지어지느냐에 달려 있다. 카메라 각도가 람보를 마치 신과 같이 잡는다거나 정글 속에서 그가 움직이는 모습을 느린 촬영 기법으로 잡아서 자연의 힘처럼 '코드화' 시키는 것을 정밀하게 검사해 보면 영화가 의도하는 공식적인 요소를 분석할 수 있다. 누군가는 람보의 이미지를 십자가에 못박혀 죽는 예수로 코드화시킨다. 이는 1960년대 정치적 우익들의 반문화적 초상을 적절히 나타낸 것이다(Kellner, 1995, pp.10~11).

이러한 연구의 전통은 많은 면에서 내용 분석을 시도하는 사회과학보다는 구조주의나 기호학, 그리고 언어학과 더 관련이 깊다. 그렇지만 연구자들은 때로는 문화 연구란 제목 아래 생산과 수용자의 수용에 대한 연구와 이러한 접근법을 때때로 결합시킨다. 이런 문화적 분석은 시도하기가 어렵다. 연구의 타당도를 측정하기가 불가능하기 때문이다. 즉, 이 분야에 표준화된 조사 방법이 없는 것이다. 그래도 아직은 그러한 문화적 접근 방법이 연구자들에게는 상당히 유용하다.

여기서는 미디어 콘텐츠의 중요성을 분석하는 연구자들의 각기 다른 여러 가지 접근 방법을 고려하여 콘텐츠 분석을 시도한다. 그러나 제작자, 수용자, 사회 규범 등의 역할에 대한 앞선 연구를 모르고는 콘텐츠를 검토하기란 불가능하다. 따라서 우리는 콘텐츠 그 자체에 일차적으로 초점을 맞추고자 한다. 또한 인종, 계층, 성별, 섹스 지향성 등과 같은 몇 가지 기본적인 특성과 관련된 우리의 주제인 불평등에 대해서 사회학적인 접근을 시도하고자 한다.

6.3 | 인종과 미디어 콘텐츠 : 역할과 통제

사회학자나 인류학자들은 대부분 '인종'이란 사회적으로 구축된 개념으로 시간이 흐름에 따라 그 의미가 발전되어 온 것으로 인식하고 있다. 인종이란 포괄적으로 구성된 개념이다. 사실 인종간에 동물학적 신체 구조가 서로 다르다는 근거는 없다. 사실 피부색만 다를 뿐이다. 아마도 피부색의 차이보다는 서로 다른 혈액형만이 동물학적인 차이로 인정받을 것이다. 그렇지만 어쨌든 인종적 차이는 현실 세계에서 강력한 사회학적 의미를 갖고 있다. 사회과학자들은 차별화된 사회 구조와 실천 속에서 사회학적으로 구축된 인종의 특성이 어떻게 발전되고 응용되어 왔는지를 도식해 왔다.

인종이란 문화적·이념적으로 구성된 것이기 때문에 내용 분석을 통해 미디어 메시지가 인종에 관한 문제를 어떻게 다루는지를 검토할 수 있다. 미국에서는 주로 백인과 흑인의 갈등으로 인종 문제에 관심이 많았던 까닭에 연구가 가장 활발히 진행되었다. 그러나 이러한 추세는 전체 인구에서 다른 소수 민족이 점점 늘어남에 따라 급속히 변하고 있다. 학자들도 다른 여러 유색 인종들의 역사와 유산을 검토하고 있다.

역사적으로 미국의 미디어는 다른 모든 인종 가운데서 '백인'을 하나의 규범으로 여겼다. '백인'의 속성을 당연히 받아들였기 때문에 백인의 의미를 굳이 드러내면서 그 정체성을 찾으려하지 않았다. 예를 들어 우리는 '백인 문화', '백인 공동체', '백인 선거단' 등과 같은 표현을 쓰지 않는다. 이에 반해 '흑인 문화', '라틴 공동체' 등의 개념을 자주 언급한다. 이처럼 미국에서는 대개 백인만을 일컬을 경우 인종적 접두어를 붙이지 않는다. 미디어에서 백인 일색인 것은 아마도 그 때문일 것이다.

매스 미디어에서 어떻게 서로 다른 인종이 묘사되고 있는지를 이해하기 위해서는 미국의 초기 인종적 고정관념의 뿌리를 상기해 보는 것이 좋다. 미국 매스 미디어의 역사 속에서 백인이 아닌 다른 인종은 거의 고려되지 않았다. 그러한 고정관념의 이미지는 주로 미디어의 경영자가 백인이었기 때문에 당연한 것이었는지도 모른다(Wilson & Gutierrez, 1995).

미디어에서 어떻게 인종적 차이를 묘사하고 있는지를 알아보자. 첫째, 포함성 (inclusion)을 들 수 있다. 미디어 프로듀서들은 다른 인종 집단 문화의 이미지를 어떻게 미디어 콘텐츠에 포함시키는가? 둘째는 미디어 역할에 관한 것이다. 미디어 프로듀서가 소수 인종을 포함시킬 때 그들을 어떤 역할로 묘사하는가? 이 두 가지 문제를 통해서 우리는 인종적 고정관념을 파악할 수 있다. 마지막으로 미디어 상품의 통제를 들 수 있다. 소수 인종에 대한 미디어 이미지의 창출과 제작을 의도적으로 통제할 수 있을까? 마지막 질문은 미디어 콘텐츠에 관한 것이라기보다는 미디어의 속성과 미디어 제작 과정에 대한 것일지도 모른다. 그렇지만 미디어 역사를 돌아보면 가끔 콘텐츠의 결정은 미디어 제작을 통제하는 데에서 비롯되었음을 알 수 있다.

인종의 다양성과 미디어 콘텐츠

일부 연구 결과 가운데 현대 미디어에서 인종의 이미지를 다룬 연구 표본을 살펴보면 역사적인 맥락을 이해하는 데 도움을 준다. 또한 그것은 시간이 흐름에 따라 어떻게 변모해 왔는지를 알려준다. 미디어에서 다룬 인종들의 이미지를 살펴보면 극적으로 변화해 왔음을 알 수 있다. 1920년대나 1930년대 초기 할리우드 영화에서는 흑인들이 거의 나오지 않았거나 나오더라도 한두 가지 역할에 그쳤다. 그것도 광대나 하인 역이었다(Cripps, 1993). 그러나 2차 세계대전이 끝나고 얼마 되지 않아서부터 영화에 흑인이 자주 등장하기 시작했다. 물론 그때도 아주 제한된 역할에 그쳤고, 그 이후로도 별로 발전된 것은 없었다. 그렇지만 서서히 영화 속에서 인종의 다양성이 드러나기 시작했다.

1940년대와 1950년대 TV에서 흑인은 전통적인 고정관념에 따라 주로 광대로 나왔다. 그 기간에 흑인은 인기 드라마에서는 이렇다 할 배역을 맡지 못했다. 대신에 코미디나 쇼에 흑인들만이 출연하는 정기 코너가 있었을 뿐이다(Dates, 1993). 그러다 1960년대와 1970년대에 이르러 TV에 흑인이 좀더 많이 등장하기 시작했고, 다른 유색 인종들도 가끔 출연했다. 1969년부터 1970년대까지는 절반 정도의 드라마에 흑인이 등장했다. 이 기간을 포함하여 1980년대를 조사한 결과, 미국 인구 가운데 11% 가량이 흑인이었는데 전체 TV 등장인물 가운데 흑인은 6~9%를 차지했다(Seggar et al., 1981). 또 1991년과 1992년에는 전체 인구 가운데 흑인이 12%를 차지하였는데, 야간의 주시청 시간대에는 11%, 주간 드라마에는 9% 정도가 등장했다(Greenberg & Brand, 1994).

흑인이 아닌 다른 유색 인종은 그래도 정기적으로 TV의 주시청 시간대에 출연했다. 1970년대 *'Chico and the Man'*과 *'Viva Valdez'*, 두 드라마에 남미 배우가 등장했고, 1980년대에는 *'Miami Vice'*와 *'L.A. Law'*에 남미 배우가 등장했다. 그렇지만 1997년까지 8662명의 남미 배우 가운데 179명, 약 2.6%만이 주시청 시간대에 출연하는 데 그쳤다(Reuters, 1998). 아시아계 배우 역시 드물었다. 1994년이 되어서야 아시안 가족이 *'All-American Girl'*이란 드라마에 등장했던 것이다 (Wilson & Gutierrez, 1995).

소수 민족은 역사적으로 다른 미디어 영역에서도 과소평가를 받았다. 1984년 MTV의 전체 출연진 중에서 흑인은 오직 4%에 불과했다(Brown & Campbell, 1986). 뉴스나 공익 프로그램에서 소수의 유색 인종은 거의 출연하지 못했다. 시사 잡지인 「라이프」(*Life*), 「타임」(*Time*), 「뉴스위크」(*Newsweek*)를 분석한 레스터와 스미스에 따르면 1980년대 출간된 이들 잡지에 실린 사진 가운데 7.5%만이 흑인을 다루고 있었다(Lester & Smith, 1990). 그래도 1960년대 3.1%, 1950년대 1.3%에 지나지 않았던 것과 비교하면 높은 수치이다. *'Nightline'*과 *'MacNeil-Lehrer News Hour'*라는 유명한 시사 프로그램에서는 초대 손님 10명 중 9명이 백인이었다 (Croteau & Hoynes, 1994). 광고 연구에서도 역시 소수 민족에 대한 편견이 나타난다. 1980년대 유명한 「코스모폴리탄」(*Cosmopolitan*), 「글래머」(*Glamour*), 「보그」(*Vogue*) 세 잡지를 분석한 결과 흑인 여성에 대한 광고는 오직 2.4%에 불과했다 (Jackson & Ervin, 1991). 어떤 방송의 광고 조사를 검토해 본 결과에 따르면 초기에 비해 "흑인들의 얼굴이 많이 등장하지만 등장 시간도 짧고, 잘 비치지도 않으며, 백인들과는 별로 접촉이 없는 것으로 나타났다"(Greenberg & Brand, 1994, p.292).

그러나 일부 미디어가 소수 민족의 등장을 늘리기 시작했다. 1994년 ABC, NBC, CBS, Fox와 같은 전국 네트워크의 드라마 25편을 조사한 결과, 비록 주인공이나 중심적인 역할은 맡지 못했지만 TV에 소수 민족이 등장하는 횟수가 점차 늘고 있었다. 여기에는 단순히 경제적인 이유가 있었다. 인종이 다양해지자, 과거에 비해 화장품 시장이 커진 것이다. 이에 따라 많은 광고주들이 점차 성장해 가는 소수 민족의 시장을 주목하기 시작한 것이다.

이러한 추이는 케이블 TV나 새로운 전국 TV 네트워크와 같은 미디어의 성장과 함께 더욱 활성화되었다. 예컨대 1980년대 후반, Fox TV는 흑인 시청자를 대상으로 파격적인 프로그램을 제작했다. 다른 TV에서는 대개 이러한 틈새시장을 무시해 왔다. 그리하여 1990년대에 Fox는 백인 위주의 제작을 일삼는 기존의 3대 네트워크와 동등한 경쟁선상에 올라섰다. 1990년대 후반까지 이러한 과정이 되풀이되었고, WB라든지 UPN 같은 네트워크가 출범하면서 소수 민족에게 상당한 각광을 받았다.

그렇지만 미디어의 성장으로 인한 또 다른 결과는 시장의 분화(fragmentation)였다. 대부분 미국인은 미디어 시장이 다양하게 성장하고 있음을 잘 느끼지 못했다. 1990년대부터 TV 시청에 있어서 백인들은 백인 프로그램만을, 흑인들은 흑인 프로그램만을 주로 시청하는 극단적인 경향이 나타났다. 예를 들어 1993년에 가장 인기가 높았던 10개의 프로그램 가운데 흑인 가정에서 시청하는 인기 프로그램은 단 하나도 없었다(Wilson & Gutierrez, 1995, p.99). 1997년에는 백인 가정에서 가장 인기가 높았던 'Seinfeld'란 프로그램이 흑인 가정에서는 50위에 그쳤다. 반면에 흑인 가정에서 가장 인기가 있었던 'Between Brothers'라는 프로그램이 백인 가정에서는 112위에 머무는 씁쓸한 결과를 빚었다. 1998년 가을까지 그러한 추세는 지속되었다. 'Steve Harvey'라는 프로그램은 흑인 가정에서는 1위였으나 백인 가정에서는 118위에 그쳤다. 반대로 'Friends'라는 코미디는 백인 가정에서 1위였으나, 흑인 가정에서는 91위에 그쳤다(Sterngold, 1998).

인종과 미디어의 역할

미국의 역사에서 유색 인종에 대해 백인들이 갖고 있는 선입견은 확실히 인종차별주의적이었다. 1970년대 초와 말에는 『우스꽝스러운 흑인』(Comic Negro)과 'Sambo'가 각각 소설과 연극에서 그러한 고정관념을 잘 나타내주었다. 데이트와 발로(Date & Barlow, 1993, p.6)는 이러한 인종차별적 특징을 "유색 인종은 대개 말도 되지 않는 노래를 불러대며 무대 위를 누비고 다니는 모습이었다. 배우의 옷은 유치했고, 그의 움직임은 과장되기 일쑤였으며, 우스꽝스러운 대사를 하면서 마치 흑인이 백인처럼 행세하는 꼴이었다"고 묘사했다. 대중문화에서 나타나는 그런 이미지는 매스 미디어에서 보이는 전형적인 인종차별주의의 전조이다.

| 초기 인종의 이미지 |

인종차별주의는 19세기 대중문화 전반에 걸쳐 나타났다. 소설 『스파이』(The Spy)에서 제임스 페니모어 쿠퍼(James Fenimore Cooper)는 헌신적이고 충성스러운 노예라는 전형적 이미지를 보여주었다. 그 이후로 이런 이미지는 책이나 영화를 통해 자주 나타났다. 흑인으로 분장한 백인은 흑인을 우스꽝스러운 광대로 묘사하면서 인종차별적인 연극을 공연했다. 1830년대는 토머스 다트마우스 라이스라는 백인 배우가 길거리에 돌아다니는 어린 흑인 노예의 모습을 일상적으로 흉내내어 유명해졌다. 라이스는 얼굴을 까맣게 칠하고 누더기옷을 걸친 채 'Jump Jim Crow'라는 틀에 박힌 연기를 유행시켰다. 당시 흑인 분장 쇼에는 전통적인 흑인 음악에 흑인 얼굴로 변장한 백인들이 출연하곤 했다. 당시 유명했던 쇼의 제목은 'The Original', 'Aboriginal', 'Erratic', 'Operatic', 'Semi-Civilized and

Demi-Savage Extravaganza of Pocahontas'였다(Wilson & Gutierrez, 1995). 무대 위의 대중음악도 인종차별적인 고정관념으로 가득 찼다. 그러나 스토우(Harrier Beecher Stow)의 반노예적 소설인 『톰 아저씨의 오두막』(*Uncle Tom's Cabin*)은 흑인을 어린이처럼 순수하고 희생적이며 고통만 받는, 부드럽고 '긍정적인' 이미지로 묘사했다.

노예제도가 폐지되었음에도 불구하고 인종차별적인 이미지는 계속되었다. 다만 노예의 신분에서 충실한 하인으로 배역이 옮겨졌을 뿐이다. 이러한 고정관념에 따라 흑인 여성은 주로 집안일을 보는 하녀의 모습으로, 남성은 마음씨 좋은 '톰 아저씨'와 같은 성실한 농부의 모습으로 풍자되었다(Dates & Barlow, 1993, p.11). 그런가 하면 노예로부터 해방된 흑인들은 소설 속에서 성나고 거칠고 야수 같은 인물들로 그려지기 시작했다. 1915년에 제작된 그리피스(D. W. Griffith) 영화 *'Birth of a Nation'*에서는 흑인들에게도 배역이 많이 돌아갔지만, 감독들의 인종차별적 배역 설정은 여전했다.

1920년 윌슨 대통령에 따르면, 미국은 "세계를 민주주의의 보루로 만들기 위해" 1차 세계대전에서 싸웠다. 그렇지만 초기의 미국 영화를 보면 백인 우월적인 인종차별적 이미지가 계속 견지되고 있다. 흑인은 당시 영화 *'The Wooing and Wedding of a Coon'*(1905)이나 *'The Nigger'*(1915)에서 사악한 침략자로 나왔다. 멕시코 정부는 멕시코 사람을 도둑, 강간범, 살인자로 묘사한 *'The Greaser's Revenge'*(1914)의 국내 상영을 금지했고 영화에서 아시아인은 *'The Yellow Menace'*에서처럼 미국의 가치관을 위협하는 두려운 존재로 묘사되었다. 초기에 제작되었던 영화들은 *'The Aryan'*처럼 미국의 인디언보다 백인이 훨씬 우월하다고 공개적으로 주장했다(Wilson & Gutierrez, 1995).

2차 세계대전 이전부터 성장해 오던 영화 산업은 형식면에서는 다소 완화되었다고 하지만 그래도 인종차별적인 이미지의 연출은 계속되었다. 특히 미국 인디언 원주민들의 허름한 모습이 대중적인 서부 영화를 가득 메웠다. 한편 영화감독들은 은막에서 흑인들이 하인 역할을 맡는 것을 당연하게 여겼다. 특히 영화 *'Gone With the Wind'*에 출연했던 스칼렛 오하라의 하인 역을 맡았던 해티 맥다니엘이 흑인 최초로 아카데미상을 받은 뒤로는 더 그랬다. 남미로의 수출이 줄어들자, 할리우드는 초기의 전형적인 더러운 '멕시코인(greaser)'의 이미지를 이국적이고 정열적인 이미지로 바꿔버렸다. 이에 비해 아시아인들은 폭력적인 악당이나, 큰 인기를 끈 성룡처럼 웃기고 영리한 인물로 그려졌다.

| '현대적' 인종차별주의의 느린 변화 |

현대 미디어에서 묘사되고 있는 소수 민족의 이미지는 오랜 기간에 걸쳐 변화되어 온 것이다. 인종에 대한 미디어의 묘사는 세월이 흐름에 따라 달라져왔다. 2차 세계대전 이후, 특히 1960년대 들어 인권 문제가 크게 대두되자, 미디어는 이에 대해 예민하게 반응했다. 인권 운동 때문이었다. 인권 운동으로 인해서 인종간 평등에 대한 부르짖음은 할리우드에 적지 않은 영향을 미쳤으며, 1950년대와 1960년대 제작된 몇 개의 문제 영화에서는 흑인 차별 대우에 대한 비평이 영화의 주요 주제로 부각되었다. 1960년대 후반과 1970년대 초반에는 흑인 배우들이 출연한 영화가 부각되면서 호전적인 흑인의 힘을 과시했다. 1980년대와 1990년대는 우피 골드버그나 덴젤 워싱턴 같은 많은 흑인 배우들의 성공이 눈에 띄었다. 이때부터 영화감독들은 이러한 흑인 배우들에게 코미디에서 드라마에 이르기까지 다양한 장르에 걸쳐 배역을 맡기기 시작했다.

한동안은 인디언 원주민에 대한 백인들의 죄책감을 그린 영화들이 제작되었다. 그러나 1990년대 영화에서부터는 또 다른 고정관념이 새롭게 등장했다. 그것은 이상적인 인디언의 모습이었다. 예를 들어 영화 *Dances With Wolves*(1990)와 *Geronimo*(1993)는 백인의 죄책감과 함께 인디언의 존엄성을 그렸다. 영화에서의 이러한 배역 변화는 다른 인종에게도 해당되었고, 유색 인종에게 새로운 역할을 맡기는 일반적인 추세를 초래했다(Wilson & Gutierrez, 1995).

그러나 주류 영화들이 이처럼 고정관념에서 점차 벗어나고 있었음에도 불구하고, 아직도 현실적으로는 인종에 대한 찬반 논쟁이 계속해서 벌어지고 있다. 예를 들어 1998년 *The Siege*라는 영화는 뉴욕에서 벌어지는 아랍의 테러 행위를 그렸는데, 이 때문에 Council on American-Islamic Relation(CAIR) 같은 아랍계 미국인들은 격분하였다. 아랍계 미국인들은 그 영화가 아랍을 광신적인 폭력 집단으로 여기는 고정관념을 심어준다고 보았던 것이다. 그 영화의 주인공은 묘하게도 미국의 흑인 배우 덴젤 워싱턴이었다. 영화감독은 절대 고정관념을 갖고 영화를 제작하지 않았다고 자신을 방어했다. 「시카고 선 타임스」(*Chicago Sun Times*)의 영화비평가 로버트 에버트는 "영화 속에 스며 있는 편견적인 태도는 참으로 교활하다. ……이는 마치 반(反)유태주의가 1930년대 소설이나 언론을 오염시킨 것과도 같다. 그런데 이러한 오염은 독일뿐만 아니라 미국이나 영국에서도 일어났다"고 주장한다(Robert Ebert, 1998, p.27).

고정관념의 이미지는 점차 미디어 콘텐츠를 모니터하는 단체들로부터 도전을 받았다. 아시아계 미국인들은 TV에 자신들의 모습이 잘 비치지 않는 것을 불평했다. 아시아계 사람들이 전체 인구의 1/3을 차지하는 샌프란시스코를 무대로 제작된 *'Party of Five'* 또는 *'Suddenly Susan'* 같은 프로그램에서 아시아계 미국인이 전혀 출연하지 않는가 하면, 영화 *'Lethal Weapon 4'*에서는 홍콩의 인기 배우 이연걸이 전형적인 악당으로 나와 결국 멜 깁슨에게 비참한 최후를 맞는다.

이제 소수 민족에 대한 노골적인 인종차별적 이미지는 미국의 주류 미디어에서 찾아보기 힘들다. 물론 아직까지도 영화, TV, 소설, 그밖의 다른 미디어에서 인종차별적 이미지를 찾아볼 수 있지만, 겉으로 드러나는 고정관념적 인종차별 이미지는 대부분 사라졌다. 그렇지만 어떤 연구자들은 최근에도 인종차별주의적 유산은 애매하면서도 여전히 강력하게 작용하고 있다고 본다.

시카고 지역을 상대로 흑인과 백인에 대한 뉴스를 분석한 로버트 엔트먼은 인종차별의 이미지를 뉴스에서 어떻게 다루는지를 보여준다(Robert Entman, 1992). 그는 인종차별주의의 두 가지 차이를 말한다. 먼저 '전통적인 인종차별주의'는 흑인의 생물학적 열등감을 편협하게 다룬 반면, '근대적인 인종차별주의'는 "흑인의 행위나 열망에 대한 백인들의 적개심이나 거부감이 혼합된 것"이라고 한다(p.341). 그러므로 근대적인 인종차별주의가 더욱 심각하다. 엔트먼에 따르면 "지금은 고정관념이란 의미가 애매하지만 고정관념적 사고는 아직도 의식적으로 남아서 강화되고 있다"(p.345). 그렇다면 이러한 '근대적인 인종차별'은 뉴스 미디어에서도 찾아볼 수 있을까? 엔트먼은 그렇다고 대답한다.

그는 지역 뉴스에서 정치적으로 과격한 흑인들의 활동을 눈에 띄게 많이 다룬다는 사실을 발견했다. 우리는 뉴스에 그러한 활동을 쉽게 포함시키는 것이 곧 인종차별적인 이미지라고 본다. 엔트먼은 "흑인 활동가들은 종종 흑인 공동체의 이익을 위해 국가에 탄원을 한다. 반면에 백인 지도자들은 전체 거주 지역에 대해서 빈번히 언급하는 것을 볼 수 있다"(p.355)고 말한다. 따라서 시청자가 보기에 흑인들은 넓은 의미에서 공익보다는 자신들의 사적 이해에 국한된 '특별한 관심'을 더욱 추구하는 것으로 비춰진다. 인종에 대한 고정관념은 자꾸 순환되기 때문에 잠시 멈춰서 보기가 힘들다. 다년간의 인종차별주의로 인한 정치적 변화는 '흑인 공동체' 대신 흥분하는 흑인 지도자들을 개별적으로 많이 다룬다는 것이다. 뉴스 미디어는 이러한 활동을 때맞춰 보도한다. 그러한 보도는 의도하지 않게 흑인들이 특별한 처우를 받으려 한다는 메시지를 전달하게 된다. 그 결과 흑인들이 정치적 특혜를 추구한다는 백인들의 원성을 불러일으킨다.

윌슨과 구티에레는 일반적으로 소수 민족을 다루는 미디어에 비슷한 문제가 또 있다고 제기한다. 최근에 "소수 민족에 대한 보도는 가끔 소수 민족 공동체에서 일어나는 흔치 않은 일에 초점을 맞춘다. 이를테면 청년 갱단, 불법 이민, 인종간 폭력 등이 그것이다"(Wilso & Gutierrez, 1995, p.26). 물론 그러한 주제가 현대 사회에서 있을 수 있다고 정당성을 인정받기는 하지만, 그러한 부정적인 기사를 아주 배타적으로 강조함으로써 소수 민족을 사회에서 문제를 일으키는 집단으로 여겨지게끔 한다는 것이다.

엔트먼은 정치적으로 과격한 흑인들을 부주의한 인종차별주의자로 묘사하는 것을 비난한다. 그러나 일상적으로 "화를 내거나 요구하는 어조로 이야기하지 않는" 흑인으로 그려지는 것도 비난한다. 그는 흑인 뉴스 앵커들이 일반적으로 "무감각하고 친근감은 있지만 다소 사무적인 감이 있다"(p.357)고 말한다. 방송 관리자들은 가끔 지역 뉴스 시간에 백인과 함께 흑인 앵커를 기용한다. 이러한 실천은 긍정적인 단계로 여겨지는데, 이에 대해서 엔트먼은 다음과 같이 말한다.

흑인 앵커의 이미지는 흑인들에 대한 백인들의 안타까움을 보강하는 기능을 한다. 앵커의 등장은 만약 흑인이 말없이 일만 열심히 한다면 체제 내에서 발전하고, 백인들보다 돈도 더 많이 벌 수 있음을 의미한다. 이처럼 특별한 공적 역할을 맡은 매력적인 흑인들은 흑인이 본래 열등한 존재도 아니고 사회적으로 꺼려지는 존재도 아니라는 의미를 함축하고 있다. 또한 인종차별주의가 흑인의 발전에 더 이상 심각한 장애물이 되지 않을 것이라는 뜻이다.

엔트먼의 논의는 불확실하긴 하지만 매우 자극적이다. 그의 연구는 뉴스 시청자를 대상으로 한 것이 아니라 뉴스 프로그램의 내용 분석에 기초한 것이다. 그의 연구를 통해서 수용자들이 자신들이 보고 있는 것을 어떻게 해석하는지에 대해 말하기는 곤란하다. 그렇지만 엔트먼의 연구에서 흑인의 미디어 이미지가 앞으로 어떻게 변할 것인가에 대한 어려운 질문이 제기된다. 예를 들어 만약 흑인을 뉴스 앵커에서 배제한다면 인종차별주의를 반영하는 것이 되고, 고용한다면 인종차별주의가 사라진다고 판단할 때, 미디어는 과연 어떻게 처신해야 하는가? 엔트먼의 연구에 따르면 우리는 인종과 미디어를 상호 통합적인 관점에서 이해해야 한다. 만약 뉴스가 계속 인종차별적인 주제를 다룬다면 다양한 인종의 뉴스 앵커를 기용한다고 해서 어떤 발전이 있으리라고 기대하기는 어렵다. 콘텐츠를 위시한 미디어의 모든 면이 인종적으로 다양한 사회를 더욱 정확히 반영할 때, 실질적인 변화가 이루어질 것이다.

엔트먼은 미디어의 제작 과정이 어떻게 콘텐츠에 영향을 미치는가를 더욱 자세히 들여다보아야 한다고 강조한다. 엔트먼은 뉴스의 제작 규범이 뉴스의 고정관념적 이미지와 깊이 연결되어 있다고 믿는다. 예를 들어 뉴스의 드라마틱한 줄거리를 창조하기 위해서 기자들은 흑인 지도자들로부터 감정적이고 갈등을 초래할 만한 '말'을 수집한다. 종종 오도됨에도 불구하고, 이런 극적인 인용은 "좋은 TV"라는 미디어의 관행을 따른다. 이런 기준과 관습이 미국 흑인의 전형화된 이미지에 기여하는 것은 의도하지 않은 결과이다.

| 인종과 계층 |

엔트먼의 연구는 미국 흑인 묘사에 나타나는 계층간의 문제를 암시한다. 중산층으로 그려지는 흑인 앵커는 많은 뉴스에서 그려지는 빈곤한 노동계층 흑인과 대조적이다. 따라서 서로 다른 인종을 그려내는 미디어의 이미지를 이해하기 위해서는 흑인들만의 성별과 계층이 어떻게 그려지고 있는지를 알아보는 것이 매우 중요하다. 그렇지만 미국의 주류 미디어를 이해하는 데 흑인들은 단지 한 가지 인종적 변인에 불과하다.

TV에 나오는 흑인의 모습이 갖는 계층의 이미지는 확연하다(Gray, 1989). 오늘날의 미디어 환경에서 중산층 흑인들은 주로 주시청 시간대에만 몰려서 나온다. 1980년대 인기 드라마였던 *The Cosby Show*'는 전통적인 '미국인의 꿈'을 이룩한 성공적인 흑인 가정을 그린 것이었다. 반면에 뉴스나 기록영화에 나오는 흑인들의 이미지는 마약, 범죄, 폭력 등에 휩쓸린 빈곤층 흑인들을 주로 대상으로 삼는다. 이러한 상반된 이미지에 따르면 어떤 흑인은 확실히 성공하는 반면 어떤 흑인은 자신의 잘못으로 인하여 실패한 삶을 산다.

TV, 라디오, 영화, 음악, 광고 등에 나타난 흑인들의 이미지를 종합해 연구한 데이츠와 발로에 따르면 백인들이 제작하는 미디어에 나타나는 흑인들의 이미지와 현실 세계의 차이는 사회적 갈등을 복잡하게 만들고 있다고 한다(Dates & Barlow, 1993, p.527). 사실 유색 인종을 묘사하는 요소는 세대, 성별, 계층 등의 차이와 같은 다양한 변인들에 의하여 결정된다. 그러므로 흑인 또는 어떤 유색 인종이라도 피부색 자체 때문에 미디어 이미지가 결정되는 것은 적절치 못하다.

인종에 대한 미디어 이미지의 통제

소수 민족은 자신들이 미디어에서 어떤 고정관념에 따라 비춰지는 것을 당연하게 여긴다. 그것은 오랫동안 윤택한 백인들이 주류 매스 미디어를 통제하고 있었기 때문일 것이다. 그러나 역사적으로 볼 때 흑인과 다른 소수 민족들은 저항 문화를 통해 그에 대응해 왔다. 이것은 매우 중요한 사실이다. 노예 시절의 프레데릭 더글러스(Frederick Douglas)로부터 랭스톤 휴(Langstone Hughes)에 이르기까지, 베시 스미스(Bessie Smith)로부터 랩 가수 퍼블릭 애니미(Public Enemy)에 이르기까지 그리고 폴 로빈슨(Paul Robinson)에서 스파이크 리(Spike Lee)에 이르기까지 흑인 예술가들이나 활동가들은 백인들이 소유하고 있는 미디어 문화의 고정관념적 이미지에 대항하여 반문화를 창조해 왔던 것이다. 「자유신문」(*Freedom's Journal*)은 미국에서 처음으로 발행된 흑인 신문이었다. 1827년 그 신문의 편집장은 다음과 같이 썼다. "우리는 인종차별의 원인을 분쇄하고자 한다. 오랫동안 많은 사람들이 우리에 대해서 말해왔는데, 사실 그것은 잘못된 미디어의 표현으로 사람들을 속여 온 것이다"(Rhodes, 1993, p.186).

이러한 감정은 다른 소수 민족들로 하여금 주류 미디어에 대항하는 대안 언론을 만들게 하였다. 예를 들어 저널리즘에서는 첫 번째 남미 신문이 백인 편집자의 손에 의하여 1808년 「엘 미시시피」(*El Misisipi*)라는 이름으로 미국 뉴올리언스에서 발간되었다. 첫 번째 인디언 원주민의 신문인 「체로키 피닉스」(*Cherokee Phoenix*) 도 1828년에 창간되었다. 아마도 최초의 아시안계 미국인의 신문은 1851년 샌프란시스코에서 발행된 「더 골든힐스 뉴스」(*The Golden Hills' News*)였을 것이다. 세 가지 신문 모두 두 가지 언어로 발행되었는데, 지금까지도 남미, 아시아, 인디언 등을 대상으로 많은 지역에서 두 가지 언어로 신문이 발행되고 있다(Wilson & Gutierrez, 1995).

여성이나 빈곤층 노동자들도 유색 인종과 함께 기본적인 딜레마에 빠졌다. 그들은 대안 언론을 발전시켜 나가거나, 아니면 주류 미디어 안에서 싸우거나 둘 중 하나를 선택해야만 했다. 대안 언론이라는 첫 번째 전략은 제작자를 통제하거나 재원의 한계를 극복해 낼 수는 있었지만, 항상 소수의 독자에게만 전달된다는 한계가 있었다. 왜냐하면 주류 미디어처럼 다수의 독자를 상대로 대중 미디어를 제작하고 운영하기에는 예산과 기술이 턱없이 부족했기 때문이다.

주류 미디어 안에서 투쟁하는 두 번째 전략은 장점도 있지만 단점도 있었다. 주류 미디어의 성공으로 상품을 수백만 명의 사람들에게 전할 수 있게 하는 주요 자금원에 접근할 수는 있었지만, 주류 미디어는 여전히 소수 갑부 백인들이 소유 또는 통제하고 있었다. 일부 여성이나 유색 인종은 막강한 권위와 영향력을 가진 백인 밑에서 여전히 천대받으며 일하고 있었다. 저널리즘의 역사를 보아도 이를 알 수 있다. 1978년에서 1998년까지 20년 동안 미국의 뉴스 제작부 기자 가운데 소수 민족의 비율은 4%에서 11.5%로 3배 가량 늘어났다. 이런 증가는 물론 발전적인 변화이지만, 일반적으로 뉴스 편집자가 증가하는 비율에 비하면 대단히 낮고 느린 편이다. 그리고 1998년 현재 인구의 26%에 달하는 소수 민족이 여전히 미디어 내에서 별 볼일 없는 업무를 맡고 있었다. 더욱이 소수 민족은 뉴스 제작부에서 서열 상 낮은 직책에 몰려 있었다. 12.5%가 기자이고 단지 9%만이 관리직이었다

(American Association of Newspaper Editors, 1998). 언론계에서 소수 민족의 언론인이 변화를 가져올 수 있는 한 가지 방법은 이익 단체를 조직하는 것이었다. 그러한 단체로는 National Association of Hispanic Journalists, the Asian America Journalists Association, the National Association of Black Journalists, the Native American Journalists Association 등이 있다.

6.4 | 성별과 미디어 콘텐츠

어떤 면에서 여성을 다루는 미디어의 역사는 유색 인종을 다루는 미디어의 역사와 비슷하다. 그동안 여성은 어떤 종류의 미디어에서나 종종 무시되어 왔다. 다시 말하면 초기 매스 미디어에 나타난 여성의 모습은 고정관념에서 한 치도 벗어나지 않았던 것이다. 그러나 미디어 수용자나 미디어 기업은 점차 여성의 권리를 주장하는 운동의 영향력을 인식하면서 그러한 고정관념화된 이미지를 변화시켜 나갔다. 여기서 우리는 불의(injustice), 불평등(inequality), 변화(change)의 역사를 검토해 보고자 한다.

여성: 미디어 출연과 미디어의 통제

미디어와 성별에 관한 방대한 문헌을 조사해 보면 미디어의 출연 빈도에서 여성과 남성이 근본적으로 불평등했음을 알 수 있다. 예를 들어 TV의 경우 여성보다 남성이 훨씬 더 많이 등장하며, 주인공 역할도 남성이 월등히 많다(Fejes, 1992). 1984년에 조사된 MTV의 경우, 여성이 주도하던 프로그램의 비율은 단지 12%에 지나지 않았다(Brown & Campbell, 1986). 물론 많은 영화, 뮤직 비디오, TV 등의 줄거리를 살피면 가정이나 이성 관계가 중심을 이루고 있는 것을 알 수 있는데, 그 가운데 여성은 소수 인종과는 달리 비록 조연이지만 정기적으로 출연한 것만은 확실했다.

그러나 미디어의 이미지 제작을 통제하는 것은 주로 남성이다. 예를 들어 뉴스 미디어의 경우, 1990년대 초반에 전체 언론사에서 근무하는 사람 가운데 1/3 정도가 여성임에도 불구하고 미디어 조직의 간부는 대부분이 남성이었다(Duckworth et al., 1990). 게다가 중간층의 직원 가운데 25%, 간부층의 6%만이 여성이었다

(Lafky, 1993). 1994년에는 TV 방송국의 뉴스 감독 가운데 20.6%가 여성이었다 (Stone, 1996). 1995년에 여성은 주요 신문 1면 기사의 19%만을 작성했고, 텔레비전 뉴스 중 20%만을 여성 통신원이 보도했다(Bridge, 1995). 이러한 불평등은 다른 미디어에서도 비일비재했다. 예를 들어 할리우드 영화감독은 역사적으로 남성 위주로 구성되는 전통을 가지고 있다. 여성 영화감독은 거의 전무했던 것이다.

이러한 추이는 다른 국가들에서도 비슷하거나 더욱 심했다. 성별과 국제 미디어의 관계를 연구한 레슬리 스티브스는 세계 다른 나라에서도 영화, 출판, 라디오, TV 등에서 여성들의 수가 총체적으로 불충분하다는 결론을 내렸다(Leslie Steeves, 1993). 남미의 유명한 *fotonovelas*(코미디 책 형식의 연애담)를 비롯하여 대부분의 방송 드라마와 여성용 잡지에서도 여성에 대한 편견적 이데올로기가 강화되고 있음을 알 수 있었다(p.41).

뉴스 보도에서도 여성은 과소평가되고 있다. 통계가 나와 있는 대부분의 국가에서는 전체 뉴스 기사 중 여성에 대한 내용은 20%도 채 안 된다. 거의 모든 국가에서는 그보다 더 비율이 낮다. 여성에 관한 뉴스 보도가 적은 것은 여성이 비활동적이라서 그런 것이 아니라 대개 여성은 가정 내 역할에 치중해 있고 주로 몸매에만 신경쓴다는 선입견 때문이다.

성별과 관련된 편견은 해외에서 수입하는 미국의 미디어 상품에 잘 나타나 있기 때문에 여성에 대한 미국의 이미지가 다른 국가에도 침투되었다. 여성은 일반적으로 미디어의 통제 아래 놓여 있기 때문에 결과적으로 남성보다 적게 다루어지는 것이다.

미국에서 제작된 미디어 상품이 전세계로 엄청나게 수출되고 있는 상황을 고려하면 미국의 여성 이미지도 다른 국가에 침투했음을 알 수 있다. 주류 미디어에 나타나는 불평등하고 불만족스러운 여성의 이미지 때문에 많은 여성 단체들은 대안 미디어의 발전에 초점을 맞춰왔다. 그래도 대부분의 국가에서 대안 미디어의 하나로 정기간행물을 발간하여 잘못된 이미지를 바로잡으려 시도했지만 효과는 별로 없었다. 국제적으로는 오직 9개 국가에서 10개 이상의 대안 미디어가 간행되었는데, 그 국가란 캐나다(59개), 영국(51개), 독일(38개), 아르헨티나(21개), 호주(21개), 네덜란드(17개), 프랑스(11개), 이탈리아(11개), 스위스(11개) 등을 말한다.

여성에 대한 미디어 역할의 변화

미디어에서 그려지는 여성과 남성의 이미지는 성적 역할이 갖는 고정관념에 따라 묘사되었다. 액션 드라마에서는 남성이 더 많이 나오지만, 코미디나 주간 드라마(soap opera)에서는 덜 나오는 경향이 있다(Fejes, 1992). 또한 남성은 여성보다 직장에서 더 높은 직위를 맡고 있으며, 가정에 있는 모습은 잘 찾아 볼 수 없다. 프로듀서들은 여성보다 남성을 지배적으로 묘사하고 폭력에 더 많이 개입하는 것으로 그린다. 코미디에서 남성은 여성을 깔보기 일쑤다. 심지어 간단한 카메라 작동에서도 여성과 남성을 다르게 다룬다. TV 카메라는 남성의 경우 가까이서 얼굴에 주로 초점을 맞추는 대신 여성은 몸매 전체를 비추는 경우가 많다.

페제스는 "TV 성인물에서는 남성미에 대한 전통적인 존경심이 남아 있다"고 결론을 내린다(p.12). 일반적으로 남성은 미디어에서 강인하고 성공적으로 묘사된다. "고위직을 차지하며 감정에 사로잡히기보다는 합리적인 사고에 근거해 행동한다. 그리고 가정이나 인간 관계에 얽매이지 않으며 문제 해결을 위하여 투쟁해 나간다." 페제스가 지적하듯이, 현대의 미디어가 우리에게 경종을 울리는 것은 "TV에서 비치는 남성미는 주로 중류층 백인의 것"이라는 점이다. 여러 가지 중요한 차이가 있음에도 불구하고 광고, 영화, 음악, 그밖의 미디어를 통해서 우리는 비슷한 성차별을 관찰할 수 있다.

여성의 역할은 가끔 여성다움에 대한 비슷한 고정관념을 반영하곤 했다. 다년간 여성의 지배적인 역할은 어머니나 가정주부 또는 섹스 대상에 머물러 있었다. 그렇지만 미디어 기업에서는 사회 변동을 부르짖는 여권 단체에 반응을 보이기도 했다. 인종적 고정관념에 대해서처럼 미디어 기업은 그동안 고정관념화된 성별 이미지를 그린 것에 대해서 침묵하고 있다. 어떤 사람은 이에 대해 1980년대의 여권론자들이 획득한 "역회전"이라고 부르기도 하지만, 확실히 25년 전에 비해 1990년대 미디어에서 그려진 여성의 이미지는 다양한 색채를 띠고 있다(Faludi, 1991). 그렇지만 아직도 미디어에서 여성이 불평등하게 취급받듯이, 성적 고정관념은 전체 사회가 당면한 문제이기도 하다. 이러한 불평등은 TV 드라마에서 작가들이 창조해 내는 여성에 대한 고정관념화된 역할에서 보듯이 너무나 직설적이어서 포착해 내기도 쉽다. 그렇지만 인종적 고정관념처럼 성적 고정관념도 가끔 애매한 형태로 나타나기도 한다.

예를 들어 메스너와 그의 연구진은 다음과 같이 지적하고 있다(Messner, 1993, p.122).

모든 종목에 걸쳐 스포츠는 아직도 남성이 지배하고 있다. 스포츠는 남성미의 본보기라는 지배적인 이상형을 아직도 내걸고 있는 것이다. 그러나 지난 2세기 동안 남성과 동등한 근육과 힘으로 기존의 남성 위주의 스포츠에 직접 도전하려는 여성의 운동 열기가 극적으로 증가되었다. 간단히 말해서 스포츠와 관련된 제도가 성별과 이데올로기 간의 '싸움장'으로 얼룩지기 시작한 것이다.

메스너와 그의 연구진은 이러한 싸움장에서 미디어가 과연 어떤 역할을 했는지 검토하였다. 과거의 연구들에 의하면 역사적으로 남성의 스포츠에 비하여 여성의 스포츠는 하찮은 것으로 보도되었다. 즉, 신문이나 TV에서 스포츠란의 10%도 안되는 양을 여성 스포츠에 할애했던 것이다. 어린이들이 많이 보는 스포츠 잡지에서도 남성 체육인의 이미지가 여성보다 두 배 많았다. 여성의 스포츠 보도를 늘릴 수 있는 희망은 오로지 케이블 TV밖에 없었다.

1970년대와 1980년대 초반에 이루어진 연구에 따르면 TV는 여성 운동가들에 대해선 거의 다루지 않은 것으로 나타난다. 그저 여성들은 "겉으로 보기에 하찮은 존재이고 천진난만하고 감성적일 뿐이었다"(p.123). 이에 따라 메스너는 여성 스포츠에 대한 이미지를 연구했다. 1989년 여자대학농구대회(NCAA : National Collegiate Athletic Association)와 US 오픈테니스대회의 경기를 TV가 어떻게 다루는지를 조사한 메스너와 그의 연구진은 미디어가 미묘한 방법으로 성별 불평등을 반영·재창조하고 있다는 것을 알아냈다.

첫째, 연구진은 "종전에 성차별주의자들이 관찰해 왔던 직설적인 면은 별로 드러내지 않았다"고 지적했다(p.125). 그러나 테니스의 경우, 남성과 여성을 비추는 TV 카메라의 각도가 다르다는 것을 발견했다. 즉, 미디어 제작자들은 모호한 방법으로 성적 대상을 다루었던 것이다. 그러나 연구 결과에서 주요 초점은 언어상으로는 그런 성적 차별이 보이지 않았다는 것이다. 우리는 이러한 발견을 좋은 뉴스로 받아들여야 했다. 왜냐하면 종래의 연구에서는 성차별주의가 언어에서도 아주 직설적으로 나타나 지금과 확연히 대조를 이루었기 때문이다.

둘째, 그렇다 해도 여성과 남성의 경기를 논평하는 틀이 달랐다. 특히 여성 농구 경기를 중계할 때 성별 구분이 확연히 드러났다. 예를 들어 세 경기를 치르는 동안 77번이나 여성 경기라는 점을 강조했다. 게다가 102번이나 여성을 강조하는 팀 이름을 언급했다. 이에 반해 남성 경기에서는 남자라는 성별을 강조하지 않았다. TV 보도에서도 남성 경기는 남자라는 성별을 강조하지 않고 단지 일반적인 중계만 했다.

테니스 경기에서는 거의 비슷하게 처리되었다. 예를 들어 '남자 복식 결승', '여자 단독 중간 결승' 등으로 표현한 것이다. 그런데 성별 차이의 표현은 경기 중계에서 더 많이 언급되었다. 연구진은 "혼합 복식 경기에서는 해설가가 여러 번 릭 리치(Rick Leach)는 세계에서 최고의 복식 선수라고 언급하며 남성이라는 지적을 하지 않았지만 로빈 화이트(Robyn White)는 해당 분야에서 가장 힘찬 여성 중 한 명이라고 언급하며 여성이란 점을 강조했다"고 지적했다. 그런가 하면 CBS에서는 분홍색 그래픽을 여성 경기에 사용하고 남성 경기에는 파란색을 많이 사용함으로써 남녀의 성적 차별을 더욱 드러냈다.

운동 선수를 부를 때에도 성별 차이가 있다. 아나운서들이 여성을 호칭할 때는 "girls", "young ladies", "woman" 등으로 부르는 반면 남자 선수에게는 절대 "boys", "men", "young men", "young fellas" 등으로 부르지 않는다. 해설자들이 테니스 경기를 중계할 때도 여성의 이름(first name)을 남성 선수들보다 7배나 많이 부른다. 농구 경기에서는 남성과 여성의 비율이 2:1쯤 된다. 메스너와 그의 연구진은 독자들에게 "연구에서 말하고자 하는 것은 사회적 지위나 나이, 직업, 인종, 성별 등에서 지배자에게는 대개 성(last name)을 부르지만, 종속자에게는 그냥 이름을 부르는 경향이 있다"는 것을 알려준다(p.128).

끝으로 운동 선수에 대한 언어 사용에서도 일련의 차이가 드러났다. 남성 코치에게는 "고함지른다"고 표현하는 반면에 여자 코치는 "비명을 지른다"고 표현한다. 아나운서들은 여자 테니스 선수에게 "신뢰감이 간다"고 말하곤 하는데, 그런 말은 남자 선수들에게는 절대 사용하지 않는다. 그것은 아나운서들이 남자 선수들에게는 당연히 신뢰감이 간다는 말일까? 또 여자 선수가 정확히 골을 넣으면 "운이 좋다"고 한다. 아나운서들은 게임에 승리했을 때도 다르게 표현한다. "남자 선수의 승리는 개인기, 직관, 지능, 크기, 힘, 신속함, 노련미 등이 섞여서 이루어졌다고 한다. 그러나 여자 선수가 승리할 때는 개인기, 노련미, 지능, 진취성 등을 언급하면서도 감정, 행운, 협동심, 가족 등과 같은 표현들을 사용하면서 성공을 거두었다고 중계한다"(p.130).

언어는 결코 중립적이지 않다. 운동 경기를 보더라도 미디어 보도는 분명히 성적 차별을 나타내고 있었다. 미디어 전문가들이 조금만 신경을 써서 고정관념화된 성별 역할을 묘사하지 않는다면, 아마도 현실 세계에서 남녀의 성적 차별을 없애는 데 도움이 될 것이다. 바꾸어 말하면 미디어가 의도적으로 고정관념에 반대되는 언어를 구사한다면 사회의 차별적 인식을 바꾸는 데 일조하게 될 것이다.

6.5 | 계층과 미디어

사실 연구자들은 미디어 콘텐츠가 다루는 계층에 대한 연구에는 별로 주력하지 않았다. 예를 들어 TV에서 인종간이나 남녀간의 문제를 다루는 것보다 계층에 대한 연구는 비교적 적게 이루어졌다. 그러나 계층은 미디어 콘텐츠를 분석하는 데 아주 중요한 변인이다. 미디어에서 그려지는 사람들의 계층별 분포와 배우들에게 각기 다르게 주어지는 계층별 역할을 조사하면 미디어를 더욱 잘 이해할 수 있다. 따라서 계층과 미디어의 관계를 고려하는 것은 매우 중요하다.

"어떤 사람들은 다른 사람들보다 더 중요하다"

계층은 미디어에서 독특한 방법으로 묘사된다. 계층은 광고주나 프로듀서, 콘텐츠, 수용자 등과 연결되어 고려되는데, 알다시피 상업적 미디어가 이윤을 남기기 위해서는 광고를 경제적 변인으로서 가장 예민한 위치에 놓는다. 광고주들은 상품을 구입할 수 있는 충분한 수입을 가진 미디어 수용자와 접촉하고 싶어한다. 광고를 분석해 보면 어떤 계층의 사람들이 미디어 상품을 잘 구입할지 추측할 수 있을 것이다. 보통 사람들은 치약이나 햄버거를 사겠지만 귀금속이나 고급 승용차, 투자 등과 같은 광고는 좀 넉넉한 수용자를 대상으로 한다. 예를 들어 세계적으로 유명한 잡지 한 권을 들여다보면 거기에 실린 광고가 누구를 목표로 삼고 있는지를 금방 알 수 있다. 결국 미디어는 윤택한 사람들을 대상으로 그들에 맞게끔 콘텐츠를 조정한다.

계층의 영향력은 때때로 이해하기 힘든 차원에서 다루어진다. 예를 들어 잘 알려지지 않은 전략 가운데 하나가 이윤을 높이기 위하여 신문 기업이 발행 부수를 줄인다는 것이다. 처음에 이런 말을 듣게 되면 불가능한 전략처럼 들릴 것이다. 하지만 여기에서 편집자들이 어떻게 운영하는가를 설명하겠다. 신문 수입의 약 2/3는 광고에 의존한다. 독자의 구독료만으로는 충당되지 않는다. 그러므로 원만하게 경영하려면 광고에 신경을 써야 된다. 바꾸어 말하면 위에서 언급한 것처럼 광고주들은 여유 자금으로 자기들의 상품을 소비할 수 있는 독자와 연결되기를 원한다. 주요 신문사에서 광고주에게 보이는 정보는 항상 신문을 읽는 구독자의 경제력이다. 왜냐하면 그 사람들이 곧 광고주가 원하는 사람들이기 때문이다. 광고란을 팔기 위해서 신문은 구독 성향에 대한 인구통계학적 자료를 개발한다. 신문사들은 여기서 두 가지를 선택할 수 있다.

첫 번째 전략은 보다 풍요로운 독자를 확실하게 목표로 삼아 미디어 콘텐츠를 제작하는 것이다. 그 콘텐츠에는 주요 비즈니스 기사와 함께 증권 뉴스, 의상, 문화 등 상류층 활동에 어울리는 기사를 포함시킨다. 두 번째 전략은 더욱 직접적이다. 어떤 신문은 그들의 독자 중에 상품을 살 능력이 없는 가난한 사람들이 읽기 힘들게 신문을 제작한다. 편집자는 가끔 빈곤층 사람들에게는 신문 판매를 한정하기도 한다. 심지어 부유한 지역에서는 신문값을 올려서 판매 부수를 조정한다. 예를 들어 「로스앤젤레스 타임스」(*Los Angeles Times*)의 경우, 신문값이 시내에서는 보통 25센트이지만 부자 마을에서는 50센트이다(Cole, 1995).

빈곤층이나 노동자 계층의 사람들보다도 경제적으로 풍요로운 사람들을 더 중요시하는 미디어 기업은 신문사만이 아니다. 1970년대 ABC 방송국은 시청자에 대해서 바람직한 사회인구학적 자료를 정리하였는데, 그때의 제목이 "어떤 사람들은 다른 사람들보다 더 중요하다(*Some people are more valuable than others*)"였다(Wilson & Gutierrez, 1995, p.23). 이것만 보아도 계층별로 미디어의 이윤 지향적 속성의 배경을 알 수 있다.

계층과 미디어 콘텐츠

미디어에서 그려지는 미국 사회는 실제보다 훨씬 더 부유하다. 그러나 사실 미국인은 노동자 계층이 압도적으로 많으며 서비스, 점원, 생산직 등에 종사하는 사람들이 전문직 사람보다 더 많다. 그럼에도 미디어는 주로 전문직에 종사하는 중류층이 많은 것처럼 묘사하고 있다. 잡지나 영화, TV 프로그램 등에는 대개 중류층의 이미지를 담는다. 그러한 이미지는 광고에서 가장 확실히 나타난다. 그러나 광고는 상품을 팔기 위해서 단지 노동자 계층이나 빈곤층을 다루지 않는 것뿐이다. 광고는 그들보다는 편안한 중류층 사람들이나 상류층의 부유한 사람들을 대상으로 한다.

| 엔터테인먼트 미디어 |

엔터테인먼트는 광고와 다르다. 부치는 1946년에서 1990년까지 방송된 262편의 가정을 배경으로 한 시트콤을 분석한 바 있다(Butsch, 1992). 그는 주로 직장을 배경으로 하고 있어 주인공들의 직업이 드러나는 시트콤은 배제했다. 대개 가정을 배경으로 하는 시트콤은 직장을 멀리하고 가정에만 초점을 맞춘다. 그러므로 그러한 프로그램의 발상자는 얼마든지 자유롭게 직업을 선택하여 배우들에게 배역을 맡길 수 있다. 그런데 부치는 이들 프로그램 가운데 단지 11%의 가장만이 노동자 계층이거나 서비스 직종에 종사하고 있다는 것을 알아냈다. 가정을 무대로 하는 시트콤 가운데 70% 이상이 중류층 가정을 배경으로 삼았다. 실제로 1992년에는 미국의 직종 가운데 전문직이 15% 정도를 차지하고 있었다. 그러나 부치의 연구에 따르면 실제보다 3배나 많은 44.5%의 드라마에서 가장이 전문직을 갖고 있었다. 게다가 엘리트 전문직이 대부분이었다. 의사는 간호사에 비해 9:1의 비율로 더 많았고, 교사보다는 교수가 3:1로 많았으며, 변호사와 회계사도 9:1의 비율로 나타났다. 이렇게 TV에서 나오는 고소득층의 직업은 충분한 경제력을 갖고 있음을 의미하여 이런 배경의 가정은 모든 것을 잘 꾸며놓고 아름다운 중류층 집안 분위기를 연출하고 있다(사진 6-1). 다섯 가구 중 한 가구는 심지어 하녀까지 두고 있었다.

TV에서 그려지는 가정의 계층은 시청자에게 여러 가지 방법으로 전달된다. 그 가운데 가장 확실한 방법은 주인공이 어떤 직업을 가지고 있는가이다. 또 다른 방법은 집안을 어떻게 꾸몄는가이다. 대부분 주시청 시간대의 가족 드라마에서는 중류 또는 상류 계층의 가정이 나온다. 위 사진은 드라마 'Home Improvemment'에 나오는 것으로, 중류층 가정의 모습을 잘 보여준다. 책꽂이에는 책이 잘 꽂혀 있고 뒤뜰에는 부티 나는 운동 시설이, 식당에는 고급 식기가 있다. 이것은 아버지가 아들에게 식탁 예절을 가르치는 장면이다. 여러분은 주시청 시간대의 드라마에서 어떤 소품이 사용되고 있는지를 주의깊게 보기 바란다.

직업이 노동자인 미국의 시트콤 주인공을 생각해 보자. 잘 알려진 프로그램들이 그것을 잘 말해주고 있다. 'All in the Family'의 아치는 부두에서 일하는 노동자이고, 'Honeymooner'의 랄프는 버스 운전기사이다. 주시청 시간대의 만화영화 'Flinstone'에서 프레드는 채석장에서 기중기를 작동하는 사람이다. Fox의 'ROC'라는 프로그램에서는 쓰레기를 줍는 흑인이 주인공으로 나오고 그의 부인은 간호사로 나온다. 'Roseanne'에서 주인공들은 공장 직원, 여종업원, 미장원에서 머리 감겨주는 역 등 다양한 배역을 맡고 있다. 'Family Matters'에서는 아버지가 경찰관으로 나오고 'Married with Children'에서는 구두 판매원이 등장한다. 그리고 'The Simpson'에서 호머는 원자력 발전소에서 일하는 미자격 기술자로 나

대부분 중류층을 그린 드라마와는 달리 'Roseanne'이란 드라마는 미국의 검소한 노동자 가정을 대상으로 하고 있다. 식당이 아닌 부엌에서 식사를 하고, 의상도 화려하지 않다. 소품으로 나오는 가구도 닳아빠졌고, 책꽂이도 보이지 않는다. 벽에는 엘비스 프레슬리의 사진이 붙어 있고, 싸구려 집안 장식물이 눈에 띈다. TV 출연진의 계층을 적절히 그려내기 위해서 어떤 소품을 사용하는지 주의깊게 살펴보기 바란다.

온다. 또한 'Archi's Place'에 나오는 아치 벙커는 레스토랑 주인으로 나오고, 'Roseanne'에 등장하는 부모는 별로 성공하지 못한 오토바이 판매상으로 나온다. 이처럼 가정을 무대로 하는 시트콤을 보면 대부분 출연진들이 노동자 계층에 몰려 있음을 깨닫게 될 것이다. 그래서 부치가 연구한 바와 같이 시청자들은 현실에서 그런 노동자 계층 외에 더 많은 직업을 갖고 있다는 것을 잊게 된다(사진 6-2).

이제 시트콤에서 그려지는 집안의 가장이 중류층 직업을 가졌다고 생각해 보자. 법관, 의사, 건축가, 광고사 중역, 언론인, 경영인 등 그 직업을 나열하자면 상당히 많다. 부치는 이들 시트콤에서 많이 등장하는 중류층 배우들은 중요한 메시지를 전달하고 있다고 강조한다. 어떤 프로그램에서는 몇몇 노동자 계층 배우들이 인기를 얻는 경우가 있는데, 이는 표준에서 벗어난 그의 캐릭터 때문이다. 따라서 그가 경제적으로 성공하지 못하는 것은 그의 잘못임이 틀림없다. 이러한 관찰은 그레이가 연구한 미디어 속의 흑인과 대단히 흡사하다(Gray, 1989). 그레이의 논의에 따르면 엔터테인먼트 프로그램에 등장하는 중류층 흑인은 뉴스에서 나오는 실제 흑인들의 삶과 대조적이다

대부분의 TV 속에서 나오는 중류층 가족과는 대조적으로 노동자 가족의 가장은 때로는 사랑스럽고 익살맞게 나오지만 대개 모자란 사람으로 그려지기 일쑤다. 랄프 크램든, 프레드, 플린스톤, 알 번디, 호머 심슨 등이 그러한 경우다. 약간의 정도 차이는 있지만 모두 부자가 되려는 망상에 사로잡혀 있고, 어려움에 제대로 대처하지 못하는 바보처럼 나오는데, 그것은 그들이 똑똑하지 못하기 때문이다. 이러한 드라마에서는 남성보다 오히려 여성 등장인물을 더 현명하게 그리는 경향이 있다. 또한 이런 드라마에서는 노동자 계층의 아들이 아버지보다 더 똑똑한 것으로 묘사되기도 한다.

부치는 이러한 프로그램이 가끔은 중류층 가장을 우스꽝스럽게 그리고 있지만 실제 노동자 계층의 가장이 TV와 똑같은 것은 아니라고 역설한다. TV 코미디에서 보여주는 중류층 가정의 규범은 가장들이 그들의 직업에 충실하고 가끔은 현명하면서 능력 있는 아버지의 모습도 보여준다. 그러나 부치가 논의하고자 하는 것은 현실의 중류층 가정에서는 능력 때문에 성공할 수 있는 반면에, 드라마에서는 바로 그 능력과 지능이 부족하기 때문에 항상 고전하고 있다는 것이다.

중류층 대상의 코미디는 지속적으로 주시청 시간대에 인기를 끌었다. 처음에는 노동자 계층의 삶을 그리던 프로그램도 나중에는 달라졌다. 다국적 기업 내에서는 대학 출신도 노동자 계층으로 변모할 수 있음을 보여주었다. *Two Guys, a Girl and a Pizza Place* 라는 시트콤에서는 대학 시절에 같은 기숙사 방을 쓰던 학생이 둘 등장하는데, 이들은 훌륭한 미래가 펼쳐지기 전에 잠깐 피자집에서 아르바이트하는 것으로 나온다. 이와 비슷하게 *The Jamie Fox Show* 라는 프로그램의 주인공은 자기 아저씨가 소유하는 호텔에서 일하는 야심찬 배우 지망생으로 나온다. 물론 예외도 있다. *King of the Hill* 이라는 만화 영화는 프로판 가스 상인과 초등학교 선생을 다룬다. *The Steve Harvey Show* 에서는 전 R&B 가수가 고등학

교 음악 선생으로 변신하는 내용이며, *'Kings of Queens'*라는 드라마의 주인공은 소포 배달부였다. 그러나 노동자 계층의 사람들이 전체 인구에서 차지하는 비중이 아무리 높아도 비율을 따져보았을 때 네트워크 TV 드라마에서의 비중은 아직도 낮다.

미디어가 좀처럼 노동자 계층의 사람들을 비춰주지 않으면 노동조합에 가입한 노동자들을 보여주는 빈도도 그만큼 낮을 것이다. 인종이나 여성에 대한 고정관념적 이미지처럼 조합에 대한 미디어의 이미지도 수년에 걸쳐 달라져 왔다. 할리우드 영화, TV 드라마, TV 뉴스, 만화영화 등에 나타난 노동조합의 이미지를 조사한 퓨에테는 노동 조직이나 조직의 지도자들에 대한 미디어의 묘사가 지나치게 왜곡되어 있는 것 같다고 주장한다(Puette, 1992). 이를테면 노동자들은 말을 잘 듣지 않거나 게으르고 비생산적이며 투쟁적인 모습으로 그려졌다. 사실 노동조합은 미국이 갖는 경제력의 토대를 이루고 있음에도 조합 간부들은 학벌이 취약하기 때문에 필요 이상으로 기업인이나 공무원보다 더 부패하게 그려지기도 한다. 물론 노동조합은 완벽한 조직이 아니다. 그래서 미디어는 조합에 대하여 공정하게 다루려고 한다. 그렇지만 아주 드문 경우를 제외하고 집단적 영향력을 얻으려는 미국 노동자들의 가시적인 노력을 경멸하고 있다고 퓨에테는 지적한다.

| 뉴스 미디어 |

계층에 관한 문제는 뉴스 미디어의 콘텐츠에서도 마찬가지이다. 뉴스는 주로 중상류 계층의 수용자에게 초점을 맞춘다. 예를 들자면 주식에 관한 뉴스가 그것이다. 미국 가정의 다섯 가구 가운데 네 가구는 주식을 갖고 있지 않으며, 그런 뉴스에도 별 관심이 없다(Folbre, 1995). 사실 미국 내 주식의 85%를 전체 가구의 10% 정도가 소유하고 있는 것으로 추정되고 있다. 미국인들은 대부분 주식에 관한 뉴스를 이해하지도 못한다. 그런데도 미디어마다 주식 정보를 앞다투어 다룬다. 잠시 생각해 보자. 우리가 복지 지원금 집행에 대한 기사라든지 노동자와 관련된 법적 권리와 조합의 구성 또는 직장의 안전 관리나 재해 복지 정책에 관한 기사를 마지막으로 접한 것은 언제일까?

전반적으로 뉴스는 중류층이나 상류층의 세계관을 반영한다. 현재 신문사들은 많은 페이지의 신문을 매일 발행하고 있으나 그중 노동자 관련 기사는 찾아보기 힘들다. 뉴스는 보통 사람들을 소비자로 여길 뿐이다. 게다가 사람들은 자신을 비천한 노동자로 절대 간주하지 않는다. 대개 신문은 광고주들에게 밉게 보이지 않으려고 가능한 한 소비자 지향적인 기사를 싣는다. 예를 들어 1995년 「San Jose Mercury News」는 새 차를 구입하려는 소비자를 대상으로 비판적인 소비자 위주의 기사를 보도한 적이 있다. 그러자 지역의 47개 자동차 판매 영업소가 민감하게 반응했다. 그들은 서로 단합하여 매주 52면으로 발행되는 'Drive' 면의 광고 계약을 전면 해지하여 신문사는 약 1백만 달러의 광고비 손실을 입었다. 지역의 자동차 판매업소가 단체로 광고를 해약하는 압력이 그리 흔치 않기 때문에 신문사는 정부의 연방교역국(Federal Trade Commission)에 신고를 했다. 그 결과 자동차 판매업자들의 행동은 불법적인 공모로 결론내려졌다. 자동차 판매업자들은 FTC의 결정을 따라서 앞으로 신문 광고를 고의적으로 해약하지 않겠다는 약속을 했다 (Chiuy, 1995). 이런 사례는 곧 직접적으로나 간접적으로 광고가 미디어 콘텐츠에 영향을 미칠 수 있음을 보여주는 것이다. 광고주들은 미디어가 구매 욕구를 저해하는 콘텐츠를 제공하는 것을 결코 원치 않는다.

뉴스나 시사 프로그램을 즐겨 보는 시청자들은 전체 미국 사회에서 극히 일부에 지나지 않는다. '경성 뉴스(hard news)'는 항상 정치인이나 전문가 집단, 기업 간부 등 권력을 쥐고 있는 사람들을 다룬다. 많은 언론인들에게 있어서 뉴스의 정의란 결국 권력을 가지고 있는 사람들의 행동과 언사라는 것을 우리는 깨닫게 된다. 이 책의 4장에서 보듯이 언론사의 조직적 구조는 부와 권력에 대한 보도를 선호한다. 미디어 조직은 주로 시청이나 도청, 국회 등의 강력한 정부 기관 주변을 돌아다니며 뉴스를 수집한다. 또한 영향력이 있는 사람들은 기자 간담회, 언론 토론회 등과 같은 정보원을 언론인들에게 제공한다. 노동자 계층이나 빈곤한 사람들은 오직 범죄 기사에서나 추가적으로 보도될 뿐이다.

뉴스와 달리 시사 프로그램의 경우, 프로듀서들이 시사 문제를 분석해 줄 초대 손님을 선정하는 데는 그래도 개연성이 있는 편이다. 그렇다 해도 초대 손님의 계층별 특성은 전문가에 치우쳐 있다. 정평이 나 있는 시사 프로그램인 'Nightline'이나 'Macneil-Lehrer News Hour'의 초대 손님 역시 정치인이나 전문가들이다

(Croteau & Hoynes, 1994). 그러한 프로그램에 노동자를 대신하는 조직의 대표들은 거의 초대받지 못한다. 이른바 공영 방송이라 해도 일반적으로 초대 손님은 공공성과 관계없이 전문가 집단에 치우쳐 있음을 알 수 있다(Croteau, Hoynes & Carragee, 1996).

끝으로 계층의 이미지가 가끔 인종 차원에서 다루어지기도 한다. 노동자 계층이란 용어는 때로는 여러 피부색을 가진 사람들 중에서도 특히 백인의 이미지를 떠올리게 한다. 바브라 에렌라이히는 "예를 들자면 '보수 반동주의자(hard hat)' 또는 '백인 노무자(redneck)'라는 표현이 문제다. 노동조합은 이러한 계층적 용어들과 같은 비방을 반영하는 반동적이고 고집투성이들의 집합체로서 노동자 계층에 대한 가장 경직된 고정관념을 주고 있다"고 말한다(Barbra Ehrenreich, 1995, p.41). 또한 연구자가 관찰한 바로는 "오늘날 대학까지 나와서 매일같이 신문을 읽거나 TV만 보며 놀고 먹는 중년 계층의 사람들을 상상해 보면 대부분 거칠고 완고한 흑인을 떠올리는데 사실은 미국에 살고 있는 백인과 다른 민족들 모두를 포함하고 있다는 것은 의심할 여지가 없다"(p.40).

마지막 구절이 중요하다. 미디어에서는 사실 최저임금자의 2/3가 백인임에도 불구하고 흑인만을 '가난'의 상징으로 묘사한다. 주요 시사 잡지와 3대 전국 네트워크 방송을 연구한 결과에 의하면, 빈곤에 대한 기사와 사진을 비교한 결과 실제로는 생활 속에서 30% 미만의 빈곤층이 흑인이었는데도 잡지에서는 62%, 방송에서는 65%나 되는 것으로 그려졌다(Gilens, 1996). 그러한 계층과 인종에 대한 총체적인 오산은 국민들로 하여금 사회가 어떻게 구성되고 있는지를 잘못 인식하게끔 할 수가 있다. 사실 여론조사에 따르면 모든 인종을 포함하여 미국에서는 흑인들만이 빈곤한 것으로 과장되어 있다고 한다.

6.6 | 성별 지향성

끝으로 사회에서 미디어 안팎으로 불평등한 냉대를 받고 있는 또 하나의 집단을 살펴보기로 하자. 그것은 레즈비언과 게이다. 거의 모든 미디어에서 레즈비언과 게이는 수십 년 동안 무시되어 왔다. 인종 평등, 여권, 노동조합을 위한 운동과 마찬가지로 게이와 레즈비언들은 대안 미디어를 발전시키고, 주류 미디어에서 자신들을 긍정적으로 그리도록 해왔다.

레즈비언, 게이를 미디어에서 어떻게 다루었는지를 조사한 페제스와 페트리히에 따르면 1930년대 초 이래로 동성연애에 대한 영화에서 동성애는 코미디 소재로 쓰였거나, 일탈적이고 퇴폐적이며 때로는 야릇한 성적 자극을 주는 수단으로만 여겨져왔다고 한다(Fejes & Petrich, 1993, p.397). 1930년대 중반에서 1960년대 초반까지 보수적인 할리우드의 규범은 모든 영화감독들에게 게이나 레즈비언에 대한 이미지를 강력히 제한하도록 만들었으며, 심지어 검열까지 했다. 그 결과 1960년대까지도 게이나 레즈비언의 이미지는 대단히 부정적이었다. 페제스와 페트리히는 이 기간에 "동성애는 항상 불행하고 병적인 것으로 묘사되었으며, 심지어 사라져야 할 악마로까지 간주되었다"고 주장했다(p.398). 이들이 1961년에서 1976년까지 동성애자들이 나오는 모든 영화를 대상으로 분석한 결과, 모두 32편의 영화 가운데 18편의 영화가 동성애자들이 다른 사람들에게 살해당하는 것으로 끝을 맺었다. 다른 13편 중 한 편은 동성애자가 거세를 당하고, 나머지는 모두 자살하는 것으로 끝났다. 그렇게 마무리하는 것 외에 다른 선택의 여지가 없었던 것이다. 레즈비언이나 게이가 직접 독립영화를 만들어 다양한 이미지를 제시하면서 아무리 동성애를 공평하게 그려도 동성애에 대한 긍정적인 이미지는 현실에서 거의 볼 수 없었다.

TV도 할리우드 영화를 본떴다. 여장의 코미디에서부터 악마를 위협하는 드라마에 이르기까지 TV는 동성애를 비방하고 나섰던 것이다. 페제스와 페트리히는 1967년 CBS 기록영화의 사회를 맡았던 미케 월레스(Miike Wallace)가 "일반적으로 동성애자들은 문란하다. 동성애자는 이성간의 결혼처럼 지속적인 관계에 관심도 없고 불가능하다"고 결론내린 것을 언급한다. 그러다가 1970년대와 1980년대에 걸쳐 게이와 레즈비언의 물결이 거세지면서 비로소 TV는 동성애를 공정하게 묘사하기 시작했다. 1974년까지도 병원 드라마 *Marcus Welby* 에서 동성애자들은 어린이를 대상으로 하는 성적인 치한에 가까우며 동성애는 불치병에 가까운 것으로 그려졌다. 게이 과격론자들은 게이나 레즈비언에 대해 부정적 묘사를 일삼는 미디어에 반대하는 시청자 집단을 조직하여 이 프로그램에 항의했다. 그런 노력 때문인지 주시청 시간대의 드라마에 게이와 레즈비언 배우들이 등장하기도 했다. 또한 드라마를 통해서 동성애는 이성애자의 정상적인 생활과 기대를 깨뜨리는 문제점으로 다루어지기도 했다(Fejes & Petrich, p.401). 1980년대와 1990년대에 AIDS와 관련하여 동성애는 더욱 심각한 현실적인 문제로 떠올랐다. 이번에는 보수주의자들과 종교계의 정통파 기독교인들이 미디어 이미지를 공격하고 나섰다. 그들은 게이나 레즈비언을 긍정적으로 묘사하는 미디어에 항의하는가 하면 그러한 프로그램에 나오는 광고 상품의 불매 운동을 벌이기도 했다.

이 문제와 관련해 가장 획기적인 사건은 1997년 코미디 시트콤 *'Ellen'*에 나왔던 여배우 엘렌이 공개적으로 커밍아웃을 한 것이다. 이를 계기로 TV에서 공개적으로 게이 스타를 등장시킨 첫 번째 날을 기념하기 위하여 GLAAD(the Gay Lesbian Against Defamation)는 특별히 'Coming Out with Ellen'이란 기부금을 마련했는가 하면 Human Right Campaign에서는 수천 명의 손님을 맞이하는 전국 규모의 어린이 파티를 개최하기도 했다(Rosenfeld, 1997).

일년 후 *'Ellen'*이란 드라마의 시청률은 떨어졌지만 게이나 레즈비언 배우들은 TV에서 뛰어난 연기력을 과시했다. 1998년 가을에는 인기 드라마 *'Chicago Hope'*에 나오는 의사와 *'Spin City'*에 나오는 게이 인권론자를 포함하여 TV나 케이블 TV에서 21명의 게이와 레즈비언 배우들이 활약했다(GLAAD, 1998). 어떤 경우에는 이들 동성애 배우들이 직접 미디어의 고정관념적 이미지에 저항하기도 했다. *'Spin City'*에 나오는 흑인 남성 헤이우드(Carter Heywood)는 드라마에서 동료에게 다음과 같이 말을 건다. "야, 게이인 내가 농구를 하니까 많이 놀라는데, 나는 그냥 흑인일 뿐이야. 이것은 너의 그런 낡아빠진 고정관념과의 전투야"(「뉴욕 타임스」, 1997).

게이와 레즈비언에 대한 고정관념은 아직도 TV에 남아 있다. TV 드라마에서 게이는 항상 게이 공동체의 한 부분으로서가 아니라 홀로 고립시키는 경향이 있다. 또한 동성애자들 사이에서 육체적인 매력을 발산시키는 것을 미국 TV에서는 금기시하고 있다. *'Thirtysomething'*이라는 드라마에서 한 여인이 남자 게이 두 명과 같이 침대 위에 누워 있는 장면을 보여준 적이 있었다. 그 드라마가 방송되자 과격한 보수주의자들이 조직적으로 이의를 제기하였고, 일부 광고주들은 드라마에서 떨어져나갔으며, 방송국은 여름 재방송 계획을 철회하였다. 피터 나르디가 지적했듯이 인기가 높았던 드라마 *'Melose Place'*에서 등장했던 외톨이 게이는 "거의 데이트하는 장면이 없었고 다른 남자와 키스하는 장면은 마지막 편집 과정에서 삭제되었다"(Peter Nardi, 1997, p.436). 나르디는 계속해서 "오늘날에는 게이나 레즈비언 배우들이 이성 관계를 전혀 위협하지도 않고 동성간의 섹스 문제도 심각히 다루지 않는 식으로 동성애를 긍정적으로 묘사한다"라고 말했다. 1998년에 방송되었던 *'Will and Grace'*라는 드라마에서는 남성 게이가 최초로 주인공을 맡았다. 이 드라마에서는 게이 주인공이 여성과 같은 방을 쓰면서도 "섹스를 하지 않는" 생활을 그렸다. 그 결과 시청자로부터 "섹스가 개입되지 않은 일상적인 평범한 관계"를 그리고 있다는 평가를 받았다(NBC, 1998).

뉴스에서도 게이나 레즈비언에 대한 보도가 바뀌고 있다. 1960년대에는 거의 다루지 않았지만 게이와 레즈비언 행동주의자들에 의하여 동성애 문제가 점차 뉴스에 등장하기 시작했다. 1980년대 에이즈가 위세를 떨치면서 뉴스 미디어는 게이 공동체와 직접 연관지어 동성애 문제를 거론하기 시작했다. 1990년에는 군대를 무대로 동성애에 관한 토론이 신문의 1면을 장식했다. 일차적으로 대도시에서 과격하고 눈에 띄는 게이와 레즈비언 단체들이 대규모 시위를 벌이면서 게이나 레즈비언에 대한 보도가 긍정적인 쪽으로 바뀌기 시작했다.

여성이나 소수 민족에 대한 미디어 보도의 발전만큼이나 게이와 레즈비언을 다루는 미디어의 시각은 아주 서서히 바뀌었다. 물론 한때는 동성애에 관한 문제를 심각히 제한했지만 현대 미디어는 적어도 이 문제에 관해서는 관용적인 태도를 취하고 있다. 이처럼 미디어가 동성애에 대하여 공정한 보도를 하기까지는 오랜 시간이 걸렸다. 동성애에 대한 '관용'이란 이성애가 동성애보다 우선권이 있는 것이 아니라는 미디어의 확고한 입장이 정립되어야만 했기 때문이다.

페제스와 페트리히는 게이나 레즈비언에 대한 매스 미디어의 이미지가 갑자기 바뀐 것이 아니라고 지적한다. 동성애에 대한 인식의 변화는 저절로 이루어진 것이 아니다. 그보다는 부정적인 고정관념에 도전했던 동성애자들의 활발한 활동을 통해서 바뀌게된 것이다. 나르디는 그렇게 이미지가 바뀐 것은 "부분적으로는 그들이 적극적으로 자신들만의 독자적인 영화, 신문, 잡지, TV 등을 통해서 주류 광고주들의 관심을 모으고 정기적으로 그들만의 행사를 열었기 때문"이라고 주장한다(Nardi, 1997, p.438). 게이나 레즈비언 단체들은 물론 여성 단체와 인권운동 단체도 조직화함으로써 중요한 사회적 요인으로 작용하여 미디어 콘텐츠의 속성을 변화시킬 수 있었다. 이는 노동자 계층이나 빈곤층을 대변하는 노동조합이나 유사단체들이 그들의 이익을 위해서 미디어 보도에 영향을 미치는 것과는 좀 다르다.

6.7 | 결 론

미디어의 엔터테인먼트와 뉴스는 실제 사회의 다양성을 충분히 반영하지 못한다. 다양성이 부족하기 때문에 미디어 콘텐츠는 사회의 불평등을 드러내게 된다.

미디어 콘텐츠와 실제 사회는 매우 복잡하고 역동적인 관계에 있다. 그와 같은 현상에 미디어 콘텐츠는 원인으로 작용하는가, 아니면 결과인가? 사회학적 접근에 따르면 두 가지 모두 해당된다. 사회는 미디어 상품에 영향을 미친다. 예를 들어 우리는 사회의 조직적 운동이 어떻게 미디어 콘텐츠를 변화시키는지 살펴보았다. 미디어 콘텐츠는 우리가 사회를 이해하는 데 확실히 영향을 미친다. 그렇지만 미디어 콘텐츠의 잠재적인 효과를 이해하기 위해서는 미디어를 읽고, 보고, 듣는 실제 수용자의 의미를 반드시 알아야 한다. 또한 우리는 미디어가 정치 세계의 일부를 차지하면서 매일 발생하는 사회적 상호 작용을 어떻게 그리고 있는지를 연구해 볼 필요가 있다. 미디어 상품과 미디어 콘텐츠를 분석하기 위해서 4부에서는 미디어가 어떻게 현대 사회와 정치에 영향을 미치는지를 검토해 보기로 하자.

4부에서는 수용자와 매스 미디어의 관계를 알아본다. 우리는 앞에서 미디어 생산과 미디어 콘텐츠에
대한 논의를 통해서 미디어가 사회에 어떤 영향을 미치고 인간이 어떻게 미디어를 해석하고
이용하는지를 검토했다. 이로써 미디어에 대한 사회학적 분석을 살펴본 것이다.

7장에서는 뉴스 미디어의 보도가 어떻게 선거에 영향을 미치고 정치적 행위자들이 미디어를 얼마나
다양하게 전략적 수단으로 이용하는지를 살펴봄으로써 정치 생활에 대한 매스 미디어의 간접적인
영향을 검토하기로 한다. 그리고 8장에서는 최종적으로 매스 미디어를 보고, 읽고, 듣는 수용자를
직접 살펴본다. 그리고 미디어가 제시하는 메시지를 수용자가 수동적으로 받아들이기보다는
그 메시지로부터 의미를 적극적으로 만들어내는 방법에 주목한다. 9장에서는 미디어 기술이
어떤 역할을 하는가에 초점을 맞춰 다양한 형태의 미디어로 용이해진 여러 가지의 상호 작용을
검토한다. 또한 사람들이 미디어 기술의 발전에 영향을 미치는 방법뿐만 아니라 미디어 기술이
사회적 커뮤니케이션을 형성하는 방법을 알아본다.

4부

수용자 - 의미와 영향력

7 미디어 효과와 정치 세계

지난 반세기 동안 매스 미디어는 미국의 정치적 속성을 근본적으로 바꾸는 데 결정적인 역할을 했다. 지난 50년 동안 정치적으로 가장 눈에 띄었던 사건으로는 1950년대 매카시(John McCarthy) 상원의원의 청문회, 1960년대 베트남 전쟁, 1970년대 워터게이트 사건, 1980년대 레이건 대통령의 당선, 1990년대 클린턴 대통령 탄핵안 등을 꼽을 수 있다. 이 모든 사건들은 직·간접적으로 미디어 노출과 깊은 관련이 있었다. 텔레비전을 통한 의회 청문회나 언론 토론회를 통하여 존 매카시 상원의원은 미국 사회의 반(反)공산주의를 표방하며 공포 분위기를 자아냈다. 베트남 전쟁은 미국 최초의 'TV 전쟁'을 일으켰다. 즉, 미국의 안방에 참혹한 현대 전쟁의 현실을 생생하게 전달한 것이다. 인쇄 매체, 그중에서도 특히 「워싱턴 포스트」는 워싱턴의 정치 스캔들을 폭로하는 중심 역할을 했다. 레이건 대통령은 과거 할리우드 배우 출신인 그가 어떻게 미디어에 의한 매개 정치를 실현했고, 그의 측근들은 어떻게 미디어 정치의 표준을 마련하였는지를 보여주었다. 걸프전이 한창일 때 미국 정부는 걸프전에 대한 정보와 이미지를 조작하고 미디어를 관리하는 데 온힘을 쏟아부었다. 끝으로 르윈스키와의 스캔들로 인해서 클린턴은 탄핵을 받게 되는데, 이 사건은 기존의 매스 미디어뿐만 아니라 인터넷과 케이블 TV 같은 뉴 미디어에 이르기까지 온통 기사화되어 여론을 들끓게 하는 결과를 빚었다.

우리가 처음에 살펴보았듯이 미디어는 법적 제약과 비공식적인 정치적 압력의 영향을 많이 받는다. 이는 미디어 산업 형성에 영향을 미치는 경제적 압력과 마찬가지이다. 그러나 정치 세계에 미치는 미디어의 영향은 대단히 현실적이다. 미디어는 다양한 방법으로 정치 분야에 영향을 미치는 강력한 주체이다. 이러한 미디어의 영향력은 대통령뿐만 아니라 정계의 엘리트, 그리고 궁극적으로는 일반 국민들에게도 상당한 영향을 미친다.

미디어 기업은 자신들의 이익을 위해서 대부분 강력한 정치 로비스트로서 기능한다. 3장에서 언급한 바와 같이 미디어는 선거 캠페인에서 아주 중요한 역할을 한다. 미디어는 스스로를 조직화하여 로비를 하기도 한다. 미국의 The Motion Picture Producers, Distributors Association of America, The Magazine Publishers Association, The National Association of Broadcasters, America Newspaper Publishing Association 등이 모두 그러한 조직체들이다. 이러한 집단들은 의회에서 관련 입법 활동이 전개될 때마다 적극적으로 로비 활동을 한다.

미디어 기업들은 그들의 사업 활동을 제한하는 법적 규제를 완화시키기 위해서 오랫동안 로비 활동을 벌여왔다. 이들 기업은 1993년에서 1994년에 이르는 선거 기간에 자신들의 문제를 다루는 각종 의회 위원회를 의식하여 양당(민주당과 공화당)에 700만 달러를 기부한 바 있다(McChesney, 1995). 이 같은 로비는 당시 의회 다수당으로 부각되던 공화당이 '탈규제'란 개념을 부각시키는 데 영향을 미쳤다. 이는 미디어 기업들이 어떻게 정치적 개입을 했는지를 단적으로 보여준 사례이다.

그러나 이번 장에서는 미디어의 힘이 어떻게 간접적으로 정치에 영향을 미치는지를 살펴보고자 한다. 7장의 대부분은 인쇄 매체나 방송 매체가 어떻게 선거 전략에서 영향력을 발휘하는지를 조사할 것이다. 우리는 미디어가 어떻게 정치인들의 태도를 바꾸고 미디어의 내용이 유권자들에게 어떤 영향을 미치는지를 살펴보려고 한다. 바꾸어 말하자면 정치인들이 그들의 선거 전략에 어떻게 미디어를 활용하는지를 검토할 것이다.

그러나 정치는 단지 투표 행위만으로 설명되는 것이 아니다. 그리고 미디어의 정치적 영향력이란 뉴스 미디어에서 발산하는 내용에 한정된 것도 아니다. 따라서 미디어의 효과가 사회 운동에 어떤 영향을 미치는지 알아보고 영화나 음악 같은 오락물의 정치적 효과도 간단하게나마 검토해 볼 것이다. 지금 우리는 어떻게 미디어가 정치 구조에 영향을 미치는지, 그리고 그 가운데 개입하는 적극적인 매개 집단이 무엇인지를 연구하고 동시에 목표를 달성하려는 정치인들이 어떻게 미디어를 이용하는지를 살펴볼 것이다.

7.1 | 미디어와 정치 엘리트

일반적으로 미디어는 일반 국민들에게 정치적 영향을 미치는 것으로 간주된다. 예를 들어 뉴스 미디어가 일반 국민들의 선거 행위에 어떤 영향을 미칠 것인가 하는 식의 질문은 늘상 미디어 연구자들의 흥밋거리였다. 그러나 정치 분야에서 가장 심오하고 직접적으로 미디어가 영향을 미치는 대상은 아마도 정치 엘리트들일 것이다. 수많은 정치인을 대상으로 연구한다는 것은 그보다 많은 유권자들을 이해하는 데 많은 시사점을 던져준다. 정치인, 로비스트, 캠페인 전략가들과 재정 담당자 등과 같이 외부에 가려져 있는 사람들은 일반 유권자들보다 미디어의 영향을 더 많이 받는다. 미디어 기사에 반응하여 정치 캠페인 전략을 수정하는 데 이들만큼 민감한 집단을 찾기란 힘들다.

정치인들은 미디어의 잠재적인 힘을 오랫동안 이해해 왔다. 인쇄 매체가 등장한 후로 정당 정치는 직접 인쇄 매체와 깊은 관계를 맺어왔다. 후에 전파 매체가 출범하자, 정치인들은 곧바로 전파 매체의 속성을 이해하려고 노력했다. 허버트 후버 (Herbert Hoover)는 라디오를 활용하여 대통령 선거단을 성공적으로 출범시킨 바 있다. 루스벨트 대통령은 대공황기에 라디오를 담화의 주요 매체로 삼아서 국민과의 대화 통로로 이용했다. 아이젠하워 대통령은 1952년 TV의 상업적 광고를 처음 이용했으며, 1960년 케네디와 닉슨의 TV 토론 이후 지금까지 TV 정치는 계속되고 있다. 오늘날 선거 캠페인에 미치는 미디어의 영향력은 결코 간과할 수 없는 수준에 이르고 있다.

이미지 정치

선거 후보자는 캠페인 작업을 조직할 때 미디어를 가장 중요하게 생각한다. 이는 오랫동안 치러온 대통령 선거나 의원 선거, 그밖에 갖가지 지방정부 선거에서 관찰된 사실이다.

간단히 말해서 후보자의 모습이 TV에 잘 나오거나 외모가 출중하면, 그만큼 선거에서 승리할 확률이 높다. 즉, TV 화면에 외모나 움직임이 자연스럽고 멋있게 비치면 그 후보자에 대한 이미지가 좋아진다는 것이다. 그래서 대부분의 캠페인에서 선거 전략가들은 어떻게 하면 후보자들이 미디어에 더 보기 좋은 모습으로 비춰질 수 있을까 궁리한다. 이것의 좋은 사례는 1960년에 치러진 케네디와 닉슨간에 벌어진 대통령 선거전이었다(케네디와 닉슨의 TV 토론을 '대토론회'라 부르는데, 그때부터 정치 커뮤니케이션이 시작된 것으로 평가한다). 그들의 토론은 TV로 생중계되었는데, 여기서 너무 진하게 분장한 닉슨의 모습이 눈에 거슬렸다. 게다가 카메라에 비춰진 닉슨은 수염도 제대로 깎지 않은 것처럼 초췌해 보였다. 반면에 젊고 수려한 외모와 함께 스튜디오 분장으로 깨끗한 인상을 주는 케네디의 이미지는 일반 국민들의 시선을 모으기에 충분했다. 이렇게 두 사람의 외모의 차이는 토론이 끝난 후에 대단히 중요한 차이점을 드러냈다. 토론 후 실시된 여론조사에 따르면 아주 근소한 차이로 닉슨이 이길 것이라고 예견되었으나, 결과는 케네디에 대한 압도적인 지지로 나타났다. 이렇게 극적인 TV 토론회가 끝난 지 16년 후 새로운 또 하나의 TV 토론이 벌어지기까지 TV의 위력은 그야말로 대단했다.

그러한 경험에서 얻은 교훈은 확실했다. 다름아닌 외모의 문제였다. 미디어에 익숙한 후보자는 정계에서 확실한 장점을 가진 셈이다. 미디어 가운데 특히 TV는 후보자의 이미지를 만들어낸다. 선거 기간에 미디어 뉴스는 후보들 간의 정책 대결이나 심각한 정치 철학을 비교하는 것이 아니라 각 후보들의 사적인 이야기나 캠페인 제작을 둘러싼 뒷얘기에 초점을 맞추는 경향이 있다(Graber, 1980). 그 대신 정치적 본질은 묻혀 버리고 만다.

많은 정치인들은 정치적 역량을 키우기 위해서 미디어를 다루는 기술이 필요했다. 그런 기술을 이용할 줄 아는 가장 대표적인 인물이 레이건 대통령이었다. 그는 영화배우, 라디오 진행자, 그리고 광고 판매원으로서의 경력을 바탕으로 미디어를 잘 다룰 줄 알았고 위대한 웅변가의 기질이 있었다. 그의 언변은 대부분 미리 쓰여진 대본을 뛰어넘었다. 그는 현실에 어둡고 말 실수가 잦아서 즉석에서의 정치적 연설이 잘 어울리지 않았다. 때로는 영화배우 시절의 극중 역할과 실제 역할을 혼동하기도 했다. 그래서 그의 참모들은 잘 다듬어진 대통령으로서의 이미지를 국민들에게 보여줄 필요가 있었다. 대통령으로 당선된 이후 첫 2년간의 공식 업적은 보잘것없었지만, 레이건이 지닌 대통령의 이미지는 대중들의 인기를 얻기에 충분하였다. 비록 국민들은 레이건의 국가 정책에 대하여 반대를 나타내기도 했지만, 개인적으로 얻어낸 그의 인기는 대단했다. 결국 본질을 극복하여 이미지의 부각에 성공을 거둔 것이다. 그의 핵심 보좌관이었던 도널드 레이건에 따르면 "대중 앞에 설 때마다 모든 연설문은 미리 대본으로 준비되어 있었다. 그러나 매번 그의 입심은 매우 훌륭했고 청중 앞에서 어떻게 움직여야 하는지를 잘 알고 있었다. 결국 그렇게 함으로써 여론을 수렴할 수 있었고, 국민들의 항의나 질문을 무난히 소화할 수 있었다"(Donald Regan, 1988, p.248).

1996년의 대통령 선거전에서도 그러한 미디어의 활약이 돋보였다. 잭 켐프(Jack Kemp)도 전직 NFL 선수 경력을 가지고 있었다. 프로레슬링 선수이자 영화배우였던 제시 벤투라(Jesse Ventura)도 제 3당으로 출마하여 미네소타주 주지사로 당선되었다. 유명한 가수였던 Sonny & Cher의 소니 보노(Sonny Bono)도 상원의원에 당선되었고, 1988년 상원의원인 로드 그램(Rod Gram), 케이 베일리 허치슨(Key Baily Hutchson), 스콧 클럭(Scott Klug), 제이 존슨(Jay Johnson), J.D. 헤이워스(J.D. Hayworth)도 모두 비슷한 사례이다.

TV 이미지 형성에는 일상적인 외모를 뛰어넘는 그 무엇이 작용한다. 이 점에서도 역시 레이건 대통령을 언급할 수 있다. 레이건은 그의 수려한 이미지를 극대화시키기 위하여 최대한 미디어를 통한 이미지 부각에 성공하였다. 선거 이전은 물론 대통령에 당선된 후에도 레이건 진영에서는 언론이 원하는 대로 그날 주요 기사가 설정될 수 있도록 백악관의 미디어 영상을 제공했다. 1986년 리비아 폭격도 오후 뉴스에 발표될 수 있도록 정부가 시간을 조정, 미디어와 협조한 것이었다(Kellner, 1990). 레이건 정부의 미디어 담당이었던 마이클 디버(Michael Deaver)가 후에 지적했듯이, 그의 측근들은 기자들에게 미리 영상 보도 자료를 제공했기 때문에 기자들을 다루기가 매우 손쉬웠다고 한다('Nightline', September 27, 1989).

물론 대통령 후보들이 미디어를 모두 정치적인 차원에서 이용하는 것은 아니다. 개인적으로 클린턴은 연설 직전에 전직 대통령이었던 레이건의 연설문 한두 장을 가끔 훔쳐보기도 했다고 한다. 클린턴은 선거 캠페인이나 무용 발표회 같은 행사에 참석하는 것을 매우 즐겼다고 하는데, 후에 어떤 기자가 언급했듯이 "선거 유세나 토론회에 나설 때, 그리고 인터뷰할 때 클린턴은 즉흥 연설에 대비하여 보다 사려 깊은 표정과 함께 아랫입술을 깨물며 심사숙고하는 장면을 자주 연출했다"(Flint, 1997, p.1190).

클린턴의 보다 정교한 미디어 연출은 1996년 대선 당시 민주당 전당대회를 보다 화려하게 개최할 목적으로 할리우드 감독을 고용한 데서 찾아볼 수 있다. 전당대회에서 이렇다 할 뉴스가 없는 것 같자, 클린턴 후보 진영은 중서부 전역에 걸친 소도시를 대상으로 기차 여행을 시도했다. 이것은 반세기 전에 트루먼 대통령이 시도했던 선거 유세를 떠올리게 하는 향수 짙은 계획이었다. 그러나 기차 내부는 옛날과 달랐다. 거기에는 최첨단 위성 기술을 포함한 커뮤니케이션 장비가 설치되었던 것이다. 그런 장비를 동원하여 클린턴 진영은 지역 언론을 부추겼다. 그리고 지역 방송사가 생방송 인터뷰를 할 수 있도록 개방하였다. 지역 언론사들은 이를 환영했다. 기차가 유람하는 동안 특별한 뉴스 거리가 없었음에도 원래 캠페인 전략상 의도했던 대로 지역 미디어는 앞다투어 기차 여행을 기사화했다.

클린턴의 영악한 미디어 연출은 백악관 시절 내내 이어졌다. 집권 초기에 클린턴은 군복무를 둘러싸고 구설수에 오른 적이 있었다. 그러자 그는 공군용 가죽 잠바에 멋지게 군복을 입고 모 비행단을 방문했다. 그 모습이 TV 심야 뉴스에 방송되면서 그의 강한 이미지가 연출될 수 있었다. 모니카 르윈스키와의 스캔들로 시끄러웠을 때는 백악관에서 해외 방문을 계획하고 외교 사절들과 회동하는 모습을 TV에 보여줌으로써 스캔들 따위에 연연하는 대통령이 아니라 세계적으로 지도력이 있는 강력한 대통령이라는 이미지를 주었다.

대통령 선거에서 영상을 이용한 이미지 구성은 이제 일반화되고 있다. 우리가 보아온 대통령의 사진은 언론 기자나 정당의 측근에 의하여 언론에 보도되기 전에 언론이 공동으로 미리 찍어두었던 사진 가운데 뽑아 언론사에 제공되는 경우가 많다. 이러한 사진들은 포토 저널리스트에 의해서 마치 실제 현장에서 취재한 것처럼 발표되기도 한다.

보드리야르와 같은 포스트모더니즘 이론가들에 의하면 이미지 부각은 새로운

'현실'로 창조된다고 한다(Baudrillard, 1983). 현대와 같은 포스트모던 사회는 이미지가 현실을 대체하고 있다는 것이다. 이에 따라 일반 사람들은 이미지와 현실을 명확하게 구분하지 못한다. 물론 포스트모더니스트들은 미디어의 거대한 경제성을 속속들이 이해하고 있지는 못하지만 점점 심해지는 미디어의 이미지 조작을 경고하고 있다. 정치적 면에서 포스트모더니즘 이론은 본질적인 정책 토론은 뒷전이고 정치인의 이미지 창조에만 몰두하는 것을 지적하고 있다.

정치 후보자들은 그들의 캠페인 광고를 제작할 때 미디어 이미지를 철저히 고려한다. TV 정치 광고는 대부분 선거 캠페인의 중심을 차지한다. 1992년 백만장자 로스 페로(Ross Perot)는 대통령에 출마하면서 광고비로 수백만 달러를 썼다. 그런가 하면 1996년에 대갑부인 정치 초년생 스티브 포브스(Steve Forbes)는 대통령 후보 지명을 위해 수백만 달러의 돈을 들여 자신의 TV 이미지를 연출했다. 물론 그러한 개인적인 노력은 곧 사라지게 마련이지만 대부분의 국민들은 정치 광고나 뉴스를 통해서 후보에 대한 정보를 얻는 것으로 입증되고 있다(McClure & Patterson, 1976).

정치 광고가 상대방을 비방하는 부정적 방식을 채택하는 일이 점점 많아지고 있다. 잘 알려져 있지는 않지만 인종차별적인 내용을 담은 윌리 호턴(Willie Horton)이라는 정치 광고는 1988년에 부시 후보 진영에서 제작한 것인데, 이의 좋은 사례로 지적되고 있다. 흑인 죄수인 윌리 호턴이 가석방 기간에 어느 백인 여성을 겁탈한다는 내용이다. 그 정치 광고는 호턴의 얼굴을 비추면서 죄수들이 회전문을 통해 출입하는 모습을 보여주고 있다. 이 광고는 가석방 제도를 지지하고 사회 범죄에 미온적이라는 평가를 받았던 당시 민주당 후보인 마이클 듀카키스(Michael Dukakis)를 공격하기 위해 만든 것이었다. 1988년 이후 여론조사 기관의 루 해리스(Lou Harris)는 "이러한 단순한 광고는 부시 후보에게는 이득이 된 반면 듀카키스에게는 타격을 주었다"고 평했다.

일반적으로 말해서 정치인들은 두 가지 목적으로 정치 캠페인을 조직한다. 하나는 정치자금 모금이고 다른 하나는 미디어 노출이다. 캠페인 종사자들은 미디어의 요구에 따라 정치 후보자의 일과표를 작성한다. 그들은 미디어 시장을 깊이 의식하고 있기 때문에 후보자의 정견 발표는 물론이고 거리에서 일반 시민들을 대상으로 유세하는 일정도 모두 미디어의 데드라인에 짜맞춘다. 신문 기사 작성이나 사진 제공 등은 이러한 과정에서 이미 일반화된 일이다.

정당 정치의 붕괴와 중개 기관

정치 캠페인에서 미디어는 갈수록 부각되는 반면에 정당 조직의 역할은 점점 줄어들고 있다. 미국 정치에서는 정당이 그 조직의 풀뿌리로서 특정 후보의 선출과 지지, 선거 참여 독려, 당원 재교육 등 매우 중요한 기능을 맡고 있다. 이러한 체제는 정당 정치에서 중요하면서도 복잡한 하부구조로 존재한다. 마찬가지로 일반 시민들에 의해서 조직되고 집단적인 운동을 벌이는 노동조합 같은 조직이 취약해짐에 따라 그 외에 다른 성격을 가진, 중개 역할을 하는 기관들과의 접촉이 늘어나게 된다(Greider, 1992). 이러한 중개 기관들이 일반 시민과 정치를 연결시켜 주는 역할을 맡게되는 것이다.

　미디어는 정치적 메시지를 전달하고 유권자를 움직이게 하는 기능을 한다. 후보자는 엄청난 캠페인 비용을 미디어 정치 광고에 쏟아붓는다. 그들은 정책 현안에 대한 토론이나 정치적 참여보다는 TV 토론회나 정치 광고에 더욱 가깝게 다가간다. 대개 일반적인 정치 광고는 유권자에 대한 정치적 속성을 알리는 데 전혀 도움을 주지 못한다. 그러한 정치 광고는 장기적인 측면의 정치 커뮤니케이션을 활성화하기보다는 단기적으로 개인 단위의 투표 행위를 행사하도록 장려한다. 정치 광고는 상거래처럼 후보자들을 유권자들에게 판매하는 것에 불과하다.

　정당 조직의 축소는 곧 정당 지지도의 위축을 초래한다. 1940년대 초기 연구자들이 투표 행위를 연구할 때 유권자에게 영향을 미친 것은 정당 지지도였다. 그러나 반세기가 지난 오늘날 그러한 중요도는 바뀌었다. 지금은 대통령 선거 캠페인에서 보듯이 후보자의 외모와 퍼스낼리티가 가장 중요하고, 그 다음이 정책 현안, 소속 정당 지지도, 단체별 이해 관계 순이다(Graber, 1980). 후보자의 외형적 퍼스낼리티와 정책 현안을 가장 잘, 그리고 많이 전달할 수 있는 방법은 미디어이다. 따라서 미디어 캠페인의 정치적 역할이 갈수록 고조되는 반면, 매개 기관의 영향력은 갈수록 약화되고 있다.

관중이 있는 스포츠로서의 정치

정당 정치의 약화와 시민들의 정치 참여가 갈수록 취약해지는 상황은 시민들이 경기장의 관중처럼 방관하고 있음을 느끼게 만든다. 미국의 뉴스 미디어는 투표 결과를 취재할 때 '경마' 중계를 하듯이 진지하지 못하다는 악평을 듣고 있다. 비평가들 대부분은 미디어가 정책 현안보다는 여론조사에서 후보들이 얼마나 지지를 받는가에 더 관심을 보인다고 꼬집는다. 그러한 미디어의 취재는 정치의 본질을 다루기보다는 정치적 결과에만 관심을 두고 있다는 것이다.

잘 알려진 여론기관의 조사 결과는 후보에 관한 지식이나 관심 그리고 이해 관계를 조성하는 데 잠재적인 지식을 불어넣어 준다. 그렇다고 그것의 효과가 나타난다는 결정적인 실증 결과가 있는 것도 아니다. 미디어에 의해 조사된 여론조사 결과는 일반 유권자보다는 캠페인 자문위원이나 선거 운동원, 언론인, 그리고 재정적 기부자들의 관심을 더욱 불러일으킨다. 여론조사를 통해 선거 운동을 잘했다고 평가받는 후보자들은 효율적인 캠페인을 진행했다고 볼 수 있기 때문이다.

여론조사가 일반적인 유권자에게 효과가 있는지는 확실치 않다. 그래도 확실한 사실은 잘 모르는 후보에 대해서 과연 투표를 해야 하는지의 여부에 결정적 영향을 미친다는 것이다. 이런 경향은 제3당의 후보나 갑자기 등장한 강력한 후보에게 승리를 가져다줄 수도 있게 만든다. 한 연구에 따르면 확실한 선두주자가 누구인지를 나타내는 여론조사 결과가 때로는 유권자로 하여금 기권하게 할 때도 있다고 한다(Traugott, 1992). 이러한 연구 결과를 고려할 때 여론조사는 잠재적으로 유권자에게 막대한 영향을 미친다는 것을 알 수 있다.

선거의 승자와 패자에 대한 미디어의 취재는 캠페인이 끝난 후에도 매우 중요하게 작용한다. 정치부 기자나 평론가들은 본질적인 정책 현안보다는 후보들의 정치적 역경을 다루는 미디어 뉴스에 더 관심을 많이 두는 경향이 있다(Follows, 1996). 위에서 '경기 관중'이라고 표현한 이유는 정치의 속성이 승패에만 너무 관심이 모아진다는 사실을 역설적으로 강조한 것이다. 예를 들어 어떤 정치부 기자가 "이번 주에는 여론조사에서 누가 이겼나?"라고 묻는다면 그것이 곧 정치를 해석하는 기준이 된다는 것이다. 제이 로젠은 다음과 같이 말한다.

문제는 미디어가 경기에서 일종의 시간 기록원이자 심판이고 관객과 같다는 것이다. 그 질문은 일반 시민들에게 주어지는 것이 아니라 전문가나 기자들에게 더 호감이 간다고 한다. 왜냐하면 그것은 공식적인 기사 처리 과정을 벗어나 등장하기 일쑤이기 때문이다. 이러한 상황은 신문 스스로 자신에게 영향을 받는 것이다(Jay Rosen, 1993).

그러한 미디어 보도의 부정적인 영향은 언론이 정치 세계에 지나칠 정도로 깊숙이 침투해 들어온다는 것이다. 백악관의 주인마저 어떤 정치적 목표를 달성하면 그 주일은 승리의 주간으로 간주한다. 그러나 패배의 주간이라고 판단되면 백악관 측근들은 초조해하고 안절부절못하기 일쑤다. 로젠은 유권자에게도 영향을 미치고 정치 엘리트에게도 영향을 미치는 언론 보도의 이중적 효과를 지적한 것이다.

7.2 | 미디어와 개인

우리는 대개 일상생활에서 직접 뉴스를 경험하기 어렵다. 그래서 뉴스 미디어를 통해서 세상에서 무슨 일이 일어나는지를 알게되는 것이다. 그 점이 민주주의 사회에서 미디어가 중요한 요소임을 말해준다. 민주주의 사회에서 일반 시민은 의사결정과 적절한 정치적 행위를 하기 위해서도 정보가 필요한데, 이때 미디어가 그 기능을 발휘하는 것이다.

미디어 효과

미디어의 중심 역할에 대해서 연구하는 학자들이 미디어가 정치적 과정에서 어떤 영향을 발휘하는가에 관심을 보이는 것은 당연하다. 그에 대한 대답은 직접적이고 강력하게 미디어 효과가 작용한다는 강효과 모델에서부터 미디어와 수용자 사이에 상호 작용이 이루어진다는 한계효과 이론 모델까지 다양한 해석이 있다.

| 피하주사침 모델 |

초기에 미디어가 수용자에게 미치는 효과는 매우 강력하고 직접적인 것으로 여겨졌다. 그래서 어떤 학자는 이를 두고 '피하주사침 모델(hypodermic needle model)' 또는 '탄환 모델(bullet model)'이라고 부른다. 미디어가 마치 주사기처럼 메시지를 직접 인간의 몸 속에 주입하면 곧바로 수용자의 혈관을 통해 흘러들어가듯이 강력할 것이라는 논리다. 이러한 모델은 1898년에 벌어진 미국과 스페인 전쟁 때 증명되었다(Palmer & Colton, 1978, p.612). 이때 신문의 뉴스, 특히 '황색지'로 불리던 대중신문은 미국 국민들에게 전쟁에 대한 윤리적인 분노까지 불러일으켰다.

방송 기술이 발달함에 따라 미디어의 영향력은 더욱 커지게 되었다. 세계대전을 두 차례 치르는 동안 정부가 책동하는 모든 선전을 포함하여, 유명한 1939년 오손 웰스(Orson Wells)의 라디오 방송이었던 *War of the Worlds* 는 미디어가 수동적이고 연약한 청취자를 얼마든지 조작할 수 있다는 것을 보여주었다. 일부 대중 평론가들이 반사회적 행위를 조장하는 폭력적인 랩 가사, 그리고 동성애를 부추기는 레즈비언과 게이에 대한 묘사를 지적하며 경고한 1990년대에 강력한 미디어에 관한 이런 시각은 다시 주목받게 되었다.

대중 사회 이론

좀더 넓은 의미의 사회학적 이론에 따르면 잠재적인 미디어의 강효과 이론(powerful effects)은 2차 세계대전 후의 대중사회 이론과 접목되어 이루어졌다고 한다 (Kornhuser, 1959; Reisman, 1953). 대중사회 이론은 점점 증가하는 사회 구성원들의 동질성과 대인간의 연계가 점점 약해져 가던 당시의 사회 현상을 설명하는 것이었다. 기본적으로 이 이론은 전통적인 개인적 응집력이 약화되어 가는 데 초점을 맞춘 것이었다. 직장이나 학교, 가족 구성원들은 같이 시간을 보내는 경우가 점점 줄어들었다. 전통적인 대가족 제도는 핵가족 제도로 바뀌었다. 강력했던 신앙적 단합심도 형식적이고 세속적으로 변질되었고, 소수 민족들의 정체성도 용광로 (melting pot)라는 표현처럼 점차 위축되고 있었다. 도시 근교가 개발되면서 이웃간의 단결심도 예전보다 약해지고 지역 주민들의 지역 행정에 대한 참여 의식도 줄어들었다.

대중사회 이론가들은 2차 세계대전 이후 미국인의 고립화와 탈개성화 같은 추이에 관심을 보였다. 그리고 매스 미디어, 특히 TV의 출현에 주목했다. 이론가들은 매스 미디어가 사회 구성원들의 분열과 개체화 그리고 동질화를 부추긴다고 보았다. 당시 대중은 매스 미디어의 메시지에 매우 민감했다. 독일 나치의 선전과 옛 소련의 사례는 연구의 주요 대상이 되었다. 그러나 매스 미디어에 의존한 당시의 고립된 대중의 모습이 미디어 채널이 넘쳐나는 오늘날까지 지속되고 있다고는 보지 않는다. 그러나 그 당시에 제기된 여러 관심사들은 다른 연구들에서 아직도 계속되고 있다.

| 소효과 모델 |

미디어의 강효과 이론이 초기 실증 연구에서 지배적인 가운데 초기 고전적인 연구라 할 수 있는 『사람들의 선택』(*People's Choices*)이라는 저서를 통해 라잘스펠트와 그의 동료들은 미디어의 효과가 개인적으로 한계가 있으며 단기간의 영향에 불과하다는 결론을 내렸다(Lazarsfeld, 1948). 이들 연구자들은 이를 미디어의 '소효과 이론'이라고 부르고, 미디어 메시지는 여론을 뒤바꾸기보다는 원래 가지고 있던 여론을 더욱 강화시킨다고 주장했다. 또한 유권자의 투표 행위를 결정하는 데에는 미디어가 아니라 사회적 특성, 이를테면 종교나 계층 같은 사회인구학적 변인이 더 중요하다고 역설했다. 부분적으로 뉴스 미디어에 특히 주목하는 사람들은 대체로 정치적 신념이 강한 사람들이라는 것이다. 그들에게는 미디어가 효과를 미치기 쉬웠다. 그러나 아직 누구를 지지할지 모르는 유권자나 후보에 대해서 잘 모르는 사람들은 미디어 뉴스에도 별로 주목하지 않았다.

이들 연구자들은 미디어와 수용자 사이에 '2단계 효과(two-step flow of influence)'가 작용한다고 주장했다. 즉, 미디어의 정보는 일반 국민들에 앞서 미디어에 관심이 많은 일부 여론 지도자에게 먼저 도달하는 경향이 있다는 것이다. 그리고 이들 지도자들은 이들과 접촉을 많이 하는 일반인들에게 영향을 미친다는 것이다. 그러면서 여론 지도자와 일반인의 인간 관계와 더불어 개인이 가지고 있는 신념의 변화를 가져오기 위해서는 미디어보다 인간 관계가 더 효과적이라고 여겼다.

초기 피하주사침 모델이 갖는 문제점은 수용자의 적극적인 힘을 너무 배제하고 있다는 점이다. 말하자면 초기 모델은 본디 수용자가 독자적으로 가지고있는 아이디어와 수용자 개개인의 사회적 지향성을 지나치게 무시했다. 소효과 이론은 수용자가 미디어 메시지를 선별적으로 받아들이고 걸러내며 판단하는 능력에 더 높은 비중을 두었다. 즉, 수용자는 단순히 물 속의 스폰지처럼 수동적인 존재가 아니라 적극적으로 사고하며 미디어 메시지를 받아들이거나 거부할 수 있다는 것이다.

미디어의 소효과 이론은 미디어의 의사설정 기능이 받아들여지던 1960년대까지 계속 지지를 받았다. 의사설정 가설의 단서가 되었던 버나드 코헨에 따르면 "미디어 뉴스는 수용자들에게 무엇을 생각하는가를 말하는 데 성공할 수는 없지만 수용자들에게 무엇을 생각하게끔 만드는 데는 놀라울 정도로 성공적이다"라고 말했다(Bernard Cohen, 1963, p.13). 연구자들은 이러한 미디어의 기능을 '의사설정(agenda-setting)'이라고 불렀다. 이 이론은 뉴스를 선정하고 형성하는 언론인들에게 대단한 관심을 보였다. 연구자들은 실제로 코헨의 주장을 실증하기 위해서 1968년 대통령 선거에서 아직 결정을 유보한 유권자를 대상으로 조사를 실시했다(McCombs & Shaw, 1972, 1977). 연구 결과 미디어가 다룬 기사의 의제와 미결정 유권자가 가지고 있는 의제 사이에는 놀랄 만큼 높은 유사성이 발견되었다. 그러나 미디어가 설정한 의사와 수용자가 설정한 의사 간의 상관관계는 발견되었지만 인과관계까지는 규명하지 못했다.

펑크하우저는 의사설정 이론을 더욱 설득력 있게 만들기 위해 다음과 같은 세 가지 자료를 나열했다(Funkhouser, 1973). 첫째는 국가가 당면한 주요 현안에 대한 여론조사 결과, 둘째는 3종의 주간 시사 뉴스지에서 다룬 보도 가운데 가장 중요한 현안, 그리고 셋째는 현실적으로 중요한 현안을 선별하는 설문조사를 통해 실증적으로 측정한 통계치가 그것이다. 이 분야에 대한 초기의 연구 결과를 종합하면서 펑크하우저는 미디어 보도와 국민 여론 사이에 높은 상관관계가 있음을 밝힌 바 있다. 예를 들어 미디어와 국민들은 베트남 전쟁이 어떻게 돌아가고 있는지 처음에는 잘 몰랐다. 그러나 대규모 미군 부대가 베트남에 도착하고 수많은 대학교에서 벌어진 격렬한 반전 시위로 도시에서 폭동이 발생하자, 그때서야 미디어와 국민들은 사태를 짐작했고 반전 여론이 들끓기 시작했다. 이는 미디어가 국민에게 영향을 미리 미치는 것이 아니라 실제 벌어지고 있는 현안과 관련된 사건에 따라 그 중요성이 부각되었음을 보여준 사례이다.

미디어의 의사설정 기능이 작용한다는 확신 아래 브로시우스와 케플링거는 일 년 동안 독일에서 하루 중 가장 중요한 뉴스라고 여겨지는 것을 취합하여 방송하는 주말 TV 프로그램을 분석하였다(Brosius & Kepplinger, 1990). 이를 통해 이들은 일부 뉴스 항목의 의사설정 기능을 확인했다. 그러나 어떤 뉴스 항목에서는 미디어 보도가 여론 형성에 어떤 영향도 미치지 않았다. 이러한 연구 결과는 대중들의 의사설정에 영향을 미치는 미디어의 역할을 판단할 때 인과관계를 밝히는 것이 필요함을 강조하는 것이다. 아마도 어떤 사람들은 중요한 현안에 대해서는 미리 개인적으로 알고 있기 때문에 언론에 무조건 기대지는 않는 것 같다.

의사설정 기능에 대한 위와 같은 연구들은 전통적으로 수용자의 의사설정이 어떻게 이루어지는가를 살펴보는 것이었다. 그리고 의사설정은 뉴스 미디어를 상대로 연구되어 왔다. 그러나 여기서 우리는 과연 언론이 먼저인지 수용자가 먼저인지, 즉 누가 의사를 먼저 설정하느냐는 질문에 부딪치게된다. 우리가 살펴보았듯이, 몇 가지 중요한 요인이 미디어의 의사설정 기능에 영향을 미친다. 예를 들어 정치경제학적 접근에 따르면 '선전 모델'이라는 것이 있는데, 정부나 대기업들이 자신의 권력과 부를 보호하기 위해서 모종의 힘을 발휘해 미디어의 의사를 임의로 조성한다고 설명하는 모델이다. 이 모델은 권력과 부가 모든 미디어의 뉴스를 걸러냄으로써 그들의 이해 관계에 맞는 정보만을 국민들에게 알리도록 만든다는 것이다((Herman & Chomsky, 1988, p.2). 이러한 뉴스 항목은 ① 언론사가 이윤을 지향하고 소유를 집중하거나 ② 그들의 일차적 자금원인 광고에 몹시 의존하고 ③ 공식적으로 인정받는 정보원이나 전문가들로부터의 정보에 의존하거나, ④ 언론사가 인정하지는 않지만 미디어 기사를 게재할 수 있는 강력한 손길 등에 의하여 결정된다.

이론과 지각(知覺)의 차이

한때 많은 연구자들이 미디어가 국민의 의사설정에 강력한 영향을 미친다는 연구 결과를 쉽게 받아들였다. 반면에 소효과 이론이나 한계효과(limited effects) 이론에서와 같이 미디어가 국민들의 지각 활동에 별로 영향을 끼치지 않는다는 상반된

주장도 펼쳐졌다. 이렇게 이론적 차이가 생기는 이유는 무엇일까?(Graber, 1980)

첫째, 대부분의 연구자들이 지나치게 편협한 시각으로 미디어 효과를 다루었기 때문이다. 예컨대 연구자들은 가장 편리한 대상을 연구 단위로 삼는 경향이 있다. 대표적인 경우가 선거 때의 '유권자'이다. 대개 유권자들은 미디어의 영향을 크게 받지 않는다. 따라서 미디어의 효과가 거의 없다. 초기 미디어 연구 때만 해도 정당에 대한 국민들의 지지도가 높았기 때문에 유권자의 호응은 비교적 순탄했다. 그래서 연구자들은 유권자를 미리 정해놓지 않고도 일반 수용자를 대상으로 미디어 효과를 측정할 수 있었다.

둘째, 많은 연구자들이 가끔 미디어를 통한 영향력이 없어보이면 그래도 생길지 모르는 복잡하고 의도하지 않았던 효과를 신중히 고려하지 않고 단순히 미디어의 효과가 없다고 단정해 버리는 실수를 저질렀기 때문이다. 예를 들어 환경 오염에 대한 의식을 일깨우기 위한 경고 캠페인에 대한 연구에서 대부분의 사람들은 그러한 캠페인에 주목하지 않았다. 그러나 그 과정에서 기대하지 않은 효과가 발생했다. 대기업이 환경 오염의 주인공이라며 사람들이 대기업을 비난하게 된 것이었다(Graber, 1980). 연구자들이 미디어의 사실 정보의 유통만을 너무 추적하다 보면 어떤 미디어 효과는 놓치는 우를 범하기가 쉽다.

셋째, 미디어 효과를 측정하는 데 어려움이 많기 때문이다. 왜냐하면 미디어 자극은 대개 또 다른 사회의 자극과 상호 작용하기 때문이다. 이러한 상황은 매우 복잡하고 중복된 효과로 드러나는데, 결과적으로 이런 경우에는 매우 확실하고 직접적인 미디어 효과를 도출해 내기가 어렵다. 아직도 미디어 연구의 최근 동향은 미디어 강효과를 견지하면서도 동시에 적극적인 수용자가 어떻게 미디어를 해석하고 있는가에 대해서 살펴보고 있다.

미디어와 독자의 상호 작용

8장에서 다루겠지만 최근의 미디어 연구는 어떻게 수용자가 미디어 정보를 적극적으로 사용하고 있는지에 더욱 관심을 기울인다. 이는 미디어와 수용자 사이의 역동적인 상호 관계를 밝히는 데 일조할 것으로 여겨진다.

미디어 정보는 시민들의 정치적 신념을 쌓는 데 한 가지 요소로 작용한다. 도리스 그레이버는 1년에 걸쳐 21명의 참여자를 대상으로 집중적인 인터뷰를 시도했는데, 연구 결과에 따르면 일종의 공공 현안에 대한 감각을 익히기 위해 사람들은 미디어를 이용하지만 그들이 정작 알고 있는 현안은 미디어가 보도하는 정보에 국한되지 않았다(Doris Graber, 1988). 이와 관련하여 실보 레나트는 실험 결과에 따라 미디어 정보와 대인 커뮤니케이션이 서로 보완적으로 전체 정보의 반절씩 보태주고 있음을 주장한 바 있다(Silvo Lenart, 1994). 윌리엄 그램슨도 직장인들을 대상으로 표적 집단 연구를 실시한 바 있는데, 미디어를 통해서 얻은 정보와 이미 주변에서 들어온 정보, 그리고 실제로 경험한 정보를 서로 비교하여 어떻게 사람들이 의미를 구축하는지를 조사했다(William Gramson, 1992). 그는 미디어가 일종의 정보 자원이나 도구로서 최근의 뉴스를 알려줄 것으로 기대했다. 그러나 연구 결과에 따르면 수용자들은 미디어말고도 다른 여러 채널을 통하여 정보를 수집하고 있었다.

정치적 사회화 이론

미디어는 아직 정치의식이 충분히 성숙하지 못한 청소년들에게 가장 강력한 영향을 미친다. 예를 들어 고등학교에 재학중인 학생들은 최근 현안, 특히 경제나 인종 갈등 문제에 대한 태도 형성에서 가족이나 학교 선생님 또는 친구들보다는 매스 미디어에 더 많이 의존하고 있었다(Graber, 1980). 이러한 결론은 미디어 노출보다는 대인 관계의 중요성을 강조하는 2단계 유통(two-step flow) 가설을 부정하는 것이다. 1950년대와 1960년대에 이루어진 미디어 연구에 따르면, 청소년들이나 유아기의 어린이들은 매스 미디어와 보내는 시간이 갈수록 늘어나고있기 때문에 그들에게 미디어의 효과가 강력하게 미칠 것으로 간주했다. 젊은층의 내적인 가치관과 신념 그리고 훗날 정치 생활의 기반을 이루게 될 정치 체계의 규범을 깨닫는데 매스 미디어의 역할이 가장 클 것이라고 보았던 것이다. 아래에서 보겠지만, 그러한 정치적 사회화는 가끔 뉴스나 공공 매체에서뿐만 아니라 오락 프로그램에서도 나타난다. 어린이들은 일찌감치 정치 제도에 지지를 보내다가 보통 10대가 되면 환멸을 느끼게 된다. 그리고 이런 회의주의는 젊은이가 되면서 종종 사라져버린다(Graber, 1980).

또 다른 미디어의 누적 효과로서 알려진 것은 계발 이론이다. 이 이론은 조지 거브너와 그의 동료들이 20여 년에 걸친 TV 효과를 연구한 결과 도출된 것이다(George Gerbner, 1994; Singnorielli & Morgan, 1990). 이들 연구자들에 따르면 비록 TV 시청이 시청자에게는 규칙적이고 습관화된 일상사이겠지만, TV는 이질적인 세계를 동질화시키는 역할을 한다는 것이다. 따라서 지속적이고 장기적인 TV 노출은 일반적으로 단순한 노출에 그치지 않고 어떤 영향을 발휘한다고 한다.

이에 따라 연구자들은 부상하는 TV 문화를 '주류' 효과라고 부르는데, 정치·문화·사회적인 차이에도 불구하고 중시청자들 사이에 그 효과가 뚜렷하다고 주장했다. 현실적으로 중시청자들은 TV가 전달하는 잘못된 사회나 정치적 상황을 있는 그대로 내재화하는 경향이 있다(5장에서 언급). 예를 들어 현실 세계와 비교하여 TV 프로그램에서 노인들의 출연 빈도가 아주 낮으면 이와 비슷하게 중시청자들은 현실 속의 노인 문제를 경시하는 경향이 있다. 그리고 TV에서는 현실에 비해 범죄와 폭력이 지나치게 난무하는 것으로 그려진다. TV가 그려내는 인물 묘사도 이와 유사하다. 이 때문에 중시청자들은 경시청자들에 비해서 모든 사람들이 서로 반목하고 또 자신을 너무 이기적이라고 믿는 경향이 있다(Gerbner et al., 1994).

TV의 계발 효과는 정치적 신념에도 보수적인 영향을 미친다(Gerbner et al., 1982, 1984). 언론에서 자주 언급되는 '객관성'이란 개념에 의하면 중시청자들은 자신을 극단적인 '보수주의자' 또는 '진보론자'라고 부르는 것을 좋아한다고 한다. 그러나 자신을 '온건파'라고 부르는 중시청자들은 실제로 인종이나 낙태, 동성애와 같은 주제에 대하여 진보론자보다는 보수주의자의 입장에 더 가까웠다. 경제적인 측면에서 중시청자들은 경시청자보다 세금 감면에 대한 지지도가 높으면서도, 사회복지 사업에 대해서는 인민당의 입장을 지지하는 경향이 있었다.

연구 결과에 대한 교훈

미디어 효과에 대한 연구는 미디어 영향력과 수용자 사이의 긴장 관계에 초점을 맞춘다. 그리고 미디어 메시지는 수용자에 의해서 얼마간 절충됨에도 불구하고, 이러한 메시지에는 반드시 영향력이 뒤따른다. 미디어가 어떻게 수용자에게 영향을 미치느냐는 곧 수용자가 이 세계를 어떻게 이해하고 있느냐를 의미한다.

예를 들어 1990년대에 가장 말이 많았던 세간의 주제는 미국 유권자들의 이탈과 냉소주의였다. 객관적인 관망자들에 의하면 정치 세계에 대한 미디어 보도는 이러한 냉소주의를 부추기고 민주주의의 절차를 과소평가했다고 한다(Entman, 1989; Goldfarb, 1991; Robinson, 1976; Rosen, 1993). 이에 대한 지적은 곧 언론이 냉소주의 여론을 부추겼고 정치인에 대한 국민적 신뢰를 떨어뜨렸다는 것이다. 이들 비판론자들은 미디어가 "대통령은 무능한 광대이고, 정부는 희망 없는 혼란에 빠졌으며, 정계는 그런 상황에 주의를 기울이려하지 않는다"는 것을 암시하고 있다고 주장했다. 결국 언론은 이런 경지를 지각하고 한 발짝 뒤로 물러서 우연히 발생하는 재해를 구경만 하듯이 여론조사에만 귀를 기울인다는 것이다(Rosen, 1993, p.9).

그렇지만 미디어의 효과를 가볍게 넘겨서는 안 된다. 아마도 미디어의 가장 강력한 효과는 중시청자에게 미치는 미디어 노출의 장기 효과일 것이다. 미디어 프로그램은 이미 잠재되어 있는 개인의 신념이나 경험을 반영한다. 수용자 역시 사회에서의 특정 위치 때문에 미디어를 이해하는 차원이 서로 다르다. 미디어의 효과를 이해하기 위해서는 단순히 미디어의 이미지를 수동적으로 받아들이는 것이 아니라 적극적으로 정보를 처리하는 소비자로서의 수용자에 대한 관점이 필요하다는 점을 기억해야 한다.

7.3 | 미디어와 사회 운동

우리는 지금까지 정치 엘리트와 일반 시민들에게 미치는 미디어 효과를 살펴보았다. 우리는 이제 미디어가 사회 운동에도 영향을 미치는지를 알아보려고 한다. 사회 운동이란 어느 집단이나 개인이 사회적이나 정치적으로 자극을 촉진시키기 위해 단체로 행동하는 것을 일컫는다. 사회 운동은 정치적 관점에서 시민 개인과 정치 엘리트를 연결시켜 준다는 점에서 특히 중요하다.

우리는 모종의 목표를 달성하려는 두 개의 시스템, 즉 미디어와 사회 운동 간의 상호 관계를 보고자 한다. 사회 운동은 국민에게 다가서기 위해서 미디어를 필요로 하고, 미디어는 사회 운동으로부터 '뉴스'를 제공받는다. 그러나 미디어는 사회 운동과 관계를 맺으려면 정치적 상층부와 손을 잡아야 한다. 반면에 사회 운동은 자신들의 움직임을 일반인에게 널리 알리려면 미디어를 이용해야 한다. 사회 운동에 대한 미디어의 보도는 그러한 운동을 지지해 주고 정치적 힘을 실어준다. 반면에 미디어는 사회 운동이 뉴스를 제공해 준다는 면에서 여러 가지 내용을 얻기 위해서 사회 운동을 주목한다(Gamson & Wolfsfeld, 1993).

사회 운동이 당면한 문제로는 두 가지가 있다. 첫째는 사회 운동이 언론인들에게 보도할 가치가 있게 보이게끔 흥미로운 내용이 렌즈에 포착되어야 하고 중요한 인물이 등장해야 한다는 것이다. 한마디로 사회 운동이 미디어의 주목을 받기 위해서는 미디어의 기대에 부응할 수 있어야 한다는 것이다. 어떤 미디어 지침서에 따르면 "효과적인 미디어 전략이란 어떤 면에서는 뒤틀린 제도권과도 영합할 수 있다는 것을 보여주어야 하고, 비록 뉴스 미디어의 짧은 주목만을 받더라도 미디어의 요구에 부응할 줄 알아야 한다"는 것이다(Salzman, 1998, p.3). 이를테면 소규모의 사회 운동이라 해도 미디어의 주목을 받기 위해서는 가두 시위와 같은 자극적인 행동을 감행해야 한다는 것이다.

둘째, 사회 운동이 미디어의 주목을 끌기 위해서는 반드시 사회적 영향을 미쳐야 한다(Gamson & Modigliani, 1989; Gitlin, 1989; Snow et al., 1986; Tuchman, 1978). 미디어의 틀은 어떤 상황을 알기 쉽도록 정보를 재구성한다. 예를 들어 환경연합이 지역 환경에 해를 끼치는 대기업을 상대로 법정 소송을 벌이고있다고 하자. 언론 기자는 이러한 분쟁을 다윗과 골리앗의 싸움으로 일단 틀을 짤 것이다. 작은 환경 단체와 대기업의 분쟁은 그럴 수밖에 없다. 그렇지만 언론은 일부 환경 단체에 속해 있는 소수지만 합리적인 극단론자들의 움직임을 확대시키는 내용으로 기사를 쓸 수 있다. 그렇게 되면 사회 운동을 지지하는 것이 된다. 그렇다면 사회 운동은 더욱더 미디어의 보도가 자신의 입장을 지지할 수 있도록 영향을 미치려고 노력할 것이다.

반대로 미디어가 자신에게 불리한 내용을 다루는 불명예스러운 기사 틀을 사용하면 극단적인 방법을 동원해서라도 미디어 기사를 자기 쪽으로 당기려 할 것이다. 미디어가 사용하는 불명예 기법으로는 적극적인 시위꾼들을 조직의 대표성도 없는 사회 일탈론자들로 묘사하는 방법, 소수의 대항 데모대의 부정확한 주장을 기사화하는 방법, 행사에 참여한 시위 대열을 축소하는 방법 등이 있다(Parenti, 1986).

선거 정치에서처럼 미디어는 선명한 보도에 대한 갈망과 흥미로운 영상을 담아서 사회 운동에 어떤 영향을 미치려는 야심을 가지고 있다. 매스 미디어는 항상 자신의 저널리스트의 욕구와 부합되지 않는 움직임은 무시해 버리는 경향이 있다. 비록 사회 운동이 말하려는 메시지를 극단적으로 훼방하려는 세력이 있을지라도 사회 운동이 정의로운 목표를 달성하려는 의지만 있다면 호의적인 미디어 보도를 이끌어낼 수도 있다(Ryan, 1991). 그러나 풀뿌리 시민 조직은 제도권 정부나 기업으로부터 충분한 재원을 받지 못하고 공공 관계를 다질 수 있는 수단도 별로 없기 때문에 긍정적인 미디어 전략을 이끌어내기가 쉽지 않다.

7.4 | 뉴 미디어와 뉴스

TV와 신문은 계속적으로 세계의 뉴스를 지배한다. 그러나 이러한 미디어의 본질은 뉴 미디어의 출현으로 인해서 도전과 보완을 동시에 받는다. 뉴 미디어에서 가장 중요한 형태의 변모는 멀티미디어로 변하고 있는 '융합' 현상이다. 아직은 완전한 형태의 융합 현상은 일어나고있지 않지만 최근 통신, 컴퓨터, 케이블 TV가 서로 융합되어 쌍방향 기능을 발휘하는 것을 보면 뉴 미디어도 머지않아 이 단계에 들어서게 될 것이다.

1980년대 이래로 정치 엘리트들은 국민과의 의사소통을 원활히 하기 위해 새로운 기술을 사용하였다. 정치 광고나 등기우편을 이용하던 대통령 선거에서 유권자에게 비디오를 나눠주는가 하면 후보자들은 위성통신을 이용하여 지역 방송과 즉석 좌담을 나누기도 했다. 전자우편과 팩스는 이미 선거전에서는 없어서는 안 될 요소가 되었다. 인터넷 역시 정치 캠페인에서 광범위하게 사용되고 있다. 1996년 선거 캠페인에서는 처음으로 인터넷 이용이 두드러졌다. 인터넷 캠페인의 이점은 후보자들이 자신들의 메시지를 조절할 수 있다는 것이다. 이제 더 이상 신문이나 언론인들에게 의존할 필요도 없고, 비싼 언론 광고비의 부담도 줄었으며, 30초 미만이라는 TV 광고의 시간적 제약도 받지 않는다. 이러한 경우만 보더라도 앞으로 뉴 미디어를 응용하여 어떻게 정치가들이 선거 운동을 펼칠 것인가를 알 수 있다.

사회 운동도 이러한 기술을 사용할 수 있음을 보여 주었다. 사회 운동은 주류 미디어에 접속하기가 어려웠던 만큼 인터넷을 사용하여 그들의 목적을 달성하는 것은 물론 새로운 운동원을 확보하는 데에도 도움을 받고 있다. 그런가 하면 정치와 관련된 수천 개의 웹 사이트를 통하여 정치적인 토론을 전개하기도 한다. 인권보호 집단이나 환경단체, 노동조합 등 모두 인터넷을 활용하여 조직의 범위를 세계로까지 넓힌다. 법적 제약을 받지 않는 사이버 세계에서는 서로 반목하는 집단 간에 웹 사이트를 개설하여 의견을 나누는 등 인터넷 정치의 미래를 가늠하게 만들고 있다.

이러한 새로운 기술의 미래는 아주 격렬한 토론의 대상이 될 것이다. 이런 기술적 희망을 긍정적으로 보는 사람들이 있는가 하면, 잠재적 위험성을 경고하는 사람들도 있다(Abramson, Arterton & Orren, 1988). 예를 들어 인터넷을 이용하면 '개인화'된 신문은 발전시킬 수 있지만, 그 신문은 이미 독자가 관심을 표명한 주제의 정보만 집중적으로 기사화한다는 한계가 있다. 예를 들어 야구 시합 결과는 보내 줄지 모르나 골프나 테니스 시합의 결과는 빠뜨릴 수 있다. 또 환경 문제는 다룰지 모르나 범죄와 관련된 정보는 다루지 않는다. 과연 이러한 기술력이 사회적으로나 정치적으로 일반 개인에게 필요한 정보를 효과적으로 공급해 줄 수 있을까? 아니면 이러한 시스템이 사회를 더욱더 분절시켜서 시민들 사이의 공통된 관심사를 반감시키는 것은 아닐까?

다른 매스 미디어와 같이 뉴 미디어도 정치적 과정에 영향을 미칠 것이다. 쌍방향 TV는 즉석 국민투표를 표방하는 '전자식 타운 미팅(electronic town meetng)'을 실현시킬 수 있다. 이러한 기술적 장치가 우리의 민주주의를 병들게 만들 것인가? 즉각적인 투표나 조사가 긍정적인 발전을 뜻하는가, 아니면 그러한 기술 때문에 심각히 고려해야 할 사안들을 단순히 즉흥적으로 반응하게 만드는 잘못을 범하게 될 것인가? 사람들은 현대의 여러 가지 사안에 대해서 관심이 더 많아질까, 아니면 면대면 토론 방식이 줄어들고 전자식 타운 미팅으로 단순히 대체되는 것일까? 이러한 질문들이 새로운 기술의 도래에 맞춰 정치적 시야에도 등장할 것이다.

1996년 공화당 전당대회에서는 처음으로 온라인 통신이 이루어졌다. 이는 1932년 처음으로 루스벨트가 라디오 방송을 통해 대통령직 수락 연설을 발표했던 것이나, 1960년에 케네디와 닉슨이 벌였던 TV 토론과도 같았다(Whillock, 1997, p.129). 그러나 미디어 학자들은 뉴 미디어의 장기적인 효과에 대해서는 다소 회의적이다. 누먼은 "C-Span이나 CNN 그리고 인터넷 같은 매체를 이용하는 정치 집단은 이미 헝클어진 정치판에서 나약하기 짝이 없는 뉴스 패거리들의 담론을 뛰어넘는 가시적인 평가를 기대하기 어렵다"고 언급한 적이 있다(Neuman, 1996, p. 14). 물론 뉴 미디어를 통해 예전에 비해 정보를 쉽게 접할 수 있을지는 몰라도, 시민들은 좀더 자세한 정보를 얻기 위해서는 또 다른 채널을 통해 깊은 분석이 필요하다고 느낄 수도 있다.

그러나 최근 수십 년 동안 미국 사회는 정치에 대한 불신이 쌓여서 새로운 기술의 영향을 잘 받지 않는 것으로 나타났다. 한 조사에 따르면, 미국에서만 선거 정보를 얻기 위해 인터넷 웹을 사용하는 이용자가 1996년에서 1998년 사이 7백만에서 1천 1백만 명으로 늘어난 것으로 발표되었다. 하지만 이는 조사 기간에 전반적인 웹 이용자가 늘어난 것을 말할 뿐이다. 오히려 인터넷의 웹을 이용하여 선거와 관련된 정보를 검색하는 사람들은 1996년 22%, 1998년 15% 정도 감소한 것으로 나타났다. 정치적 담론에 인터넷을 적극적으로 활용하는 사람은 거의 없었다. 1998년에는 전체 인터넷 사용자의 11%만이 온라인을 통해서 정치 관련 정보를 검색할 뿐이었고, 단 15%만이 정치적 내용을 담은 전자우편을 이용하였다고 한다(Peesearch Center, 1999).

데이비스와 오웬은 비정치적 뉴 미디어의 정치적 역할을 알아보기 위해 인터넷과 더불어 라디오 토크쇼, TV 뉴스, 매거진, 케이블 TV 뉴스 등을 조사한 바 있다(Davis & Owen, 1998). 이러한 미디어를 상세히 조사한 후에 내려진 결론은 "뉴 미디어는 민주주의의 새로운 활성제라기보다는 모든 뉴 미디어의 채널을 이용하려는 동기를 부여하고 시민들의 정치 참여 의식을 높이는 정도의 능력을 갖고 있다"(pp.258~259)는 것이다.

정보가 많다고 해서 정치적 무력감을 극복할 수 있는 것은 아니다. 바네트가 지적한 대로 "뉴 미디어를 활성화시킨다고 해서 캠페인이나 정치적 압력 집단이 유권자의 정치적인 관심을 더욱 많이 불러일으키는 것은 아니다"(Barnett, 1977, p.211). 대신 "고립, 냉소주의, 분리에서 사회에의 개입으로 주요 정치 문화가 변화하는 현상, 이런 진정한 도전은 결코 새로운 의사소통 장치에 맡겨질 수 없다"(p.213).

7.5 | 정치와 엔터테인먼트 미디어

정치 생활에 미치는 미디어 효과를 논의할 때 가장 직접적인 형태가 뉴스이다. 그러한 뉴스에 관해서는 오랫동안 학술적 관심이 기울여져왔다. 그러나 1980년대까지만 해도 학술 분야에서는 대중문화나 엔터테인먼트에 대해 별로 관심을 갖지 않았다. 최근 이 분야에 관한 연구가 막 시작되었는데, 이러한 미디어는 우리의 세계관을 형성하는 데(혹은 왜곡하는 데) 대단히 중요하다. 여기서는 간단하게 뉴스 외 분야의 정치적 중요성에 관한 몇 가지 사례를 들어보기로 하자.

TV와 영화

TV에서 '뉴스 매거진'이란 형식의 쇼를 보면 주시청 시간대의 갖가지 엔터테인먼트 프로그램과 연결되어 있음을 곧 알 수 있다. 그러한 프로그램들은 뉴스보다 더 많은 시청자를 불러 모은다. 대부분의 사람들은 그런 프로그램을 단순히 오락 프로로 간주하지만, 사실은 내용이나 출연진들을 잘 살펴보면 직·간접적으로 정치성이 드러나는 것을 알 수 있다. 알고 보면 모든 TV는 정치적이다. 방송 제작자들은 겉보기에는 비정치적이지만, 그들이 만든 제작물을 잘 들여다보면 매우 정치적임을 알 수 있다. 대표적인 것이 시사 문제를 정치적으로 다루는 프로그램들이다. TV 영화나 드라마를 자세히 뜯어보면 성적 희롱이나 인종차별주의, 기아 문제 따위의 사회 현안을 많이 다룸을 알 수 있다(Lichter, Lichter & Rothman, 1994).

모든 유형의 프로그램에는 정치적 암시가 도사리고 있다. TV 프로그램을 만들 때 제작자들은 기업의 부패나 성차별과 같은 주제에 정치성을 개입시킨다. 심지어 드라마에서 배우들이 정치 현안에 대하여 겉으로 표현하지 않는 것 같아도 정치에 대한 거부감을 은연중에 표현한다. 어떤 현안에 대하여 거부하는 경우도 하나의 입장이 된다. 실제로 '비정치적인' 프로그램이 가장 강력한 정치적 주장을 내세울 수도 있다. 현 상황을 문제삼지 않음으로써, 현 상황을 '당연하게' 만들고 강화시킨다는 것이다. 그러나 어떤 프로그램은 가끔 변화에 대해서 비관하거나 냉소하는 듯한 면을 보여준다. 그러므로 우리는 겉보기엔 별 내용이 없어 보이지만 자세히 들여다보면 주시청시간대의 프로그램이 담고 있는 정치적 암시를 찾아볼 수 있다.

경고라는 말은 우리가 엔터테인먼트 TV의 정치적 역할을 논할 때 자주 쓰는 말이다. 물론 주시청 시간대에 어떤 정치성을 주입시키려는 음모는 겉으로 드러나지는 않는다. 실제로 대부분의 프로그램은 일반 시청자의 구미를 만족시키는 데 신경쓸 뿐이다(Gitlin, 1985). 기억해 둘 사항은 민영 TV는 수용자를 광고주에게 넘겨서 이윤의 극대화를 노리는 기업에 불과하다는 것이다. 이러한 이윤 추구의 엔터테인먼트를 창조하기 위해서는 TV의 정치성을 가능한 배제할 수밖에 없다. 시청률의 상승이나 이윤 극대화라는 것이 TV의 최종 목표이기 때문이다.

연구자들은 주시청 시간대 프로그램의 내용과 시청자를 조사하면서, TV의 정치적 효과가 뒤얽혀 있음을 깨닫게 된다. 미디어의 내용도 중요하지만, 시청자들은 자신들이 본 것을 해석하는 데 있어서 중요한 역할을 맡는다. 예를 들어 1970년대에 방송된 *All in the Family* 라는 드라마에서 주인공 두 명이 인종 문제와 여성의 지위, 그리고 베트남 전쟁에 대한 이야기를 나누는 장면이 나온다. 이처럼 인기 높은 프로그램에서 나오는 그런 대화는 시청자들에게 어떤 영향을 미칠까? 한 연구에 따르면, 그 효과는 시청자의 선입관에 따라 달라진다고 한다(Vidmar & Rokeach, 1974). 예컨대 인종 문제의 경우, 진보주의자나 편견을 가진 사람들은 TV 드라마를 보면서 자신의 입장을 강화하는 경향을 보였다.

물론 *All in the Family* 는 일상적인 내용을 담은 드라마는 아니었다. 대부분의 정규적인 TV 쇼는 시청자의 반감을 사는 프로그램은 방영하지 않는다. 1980년대 후반에 방송된 *The Cosby Show* 라는 드라마는 전통적인 중류층 대상 프로그램이었다. 그러나 예외가 한 가지 있었다. 출연한 배우들이 모두 흑인이었다는 점이다. 많은 비평가들이 TV에서 의도적으로 흑인들을 긍정적으로 묘사했다고 주장했다. 그렇지만 잘리와 루이스는 시청자와의 면담 조사를 통해 많은 사람들이 그 프로그램을 서로 다르게 해석하고 있음을 발견했다(Jhally & Lewis, 1992). 백인 시청자들은 극중에서 전문직을 가진 흑인 지식 계급의 출연이 곧 인종차별의 벽을 무너뜨리려는 의도적인 시도라고 간주했다. 연구자들은 아이러니컬하게도 이 프로그램이 시청자들 사이에서 새롭게 "계몽된 인종차별주의"에 기여했다고 주장한다. 반면에 흑인 시청자들은 그 프로그램에서 나타난 지적이고 경제적인 면에서도 성공을 거둔 흑인 가정에 대한 긍정적인 묘사를 대단히 환영했다. 그러나 잘리와 루이스는 이러한 반응이 긍정적인 이미지가 부유한 이미지와 동등해야만 한다는 진부한 생각을 강화시킨다고 강조한다.

또 다른 연구 결과는 미디어 내용에 대한 해석이 광범위하다는 것을 말해준다. 예컨대 CBS에서 인기리에 11년 동안이나 방송되었던 코믹 드라마 'M*A*S*H*'는 한국전쟁 당시 내과 의사들의 애환을 그린 것이다. 이 드라마는 반권위주의와 반전을 기치로 내걸면서 유머가 넘치는 내용을 담았다. 이 드라마의 작가인 레리 겔바트(Larry Gelbart)는 전쟁의 무모함을 이 프로그램을 통해서 말하고 싶었다고 한다. 그러나 그는 방송 4년 만에 방송국을 떠나야 했다. 왜냐하면 작가가 가졌던 애초의 의도가 빗나갔기 때문이다. 아이러니컬하게도 애초의 의도와 다르게 드라마가 계속 인기를 끌면서 점차 전쟁의 숙명적인 불가피성이 그려졌기 때문이었다.

마이크 페러렐(Mike Farrell)은 시청자들이 자신이 출연한 프로그램을 각기 다르게 해석하고 있음을 팬레터를 통해 깨달았다고 말했다. 예를 들어 페러렐이 "소년들이여! 전쟁을 즐거운 마음으로 받아들여라" 하고 얘기하면 그 장면을 본 어떤 시청자는 "당신의 프로그램을 보고 나서 나는 군대에 가기로 결정했습니다"라는 반응을 보인다는 것이다. 그러나 페러렐은 "나는 이 편지를 읽고 머리를 내저었다. '자네가 내 프로그램을 어떻게 보고 그런 최종 결정을 내렸는지 알 수가 없네. 나는 그런 의도로 말한 게 아니었는데'라고 했다"는 것이다. 그러면서 "그래도 또 다른 편지에 의하면 어떤 소년은 처음에는 앞으로 전문 장교가 되겠다고 결심했으나 우리 프로그램을 보고 나서 목사가 되겠다고 말했다"고 한다(Gitlin, 1985, p.217). 하나 교훈이 될 만한 것은 뉴스 보도에서와 같이 시청자들은 엔터테인먼트 TV에서도 정치성이 애매하게 내포되면 서로 다르게 해석한다는 것이다. 우리는 이 주제에 대해 다음 장에서 좀더 깊이 다룰 것이다.

TV 프로그램과 같은 대중적 필름에 정치적 내용이 담기면 방송사로서는 이윤을 남기기가 어렵다. 엄청난 예산을 쓰는 할리우드 영화의 경우, 이윤을 남기기 위해서는 아주 다양하고 광범위한 수용자를 대상으로 영화를 만들지 않으면 안 된다. 그러한 오락용 영화에 정치적 내용이 담기면 잠재적인 영화 관람객이 누구인지 매우 불확실해지기 때문이다(Prince, 1992). 성공적인 흥행을 거둔 영화, 이를테면 ‘*ET*’, ‘*Star Wars*’, ‘*Indiana Johns*’, ‘*Batman*’, ‘*Lethal Weapon*’, ‘*Amageddon*’, ‘*Independence Day*’ 등은 정치적으로 심각하지 않은 내용을 만화처럼 그려서 관객의 눈길을 끌어모았다.

물론 엔터테인먼트 영화에 정치적 내용이 담기기는 어렵다. 1980년대의 정치 영화를 살펴본 스티븐 프린스에 의하면 그러한 영화는 기존의 지배적인 정치 성향을 바꿔주기보다는 오히려 강화시켜 주는 경향이 있다는 것이다(Stephen Prince, 1992). 일반적으로 사회 문제를 미래에 투영시킨 ‘*Blade Runner*’, ‘*Aliens*’, ‘*Robocop*’, ‘*Total Recall*’과 같은 그 당시의 공상과학 영화조차 정치적 대안을 제시하지 않았다. 가능한 대안을 찾아내지 못함으로써 이런 영화들은 “경제적 위기”에 직면해서 나타나는 정치적·사회적 무력감을 강화시키는 것처럼 보일 수 있었다(p.193).

음 악

음악과 뮤직 비디오의 세계는 나름대로 정치적 함축성을 가지고 있다. TV, 영화와 마찬가지로 음악 산업은 이윤을 목적으로 제작된다. 그래서 음악 제작자들은 많은 수용자를 확보하기 위해 대부분 누구나 좋아할 수 있는 음악을 만든다. 그러므로 주류를 달리는 라디오의 음악은 진부한 사랑에 얽힌 노래를 주로 다룬다. 비록 오늘날 어지러운 사회 문제가 주변에서 많이 일어나도 음악은 심각한 정치적인 내용을 배제한다. 그러나 어떤 음악은 정치적으로 관여하고 논쟁거리를 담으며 어떤 사회적 대안을 제시하여 수용자의 관심을 끌기도 한다.

우리는 음악을 예로 들어 미디어가 지니는 의미의 구축에 대하여 지적하고자 한다. 미디어 상품은 제작과 소비 사이의 상호 작용을 끊임없이 내포한다(Gottdiener, 1985). 제작자들(결코 밴드가 아닌 기업주)은 항상 이윤을 극대화하기 위해 노력한다. 그 때문에 상품의 교환가치를 중요시한다. 그러나 일반 사람들은 완전히 다른 동기를 가지고 음반을 구입한다. 원하는 CD를 통해서 음악을 즐기기 위해서이다. 소비자에게는 상품의 이용가치가 더욱 중요하기 때문이다.

절차는 거기에서 끝나지 않는다. 음악을 구입한 사람들은 그 상품에 상징적인 의미를 부여한다. 말하자면 당신이 컨트리 음악인 가스 브룩스(Garth Brooks) 또는 홀(Hole)밴드, 작곡가 필립 그라스(Phillp Glass)를 즐겨 듣는다 하자. 이들의 음악은 음악적 취향을 떠나서 어떤 중요성을 갖는다. 음악 팬들은 가끔 그들이 즐겨 부르는 음악에 의미를 부여한다. 주류 음악의 고정된 이미지를 벗어나 정치적 지향이나 어떤 가치관이 개입된 음악을 열렬히 좋아하는 사람들도 있다. 그래서 얼터너티브 음악은 의상이나 스타일 같은 부분에서 하부 문화를 조성하고 있는지도 모른다. 헤비메탈의 가죽잠바와 체인, 펑크 록의 머리 염색, 몸의 장신구, 사이키델릭한 음악을 하면서 입는 T셔츠나 힙합 바지 등 모두 이런 분야에 해당된다.

가끔 음악에 정치적 심각성이 담겨지기도 한다. 그렇다고 해도 음악 제작사는 이윤을 낼 수 있는 범위 안에서 그런 정치성을 음악 상품에 끼워넣는 것이다. 이러한 상품들이 반항적이고 대안적인 음악성을 내포하는 것처럼 보일 때도 있지만, 사실은 음반 제작사들이 기업의 이윤을 최대화하기 위하여 임의로 조정하는 것이다. 예를 들어 록이나 펑크, 랩 음악이 권위와 현상 유지에 도전하고 거부하는 것처럼 보일 때도 있지만 이 방법도 알고 보면 정치적인 심각성보다는 오직 상품으로 간주되는 경우가 많다. 이것이 미국 기업의 본질이다.

1980년대 기존의 주류 음악에 대해서 코웃음치며 등장했던 펑크 록의 경우, 한동안 인기를 모으다가 '뉴 웨이브' 뮤직으로 재포장되었다. 강력한 저항 음악이었던 랩 또한 출현한 지 얼마 되지 않아서 상업적 기업과 결탁하였다. 1990년대 초다 떨어진 싸구려 의상으로 상징되었던 '밑바닥(grunge)' 음악은 기존의 상업성을 거부, 많은 팬을 모았으나 이 역시 재빨리 다국적 기업들에 의해서 이윤을 남기는 음악 집단으로 변질되었다. 1990년대 중반에 그런 싸구려 음악은 '얼터너티브' 음악의 한 장르로 재포장되어 록 산업의 주류가 되기도 했다. 어떤 저항 음악에 정치적인 심각성이 담겼다 해도 음악 산업체들은 이들 저항 음악을 고급 상품으로 다시 전환시킨다. 당신이 이 책을 읽고 있을 즈음에는 기존의 음악은 모두 한물가고 또 다른 유행 음악이 떠오를 것이다. 처음에는 기존의 상업적 기업에 대항하는 저항 음악이 인기를 모으는 경우가 많다. 그러나 그 역시 일단 주류 음악이 되고 나면 결국 마지막으로 판단을 내리는 것은 수용자들 몫이다.

좀더 초기로 시간을 거슬러 올라가면 판매고를 높이기 위해 1960~1970년대의 음반 기업 대부분은 록을 대상으로 하였다. 당시 음반 기업들의 자부심은 사회 현상을 비판하는 반문화적인 음악을 제작한다는 것이었다. 기업의 광고도 현상 유지를 비판하는 그러한 반문화적 비판 음악을 수용했다. 밥 딜런(Bob Dylan)이 불렀던 'The Times They Are A-Changing'은 반문화의 대표적인 곡인데 상업적으로 큰 성공을 거뒀다. 그밖에 반문화적인 노래로 로 리드(Lou Reed)의 'Walk on the Wild Side'는 자동차 경주자들에게 큰 인기를 끌었으며, 비틀스(Beatles)의 'Revolution', 스테펜울프(Steppenwolf)의 'Born to Be Wild', 헤비메탈 그룹인 블랙 사바스(Black Sabbath)의 'Paranoid' 등이 모두 그런 노래이다. 재미있는 것은 오늘 의미 있는 노래들이 내일이면 상업적인 노래로 바뀐다는 것이다.

물론 이윤을 추구하는 상업적 음악이 대부분 주류를 차지하지만 정치적인 함의를 담은 일부 저항 음악이 상업적인 성공을 거두는 경우도 많다. 예를 들어 노동 운동이나 인권 운동이 정치적인 힘을 발휘하는 데 음악이 주도적인 기능을 발휘하는가 하면, 보수적인 대중음악이 정치적인 메시지가 가미되어 크리스찬 음악으로 편곡되기도 했다. 일부 랩이나 힙합 음악은 정치적 토론이 벌어지는 계기가 되기도 했다. 1980년대 있었던 일련의 자선 음악회는 정치적인 성격이 강했다. 예컨대 에티오피아의 기아 문제를 세계에 알렸던 Live Aid, 미국 농민들을 대상으로 한 Farm Aid, 남아프리카공화국의 인권 문제를 다룬 Sun City, 그리고 갖가지 무대에 올려졌던 Amnesty International 주최 음악회 등이 모두 그러한 성격의 음악회이다. 정도의 차이는 있지만 위에서 언급한 모든 자선 음악회는 다분히 정치적이었다. 그렇지만 대규모 기업이 세계적인 주요 판매망을 장악하고 있는 요즈음, 다른 상품처럼 음악이 묶음으로 판매되는 것처럼 이야기하기는 어렵다.

그런데 중요한 것은 아무리 기업들이 판매 수단을 강구해도 수용자는 자기가 원하는 음악만을 찾는다는 것이다. 상업적으로 크게 성공하는 음악도 있지만 소비자에게 완전히 외면당하는 경우도 많다. Metallica, Public Enemy, Rage Against the Machine, Tracy Chapman 등의 음악은 사회적 또는 정치적인 냄새를 느끼게 한

다. 이들의 음악을 접하는 사람에게는 음반 기업의 의도가 어디에 있든 음악 자체
가 심각한 의미로 다가온다. 이런 음악은 미디어의 창조와 소비라는 사회적 과정
에서 또 하나의 복잡한 긴장 양상을 띠고있는 것이다.

음악의 장르는 앞으로도 계속 늘어날 것이다. 힙합, 하우스, 랩, 배기, 테크노,
인더스트리얼, 고틱, 메탈, 트레쉬 등 수많은 부류의 음악이 왔다가 사라질 것이
다. 포크나 컨트리 같은 대중음악도 음악의 분화로 인해 하나의 역사로 남게 될 것
이다. 우리는 어느 한 부류의 음악만을 고집하기 어렵다. 모든 음악은 각기 나름대
로 의미를 담고 있다. 예를 들어서 우리가 알고 있는 랩은 인종차별주의나 경제적
불평등에 대해서 분노하는 등 급진적인 정치성을 띤다. 반면에 어떤 랩은 여성 비
하나 반유태주의를 내걸며 폭력과 영합한다. 또 어떤 랩은 정치적인 화제를 멀리
하고 인간 관계와 사랑을 노래하기도 한다. 이처럼 랩뿐만 아니라 어떤 부류의 음
악이라도 정치적 메시지만을 내포하지는 않는다.

음악은 그 종류가 무엇이든 간에 정치성이 개입한다. 음악인과 팬들은 그들이
좋아하는 음악에 대해서 무엇인가 다른 것을 강조하려고 끊임없이 분투한다. 그중
에는 정치적으로 어떤 대안이 제시되길 바라기도 한다. 그러나 음악 제작사는 왜
(why) 음악이 잘 팔리느냐에는 관심이 없다. 오로지 어떻게 잘(how well) 파느냐
가 관건이다. 동시에 대학 방송이나 독립 음반 제작사와 같이 비상업적인 영역이
새롭게 떠오르는 대안으로 계속 육성될 것이다.

7.6 | 국제 미디어와 국제 정치

미디어의 정치적 효과는 최근에 미디어 상품이 국제화되면서 더욱 중요성을 띠고
있다. 갈수록 비중이 높아지고 있는 국제화 연구는 세계 여러 나라에 미치는 서구,
특히 미국의 미디어 효과와 자국 내 미디어의 비교 연구로 대별되고 있다. 비판론
자들은 '문화 제국주의(cultural imperialism)'라는 맥락에서 서구 미디어를 연구하
는데, 먼저 이 주제에 대해서 논의를 시작하기로 한다.

문화 제국주의의 논리

수년째 국제 미디어에 대한 논란은 문화 제국주의의 형태로 전세계를 지배하는 서구 미디어, 특히 미국의 미디어를 중심으로 이루어져왔다. 예를 들어 최근에 미국의 할리우드 영화는 유럽 영화 시장 전체의 40%를 차지하고 있으며, 미국 TV는 25% 정도를 차지한다(Hirsch & Peterson, 1992). 유럽 미디어 시장의 50% 이상을 미국의 대중 영상물이 차지하고 있는 셈이다(De Bens, Kelley & Bakke, 1992). 문화 제국주의의 기본 논거는 서구 미디어를 유입함으로써 개발도상국의 전통적 가치가 점점 상실된다는 데 있다. 더구나 그러한 미디어의 소유와 통제가 모두 미국에 의해서 이루어진다는 것이다. 이러한 문제는 초기 TV 연구에서 언급되었던 것으로(Schiller, 1971), 후에 인종차별주의로까지 확대되었다.

그렇지만 미국의 하드웨어와 프로그램 제작이 세계를 지배한다는 논리는 너무 비약된 것이라는 목소리도 높다. 연구 결과에 따르면 제국주의 논리는 적어도 두 가지 문제점을 안고 있다(Tunstall, 1977). 첫째, 연구자들에 의하면 개발도상국들은 외부의 미디어 유입으로 인하여 자체 제작이 활성화되기도 한다는 것이다. 8장에서 논의하겠지만, 최근에는 세계 각국의 수용자들은 미국에서 제작된 프로그램을 자기네 방식대로 해석하는 경향이 있다. 프로그램 내용이 똑같아도 그것을 해석하는 것은 나라마다 다를 수 있기 때문이다. 시간이 지날수록 연구자들은 문화 제국주의 이론을 보다 논리적으로 정립시킬 것을 주장했다. 이론가들은 미디어 제작물이 유입된 사회의 유형, 미디어 제작물의 형태와 규모, 그리고 다른 여러 변수들이 미디어의 효과가 갖는 강도와 특성에 영향을 미친다고 여긴다.

둘째, 단순히 TV뿐만 아니라 좀더 넓은 의미의 미디어, 이를테면 라디오, 음악 같은 모든 미디어의 효과를 이해하려는 방향으로 관심이 이동했다. 자본 집약적인 미디어 상품, 특히 영화와 같은 경우에는 미국의 지배가 월등하다. 그렇지만 TV와 같이 비용이 덜 드는 경우에는 오히려 나라마다 토착적인 자국 내 프로그램이 활성화되고 있으며, 심지어 해외로 수출되기까지 하고있다[2001년에 한국의 TV 드라마가 대만에서 커다란 인기를 끌고 있는 것을 비롯해 그 전에 한국의 대중음악이 중국에서도 인기를 얻은 적이 있다-역자 주].

21세기에 접어들면서 상황은 점점 더 복잡하게 진행되고 있다. 미국의 미디어는 아직도 해외에 막강한 영향을 미치고 있다. 미국의 어떤 TV 프로그램은 세계적으로 인기를 끌기도 한다. 미국 영화는 매우 인기가 높고, 특히 액션 영화는 상당히 대중적이다. 섹스와 폭력을 다룬 영화가 세계적으로 유명한 반면에, 코미디나 그밖의 장르의 드라마는 부진한 편이다. 그러나 미국의 제작자들은 해외에서 벌어들이는 수입에 의존하는 정도가 점점 높아져 간다. 그래서 어떻게 하면 해외에서도 인기를 얻을 수 있게 제작할까에 관심을 갖고 있다. 할리우드에서는 폭력이 가미된 액션 영화가 미국 내에서는 종종 가족 드라마보다 덜 성공하지만 아직도 세계적으로 히트를 친다는 것에 주목한다.

당분간 대중음악 분야에서도 미국의 음악이 인기를 모을 것 같다. 폴 사이먼 (Paul Simon)이나 토킹 헤즈(Talking Heads)의 데이비드 번(David Byrne), 스팅 (Sting) 등은 미국의 주류 대중음악가들인데, 이들은 아프리카나 남미의 음악을 그들의 음악에 흡수시키고 있다. 물론 서양 음악이 유입되는 것을 대단히 비판하는 나라도 있다. 왜냐하면 서양 음악이 그들의 이윤 추구를 위하여 개발도상국의 지역 문화를 침략한다고 보기 때문이다. 그런가 하면 서양 음악인들이 지나치게 음악을 동질화시키는 것을 비판하는 사람들도 있다. 그렇지만 자국의 음악 판도가 점점 열기를 띠는 것은 곧 해외의 다양한 음악을 소화시킬 수 있는 수용자들 때문이라며 오히려 해외 음악의 유입을 찬성하는 비평가들도 있다. 사실 '세계 음악'이라고 불리는 장르는 점차 음악의 한 주류로 각광을 받고 있는데, 어떤 특정 지역의 음악이라든지 각국의 악기나 리듬을 혼합하여 국제적인 음악을 창출해 내므로 그런대로 의미가 있다고 본다.

국제적 음악의 의미는 매우 복잡하다. 예를 들어서 남아프리카공화국의 mbaqanga, kwela, zulu 등의 도시풍 리듬 요소는 폴 사이먼에 의해서 그의 히트 앨범인 *Graceland*에 소개된 바 있다. 폴 사이먼은 남아프리카공화국의 리듬을 부분적으로 세계에 소개했는데, 이는 1950년대 미국 록에서 받은 영감과 혼합한 것이었다. 사실 미국의 1950~1960년대 음악은 지금에야 남아프리카공화국에 보급되고 있다(Garofalo, 1992). 그러므로 남아프리카의 지역 문화는 1950년대의 미국 록 음악을 흡수하고, 그 대신 자신의 고유한 리듬은 새로운 감각으로 다시 1980년대와 1990년대 미국의 대중음악에 영감을 준 셈이다. 문화 제국주의라는 단순한 모델로는 세계 음악이 부각되는 복잡한 상호 연관 관계를 설명할 수 없다.

각국의 미디어 정치

우리는 최근 대단한 국제적 변화를 맞고 있다. 커뮤니케이션 기술도 이러한 변화에 단단히 한몫했다. 오닐은 "국경을 넘어서는 대중의 지식이 새로운 국가주의를 만든다"며 대중의 힘을 강조한 바 있다(O'neil, 1993). 그렇다고 그러한 대중의 힘이 반드시 민주주의를 표방하는 것은 아니다. 오닐은 국제 미디어란 지식이나 경험보다는 영상력과 감정적 소구력이 더욱 중요하다고 강조한다.

커뮤니케이션 미디어는 명백히 정치적 행동의 중심이 되기 시작했다. 그러나 우리는 미디어 효과에 대해서 신중히 살펴야 한다. 1989년 중국 천안문 광장 앞에서 벌어졌던 한 학생의 시위 모습을 상기해 보자. 그 학생은 달려오던 탱크 앞에서 시위를 계속했고, 결국 탱크는 그 학생을 피해서 돌아갔으며, 옆에 있던 구경꾼들은 이 장면을 목격하고 시위에 참여하게 되었다. 그 장면은 TV를 통해 전세계로 전송되어 서구 국가에 강한 이미지를 남겼다. 그러나 중국 TV 역시 이 장면을 되풀이해서 내보냈다. 왜 그랬을까? 중국 정부는 그 필름을 통하여 청년들의 반항이 너무 어리석은 짓이라는 것을 보여주고자 했던 것이다(사진 7-1).

확실히 근대의 커뮤니케이션 기술은 정치 행위에서 중심부를 차지하기 시작했다. 1991년 소련의 고르바초프에 맞선 지도부의 쿠데타는 모스크바의 일부 미디어를 맥 못 추게 만들었다. 오직 일부 러시아인들만 위성을 이용하여 CNN과 같은 뉴스를 볼 수 있었다. 천안문 앞 시위가 한창일 때 정부 관리들은 그에 대한 뉴스를 차단했으나 중국 학생 대표들은 팩스를 이용하여 신문 형식으로 해외에 있는 교포 학생들에게 소식을 전한 바 있다. 1995년 1월 이란에서는 이슬람교인들의 종교적 이유로 서구 TV 위성의 국내 방송을 금지한 적이 있다. 아마도 가장 극단적인 시도는 1996년 아프카니스탄의 탈레반이 권력을 잡은 뒤 전제정치를 도입하고 나서 있었던 일일 것이다. 즉 집권 2년 만에 탈레반은 외국에서 들여오는 TV 수상기, VCR, 위성 안테나, 영화관, 비종교적 음악, 출판 등을 완전히 금지시켰던 것이다(Abdullah, 1998). 1994년과 1995년 체첸에서의 분쟁은 전쟁과 죽음에 관한 그래픽 이미지를 저녁 뉴스에 내보냄으로써 러시아 국민들에게 처음으로 'TV 전쟁'

동일한 미디어 콘텐츠도 문화적 맥락에 따라서 상이하게 이해될 수 있다. 위 사진은 1989년 중국 베이징 천안문 광장에서 있었던 정치 데모의 한 장면이다. 시위자 한 명이 탱크가 전진하는 것을 막고 있다. 탱크가 그의 주위를 한 바퀴 돌자, 다시 그 학생은 탱크 앞을 가로막았다. 이 사진을 찍자마자 동료들이 그를 끌어냈다. 서구에서 이 사건은 압제에 맞선 한 개인의 영웅적 저항을 상징적으로 보여주는 것이었다. 그러나 중국에서 이 사건은 시위대를 진압하는 군대의 강력한 힘을 과시하기 위해서 국가 심의 방송에서 여러 번 재방송되었다. 같은 이미지라도 상이한 문화적 감수성을 가진 사람들에게는 상당히 다른 의미가 있는 것이다.

을 일으켰다. 미국의 한 비평가는 "러시아에서 최초로 방송된 분쟁의 이미지는 이미 인기를 잃은 전쟁에 강력히 반대하는 것처럼 보인다"고 주장했다(*Los Angeles Times/Washington Post News Service*, 1995). 1991년 쿠데타 기간에 보리스 옐친 러시아 대통령을 대중의 영웅으로 만드는 데 일조했던 미디어가 4년 후에는 그의 극적인 몰락에 기여했던 것이다. 러시아인들은 30년 전에 미국이 베트남 전쟁에서 겪었던 미디어 효과를 다시금 경험했던 것이다.

7.7 | 결 론

정치 과정에 미친 미디어의 영향은 많은 나라의 정치 풍토까지 바꾸고 있다. 이는 뉴스나 엔터테인먼트 프로그램을 통해서 나타나는 정치적 내용을 뛰어넘는 것이다. 미디어는 대중적 수용자의 정치성 발전을 촉진시킨다. 수용자는 대개 정당이나 노동 단체 또는 다른 사회 단체와 자신을 심각하게 결부시키지 않는다. 마찬가지로 정치 후보자에 대한 관심도 단지 미디어 렌즈에 비춰지는 것에 따라 움직일 뿐이다.

매스 미디어의 구조는 정치인들이 보다 많은 수용자를 접할 수 있게끔 해준다. 그렇게 해도 정치인들은 미디어가 설정한 규칙에 따라 멋지게 행동해야 한다. 그럴싸하게 중개된 정치에서는 정당과 강령보다는 후보자의 개성과 이미지가 훨씬 중요하다. 정치인들은 이 사실을 잘 알기 때문에 그들의 행동을 거기에 따라 맞춘다. 그 결과 그들은 가끔 본질적인 정책보다 음성이나 외모에 관심을 더욱 갖게 되는 것이다.

매스 미디어와 함께 현재 떠오르고 있는 뉴 미디어는 수용자의 정보 공유와 정치적 토론을 활성화시킬 수 있는 잠재력을 가지고 있다. 그러나 이와 같은 미디어의 잠재적인 역할은 아직 완전히 실현되지 않고 있다.

지금까지 보아왔듯이, 정치적인 측면에서 수용자는 미디어 메시지에 대해서 단순히 수동적이지 않다. 뒤의 8장에서 논의하겠지만, 수용자는 의미를 구축하는 적극적인 참여자란 점을 잊어서는 안 될 것이다.

8 수용자와 의미의 구성

최근까지도 학자들이나 비평가들은 미디어 수용자를 그다지 중요하게 여기지 않는 것 같다. 미디어의 이미지가 조작 가능한 잠재적인 속성이 있다는 특성 때문에 연구자들은 미디어 메시지 그 자체에 더욱 초점을 맞춘다. 어떤 학자들은 미디어 메시지를 어떤 특정 행동을 일으키는 '원인'으로 간주한다. TV 시청은 어린이들에게 너무 일찍 섹스에 눈을 뜨게 만들까? 헤비메탈 음악을 들으면 감수성이 약한 애청자들은 자살을 생각하게 될까? 폭력적인 영화를 자주 보면 실제 생활에서도 폭력적인 방법을 많이 사용할까? 이러한 관점에서 수용자는 영화, 음악, TV 등과 같은 자극에 의한 미디어의 수혜자가 된다. 그리고 그에 대한 반응은 가시적으로 도출되기도 한다.

확실히 미디어 효과에 초점을 맞추는 연구자들은 미디어 메시지에 깊은 관심을 갖는다. 우리는 잔혹한 폭력 영화를 기억하고 있거나 너무 현란한 TV 장면들이 다른 사람들에게는 어떻게 보일까 하고 염려하는 경우가 많다. 미디어 효과에 관한 연구가 초점을 맞추고 있는 문제는 미디어 메시지이다. 메시지는 때때로 실제 세상을 다르게 비추고 재미있는 것만 뽑아내기 때문에 자칫하면 우리가 중요하다고 생각하는 것을 그냥 스쳐 지나가기도 한다. 그러나 대체로 미디어 메시지는 우리 생활의 중심에 자리잡고 있다. 즉, 이 연구 주제야말로 이 책의 기본적인 전제이기도 하다.

그러나 위에서 몇 가지 언급한 미디어 메시지와 수용자가 직접 겪는 실제 경험과는 차이가 있다. 넓은 의미에서 말하자면 미디어 효과에 대한 학술적인 논의는 실제 사회에서 살고 있는 수용자의 단면을 제대로 이해하지 못하는 경우가 많다는 것이다. 사람들의 행동과 태도는 미디어라는 강력한 외부의 힘에 의하여 조성될 때가 있다. 이러한 전제 아래 우리가 미디어의 효과를 제대로 이해하기 위해서는 미디어 메시지가 뭐라고 떠드는지 잘 살펴볼 필요가 있다. 확실히 미디어 메시지는 다소 부풀려지는 측면이 있다. 그럼에도 이런 메시지의 과장을 지적하는 연구자들은 거의 없다. 그래서 여기서는 이 점을 연구의 근간으로 삼고자 한다. 미디어 효과에 초점을 맞추기 위해서 수용자의 모습을 벗겨보자는 것이다.

여러 가지 관점에서 볼 때 수용자라는 용어는 그렇게 만족할 만한 개념은 아니다. 수용자라는 말은 수많은 수동적 수신자들이 매일매일 미디어가 조제해 주는 미디어 상품을 주는 대로 섭취하며 살아가는 이미지를 떠올리게 만든다. 놀랄 것도 없이 이는 미디어 기업들이 생각할 때 미디어 수용자란 CD를 구입하거나 영화를 보고 TV 채널을 돌리는 것 외에는 특별한 관심이 없다는 뜻이다. 그러나 그렇게 수용자의 겉모습만 가지고는 실제로 수용자가 무엇을 하는지, 그리고 무엇을 생각하고 있는지 알 수 없다.

그렇지만 수용자는 위에서 말했듯이 단순히 수동적인 수용자가 아닌 듯 싶다. 수용자는 수동적인 수신자가 아니라 적극적인 독자이다. 미디어가 공급하는 텍스트의 의미는 단순히 미디어 프로듀서가 구성하여 만드는 것이 아니라 적극적인 수용자들의 참여에 의하여 구성되는 것이라고 강조하고 싶다. 이렇게 수용자를 지켜보는 데에는 두 가지 이유가 있다. 첫째, 다양한 수용자로서 그리고 미디어 소비자로서 우리가 대부분 겪는 경험이 미디어 메시지에 반영되기 때문이다. 둘째, 최근의 연구에 따르면 미디어 수용자는 미디어의 의미를 적극적으로 해석하기 때문이다. 적극적인 수용자라는 의미는 우리가 설정하는 미디어와 사회 속에서 숨쉬고 있는 사람들을 일컫는다. 이번 장에서는 적극적인 수용자가 어떻게 매스 미디어를 해석하고 있는지를 탐색해 보기로 하자.

8.1 | 적극적인 수용자

오랫동안 미디어 연구는 매스 미디어에 대하여 사회의 수많은 구성원들에게 어떤 아이디어를 전송해 주는 것으로 간단히 소개해 왔다. 이러한 관점에서 사람들은 자신이 미디어에 의해 지배당하고 있다는 사실을 깨닫지 못한 채 미디어에 모든 것을 의존하고 있다. 수용자가 적극적이라는 생각은 우리가 모든 미디어 이념을 지배하고 있다는 뜻이다. 적극적인 수용자 이론을 펼치는 사람들은 아무리 미디어가 애를 써도 결코 수용자에게 무엇을 생각해야 하는지, 또는 어떤 방향으로 어떻게 행동해야 하는지를 말할 수는 없다고 믿는다. 왜냐하면 사람들은 바보가 아니고, 또 호락호락하지도 않기 때문에 미디어가 주입하는 대로 쉽게 지배되지는 않기 때문이다.

'적극적인 수용자(active audience)'라는 말은 인간이 지력과 자율성을 가지고 있다는 믿음을 떠올리게 한다. 그 용어에는 미디어가 가진 힘에 대한 냉소와 함께 인간이 가지고 있는 힘에 대한 믿음이라는 두 가지 의미가 동시에 내포되어 있다. 평가절하되는 세속적 드라마나 각종 엔터테인먼트 지향적인 잡지, 그리고 액션 영화 등과 같은 데서 하찮게 엑스트라로 등장하는 사람들에게 적극적인 수용자라는 개념은 상대적으로 매우 중요하다.

앞에서 적극적인 수용자라는 개념이 수용자의 어떤 행위를 말하는 것인지 설명하지 않았다. 따라서 '적극적인 수용자'란 단순하고 일반적인 호칭을 초월해서 분석해 볼 필요가 있다. 미디어 수용자가 적극적으로 보이는 데는 적어도 세 가지 기본적인 경로가 있다. 다름아닌 미디어 상품에 대한 개인적인 해석, 미디어에 대한 집단적인 해석, 집단적인 정치적 행위를 통해서이다. 우리는 이러한 수용자 영역을 아래에서 각각 검토해 보고자 한다.

해 석

수용자 행위의 첫 번째 특징은 해석적(interpretive)이라는 것이다. 미디어 메시지는 결코 고정된 것이 아니라 수용자 반응에 따라 다양하게 구성된다. 이러한 구성은 미디어 텍스트에 수용자가 관여함으로써 시작되고, 일반적으로 수용자의 해석이라는 일상적인 행위로부터 비롯되는 것이다. 그러한 과정은 특별히 과장할 필요도 없고 어떤 해석을 내리기 위해서 특별한 기술을 요하는 것도 아니다. 미디어 해석은 단지 우리가 미디어 메시지를 이해하는 과정의 일부에 지나지 않는다. 미디어 해석의 결과는 곧 미디어 메시지를 통해 광범위한 감성적 자극을 받아 그저 편안하고 즐겁고 흥겨운 결과를 빚어내는 것인지도 모른다. 우리는 일상생활 속에서 심각하게 의식하지 않고 TV를 시청하고, 신문을 읽고, 영화를 관람하는 등 다양한 미디어의 해석적 행위에 개입하고 있다.

이러한 해석적 행위는 매우 중요하다. 왜냐하면 미디어 텍스트는 어떤 의미를 가지고 있는데, 수용자가 이를 받아들이는 과정이 곧 해석이기 때문이다. 미디어 프로듀서들은 복잡한 미디어의 맥락을 구축하기 위해서 가끔 다양한 아이디어를 동원하여 그들의 의도를 달성하려고 한다. 그러나 이러한 의도적인 메시지는 단순히 수동적인 수용자의 마음을 스쳐갈 뿐이다. 수용자는 다양한 요소에 의미를 부여하면서 적극적으로 메시지를 해석한다. 때로는 의도된 미디어의 의미와 수용자가 메시지를 해석하는 방법이 서로 일치하기도 한다. 이러한 상관 관계는 프로듀서의 장인 정신, 프로듀서와 수용자가 공유하는 해석적 틀의 사용, 아니면 의도하지 않은 우연한 행운에 따른 결과이기도 하다. 그러나 프로듀서들은 그들이 원하는 대로 항상 수용자가 포착하기를 기대할 수는 없다. 수용자도 프로듀서의 숨은 의도를 알 수 없다. 수용자는 각기 다른 해석적인 틀을 동원하든지 또는 프로듀서가 원래 계획했던 메시지가 아닌 다른 요소에 초점을 맞출지도 모른다. 또한 수용자는 프로듀서가 의도한 대로 의미를 구성하지 않을 수도 있다. 모든 수용자가 같은 미디어 텍스트로부터 같은 의미를 구성하지는 않기 때문이다.

해석의 사회적 맥락

수용자 행위의 두 번째 특징은 일상생활 속에서 견고하게 자리잡혀 있는 것이다. 수용자는 미디어 메시지를 사회적으로 해석한다는 점에서 적극적이라고 할 수 있다. 이는 곧 수용자가 미디어 텍스트를 단순히 보고, 듣고, 읽는 것이 아니라 미디어가 무엇을 말하려는지를 혼자서 해석한다는 뜻이다. 반면에 미디어는 우리 생활의 일부로서 우리와 사회적 상황을 결부시켜 나간다. 때때로 우리는 여럿이 미디어에 참여하게 되는 경우가 있다. 이를테면 누구와 데이트를 즐기며 영화관을 간다거나, 가족들과 함께 TV를 시청하기도 하고, 친구들과 같이 공연장에 갈 때도 있다. 처음에는 미디어 이용이 개인적인 행위로 시작되지만, 후에는 좀더 넓은 사회적 관계의 일부로 확대되기 시작한다. 우리는 친구 또는 동료와 함께 지금 막 읽은 책이나 최근에 들은 음악, 또는 금방 읽은 신문 기사에 대해서 대화를 나누기도 한다. 다른 사람들과 더 많은 이야기를 나누기 위해서 주변의 친구들에게 그러한 미디어를 볼 것을 권할 때도 있다. 만약 그러한 대화가 끊어졌다고 생각하면 매일매일 이루어지는 대화에서 매스 미디어와 관련된 이야기가 차지하는 비중이 얼마나 많은지를 알고 놀랄 것이다.

많은 사람들은 한 미디어가 다른 미디어에 초점을 맞추는 경우를 체험하곤 한다. 이를테면 신문이나 잡지에서 출판이나 영화에 대한 비평을 접하게 되고, 라디오에서 음악에 관한 설명을 듣게 되며, 신문에 대한 비평을 담은 TV 프로그램을 보는 것 등이다. 또한 컴퓨터 네트워크를 통해 모든 형태의 미디어에 대한 전반적인 평가를 제공받기도 한다. 냉소적인 사람들은 아마도 이러한 미디어 비평이 홍수를 이루고 있는 것은 모두 마케팅 때문이라고 본다. 미디어 산업은 현명하게도 주로 다른 미디어 판매를 위해서 전체 미디어 분야를 창조해 왔다. 이는 의미 있는 관찰이기는 하다. 그러나 이런 이야기는 미디어 텍스트를 해석하고 평가하는 행위에 있어서 수용자가 미디어를 이용하는 방법들을 놓치고 있다. 수용자는 단순히 그러한 행위를 그냥 넘겨보지 않는다. 수용자가 의미를 구성하고 미디어 텍스트를 해석하는 두 가지 행위 모두 수용자의 수동성과는 거리가 멀다는 뜻이다.

집단적 행위

수용자가 적극적이라는 또 하나의 증거가 있다. 7장에서 설명하였듯이, 수용자는 가끔 미디어 제작자에게 집단적으로 공식적인 요구를 하고 나설 때가 있다. 수용자들이 대중영화를 보다가 어떤 이미지에 대해서 분개하게 되면 집단적인 행동을 취해서 미디어 텍스트를 바꾸는 등 적극적으로 개입한다. 그러한 집단적 행동으로는 공공 시위, 미디어 상품 불매 운동, 수용자의 분노를 확대시키기 위한 공개 캠페인 전개, 재정적 지원을 맡은 광고주들에 대한 압력, 대량 투서, 정부의 조치를 촉구하는 의회 로비 활동 등이 있다(사진 8-1). 최근에 이루어진 많은 연구들은 수

각기 정치적 관점에 따라 수용자들은 미디어 비판을 다양하게 펼치고 있다. 위 사진은 1998년 미국 미시간주 카스라는 지역의 복음주의자인 대릴 폴마티어(Daryl Polmateer)와 나단 세르지오(Nathan Sergio)가 포르노 비디오를 바닥에 쏟아내는 장면이다. 이 교회의 프랭크 라티모어(Frank Lattimore) 목사는 지역의 비디오 상점에서 포르노 비디오를 구입하여 그러한 비디오 유통에 저항하는 의미로 이를 모두 파기시켰다.

용자들이 어떻게 조직화하여 정치적인 행위까지 동원해서 잘못된 미디어 메시지를 재구성하거나 아예 삭제하려 드는가를 설명하고 있다(Bullert, 1997; Lyons, 1997; Montgomery, 1989).

8.2 | 의 미

적극적인 수용자라는 개념은 미디어 텍스트에 의해서 수용자에게 부여되는 그 무엇의 의미를 밝히려는 일반적 의문, 그 이상의 의미가 있다. 즉, 미디어 텍스트의 근간을 다지려는 독자적인 의미가 있다는 것이다. 만약 수용자가 미디어를 적극적으로 해석한다든지 각기 다른 수용자들이 서로 다른 배경을 가지고 있다면, 같은 미디어 텍스트라 해도 복수의 다양한 해석을 낳게 된다. 이 때문에 미디어의 의미는 불안정하다. 따라서 미디어 텍스트나 미디어의 효과를 분석하기가 매우 복잡해진다. 책을 쓴 사람이나 영화 제작자에게 무슨 의도를 갖고 있느냐고 직접 물어볼 수도 없다. 게다가 수용자들은 숨겨진 미디어 텍스트의 의미를 찾아내 비판하는 기술도 충분치 않다. 미디어를 제대로 이해하기 위해서는 다양한 형태의 매스 미디어와 부딪칠 때마다 나름대로 독특한 해석적 전략을 시도해야만 한다.

다의성

문화 연구 분야에서 학자들은 미디어 텍스트의 복합성을 뜻하는 다의성(多義性: polysemy)이라는 용어를 사용한다. 미디어는 복합적이고 다의적이라는 뜻이다. 그러나 이런 뜻이 어디서부터 출발했을까? 다의성은 수용자의 적극성에서 나온 것일까, 아니면 미디어 자체의 속성에서 나온 것일까? 달리 말하자면 복합적인 의미라는 것이 각기 다른 수용자 구성원의 각기 다른 해석을 구축하면서 나오는 결과일까? 그렇지 않다면 텍스트 자체가 누구에게나 열려 있어 너무 '개방적'이란 말일까?

　문화 연구의 권위자인 존 피스크에 따르면 미디어 텍스트는 그 안에 "너무 많은" 의미를 담고 있다고 한다(John Fiske, 1986). 예를 들어 TV는 수많은 요소들이 모여서 하나의 일관된 해석을 낳게 한다. 특히 코미디나 풍자물 같은 프로그램은 여러 가지 다양한 방법으로 해석될 수 있는 애매모호함 때문에 다루기가 매우 어렵다.

영화, 뮤직 비디오, 잡지, 심지어 광고까지 잠재적인 다양한 이미지와 단어들로 이루어져 있다. 따라서 어떤 미디어 메시지라도 완전하게 견고한 하나의 의미로 짜맞추기가 힘들다는 것은 놀랄 일이 아니다. 그렇다고 단순히 수수께끼를 풀듯이 미디어를 보자는 것은 아니다. 하나의 그림을 창조하기 위해서는 많은 부분들이 필요하다. 그러나 그 부분들이 잘못 선택되면 원래 의도와 전혀 다른 그림이 되고 만다. 같은 논리가 미디어 텍스트에 적용된다.

예를 들어 보자. 무엇이 '반전' 영화를 만들어낼까? 가장 직설적으로 대답하자면 그 영화가 전쟁에 대해서 비판하거나 반대 입장을 보이면 된다. 그러나 누가 그런 전쟁에 대한 비판적 메시지를 결정하는가? 영화 비평가일까? 미디어 학자일까? 그 사람들은 영화를 제작하는 것이 아니라 어째서 그 영화가 반전 영화인지 고도의 분석만 할 따름이다. 사실 우리는 그 영화가 반전 영화인지 아닌지를 결정하는 뛰어난 비평에 의존하는 것이 더 편한지도 모른다. 그러나 그 영화가 반전 영화로서 우리에게 전쟁의 도덕성이 무엇인지를 말할 수는 있다(예를 들어 'Platoon', 'Full Metal Jacket', 'Casualities of War'와 같은 영화를 떠올려보라). 그런 영화들은 서로 다른 해석을 낳게 하는 기본적인 요인을 담고 있을 법하지 않은가. 아마도 그런 영화에서는 무자비한 군인들이 무방비 상태의 죄없는 양민들을 학살하는 장면이 묘사될 것이다. 이러한 장면을 해석하는 데 한 가지 방법밖에 없을까? 비록 이런 잔인한 장면을 보면서도 다르게 해석할 수 있는 여지가 있긴 하다. 예를 들어 전쟁의 필요성, 군인들 참여의 불가피성, 적에 대한 증오 등을 들 수 있다. 아마도 희생자들이 군인들과 같은 언어로 말하지 않거나, 군인들이 두려움과 혼란에 사로잡혀 있음을 나타내거나, 영화 끝머리에 전쟁이 승리로 끝날 것이다. 아무리 확실하고 직설적인 텍스트라 해도 수용자가 각기 다르게 읽을 수 있는 열쇠는 분명히 내재되어 있다.

이때 어떤 해석은 옳고 어떤 해석은 그르다고 할 수 있을까? 우리는 그 영화를 반전 영화라고 하는데 다른 사람들은 아니라고 한다면 어떻게 할까? 물론 우리는 영화를 보고 나서 친구들이나 가족들과 대화를 나누곤 한다. 아무리 우리의 해석이 옳다고 해도 다른 사람들이 무엇인가 다른 의미를 부여받았다면, 우리의 확신은 궁극적으로 완벽한 것이 아니다. 결국 미디어 텍스트는 비록 어렵긴 하지만 다양한 수용이 가능하기 때문에 텍스트 구조에는 항상 어느 정도 '개연성(openess)'이 주어진다.

미디어의 주목을 끌기 위한 치열한 경쟁 때문에 개연성은 미디어의 시장성에서 아주 중요한 요소이다. 가장 성공적인 미디어 텍스트란 여러 수용자들에게 관심을 끌 만한 각기 다른 요소들을 가지고있어야 한다는 것이다. 잘리와 루이스는 수용자에 관한 연구에서 몇 년 전 미국에서 인기가 아주 높았던 시트콤 *The Cosby Show*'를 분석한 바 있다(Jhally & Lewis, 1992). 그 시트콤을 시청했던 백인 수용자들은 의도적으로 시트콤에서 등장하는 흑인 가정을 상류층으로 그린 것을 두고 실제로는 백인을 상징하는 것으로 해석했을 것이다. 아니면 그 성공적인 흑인 가정에서 볼 수 있듯이 흑인들도 백인들처럼 생활하므로 이제 미국에는 더 이상 인종차별이 없는 것으로 해석했을 것이다. 흑인들은 전국 TV에 성공적인 흑인 가정이 묘사되는 것에 자부심을 가졌고, 흑인에 대해 긍정적으로 묘사한 것에 대하여 자랑스럽게 생각했다. 흑인 수용자들은 이러한 긍정적인 이미지가 곧 흑인이 백인과 같다는 것도 아니고 그것이 인종차별의 종말을 고한다고까지도 생각하지 않았다. 간단히 말해서 그 시트콤에서 그려지는 인종 문제에 대해서 흑인과 백인의 해석이 아주 달랐다는 것이다. 그렇지만 그 시트콤을 만든 제작자 입장에서는 그렇게 다르게 나타나는 입장 차이가 매우 좋았다. 현대와 같은 다양한 사회에서는 그러한 애매함이 인기를 올리는 데 필요하기 때문이다. *The Cosby Show*'의 경우에는 흑인이든 백인이든 각기 다른 해석이 나온다 할지라도 모두 그 프로그램을 즐겁게 시청했다는 뜻이다.

미디어의 의미가 적극적인 수용자의 다의적인 텍스트 해석에 의해서 어떻게 개방되고 있는지를 이제 알 수 있을 것이다. 이 말은 수용자가 원하는 대로 자유롭게 해석한다는 뜻일까? 아니면 미디어 텍스트의 의미가 수용자의 숫자에 의해 한정된다는 말인가? 문화 연구에서 파생된 어떤 연구에 따르면 의미가 아주 다양하게 조성되기 때문에 텍스트를 충분히 이해한다거나 통제할 수도 없다고 주장한다. 사실 수용자들은 자신이 원하는 대로 미디어 텍스트를 상상할 수 있기 때문에 미디어와 그들 사이의 상호 작용은 잠재적으로 엄청난 힘을 가진다. 이런 관점에서 사회 구조는 발전해 나가는 것이다. 그리고 수용자는 더 이상 미디어에 의해 강요당하지 않는다. 텍스트 자체는 거의 중요하지 않다. 사실 미디어 텍스트란 단순히 열려 있는 것이 아니다. 무한한 방법으로 누구에게나 해석되게끔 완전히 열려 있는 것이다.

구조와 해석적 구속

우리가 미디어를 이용할 때는 어떤 구속을 받는다. 우리의 미디어 경험은 생활의 일부로, 생활과 결코 분리될 수도 없고, 어떤 구체적인 사회적 장소에서 전개되기 때문이다. 나이, 직업, 결혼 여부, 인종, 성별, 교육 정도 등은 우리의 생활과 미디어의 경험을 구조화시킨다. 미디어 텍스트는 마냥 무작위적으로 뒤범벅된 것이 아니다. 대중 수용자를 찾아나서는 미디어는 수용자가 해석할 수 있도록 익숙한 이미지를 묘사하고, 전통적으로 알 만한 주제를 중심으로 텍스트를 구성한다. 이러한 미디어의 메시지에 문제가 없는 것은 아니다. 그러나 다양한 사회적 집단의 장소도 문제이다. 사회적 장소가 문제인 이유는 그것을 바탕으로 수용자가 다양한 미디어를 이용하면서 가장 중요하다고 생각되는 것, 또는 가장 관심이 있는 것만 골라서 매스 미디어를 이해하는 데 필요한 해석적 틀을 적용하기 때문이다.

이러한 논리는 역사적 맥락에서 사회적 장소에 따라 구체적으로 미디어 메시지가 다르게 구성되는지에 주목하고 있다. 다시 말하면 어떻게 의미를 구성해야 하고, 해석의 패턴이 무엇인지, 그리고 패턴을 형성하는 사회적 장소가 무엇인지를 우리가 반드시 이해해야 한다는 것이다. 사실 미디어 텍스트를 어떻게 해석하느냐를 결정하는 것은 우리만이 아니다. 그것은 우리의 사회적 정체성과도 관련이 있다. 동시에 미디어 텍스트는 수용자에 의해 방향지어지는 하나의 의미만을 가지고 있지도 않다. 그렇다고 한없는 의미를 가지고 있는 것은 아니다.

어떤 의미는 구축하기가 매우 쉽다. 그 까닭은 미디어가 널리 공유되고 있어서 누구나 알 수 있는 문화적 가치를 주제로 일련의 가설을 나열하기 때문이다. 미디어의 의미는 수용자에 의해서 적극적으로 구성된다. 그러나 대부분 가장 공통적으로 단 하나의 해석만을 추구한다. 사실 미디어 이미지의 저변에 깔려 있는 문화적 가치는 수용자마다 매우 다르다. 우리는 텍스트 가운데 가장 쉽게 분석할 수 있는 것을 '우선적(preferred)' 해석이라고 생각할 수 있다. 물론 어떤 대안적 해석의 가능성은 아직도 남아 있지만, 그래도 사람들은 '해석적 공동체(interpretive community)'라는 테두리 안에서 우선적 해석을 가지고 미디어를 수용하는 것이다.

8.3 | 미디어의 해독과 사회적 지위

친구들이나 가족들과 미디어 메시지의 의미에 대해서 토론을 벌이다 보면, 정말 수용자들이 미디어를 여러 갈래로 해석하고 있다는 것을 알 수 있다. 6장에서 검토했듯이 미디어 상품은 가끔 어떤 메시지를 반복해서 생산하고 있다는 점에서 이데올로기를 수반한다. 이러한 이데올로기의 표명은 '상식'의 영역을 지배할 때 가장 강력한 힘을 발휘한다. 그러나 엄밀히 말해서 적극적인 수용자와 매스 미디어 텍스트의 이데올로기적 속성 사이의 영역을 어디까지로 정할 것인지는 쉽지 않다. 사회 구조의 역할에 주목함으로써 많은 연구들이 미디어의 해석에 있어서 이데올로기의 통제와 수용자의 능동성 사이의 세력 조정에 일조해 왔다.

계층과 *Nationwide*

앞서 살펴본 대로 적극적인 수용자라는 개념은 미디어 연구에서 여러 가지 문제를 야기한다. 예를 들어 더 이상 미디어 메시지의 내용을 연구하는 것으로는 불충분하다. 왜냐하면 그런 메시지들은 최소한 부분적으로 다른 여러 해석들에 개방적이기 때문이다. 그러면 이러한 각기 다른 해석은 어떻게 설명될 수 있을까? 데이비드 몰리는 영국의 시사 프로그램인 *Nationwide*를 가지고 이러한 문제를 풀어내고자 했다(David Morley, 1980). 간단히 말해서 몰리는 *Nationwide*라는 프로그램 텍스트를 통해서 메시지의 우선적 의미를 결정하고, 프로그램을 시청하는 각기 다른 사회적 배경을 갖고 있는 사람들과 인터뷰하여 사회적 지위와 의미 조성 사이에 어떤 관계가 있는지를 알아보았다.

만약 우리가 미디어와 사회의 관계를 이해한다면, 몰리의 의문은 아주 예리한 것이다. 미디어 메시지는 수용자에게 무엇을 말하고자 하는지 그 의미를 잘 알 수 없을 때도 많다. 사람들은 미디어 메시지에 대하여 자신만의 해석을 자유롭게 구성할 수 있다. 그렇지만 수용자에 대한 연구에 따르면 사회적 지위에 따라 해석을 달리 내릴 수 있다고 한다. 그것은 해석 과정에서 인간의 행위가 모두 다르기 때문이다.

몰리는 사회 계층의 역할에 특별히 관심을 기울이고 있다. 'Nationwide'에 대한 연구에서 몰리는 스튜어트 홀의 '부호화-해독화(encoding-decoding)' 모델을 도입하는데, 이는 수용자의 메시지 해석에 초점을 맞추는 방법론이다. 이 모델이 갖고 있는 장점 중 하나는 언어학에서 빌려온 방법으로 어떤 '부호(코드: code)'에 따라 구축된 메시지로 미디어를 개념화한다는 것이다. 이러한 메시지를 "해독"한다는 것은 곧 이해할 수 있다는 것을 뜻하는데, 이는 매체에 대한 관습적 지식을 요구한다. 우리는 모두 미디어 문화와 다양한 방법으로 연계되어 있기 때문에 미디어를 따로 해석하는 능력이 필요 없다고 생각한다.

그러나 우리가 아무리 해석하는 능력을 '자연적'으로 갖고 태어났다고 해도 우리가 TV를 시청할 때나 신문·잡지를 읽을 때 이러한 미디어를 해석하기 위해서는 각 매체마다 가지고 있는 기본적인 코드에 익숙해야만 된다(이는 앞서 4장의 사진에 대한 논의에서 언급하였다). 우리는 TV 프로그램의 시작과 끝에 대해서 알고 있으며, 신문 기사와 보도 사진과의 관계도 알고 있다. 만약 우리가 TV 광고와 실제 프로그램과의 차이를 잘 느끼지 못한다고 상상해 보자. 아마 이미지가 뒤죽박죽이 될 것이다. 지금까지 한번도 뮤직 비디오를 접하지 못한 사람이 MTV를 보았다 치자. 뮤직 비디오의 코드에 대한 지식이 없이는 그것을 보는 사람들이 왜 그렇게 좋아하는지 잘 몰라서 순간 매우 당황할 것이다.

미디어 메시지는 세상이 어떻게 돌아가는지에 대한 광범위한 문화적 코드를 함축하고 있다. 이러한 코드는 명백한 하나의 가설 위에서 설정되는 것이 아니다. 미디어 텍스트의 의미는 어느 정도 당연하게 여겨지는 평범한 사실에 의존하고 있다. 대통령이 하루를 어떻게 보내는지에 대한 프로그램에서는 왜 대통령의 직책이 중요한지 굳이 설명할 필요가 없다. 잡지의 이미지에서는 성공이나 아름다움에 대한 확실한 정의를 가정하며 소개된다. 영화나 TV에서는 여성과 남성, 성인과 미성년자, 빈민과 부자의 차이를 그리고 있다. 그렇다면 미디어 해독이란 미디어 텍스트의 의미를 해석하기 위해서 어떤 특정 매체가 지니고 있는 문화적 코드를 수용자가 읽어나가는 과정이라고 할 수 있다.

'부호화-해독화' 모델은 미디어 프로듀서가 메시지를 부호화하는 것과 그 메시지가 수용자에 의해서 '해독'되는 관계에 초점을 맞춘다. 부호와 해독은 아주 밀접하게 연결되어 있다. 왜냐하면 그것들은 어떤 미디어 텍스트를 대상으로 할 때 그에 대한 해독이 반드시 어떤 구체적인 부호에 의해서 도출되는 것이 아니기 때문이다. 이 모델에 따르면 미디어 제작자들은 자신들이 선호하거나 자신들을 '지배'하는 의미를 부호화하여 미디어 텍스트를 창조한다. 몰리는 간단한 접근 방법을 제시한다. 그것은 사람들이 우선적인 의미를 가지고 미디어를 읽어나가다가 갑자기 '반대'되는 읽기를 시도하여 텍스트 외의 의미를 그려낸다는 것이다. 그래서 몰리는 집단에 따라 그 메시지를 어떻게 해독하는가에 연구의 초점을 맞추었다.

'Nationwide' 연구가 말하고자 하는 것은 사람들은 사회경제적인 계층에 따라 각기 다른 방식으로 TV 프로그램을 해석하는 경향이 있다는 것이다. 그렇다고 계층과 해석 사이에 직접적인 상관 관계가 있는 것은 아니다. 몰리는 자신의 연구에서 결정적인 결론을 내리기를 꺼린다. 아직도 일반적인 유형을 찾으려면 좀더 많은 분석이 요구된다는 것이다. 예를 들어 경제적 현안을 다루는 'Nationwide'의 보도를 해독하는 데 있어서 기업의 간부들과 노동자들은 각기 다른 해석을 하고 있었다. 몰리가 대담을 나눈 한 은행 관리자는 자기에게 우선적인 의미를 두고 프로그램을 읽고 있었다. 관리자들은 경제 상황에 대한 보도는 별로 논쟁거리로 여기지 않았으며, 프로그램의 내용보다는 스타일에 더 관심을 보였다.

몰리는 'Nationwide'의 구성이 은행 관리자들의 상식적인 관점에 딱 들어맞는다고 주장했다. 그러나 그가 대담을 나눈 노동조합원들은 경제 분야의 보도가 총체적으로 관리자들의 마음에 맞게끔 제작된 것으로 보면서 냉담한 반응을 보였다. 하지만 젊은 관리자 연수생들 가운데는 그 보도가 오히려 노동조합에 맞게 제작된 것으로 보는 사람들도 있었다.

몰리는 이처럼 관리자, 관리자 연수생, 조합원들이 같은 프로그램을 각기 다르게 해석하고 있다고 지적했다. 그는 "같은 프로그램이라도 완전히 다르게 해석하는 이러한 사례는 곧 프로그램의 '의미' 또는 수용자가 해독하는 상황이 각각 다르다는 것을 우리에게 알려주는 것이다"라고 결론지었다(Morley, 1992, p.112).

서로 다른 사회 계층에 속하는 학생들도 'Nationwide'에서 다른 항목에 대해 각기 다른 해석을 내렸다. 중류층 학생들은 프로그램의 기사가 만족할 만큼 자세하게 보도되지 못했다고 비판했다. 그들은 시사 프로그램으로서의 진지함이 부족하다며 그 프로그램을 시시하게 여겼다. 이에 반해 흑인 노동자 계층의 학생들은 전혀 다른 평가를 내렸다. 그들은 프로그램이 너무 상세하여 지루하기까지 했다고 평했다. 이들 학생은 그 프로그램 대부분이 전혀 쓸모가 없다고 생각했으며, TV가 갖는 오락성이 결여되어 지루하다고 말했다. 간단히 말해서 'Nationwide'에 대해서 어떤 집단은 정보에, 어떤 집단은 오락에 기준을 두는 등 각기 다른 독특한 해석적 틀을 가지고 접근하고 있기 때문에 극적으로 서로 다른 방법으로 프로그램을 시청하고 있었던 것이다.

이 연구에서 몰리는 우리가 주목해야 할 몇 가지 중요한 조건을 제시한다. 몰리에 따르면 미디어 메시지의 해석은 결코 사회 계층에 따라 결정되는 것이 아니라는 것이다. 비록 계층에 따라 의미가 다르게 해석되기는 하지만, 사회 계층이 전반적으로 완벽히 예측 가능할 정도로 충분한 변인은 아니라는 것이다.

그렇다면 어떻게 수용자의 사회 계층이 미디어 해석에 영향을 미칠까? 나이나 인종, 성별 등을 포함하여 사회 계층은 미디어를 해독하는 데 있어서 문화적 '도구'로서의 역할을 한다. 어떤 문화적 도구는 정치 세계를 훑어보는 데 아주 유용하다(Croteau, 1995). 어떤 경우에는 문화적 도구가 미디어의 해독에 큰 도움이 될 때도 있다. 미디어와 관련된 문화적 도구 가운데 우리가 추론적 수단이라고 부르는 것이 있다. 추론적 수단이란, 이를테면 특정 하부 문화나 정치적 관점과 연관된 언어, 개념, 가정들이다. 미디어 메시지를 해독할 때 서로 다른 집단의 사람들은 각기 다른 추론적 수단을 사용한다. 여기서 '타협적(negotiated)'으로 해석하는 것과 '상반된(oppositional)' 해석의 구분이 중요하다. 예를 들어 노동조합의 행동파들은 그들 나름대로 경제에 대한 메시지에 정치적 해석을 덧붙인다. 몰리의 연구에 따르면 이러한 담론은 사회의 경제적 조직에 대해 비판적인 해석이 가능하도록 해준다. 우리는 손쉽게 추론적 수단을 가지고 상반된 해석이 가능한 이미지를 만들어낸다. 예를 들어서 페미니즘적 시각은 대중적인 여성 잡지의 메시지를 상반되게 해석할 수 있게 만드는 도구를 일부 여성들에게 제공할지도 모른다.

각기 다른 사회적 지위를 가진 사람들이 서로 다르게 미디어를 이해한다는 것은 결코 놀랄 일이 아니다. 우리가 갖고 있는 사회적 지위는 우리가 사회를 볼 때 어떤 것은 보이고 어떤 것은 보기 어렵게 만드는 틀을 제공하기 때문이다. 정말로 사회적 지위가 미디어 이미지를 해석할 수 있는 도구를 만들어준다면 사람들은 각기 다른 미디어에 부여하는 의미를 자신의 사회적 지위와 관련시킬 것이다. 이런 관점에서 수용자는 여전히 적극적이다. 그러나 누구에게나 똑같은 문화적 수단이 주어지는 것은 아니다. 우리의 사회적 지위는 다양하게 배열된 문화적 수단을 가지고 있는데, 그중에 우리에게 익숙한 방법을 선택하여 미디어의 의미를 구성하는 것뿐이다.

성별, 계층, 그리고 TV

몰리에 의한 'Nationwide' 연구는 시작에 불과했다. 그 후로 많은 연구자들이 그 연구에 대해 꾸준히 문제를 제기했다. 가장 중요한 것은 몰리의 연구가 수용자의 해석적 행위의 인식력과 그것이 곧 사회의 기반을 이루었다는 두 가지 점에서 수용자 연구의 대표적인 사례로 꼽히게 된 것이다. 연구자들은 각각의 수용자들이 어떻게 미디어 텍스트를 똑같이 해석하고 있는지에 일차적인 관심을 두었다. 예를 들어 앙드레 프레스(Andre Press)의 『TV를 보는 여성』(Women Watching Television, 1991)이라는 연구는 사회 구조와 수용자의 해석 간의 관계에 초점을 맞춘 잘 알려진 연구 가운데 하나인데, 프레스는 중류층 여성들과 여성 노동자들을 대상으로 그들의 직업 배경, 개인적 태도, TV 시청 선호도 등에 관해 인터뷰를 했다.

프레스의 연구에 따르면 중류층 여성과 여성 노동자들은 서로 다르게 TV를 시청하고 있었다. 특히 프로그램을 평가하고 TV 출연자들을 알아보는 데 서로 달랐다. 첫 번째 차이점은 TV 프로그램의 '현실감' 정도를 평가하는 데 있었다. 서로 다른 계층의 여성들은 이런 프로그램이 현실과 어떤 차이가 있는지를 말할 때 서로 다른 용어를 사용하고 있었다. 여성 노동자들은 그들이 실제라고 믿는 TV 이미지에 대해서 높은 가치를 부여한 반면에 중류층 여성들은 아예 TV를 현실적인 것으로 기대하지 않았다. 여성 노동자들은 TV에 비쳐지는 노동자 계층의 삶이 비현실적이라고 평가한 반면에 중류층의 삶은 현실과 같을 것이라고 믿었다. 또한 중류층 여성들은 TV 프로그램이 현실적인지 아닌지에 대한 구분 자체에 별로 관심이 없었다. 왜냐하면 대부분 현실은 TV에 나오는 것과 전혀 다르다고 여기기 때문이었다.

프레스는 이러한 차이가 나타나는 것은 아주 근본적인 이유가 있기 때문이라고 한다. 간단히 말해서 중류층 가정은 공통적으로 TV 이미지가 실제 그들 계층을 평가절하한다고 보았던 것이다.

중류층 여성들은 전반적으로 TV의 사실적 묘사에 대해서는 다소 냉소적이지만 TV에 등장하는 여성에 대해서는 여성 노동자들보다 예민하게 받아들이는 편이었다. 여성 노동자들은 TV에서 그려지는 독립적인 여성이나 섹시한 여성들에 대해서 실제는 그렇지 않다고 하며 TV 속의 고정관념을 비판하였다. 여성 노동자들은 TV 속에 나오는 여성의 이미지가 실제로 미국 사회에서 보기 어려운 여성의 이미지라는 점에서 이러한 이미지를 하찮게 여겼고 심지어 거들떠보지도 않았다. 그렇지만 중류층 여성들은 그렇게 비춰지는 TV 탤런트들을 부러워하고, 나아가 그들 자신과 동일시하여 그 이미지의 긍정성에 초점을 맞추는 듯했다. 그 결과, 중류층 여성들은 TV 속의 여성 이미지가 그들이 이상적으로 생각하는 여성상의 일부라고 해석했다. 그에 반해서 여성 노동자들은 중류층 여성들의 해석과 반대되는 경향을 보였다.

요점은 수용자들이 TV 이미지를 어떻게 받아들이냐에 있어서 사회 계층이 중심적인 역할을 발휘하고 있다는 것이다. 프레스는 한마디로 사회 계층과 TV 콘텐츠와 수용자 해석 간의 연관성을 분석한 것이다. 여성 노동자들은 자신들의 경험에 비추어볼 때 전반적으로 노동자 계층, 좁게는 여성 노동자들에 대한 TV의 묘사가 지나치게 비현실적이라고 보았다. 그렇지만 중류층 생활을 경험하지 않은 여성 노동자들은 미디어에서 그리고 있는 중류층에 대한 묘사가 현실과 같을 것이라고 수긍하는 듯했다. 한편 중류층 여성들은 미디어에서 그리고 있는 중류층 모습이 실제와 비슷할 것이라고 보았다. 따라서 중류층 여성들은 계층에 대한 의문을 대부분 무시하고 있었고, 미디어에서 그려지는 여성의 역할이 그들 자신의 실제 모습을 반영하고 있다는 점에서 '정상'이라고 간주하였다. 결국 우리는 비록 복잡하고 간접적인 방법이지만 사회적 지위와 의미의 구성은 서로 밀접히 연결되어 있다는 것을 알 수 있었다.

인종, 뉴스, 의미의 구성

몰리와 프레스의 연구는 TV 수용자, 해석학적 전략, 문화적 도구론 그리고 미디어 산업과의 연관성과 관련된 수많은 연구 가운데 가장 대표적인 연구가 되었다. 많은 학자들은 이와 비슷한 접근법을 사용하여 광범위한 미디어 텍스트의 의미를 연구해 왔다.

예를 들어 대널 헌트는 1992년 미국 로스앤젤레스에서 일어난 폭동 뉴스에 대하여 여러 다른 인종들이 어떻게 서로 다르게 해석하는가를 연구한 바 있다(Darnell Hunt, 1997). 그 폭동은 흑인 로드니 킹이라는 사람을 잔인하게 구타한 경찰들이 법정에서 무죄 판정을 받았다는 뉴스가 나오자 분출된 사건이었다. 비디오에 찍힌 경찰들의 무자비한 구타 장면은 TV 뉴스에 계속 보도되었다. 헌트는 그러한 폭동에 대해서 인종마다 극적으로 다른 태도를 보이고 있음을 발견했다. 살인 혐의로 구속된 오제이 심슨의 재판 과정을 지켜본 흑인과 백인들은 연이어 일어난 1992년 4월의 로스앤젤레스 폭동의 원인과 중요성을 서로 다르게 이해하고 있었다.

미디어와 수용자 사이에 어떤 권력 관계가 있는가를 알아보기 위해 헌트는 로스앤젤레스에 거주하고 있는 흑인, 백인, 남미 등 인종에 따라 15개 집단으로 똑같이 나누어 폭동이 미디어에 보도되었던 첫날의 17분짜리 뉴스 필름을 보여주었다. 그리고는 열두 살짜리 어린이에게 이야기를 들려주는 것처럼 사건을 설명하고 서로 토론을 시켰다. 헌트의 분석에 따르면 연구 대상의 성별과 계층에 따라 그들이 시청한 뉴스 줄거리에 대한 반응은 크게 다르지 않았다. 그러나 그들이 어떻게 뉴스를 해석하는가에 있어서는 인종별로 커다란 차이를 보였다. 인종의 차이에 따라 태도의 차이를 보이고 있는 것은 그리 놀랄 일이 아니다.

헌트는 "어떻게 정보 제공자의 사회적 위치가 뉴스 보도를 해석하는 데 영향을 미치는지"를 분석하고자 했다. 그래서 그는 인종적으로 계층화되는 관점 이상으로 그 연구를 수행했다. 그는 TV 뉴스를 적극적으로 해석하는 데 있어 수용자의 차이가 드러나는 몇 가지 예를 보여주었다. 예를 들어 집단 토론에서 흑인 시청자들은 남미 사람들이나 백인들보다 연대감(우리, 우리의, 우리에게)이나 거리감(그들, 그들의, 그들에게)을 더 많이 이야기했다고 한다. 흑인들이 폭동에 관한 뉴스에 대해서 토론할 때 그들은 흑인을 포함하여 보다 넓은 의미에서 인종차별에 관한 주제를 강하게 거론했다. 반면에 백인들이나 남미 사람들 토론에서는 그런 문제가 거의 언급되지 않았다. 또한 TV를 보면서 흑인이나 남미 사람들은 백인들보다 적극적으로 토론을 이끌어 나갔다. 남미 사람들이나 흑인들은 TV를 보면서 시끄럽게 웃고 떠들고 활동적이었지만, 백인들은 TV를 조용히 그리고 심각하게 시청하였다. TV를 보면서 계속된 흑인들의 대화는 게을러 빠지고 조롱이나 퍼붓는 수용자가 아니라 뉴스를 믿지 않고 뉴스의 논점을 나름대로 열거하는 모습이었다. 사실 헌트가 보기에 흑인 시청자는 "뉴스 보도에 깔려 있는 가정에 어떤 의문점을 갖고 있는 듯했다." 이를테면 뉴스 보도의 정확성이나 전문 용어에 대해서 불신하고 있었던 것이다. 이와 반대로 백인 시청자들은 그 사건을 다루는 뉴스 보도 방법이 공정하다고 생각하고 있었다.

몰리의 연구틀을 적용하며 헌트는 시청자들이 뉴스를 해독하는 데 있어서 각 집단마다 각각 다른 수단을 동원하여 뉴스와의 '타협적'인 읽기를 하고 있다고 보았다. 흑인 시청자들은 그 폭동에 대하여 대안적이고 상반된 해석을 제시하는 방법으로 뉴스를 해석하고 있었다. 반면에 백인이나 남미 사람들은 텍스트가 제시하는 의미를 그대로 받아들여 뉴스를 해석하는 경향을 보였다. 헌트는 이러한 인종적 차이에 대해서 인종마다 그들의 사회적 네트워크의 집단 연대감이 다르기 때문으로 보았다. 이러한 특정 사례의 경우, 인종별 정체성과 함께 '추론적 수단'이 어떻게 시청자들이 뉴스를 시청하고, 또 어떻게 뉴스의 텍스트를 해독하는지를 결정한다는 것이다. 동시에 뉴스에 대한 서로 다른 해석이 나름대로 인종적 정체성의 의미를 재차 단언하는 데 도움을 준다고 믿었다. 헌트가 표현한 그러한 "인종별 시청 방식"은 구체화되고, 해독의 사회적 과정을 통해 구성된다.

미국 TV에 대한 국제적 해석

미국을 벗어나서 여행을 하다 보면, 다른 나라에서 미국의 TV 프로그램이 대단히 인기가 높다는 것을 알 수 있다. 10여 개 이상의 나라에서 지금도 미국에서 옛날에 방영된 프로그램을 재방송하거나 현재 인기가 있는 프로그램을 방송하고 있다. 앞서 살펴보았듯이 미디어의 의미는 사회적인 장소에 따라 각기 다르게 복잡하게 구성되므로 과연 다른 나라의 시청자들이 미국에서 인기가 높았던 프로그램을 보면서 어떤 의미를 구성할지 궁금하지 않을 수 없다. 예를 들어 이탈리아 사람들은 *‘ER’*이나 *‘NYPD Blue’* 같은 프로그램을 어떻게 해석할까? 시카고나 뉴욕에 살아보지 않은 사람들에게 그런 프로그램은 어떤 의미를 던져줄까? 또 이런 프로그램에 나타나는 문화적 맥락에 대해서 미국 내의 시청자들은 어떤 반응을 보일까? *‘Friends’*나 *‘South Park’* 같은 프로그램에서 나오는 유머 감각을 싱가포르, 아르헨티나, 러시아 등의 시청자들은 어떻게 받아들일까? 그들도 그런 프로그램을 즐겁게 시청한다면 어떻게 그들이 해석했기 때문일까? 1995년에 *‘Baywatch’*라는 프로그램은 144개국에서 15개의 다른 언어로 번역되는 등 전세계적으로 가장 큰 인기를 누렸는데, 이것은 과연 무엇을 의미할까? 즉, 이렇게 인기가 높은 미국의 TV 프로그램에서 나타나는 미국인의 생활방식이 국제적인 수용자들에게는 어떤 교훈을 던져줄까?

문화와 의미의 관계는 고전적인 사회학적 의문을 담은 주제이다. 어떤 나라에서 인기 높은 미디어의 이미지가 다른 나라의 문화적 맥락에서는 어떤 의미를 가지는가? 우리는 이러한 의문을 가지고 연구를 하지만 아직 시작에 불과하다. 미국의 TV 프로그램을 통해 세계의 시청자들은 미국식 소비 자본주의를 자신들의 사회적 상황에 적용시켜 나간다. 적극적인 수용자들이 이데올로기적 메시지가 가득 담겨 있는 미디어 이미지를 어떻게 사용하는지를 연구하는 것은 대단히 복잡하고 어렵다. 그러나 그러한 의문의 답을 밝혀낼 수만 있다면, 궁극적으로 아주 가치가 있는 작업이 아닐 수 없다.

이 분야에서 이루어진 가장 정교한 연구로는 1980년대 세계 10여 개 국가에서 방영된 미국의 인기 TV 드라마 *‘Dallas’*를 분석했던 리브스와 카츠의 연구를 들 수 있다(Liebes & Katz, 1993). 이 드라마는 주로 밤에 방영되었는데, 텍사스 석유산업의 갑부인 어윙(J. R. Ewing)이라는 인물과 그의 가족의 일대기를 그린 것이다. 이 프로그램은 비밀스러운 애정, 사업과 관련된 뒷거래, 충성과 배반 등 가족들에 얽힌 이야기를 다루고 있었다. 이 프로그램 밑바탕에 깔린 메시지는 무엇이었을까? 궁극적으로 부와 관계가 깊은 부패한 생활 방식 또는 돈의 힘을 어떻게 그리고 있었을까? 그들 부자들의 경우 남성에 의한 여성의 통제가 심각했을까? 아니면 모든 사회적 관계에서 주인공은 자신만의 이익을 추구하는 이기심을 보였을까? 어쨌든 세계적으로 각 나라 사람들이 이 프로그램을 주의깊게 지켜봤을 것을 상상하면 더욱더 어려운 문제가 되고 만다.

리브스와 카츠는 3개국에 걸쳐 여섯 개의 다른 민족들이 어떻게 그 드라마를 '해독'했는지를 비교하였다. 미국 로스앤젤레스에 살고 있는 미국인, 일본인 그리고 이스라엘에 거주하는 4개 공동체, 즉 최근 러시아 이주민, 모로코 유태인, 이스라엘계 아랍인, 키부츠 거주인이 그들이다. 이들의 연구는 각 민족별로 '포커스 집단'으로 나누고 그들의 토론 내용을 중심으로 수행되었다. 그들은 대개 어떤 한 사람의 집에서 친구들과 함께 TV를 시청하며 그 프로그램이 끝날 때까지 토론을 벌였다. 리브스와 카츠는 그들이 프로그램을 어떻게 시청하고 있는지, 그리고 어떻게 프로그램을 해석하는지에 있어서 이들 집단 사이의 차이점을 찾아냈다.

먼저 각각의 포커스 집단에게 이제 막 끝난 드라마를 상기해 보도록 부탁했다. 그런 다음 각기 다른 민족 공동체들이 드라마에 대해서 자유롭게 이야기를 나누었다. 아랍인과 모로코 유태인은 비교적 자세하게 화면별로 줄거리를 밝혔다. 미국인과 키부츠인은 줄거리보다는 출연 배우들에 대해서 초점을 맞춰 이야기를 풀어나갔고, 러시아인은 출연진이나 그들의 연기보다는 프로그램의 메시지에 대해서 설명하였다. 결국 그들은 똑같은 메시지를 보고도 민족에 따라 해석하는 유형이 명확하게 달랐던 것이다.

이렇게 서로 접근하는 방법이 다른 것은 어째서일까? 이는 대답하기가 매우 어려운 질문이다. 리브스와 카츠는 각 집단이 가지고 있는 문화적 입장에 따라 각기 독특한 해석을 하게 된다고 설명한다. 아랍인과 모로코 유태인은 그들의 고유 문화와 'Dallas'에서 나타난 현실 생활을 연결시켜 선형적으로 이야기를 풀어나간 반면에, 러시아인들은 옛 소련에서 고도로 발달된 기술적 배경에 힘입어 이 프로그램을 읽어나가는 특기를 발휘했다. 미국인들과 키부츠인들은 출연 배우들의 태도와 행위를 밝혀내는 데 있어 그들의 문화적 관심인 심리학적 '집단 역학'이 동원되었다. 똑같은 프로그램에 대한 각 민족의 '개작'의 차이는 느닷없이 나타난 것이 아니다. 그것은 수용자인 그들의 문화적인 배경이 각기 다르기 때문이었다.

모든 민족적 집단의 시청자들은 프로그램에 대한 비판적인 지적을 요구했을 때 주로 그 프로그램과 실제 생활을 결부시켜 이야기했다. 그렇지만 여기에서조차 심각한 차이가 드러났다. 러시아인이나 미국인 그리고 키부츠인들은 아랍인과 모로코인들보다 세 배나 많이 '비판적'으로 분석해 나갔다. 그들의 토론은 서로 일치하는 주제를 중심으로 벌어졌는데 다름아닌 심리적 동기, 가족 관계, 윤리적인 딜레마, 경제적 관계 등이 그것이다. 그러나 비슷한 주제를 가지고 토론을 벌였음에도 각 집단은 아주 다른 용어를 사용하며 대화를 나누었다. 예를 들어 미국인이나 키부츠인들은 다른 집단에 비하여 토론에서 훨씬 많이 상상 속에서 줄거리를 연결시킨다든지 배우들 흉내를 내가면서 '장난스럽게' 접근하였다. 그에 비해 다른 민족 집단들은 항상 생활과 연관지어 직설적인 방법으로 내용에 대해 토론하였다.

게다가 아랍인들은 다른 집단에 비하여 유별나게 프로그램과 결탁하는 모습을 보였다. 사실 아랍인들은 프로그램에서 그려지는 내용에 대해서 윤리적 판단을 내리는 가장 정상적인 해석틀을 사용한 편이었다. 리브스와 카츠는 서방 세계의 수용자가 빈번히 사용하는 분석적 틀이 서로 다른 이유는 'Dallas'에서 묘사되는 사회와 그들의 국가적 전통이 다르기 때문이라고 보았다. 간단히 말하자면 미국인이나 러시아인, 키부츠인들은 아랍인이나 모로코인들보다 'Dallas'의 이미지를 분석하는 데 직접 경험에 따른 해석틀을 사용했던 것이다.

프로그램 시청 후의 회상을 살펴보면, 여러 민족이 같은 프로그램을 시청했지만 모두가 똑같이 사물을 기억하지 못했다는 것을 알 수 있었다. 예를 들어서 미국인들은 프로그램을 자신과 분리하여 즐기는 경향이 있다. 그러나 아랍인들은 그 프로그램의 가치를 반대하면서까지 프로그램에 감정적으로 사로잡혔다. 즉 아랍인들은 "미국인들은 비윤리적"이라고 말하면서 프로그램의 의미를 깨닫고, 미국의 프로그램은 그저 오락물에 불과하다고 여기는 경향이 있었다. 궁극적으로 드라마 속의 승리와 가족의 비극에 대한 광범위한 묘사가 그 드라마의 인기를 올려놓았고, 비록 서로 다른 문화적 배경을 가지고 있다고 하더라도 이 드라마가 가지고 있는 인간, 사회, 미국의 현실 등의 이미지가 무엇인지를 해석하게 만들었던 것이다.

비록 'Dallas'는 세계 여러 나라에서 커다란 인기를 끌었지만 어디에서나 그런 것은 아니었다[이같이 지역마다 같은 프로그램이라도 인기가 다른 것, 미국에서는 인기가 높으나 한국에서는 인기가 없다든지 미국에서는 인기가 높았으나 한국에서는 인기가 없는 이유를 "문화적 할인(cultural discount)"이라고 한다. 전석호, 『정보사회론』(개정 3판, p.355)–역자주]. 일본에서는 그 드라마가 참패했다. 일본인들은 그 드라마가 자신들의 실제 생활과 너무 거리가 멀다고 보아 다른 민족들보다 훨씬 더 비판적으로 시청하고 있었던 것이다. 바로 이 점이 'Dallas'가 일본에서 인기를 얻지 못한 이유이다. 일본의 시청자들은 드라마가 너무 비현실적이라고 여겼던 것이다. 즉 'Dallas'는 미국 사회에 대한 지각, 그들의 사회적 정서, 출연 배역들의 동기 등의 면에서 일본에서 저녁에 방영되는 TV 장르로서는 도저히 수긍할 수 없는 드라마로 보였다.

궁극적으로 이 연구 결과에 따르면 일본 시청자들은 다른 집단과는 다른 양상을 보였다. 일본인들은 미국인들처럼 장난스럽게 시청하지도 않았고, 러시아인들처럼 추적하듯이 지켜보지도 않았으며, 아랍인들처럼 윤리적인 비난도 하지 않았다. 간단히 말하자면 이 프로그램은 일본인들에게 아무런 의미도 주지 못했다. 오히려 이 드라마가 이러한 다양한 해석을 낳았기 때문에 많은 국가에서 인기를 끌었을 것이다. 드라마의 텍스트가 시청자들로 하여금 각기 다르게 해석할 수 있도록 만들었다는 것이다. 하지만 일본의 문화적 맥락에서 'Dallas'는 일본 시청자들에게 아무것도 보여준 게 없었다.

8.4 | 미디어 사용의 사회적 맥락

언제 어디에서 사람들은 TV를 시청하고, 라디오를 듣고, 신문을 읽을까? 많은 사람들이 TV를 시청하거나 라디오를 들으면서 그것에만 몰두하지는 않는다. 더구나 한두 시간만 지나면 우리가 보았거나 들었던 내용을 거의 기억하지도 못한다. 이러한 미디어 경험의 '의미'는 무엇을 말하는 것일까? 만약 우리가 수용자의 미디어 경험에 관심이 있다면, 미디어 메시지의 적극적인 해석과 미디어 사용 행위 자체를 모두 생각해 볼 필요가 있다.

연애 소설과 독서 행위

미디어 수용자에 대한 영향력이 있는 연구로 이제는 고전이 된 자니스 레드웨이의 『로맨스 읽기』(*Reading the Romance*, 1984)라는 저술을 들 수 있다(Janice Radway). 레드웨이의 연구가 영향력을 갖는 중요한 이유 중 하나는 그것이 연애 소설과 같은 '수준 낮은' 매스 미디어에 대한 기본적인 선입견에 도전하고 있기 때문이다. 레드웨이는 구조와 매개자 사이의 기본적인 긴장 관계를 여러 번 강조함으로써 그 관계를 명확하게 하는 한편 사회적으로 적극적인 수용자가 과연 무엇을 의미하는 지를 규명하였다.

연애 소설은 진지한 매스 미디어 연구에서 다소 뜻밖의 주제인지도 모른다. 연애 소설을 잘 읽지 않는 연구자에게는 그 주제가 어쩌면 학술적인 면에서 거리가 멀다고 여겨질 수도 있다. 연애 소설은 TV 드라마에 비해 문화적으로 평가절하되고 있다. 특히 여성의 전유물로 여겨진다는 점에서 더욱 그렇다. 게다가 연애 소설이란 장르는 넓은 의미에서 사회의 전통적인 성차별적 관점과 연관이 있다. 즉, 곤경에 처한 처녀, 자신만의 영웅적 남성이 없는 불완전한 여성, 성적으로 자신을 학대하는 남자를 사랑하는 여성 등이 등장한다. 이런 것들 때문에 연애 소설은 여성을 억압하기 위해서나 필요한 직설적이고 성차별적인 메시지를 담고 있는 하찮은 쓰레기로 치부되기가 쉽다.

어쨌든 연애 소설을 정기적으로 읽는 사람들에게 그 책이 무엇을 의미하는지 우리는 알고 있을까? 연애 소설의 내용으로 인하여 현실 사회의 성차별이 위험한 지경에까지 몰리고 있다는 것이 과연 올바른 평가일까? 레드웨이는 연애 소설을 자주 읽는 중류층 백인들을 상대로 알아낸 것이 있다. 텍스트에 대한 학자들의 정교한 해석과 달리 피험자들은 연애 소설이 가져다 주는 '실제'의 의미를 밝혀낸 것이다. 레드웨이는 텍스트를 객관적으로 분석하고 연애 소설을 읽는 독자들이 어떻게 해석을 내리고 있는지를 연구하였다.

레드웨이는 소설의 내용보다는 독서 행위에 초점을 맞추어 왜 그런 책을 읽게 되는지에 대해서 질문을 던졌으며, 그에 대한 대답을 통해서 중요한 결론을 이끌어냈다. 이들 독자들은 주로 직업을 갖고 있지 않다. 그저 집에서 아내와 어머니의 역할을 맡아 온종일 바쁘게 지내는 여성들이다. 즉, 연애 소설은 그들에게 요구되는 바쁜 일상에서 탈출할 수 있는 의미 있는 방법이었던 것이다. 본질적으로 연애 소설을 읽는다는 것은 누군가를 돌봐야 되는 작업으로부터 휴식을 취하고 조용하고 평화로운 자기 시간을 갖는다는 것을 뜻한다. 레드웨이는 이를 "자유로운 공간"이라고 부르는데, 이는 여성들이 사회에서 겪는 현실로부터 멀어질 수 있는 공간을 뜻한다.

그런데 왜 하필이면 연애 소설일까? 컴퓨터 잡지나 여성 전문 잡지로는 이런 자유로운 공간을 만들어낼 수 없을까? 레드웨이는 연애 소설이야말로 다른 미디어와 달리 매일매일 일에 시달리느라 자신의 존재에 제약을 받는 사람들에게 일종의 '도피'를 허용하여 자신만의 시간을 만들어준다고 말한다. 또한 꾸며낸 이야기를 통해서 감정적인 욕구를 만족시켜 주는 연애 속의 주인공으로 빠져들 수도 있다는 것이다. 이는 독서 행위를 통한, 문자 그대로의 도피와 로맨틱한 줄거리에서 비롯되는 상징적인 도피인 셈이다. 그렇게 되면 연애 소설은 일상생활에서 자신만의 독립성을 대리 경험하게 할 수 있는 처소로서 일종의 해방감을 이들 여성에게 부여한다는 것이다.

우리는 아내나 어머니의 사회적 역할을 제대로 이해할 때 그러한 여성들에게 연애 소설이 갖는 의미가 무엇인지를 알 수 있다. 연애 소설의 독자는 좋은 아내와 훌륭한 어머니상이 무엇인가를 규정하는 전통적인 문화 규범에 의해 철저히 둘러싸여 있는 여성들이다. 물론 대부분의 여성이 그러한 규범을 받아들이지만 그들의 감정적 욕구는 일상생활에서는 도저히 충족되지 않는다. 특히 강한 구속력을 받고 있는 직장 여성의 경우에는 더욱 그렇다. 따라서 연애 소설을 읽는다는 것은 여성으로서는 비록 일시적일지라도 그러한 규범을 거부하는 행위일 수 있다. 연애 소설은 여성들의 욕구를 채워줌으로써 여성들에게 "보상해" 주었고, 여성들이 자신에게 초점을 맞출 수 있도록 허용해 주었다. 게다가 연애 소설을 읽으려면 따로 독서 시간을 내야 했기 때문에 가족으로부터 어느 정도 떨어져 있을 수 있었다. 어떤 사람은 연애 소설에 감격해서 심지어 자신이 곧 작가가 된 것처럼 느끼기까지 했다.

결국 레드웨이가 연구한 바에 따르면 연애 소설을 읽는다는 것은 여성이 처한 사회 상황에 대한 저항이요, 남성이 여성의 욕구를 언제나 만족시켜 주는 전통적인 관계 속에서 여성들을 더없이 행복한 소설 속의 주인공으로 만들어주는 "희망의 의례(ritual of hope)"였다. 그렇게 되면 연애 소설은 여성 행동의 문화적 한계를 재확인시켜 주는 단순한 성차별주의적 폐물이 아니게 된다. 실제로 레드웨이는 그의 연구에서 대부분의 독자들이 자신의 사회적 조건에 대한 비판으로서 연애 소설의 텍스트와 현실을 혼돈하고 있었다는 것을 알아냈다. 독서 행위는 현실에 대한 불만족에서 비롯된 것이었다. 이는 소설 속에서 여성의 환상이 그려지는 것처럼 실제 결혼 생활이 결코 모든 여성의 욕구를 만족시켜 주지 않음을 뜻한다. 그렇다고 해서 여성의 역할에 대해서 철저히 반기를 드는 것은 아니다. 사실 그러한 저항은 전통적인 가족관 내에서 기본적으로 자신의 성적 역할이 허용되는 범위 내에서만 이루어진다. 연애 소설을 읽는 것은 이러한 전통적인 역할에 대한 도전이었지만 현실적으로 엄격한 역할의 한계 내에서 여성들에게 대리 만족을 주고 있었다.

그렇다고 연애 소설이 단지 하나의 기능을 발휘하는 것은 아니다. 레드웨이가 인터뷰한 미국 중부 지방의 중류층 여성들은 그들 자신의 사회적 결점을 보상받을 수 있도록 연애 소설을 해석하고 있었다. 이처럼 해석하는 여성 독자들의 독서 습관은 남성과는 달랐다. 물론 연애 소설 내용 그 자체도 중요하다. 레드웨이의 연구에 따르면 여성 독자들은 그들을 탈출시켜 주고 남성이 자신들을 만족시켜 주리라는 희망을 가지고 연애 소설을 적극적으로 읽고 있었다. 그 희망 가운데는 연애 소설에서 나오는 것처럼 주인공 남녀가 행복하게 끝을 맺는다든지 전통적인 남성 우월적인 성취감을 여성이 지배하는 것이 있었다. 결과적으로 여성들은 그들이 좋아하는 연애 소설과 그렇지 않은 연애 소설을 분명하게 분리하고 있었다. 그들은 어느 연애 소설이나 그들의 욕구를 만족시켜 주는 것은 아니기 때문에 소설을 올바르게 해석하는 데 자유롭지는 않았다. 소설의 텍스트는 여성들이 해석하는 원료를 제공하는 것에 지나지 않기 때문에 어떤 연애 소설이 읽을 만한 가치가 있는지를 재빨리 결정하기가 그렇게 쉽지는 않았다.

레드웨이의 연애 소설 독자에 대한 연구는 선택의 여지가 없는 상황에서 어떻게 수용자가 미디어 텍스트로부터 의미를 창출하는지를 이해하는 데 좋은 본보기가 되었다. 수용자는 대단히 적극적이지만, 그들은 특수한 사회 조건 속에서의 존재에 따라 미디어 텍스트를 해석한다. 레드웨이의 연애 소설 연구에 나온 여성들은 자신만이 겪었던 경험, 그들만이 갖고 있는 세상에 대한 상상들, 그리고 그런 연애 소설이 무엇을 의미하는지를 이해하기 위하여 책 속의 메시지를 해석하고 있었다. 인도와 관련된 연애 소설에 대한 연구를 한 퓨리는 사회적 맥락이 연애 소설의 줄거리를 해석하는 데 영향을 미친다고 강조했다. 퓨리는 인도의 중류층 젊은 여성들에게 미국이나 영국의 연애 소설이 "비교적 진취적이고 개방적인 서방 세계의 표상으로서, 또한 자기 문화의 불확실성에 대한 대안으로서 제시되고 있다"는 것을 발견했다(p.449). 레드웨이나 퓨리의 연구는 우리에게 어떤 사람들이 매스 미디어를 소비하는지를 정확히 말해준다.

가족과의 TV 시청

몰리는 'Nationwide' 연구에 이어 레드웨이의 연구를 적용하여 수용자가 미디어를 어떻게 이용하는가에 좀더 초점을 맞춰 연구를 진행했다. 몰리는 『가족 TV』(Family Television)라는 책에서 시청자들에게 TV가 가정이라는 맥락에서 어떻게 기능하는지를 보여주었다. 만약 우리가 TV의 메시지가 무엇을 의미하는지를 분명히 이해하려면 TV 시청이라는 사회적 경험이 어떻게 이루어지는지에 초점을 맞춰야할 것이다. 대부분 우리는 가정에서 가족이나 친구들과 함께 TV를 본다. 이러한 가정의 모습은 우리가 무엇을 어떻게 보는지, 그리고 프로그램에 어떤 의미를 부여하는지를 이해하는 데 도움을 준다. TV 시청의 사회적 행태는 가끔 집단적인 형태를 띠는데, 이것은 마치 연애 소설을 읽는 것과 같이 수용자에게 프로그램의 텍스트가 무엇을 의미하는지를 아는 데 매우 중요하다.

몰리는 그의 연구에서 어떻게 사람들이 TV를 시청하는지를 이해하는 열쇠 가운데 하나로 수용자의 성별이 매우 중요하게 작용한다고 주장한다. 만약 우리가 어떻게 가족과 함께 TV 시청이 이루어지는지를 주목한다면, 그러한 결론이 그다지 놀랍지는 않을 것이다. 결국 가족의 역할은 성별에 의해서 구조화된다. 몰리의 연구는 성별로 그 역할이 분명하게 정의되어 있는 비교적 전통적인 영국의 가정에 초점을 맞추었다. 프로그램의 선택권은 주로 남성에게 있으므로 TV는 가정에서의 권력 투쟁을 위한 가상 공간이 된다.

가정 내에서 성별의 역할에 대한 연구 결과 중 하나는 성인 남녀는 TV를 보는 스타일이 서로 다르다는 것이다. 남성들은 TV를 볼 때는 아주 진지하지만, 그렇지 않을 때는 전혀 TV를 시청하지 않는다. 반면에 여성들은 다른 사람들과 대화를 나누거나 다른 가사일을 하면서 사회적 행위의 하나로 TV를 시청한다. 여성은 아무것도 하지 않으면서 그냥 TV만 보는 것이 시간 낭비라고 여긴다. 게다가 남성과 여성은 저녁에 함께 같은 TV 프로그램을 보면서도 주목하는 정도는 같지 않다. 간단히 말해서 TV 프로그램에 대한 해석은 남녀가 각각 얼마나 그 프로그램에 연관되는가에 따라 달라진다. 우리는 대체로 정보를 얻고 싶다거나, 휴식을 취할 때나, 또 어떤 자극을 받고 싶을 때 TV를 켠다. 그러나 건너편 길목에서 시끄러운 소리가 난다든지 온 가족이 오랜만에 한자리에 모이면 TV를 꺼버린다. 이렇게 각기 다른 TV에 대한 접근법은 우리가 여러 프로그램을 시청하면서 어떤 의미를 부여하는지를 이해하는 데 도움을 줄 것이다.

TV는 많은 대화를 이끌어낸다. 또한 많은 잡담을 늘어놓게 만든다. 우리가 TV 외에도 다른 형태의 미디어에 대해서 친구들이나 가족들과 대화를 나누다 보면 일종의 집단적인 해석 행위에 개입한다는 것을 알 수 있다. 우리는 미디어에서 무슨 일이 벌어졌는지, 왜 그런 일이 벌어졌는지, 그리고 다음에 어떤 일이 어떻게 벌어질지에 대해서 자세히 열거한다. 이러한 모든 것은 TV, 영화, 음악, 잡지 등 모든 미디어의 의미를 구성하는 과정의 일부분이다. 심각한 영화, 놀라운 잡지 기사, 웃기거나 흥미 있는 TV 프로그램을 보고 나서 우리는 다른 사람들과 대화를 나눈다. 아마도 영화관이나 공연장을 다른 사람과 함께 가서 비록 상영중이나 공연중에는 별로 대화를 나누지 못하지만, 관람을 마치고 집으로 돌아오는 길에 보고 난 소감에 대해서 많은 이야기를 나눌 것이다.

몰리에 따르면 대개 여성들은 TV를 보면서 대화를 많이 나누지만, 좀처럼 그 대화에 남성을 끌어들이지 않는다. 남성들은 여성들처럼 TV에 대해서 친구들과 대화를 잘 나누지 않는다. 그리고 일반적으로 남성들이 생각할 때 여성스럽다고 여겨지는 일에는 잘 개입하려 하지 않듯이 TV에 대한 대화에서도 마찬가지이다. 몰리는 이것이 정말 중요하다고 주장한다. 의미들이 개인적인 시청뿐만 아니라, 토론과 시청한 자료의 '소화'라는 이후의 사회적 과정들에서도 만들어진다면, 자신들이 시청한 것에 대해 이야기하기를 남성들이 훨씬 꺼린다는 사실은 TV 자료를 소비하는 남성들의 방식이 여성들과는 상당히 다르다는 것을 의미하기 때문이다(Morley, 1986, p.158).

미디어와 상호 작용을 나누는 일과 미디어 상품에 대해 여럿이 토론을 나누는 일은 미디어의 의미를 만들어나가는 데 중요한 일부가 아닐 수 없다. 여기서 다시 한 번 적극적인 수용자들이 어떻게 사회적 상황을 구성하는지를 알 수 있다. 레드 웨이나 그 밖의 다른 연구자들은 '해석적 공동체(interpretive community)'라는 개념을 사용하고 있다. 이는 직장과 같은 사회 생활이나 개별적인 개인 경험, 이 두 가지가 작용할 때 그 의미가 뚜렷해진다. 우리가 수용자에 대해 생각할 때, 어디서나 존재하는 미디어 상품에서 사람들이 만들어낸 의미들이 미디어 세계 외부의 경험, 그리고 사회 구조와 연관된다는 것을 기억할 필요가 있다. 결국 미디어는 우리 생활의 일부로, 우리 생활을 구성하는 관계의 맥락에서 이해되어야만 한다.

8.5 | 적극적인 수용자와 해석상의 '저항'

우리가 살펴본 대로 미디어 메시지는 어떤 미디어 텍스트를 '해독'한다거나 '우선적'으로 선호한다거나 또는 공통적으로 읽어나간다. 대개 사회의 각 요소에 구체적으로 분산되어 있는 대부분의 수용자는 미디어를 적극적으로 해석한다. 이때 문화적이고 사회적인 힘의 배분는 중요하다. 왜냐하면 미디어 텍스트의 생산과 소비가 이루어지는 맥락은 추론적 수단에 의해서 구성되기 때문이다. 그러나 그 힘은 완전무결하고 절대적인 것이 아니다. 미디어 메시지가 '지배적인' 이데올로기의 하나로 취급된다면 이 메시지는 단지 어떤 의미의 원료로서 작용할 뿐이다. 결국 미디어 메시지는 수용자에 의해서 얼마든지 수정이 가능할 정도로 광범위한 것이다.

미디어 메시지, 수용자, 그리고 의미라는 세 가지 개념들의 관계는 매우 복잡하게 얽혀 있음이 확실해졌다. 우리는 미디어를 인간을 세뇌시키는 수단의 하나 정도로 단순히 취급하면 안 된다. 어떤 수용자들은 미디어 텍스트를 해석하는 데 있어서 '상반된' 방법이나 일종의 해석상의 '저항'을 시도한다. 일부 비평가들이 논평하기를 정치적 분쟁은 개인적인 해석의 수준에 따라 다르게 일어난다고 한다. 달리 말하자면 수용자들은 무리한 방법을 써서라도 미디어 메시지를 적극적으로 재해석하면서, 지배적으로 선호하는 의미가 부여되는 것에 '저항한다'는 것이다.

이러한 해석상의 저항에 대한 주장에 따르면 미디어 기업의 힘에 대하여 수용자들이 매일매일 싸워나가는 "기호학적 유격대"라고까지 표현된다(Carragee, 1990). 그러한 저항은 기습 작전과 같이 과격하게 공격하는 것이 아니라 그들 자신의 해석적 기교를 무기 삼아 이데올로기적 동조성을 가지고 분산 배치되어 있는 것이다. 이러한 전쟁은 비록 소규모이지만 매일같이 수행된다. 이러한 전략은 실질적으로 극장을 관람한다든지 신문 구독 행위 등과 같은 평범한 미디어 이용에도 쓰이고 있다. 그렇지만 수용자들의 저항의 논리는 결코 사회 구조를 비껴나서 우연히 존재하는 것이 아니다.

미디어 수용자들을 저항하는 전투원같이 특별하게 보기보다는 미디어 텍스트의 의미에 대하여 일반적으로 어떻게 해석하는지를 분석하는 것이 필요하다. 이론가들은 개인들이 미디어 메시지를 해석함으로써 절대적인 권위에 저항한다고 본다. 그러나 연구 결과에 따르면 그런 해석이 실제로 상반되게 이루어진다든지 저항적인 상황이 제대로 이루어지지 못한다고 한다. 오히려 그러한 저항의 가능성에 대한 주장은 대개 미디어 수용자가 시민들의 힘을 빌려 수동적인 객체로서가 아니라 능동적인 주체로서 생각하고 행동하기 때문에 나오는 것으로 본다. 그러나 그러한 낙관주의적 믿음만으로는 적극적인 수용자와 강력한 문화적 기업의 관계를 적절히 설명할 수 없다. 그리고 실질적인 저항을 벌이는 상황을 이해할 수 있는 기본도 제공해 주지 못한다.

만약 수용자가 미디어 상품의 의미를 상반되게 구성하여 해석상의 저항을 시도한다면, 이러한 실천의 구체적인 사례를 살펴보아야 할 것이다. 몇 가지 중요한 경우가 여기에 해당한다. 몰리의 '*Nationwide*'와 레드웨이의 연애 소설에 대한 연구는 비록 부분적이긴 하지만 수용자들이 상반된 해석을 내릴 능력이 있다는 것을 보여준다. 헌트는 로스앤젤레스 폭동에 대한 뉴스 연구에서 결론을 내리기를 "뉴스에 대한 시청자의 상반된 해석은 의미 있는 저항적인 행위를 구성하거나 또는 시간이 어느 정도 지난 뒤에 의미 있는 사회적 행위를 실천하기 위해 필요한 것으로 보고 있다"(Hunt, 1997, p.162).

해석상의 저항과 페미니즘적 정치학

저항이란 사람들이 자신이 선호하는 의미와 반대되는 내용을 분명하게 거절하는 것을 말한다. 린다 스타이너는 「미즈」(*Ms.*)라는 여성 잡지에 들어 있는 'No Comment'라는 기사를 연구했는데, 이는 독자들의 상반된 해독화 방법에 대한 좋은 연구로 꼽힌다(Linda Steiner, 1998). 「미즈」는 1972년에 창간된 유명한 페미니스트 잡지로 광고를 싣지 않으며, 1990년에 격월간으로 재창간되었다. 'No Comment'는 독자가 제시하는 자료, 주로 광고를 중심으로 꾸며지는 부록인데, 미국 사회의 성차별주의에 대한 증거를 제시했다. 투고는 매우 다양한 자료로 구성되는데 크고 작은 신문이나 잡지, 카탈로그, 빌보드 등이 그 대상이다.

'No Comment'를 통해서 「미즈」의 독자들은 그들이 주장하는 성차별주의를 드러내고 있다. 일반적으로 주류 잡지에서 여성은 남성의 전유물처럼 그려지는 경향이 있다는 것이다. 예를 들어 어떤 보험 광고는 아내를 "소유물"이라고 표현했는가 하면, 어떤 신문 기사는 여성 정치인을 가리킬 때 남편의 이름을 사용했다. 또한 페미니즘을 멀리하는 이미지를 담고 있는 것도 있었고, 여성의 신체를 야하게 노출시킨 광고를 통해 여성들이 성적 폭력을 즐거워하고 사회적 출세를 하찮게 여긴다는 이미지를 연출했다는 것이다. 1977년 「미즈」에 40여 명이 투고했는데, 가장 인기가 높았던 항목 중 하나는 「퍼레이드」(*Parade*)라는 잡지에 실렸던 미군 장교에 관한 기사를 인용한 것이었다. 그 기사는 남성 위주의 미 육군사관학교에 입학하는 여성들의 증가를 비판한 것이었다.

「미즈」의 독자들은 'No Comment'를 읽으면서 너무 흥분해 숨을 헐떡이거나 큰 소리로 웃는 경우가 많았다. 이러한 행위는 저항과 함께 무엇을 의미하는 것일까? 스타이너가 'No Comment'에서 지적하고자 한 것은 「미즈」 잡지를 읽은 페미니스트들이 성차별적 이미지가 실려 있는 미디어 메시지에 집단적으로 저항한다는 것이었다. 즉, 성차별적인 기사들이 'No Comment'에 실리면 그 글을 독자들이 자세히 해독한 다음 그에 대해서 강력히 저항한다는 것이었다.

이런 경우 그런 기사를 투고하는 사람들은 그들이 의도하는 의미와 반대되는 방법으로 메시지를 해석한다고 한다. 「미즈」가 페미니스트 잡지인 만큼 'No Comment'를 읽는 독자들은 이미지들을 성차별주의라고 상반되게 읽도록 하는 문학적 도구들에 의존하게 된다. 그렇다면 이미지들이 성차별적임을 밝히는 것이 독자들에게 자신들이 성차별적이라고 정의한 문화와 사회에 실제로 저항하는 수단이 될까?

이러한 행위는 미디어 이미지에 대한 "상반된 해독"이나 일종의 저항으로서 'No Comment'에 실린 기사를 통해 대중적으로 자신의 의견을 드러낸다는 의미를 가질 수 있었다. 그러한 저항은 사회 구조를 변화시킬 정도는 아닐지라도 페미니스트의 정체성을 외부에 알리는 대단한 효과가 있었다.

그렇지만 이러한 해독화는 해석을 내리는 개별적인 행위에 그치지 않는다. 그들은 모두 공적이고 집단적이기 때문이다. 우리는 페미니스트 공동체라는 맥락 안에서 상반된 해독화를 배치할 필요가 있다. 페미니스트 공동체란 그러한 해석에 하나의 문화적 기반을 마련할 것이고, 나름대로 독자적인 정치 행위로까지 확대될 수 있는 위치에 이를 것이다.

저항과 정체성

많은 페미니스트 학자들은 미디어에서 여성의 이미지가 어떻게 묘사되고 있는지를 연구해 왔다. 안젤라 맥로비는 댄싱을 주제로 한 미디어 이미지와 댄싱 그 자체의 관계에 대해서 연구를 시도한 바 있다(Angela McRobbie, 1984). 10대 소녀들은 'Flashdance'와 같은 영화를 볼 때, 그 영화의 지배적인 의미와 상반되는 방향으로 해석하고 있다는 것을 발견했다. 남성들의 마음에 들기 위해서 자신의 성적 매력을 이용한 여주인공이 사장 아들과 결혼하는 이야기로 영화를 읽기보다는, 그들 자신의 자율성과 성적 매력에 가장 큰 관심을 보이며 그 영화를 해독했던 것이다. 이러한 해석에서는 댄싱이 결코 남성을 위해서 여성의 몸매를 드러내는 것이 아니다. 댄싱은 단지 인간의 신체적 유희를 즐기는 것이고 성적 표현일 뿐이다. 이러한 해석은 지금까지 지배적이었던 여성의 성적 해석과 상반되는 것이다. 종래의 견해와 달리 남성의 동의를 구하지 않는 성 정체성을 주장한 것이다. 이제 여성 관객들은 자신의 댄스 경험을 통해 자신이 강렬하고 독립적이며 섹시하다고 믿으며 영화 'Flashdance'를 재해석했던 것이다.

리자 루이스에 따르면 마돈나나 신디 로퍼와 같은 가수의 10대 팬들은 이와 비숫한 해석상의 저항과 결부되어 있다고 한다(Lisa Lewis, 1990). 여성의 섹시함을 기반으로 성공한 연예인들은 10대 팬들에게 그들만의 욕구와 관련된 대상으로 받아들여진다. 10대들은 전통적인 MTV 비디오에서 나타나는 섹시함을 여성이 갖는 힘의 표시라고 여긴다. 왜냐하면 여성은 객체가 아니라 주체이기 때문이다. 그러한 여성 연예인의 스타일을 흉내내는 여성팬들은 남성의 사랑을 받는 것보다는 모든 사람의 사랑을 받고 싶어한다. 이것이 바로 뮤직 비디오 텍스트를 해석하는 중심적인 이유이다.

이러한 사례는 저항과 어떤 연관성을 가질까? 상반된 해독화는 하부 문화의 정체성 구성에서 일부분을 차지한다. 하부 문화의 정체성이란 전통적인 규범이나 역할에 저항하여 구체화된 것이다. MTV의 경우, 여성팬들은 뮤직 비디오 이미지의 경쟁에서 중요한 결정자이다. 음반 산업에서는 여성들의 요구에 따라 여성 음악인들을 등장시켜 도움을 받는다. 그렇다고 이러한 경우에 상반된 해독화가 자유로운 입장에만 있는 것은 아니다. 상반된 해독화는 구체적인 사회 상황에서 결성되는 수용자의 집단적 행위의 일부분에 그친다.

궁극적으로 저항 가능성에 대한 중심적인 의문은 사회적 결과가 무엇이냐는 것이다. 어떻게 이러한 해석이 사회적 행위와 연관될까? 우리는 몇 가지 사례를 통해서 이러한 의문을 말끔히 씻을 수 있었다. 즉 상반된 해독화, 인간의 행위, 문화적 도구, 사회적 상황이 서로 연결되는 것이다. 그러한 연관은 상반된 해독이 어떻게 일어나는지를 밝혀주는 유용한 개념이라고 할 수 있다. 따라서 그 관련성을 아주 조심스럽게 분석할 필요가 있다(Condit, 1989). 지배에 저항하는 인간의 무한한 능력에 감탄하기보다 저항이라는 낱말을 심각하게 받아들일 필요가 있기 때문이다.

8.6 | 미디어의 쾌락

우리가 매스 미디어에 수많은 시간을 소비하는 주된 이유는 즐겁기 때문일 것이다. 우리가 음악을 듣고 영화관에 가고 대중 잡지를 집어들고 저녁에 TV 앞에 모여 앉는 원인은 그런 미디어 행위가 즐겁고 여유롭기 때문이다. 대개 미디어 세계는 곧 엔터테인먼트 세계를 가리키며, 우리 자신을 어떻게 즐겁게 할 수 있는지 다양한 선택을 마련해 주는 것이다. 우리는 생활의 많은 부분에서 미디어로부터 즐거움과 편안함을 얻는다. 그러나 엄격하게 말해서 단순한 미디어의 엔터테인먼트와 심각한 내용으로 구성되는 현실 사이에는 차이가 있다. 우리는 심각하게 그 즐거움을 다시 한 번 생각해 보고 미디어가 갖는 쾌락이 어디에서 오는 것인지를 탐색해 보아야 할 것이다.

미디어 학자들은 역사적으로 미디어의 쾌락에 대해서 의구심을 품어왔다. 한편으로 1970년대까지의 미디어 연구는 뉴스와 같은 미디어의 '심각한' 대상에 관심을 모아왔다. 반면에 쾌락은 별로 중요하게 다루지 않은 연구 주제였다. 사실은 미디어가 일상생활의 중요한 부문에서 사람들을 즐겁게 만든다. *Dynasty*'나 *The Cosby Show*'를 매일 밤 열심히 시청하면서 사람들은 어떠한 사회적 질서를 익혀 나갈까?

최근의 연구는 구체적인 미디어 쾌락의 근원이 어떤 조건에서 도출되는지를 검토하고 있다. 특별히 페미니스트들은 관심을 쾌락의 영역에 두고, 매스 미디어를 통한 쾌락은 여성들을 자유롭게 할 수 있다고 전제한다(Walters, 1995).

우리는 독서 행위를 통해 쾌락을 느끼는 여성들을 연구한 레드웨이의 분석에서부터 출발하였다. 연구 결과는 여성 독자들이 자신의 사회적 여건과 연결시켜 연애 소설을 찾는 이유를 말해주고 있다. 연애 소설은 재미있다. 왜냐하면 독서는 여성에게 자유 공간을 만들어주고 로맨스에 대한 환상을 대리 체험이나마 가득 채워주기 때문이다. 사실 레드웨이는 그러한 미디어를 통한 쾌락은 사회 변혁을 추구하는 급진적인 생각을 없애준다고 주장한다. 그래서 여성들은 그들의 쾌락이 많은 부분에서 제외되어 있는 일상적인 사회 상황에서 즐거움을 느낄 수 있는 수단으로 연애 소설을 읽는다는 것이다.

쾌락과 환상

아이엔 앙은 독일인이 *Dallas*'를 보면서 어떻게 쾌락을 느끼는지에 대한 심층 연구를 시도한 바 있다(Ien Ang, 1985). 그의 연구 주제는 어째서 사람들은 *Dallas*'와 같은 드라마를 보면서 즐기는가였다. *Dallas*'는 잠재되어 있는 복잡한 인간적 모순을 드러낸 드라마였다. 그 드라마의 시청자는 대부분 여성이었는데, 드라마 속에 등장하는 여성은 대체로 무기력하게 그려졌다. 앙이 언급한 대로 여성 시청자들은 그들이 무기력하다고 느꼈지만 그 대신 드라마를 보면서 많은 즐거움을 느낄 수 있었다. 그렇다면 그 드라마 이미지의 무엇이 여성들을 즐겁게 만들었을까?

확실히 드라마 'Dallas'는 반페미니즘적 프로그램이었으므로 페미니스트들에게는 별로 달갑지 않은 프로그램이었다. 그러나 앙에 따르면 여권론자들도 'Dallas'를 즐겨 보았다고 한다. 이처럼 미디어 상품의 쾌락을 담은 드라마는 프로그램의 성격이 환상적인 경우에는 열광적인 팬이 아니더라도 같이 즐겁게 시청한다는 것을 보여준다. 환상은 우리로 하여금 우리가 다르고, 사회 문제들도 해결될 수 있고, 유토피아에서 살 수 있다고 상상하게끔 하기 때문이다. 이 점에 대해서 앙이 언급한 논리는 인용할 만하다.

> 여기서 중요한 것은 환상의 내용이 아니라 환상을 꿈꾸는 행위, 그 자체이다. 환상을 제작하고 소비하는 것은 우리가 해방감을 느끼면서 현실과 장난칠 수 있게 만든다. 환상은 사실이 아니라 꾸며낸 것이다. 환상을 즐기다 보면 '실제적 가치'에 대해 잊기가 쉽다. 따라서 미디어가 전달하는 환상으로 인해 즐거워질 수 있다. 환상은 염세적일 수도 있고, 감성적이며, 심지어 괴로움을 줄 수도 있다. 환상은 전쟁터와도 같은 실제의 사회적·정치적·개인적인 상황 속에서는 도저히 느낄 수 없는 기분일 것이다. 따라서 만약 우리가 살아가면서 여러 가지 모순에 부딪칠 때 그런 환상은 일종의 안락감을 줄 것이다(Ang, 1985, p.134).

그렇게 되면 이러한 미디어의 쾌락은 미디어 텍스트만으로 간단히 분석되지 않는다. 미디어 수용자는 일상생활을 더욱 즐겁게 만들 수 있는 환상과 미디어 텍스트를 결합시킬 수 있다.

연예인과의 게임

엔터테인먼트의 연예인은 쾌락의 문제들과 연결된다. 누가 유명한 사람이며, 그들은 어디에서 왔으며, 또한 우리는 어째서 그들을 주목하는 것일까? 연예인과 관련하여 우리가 현대 미국 사회를 둘러보면 의심할 여지 없는 중요한 문제가 제기된다. 우리는 어째서 국내 또는 국제적으로 유명한 사건에 그렇게 매달리는 것일까? 1994년에서 1995년 사이에 가장 화제를 모았던 오제이 심슨의 법정 처리 과정을 떠올려보라. 어째서 많은 사람들이 배우들이나 음악가 또는 그 밖의 연예인들의 사생활에 대해서 속속들이 알려고 할까?

어떤 연구자는 연예계를 의미가 없는 하찮은 것으로 치부해 버리거나, 심지어는 연예계 소식으로 미국 국민들이 위험한 정신착란의 수준까지에 이른다면 경종을 울려야 한다고 지적한다. 연예계 소식은 사실 수용자에게 아무런 의미도 주지 않는다. 그럼에도 대다수 사람들은 연예계 소식에 열광적으로 사로잡힌다. 많은 사람들은 자기가 좋아하는 영화배우와 인터뷰한 신문 기사나 음악 잡지에 실린 음악인 신상에 대한 기사, 때로는 TV의 연예계 소식에 주목한다. 사실 미국인 대다수가 다양한 방법으로 매스 미디어를 통해 연예인들에 대한 기사를 정기적으로 접한다.

조슈아 겜슨은 연예인을 바라보는 수용자는 연예인의 세계에 대해 매스 미디어와의 상호 작용을 통해서 광범위한 해석상의 전략을 사용한다고 주장한다(Joshua Gamson, 1994). 어떤 수용자는 실제로 연예인의 실물을 본 것처럼 연예인들의 기교와 능력에 초점을 맞춘다. 또 다른 사람들은 연예인을 인위적으로 만들어진 사람으로 여기고, 이러한 연예인이 갖고 있는 '허구'의 이미지를 밝히는 것을 즐기곤 한다. 겜슨이 말하는 "게임 놀이꾼"은 연예인들의 실상을 좋아서 얼싸안는 것도 아니다. 그리고 정교한 고안품으로 보는 것도 아니지만 연예인의 세계를 단순히 즐기고 있다.

이러한 놀이는 두 가지 다른 종류의 행위를 내포한다. 험담과 추적이 바로 그것이다. 어떤 사람들은 연예인에 대해서 험담을 늘어놓기를 즐긴다. 이런 게임에서는 연예인들이 실제 인물이든 가공의 인물이든 관계가 없다. 또 연예인들이 명성을 얻든 말든 개의치 않는다. 단지 게임을 즐길 뿐이다. 그리고 그 게임은 연예인의 사생활에 대한 정보의 공유로 나타난다. 험담 게임은 즐겁다. 왜냐하면 연예인들에 대한 대화에는 진실성이 결여되어 있기 때문이다. 결론도 없는 정보를 가지고 연예인에 대한 정보를 즐겁게 받아들이거나 기상천외한 대화로 확대시켜 서로 키득거리는 경우가 많다.

어떤 게임 놀이꾼은 연예인들에 대한 진실을 추적하는 데 초점을 맞춘다. 이러한 게임은 지금과 같은 이미지의 세계에서 무엇이 사실인지 알 수 없는 영원한 질문 속에서 활기차게 벌어진다. 사실 게임 놀이꾼들은 자신들이 현실을 제대로 탐색하는지 확신하지 못한다. 결과적으로 즐거움은 사실 여부도 알지 못한 채 집단적인 추적 작업을 통해서 얻어진다. 어쨌든 게임 자체는 즐거움을 얻는 통로이다. 놀이꾼들은 엔터테인먼트 잡지를 통해 마치 양파 껍질을 끝없이 벗기듯이 연예인에 대한 정보를 서로 공유한다. 공연 소식이나 뉴스 기사는 자꾸 새로운 정보를 더하고 추적 게임은 계속된다. 이러한 즐거움은 의혹과 더불어 끝없이 펼쳐지는 연예인 시스템 정보를 찾아서 이루어진다.

궁극적으로 연예인의 세계는 사실과 허위가 뒤섞인 장소에서 그 두 가지가 뚜렷이 구분되지 않는 경계선에서 펼쳐진다. 게임을 즐기는 수용자들은 그 게임이 반허구적인 세계에서 이루어지고 있음을 잘 안다. 그러나 그것은 즐겁고 자유롭다. 더구나 이러한 게임의 즐거움은 연예인들의 시시함에서 비롯되는지도 모른다. 겜슨에 따르면

> 연예인과 게임 놀이를 벌이는 사람들은 연예인들이 어찌 되든 상관치 않는다. 바로 그것이 게임을 가능하게 만들고 즐겁게 한다. 원래 팬의 고정관념적인 이미지는 연예인을 대단히 아끼고 따르는 사람들이었다. ……연예인들은 수용자를 이길 수 있는 아무런 힘이 없다. 만약 연예인이 이길 수만 있다면 수용자가 갖는 게임의 '자유'는 기가 한풀 꺾일 것이다. 그러나 이 게임에서 중요한 것은 대부분 연예인들도 자신을 주시하는 게임에 개의치 않는다는 점이다(Gamson, 1994, p.184).

우리는 미디어를 통한 즐거움이 미디어의 하찮은 내용일지라도 어쨌든 수용자에 의해서 출발한다는 것을 알았다. 결론적으로 미디어는 즐거움과 게임을 위한 장소로 완벽하다.

즐거움과 저항

우리는 여러 가지 미디어를 이용해서 수용자가 즐거움을 찾는 것을 살펴보았다. 그러면 수용자의 해석 행위와 그들의 즐거움 사이에는 어떤 관계가 있을까? 이 분야

에 대한 연구는 이 문제에 대해 활발한 토론을 유발시켰지만, 확실한 합의를 이끌어내지는 못했다. 다시 여기서 적극적인 수용자의 개념을 떠올려보자. 이것은 우리가 위에서 검토한 미디어가 매개된 즐거움에 필요한 조건이다. 미디어 이용에 따른 즐거움은 분명히 미디어 텍스트와 해석적 관련성을 맺고 있다. 우리가 그냥 흘려버리지 않고 의미 형성에 적극적으로 참여하기 때문에 미디어는 즐거운 것이다.

해석적인 행위 자체가 즐거움의 통로라는 주장을 받아들인다 해도 아직도 모든 해석이 즐거움을 주는가에 대해선 의문의 여지가 있다. 여기서 '지배적인' 의미나 '저항'하는 행위를 받아들일 것인지, 그렇지 않은지가 문제가 될까? 이러한 두 종류의 해석상의 전략이 우리의 즐거움을 낳게 하는 것일까? 존 피스크의 연구에 따르면 해석상의 저항 행위는 즐거움을 낳는다고 한다(John Fiske, 1987). 이러한 관점에서 미디어 이용의 즐거움과 대중문화의 '인기'는 수용자의 독립 선언에서 비롯된다. 미디어는 수용자가 세계를 이해하는 데 일종의 자유를 허용한다. 저항은 즐겁다. 왜냐하면 일상생활에서 기를 못 펴고 사는 사람들에게 미디어는 일종의 힘을 실어주기 때문이다.

"저항의 즐거움"이라는 견해는 가설적으로 분석해 볼 여지를 남긴다. 사실 우리는 실제로 그런 저항으로 인해서 얼마나 많은 즐거움을 느끼고 있는지 모른다. 이번 장에서 인용한 연구들에서는 즐거움과 저항이 반드시 연결되어 있지는 않다고 지적한다. 수용자가 지배적인 의미에 저항하지 않는 상황에서 미디어 이용은 즐거운 것이다. 어떤 비평가들은 상반된 해석들을 내놓기 위해서는 보다 많은 작업이 필요하다고 한다(Condit, 1989). 그러한 해석은 복잡하고 까다로운 작업 때문에 굉장한 즐거움의 원천이 될지 모르지만, 많은 수용자들이 상반된 의미를 만들어내는 것을 방해할 수도 있다. 해석상의 저항은 즐거울지 모르지만 실제로 그런 경우는 드물 것이다.

우리는 미디어가 재미있고, 수용자는 적극적이며, 의미는 변덕스럽다는 것을 잘 알고 있다. 일상생활에서 부여되는 골치 아픈 문제 속에서 미디어를 통해 자유로운 공간을 얻게 된다면 당연히 즐거울 수밖에 없다. 페미니스트 미디어 이론가들은 특히 자신들만의 공간이 비좁은 여성들에게 이런 논리가 중요한 의미를 갖는다고 강조한다. 이것은 또한 환상의 세계에서 비롯되는 것이기도 한다. 다시 한 번 여기서 주장하고자 하는 것은 수용자들은 사회적 지위 안에서 일종의 환상의 세계를 형성한다는 것이다. 그리고 순응에 맞서서 자율성을 주장하고, 허용 가능한 방법으로 미디어를 간파할 때 즐거움을 얻을 수 있다. 더욱 일반적으로 여가보다 일에 가치를 두는 사회에서 미디어는 놀이를 위한 광장 역할을 하기 때문에 재미있을 수 있는 것이다.

8.7 | 결 론

이번 장에서는 수용자가 미디어 메시지를 적극적으로 해석하는 방법을 검토해 보았다. 최근의 수용자 연구의 중심 주제는 개인적이거나 집단적인 형태에 관심을 두고 있다. 적극적인 수용자에 대한 종래의 연구들은 인간과 미디어 텍스트 사이의 상호 작용과 이 상호 작용에서 어떤 의미가 주어지는지를 탐색하는 데 초점을 두어 왔다.

수용자는 적극적이지만 그들의 행위는 아직도 다양한 구조적 한계를 갖고 있다. 미디어 메시지 자체는 복합적인 의미를 갖고 있다고 해도 다양한 해석의 대상이 된다는 점에서 문제가 많다. 미디어를 해석하기 위해서 수용자가 사용하는 문화적 도구는 일정하지 않다. 각기 다른 사회적 지위에 있는 사람들이 결코 똑같은 자원을 활용하지는 않을 것이기 때문이다. 사회 구조는 문화적 도구의 배분을 지시함으로써 의미를 구축하는 과정에 어떤 구속력을 부여한다.

그렇게 되면 수용자들은 적극적이 된다. 그러나 완전히 자율적이지는 않다. 미디어 사회학은 해석의 주체와 사회 구조의 구속력에 예민하다. 1990년대 수용자 연구는 미디어가 무엇을 의미하는지를 밝히기 위해서는 매개체의 정체를 분명히 해야 특히 유용하다는 것을 깨달았다. 이렇게 볼 때 각기 다른 사회적 위치에서 수용자의 해석 작업을 비교하는 것은 매우 도움이 된다. 그러나 각기 다른 미디어에 따라서는 어떻게 달라질까? 개별 미디어의 특정한 영역이 이런 해석 작업에 영향을 미칠까? 다음 9장에서는 미디어 기술을 살펴보기로 하자.

9 미디어 기술과 사회 변동

앞장에서 우리는 널리 유포되는 미디어 이미지들의 콘텐츠, 그리고 수용자와 광범위한 정치체제에 맞추어 그 의미를 생산하는 미디어 기업과 조직을 살펴보았다. 또한 신문, 잡지에서부터 영화, 컴퓨터 네트워크, 방송에 이르는 다양한 미디어의 범주를 검토하였다. 그러나 그렇게 다양한 미디어 산업이 의존하고 있는 커뮤니케이션 매체 각각에 대해서는 심층적으로 다루지 못했다. 사실 윤전기가 없는 신문이나 영상 장비가 없는 TV 프로그램, 그리고 데이터를 전송하는 컴퓨터 네트워크가 없는 인터넷은 상상할 수 없으므로 미디어 기술(media technology) 그 자체의 중요성을 제대로 인식하고 검토하는 일이 무엇보다 중요하다. 어떤 종류의 정보가 서로 다른 양식의 미디어를 통하여 어떻게 소통되고 있을까? 각기 다른 미디어들이 어떻게 우리의 생각을 형성하고 우리의 사회적 관계에 영향을 미칠까? 바로 이러한 질문들 때문에 우리는 미디어의 기술적 장비, 즉 매체에 주목하게 되는 것이다.

미디어 기술의 중요성은 결코 간과할 수 없다. 실제로 기술이 곧 사회변동의 중요한 추진력이라는 점에 초점을 맞춘 결과들이 적지 않게 보고되었다. 기술의 변화는 확실히 사회에서 중요한 의미를 갖는데, 사회학적인 관점에서는 기술이 존재하는 사회적 맥락을 보다 광범위하게 연구한다. 따라서 이번 장에서는 여러 가지 미디어의 속성과 함께 그 기술의 사회적 함의를 살펴보고자 한다. 즉, 어떻게 미디어 기술이 사회적으로 응용되는지를 심층적으로 검토할 것이다. 이러한 논의를 통해 미디어 기술들 간에 어떻게 역동적인 긴장이 형성되는지를 살펴보는 동시에 미디어 기술의 진화와 이용을 결정하는 사회적 힘을 규명하고자 한다.

9.1 | 미디어 기술의 속성과 중요성

이 책의 독자 대부분은 공학도가 아닐 것이다. 공학도가 아닌 우리가 매스 미디어의 기술을 살펴본다는 것은 매우 어려운 일이다. 19세기 초반의 인쇄기만 하더라도 대단히 훌륭한 기계였다. 그러나 후에 등장한 전자 매체는 기술적으로 더욱 정교한 것이었고, 그 기술적 원리도 이해하기 어려운 것이었다. 우리는 인쇄 기술의 원리를 대충 이해할지 몰라도 라디오나 TV가 어떻게 작동하는지 잘 알 수 없다. 적어도 순수하게 기술적인 차원에서 잘 모른다는 뜻이다. 그러나 우리는 오늘도 TV를 보고 라디오를 즐겨 듣는다. 사실 TV나 라디오는 워낙 사용자에게 편리하도록 되어 있어서, 사용자가 해야 할 일이라고는 단지 전기를 연결하고 전원을 켜는 것이 고작이다.

컴퓨터도 대단히 어려운 기술인지라 대부분의 사람들은 어떤 원리로 컴퓨터가 작동되는지 알지 못한다. 컴퓨터는 TV 수상기보다 기술적으로 더 복잡하다. 컴퓨터가 어떤 원리로 다른 미디어와 연결되어 네트워크를 형성하는지, 또는 칩이나 운영체계가 어떻게 작동되는지 잘 모르는 채로 가정, 학교, 직장에서 컴퓨터를 사용한다. 갈수록 컴퓨터 다루기가 수월해져서 초등학교에서부터 학생들에게 교육시키고 있을 정도이다. 컴퓨터는 더욱더 이용자 편의에 맞게 고안되어서 모든 장르의 정보를 접속할 수 있게 만든다. 그래서 시간이 갈수록 점점 더 많은 사람들이 컴퓨터를 다룰 줄 알게 된다.

미디어 기술의 가장 중요한 특징은 누구나 쉽게 접근이 가능하다는 점이다. 미디어 기술을 만들기는 어렵지만, 작동에는 어려운 과정이 요구되지 않는다. 그래서 미디어는 누구에게나 광범위하게 확산될 수 있는 것이다.

기술력의 차이

각각의 매체는 나름대로 정보를 전송하기 위한 기술적인 용량을 가진다(표 9-1).
예를 들어서 어떤 음악가가 음악회에서 연주를 한다고 하자. 라디오는 생방송이든
녹음 방송이든 그 연주를 공짜로 들려준다. 시청자는 무료로 음악을 들을 수는 있
지만, 연주자를 직접 볼 수는 없다. 잡지의 경우, 비록 음악을 직접 들려줄 수는 없
지만 정지된 사진으로나마 음악회 장면을 보여줄 수는 있다. 그리고 그 음악회가
어떠했는지도 글을 통해 소개할 것이다. 더불어 연주회에 대한 뒷이야기도 전해줄
수 있다. TV 방송은 소리도 들려주고, 연주회 장면도 생생히 보여줄 것이다. 그러
나 그 연주회에 대한 텍스트는 결코 전해줄 수 없다(아마 유료 케이블 TV를 통해서
별도로 잘 구성된 방송 프로그램이라면 예외이겠지만). CD나 카세트를 통해서도 녹
음된 연주회의 음악을 들을 수 있다. 또 그 안에 들어 있는 인쇄물을 통해 메시지
가 전달될 수도 있다. 그러나 연주회 장면을 직접 볼 수는 없다. 더욱이 그런 매체
구입에 들어가는 비용이 만만치 않다. CD-ROM으로 알려진 보다 정교한 CD는
컴퓨터에서 작동이 되고 오디오로도 음악이 재생된다. 게다가 인쇄물을 통해 간단
한 정보도 보낼 수 있다. 연주회 장면도 컴퓨터를 통해 볼 수 있다. 그러나 이러한
멀티미디어 장비로는 라디오처럼 무료로 음악을 들을 수는 없다. 그리고 실제 연
주 날짜 이후에야 제대로 감상할 수 있다. 인터넷을 통해서라면 '스트리밍' 기술을
이용해서 생방송으로 음악회의 소리와 영상을 중계할 수도 있다. 음악회와 관련된
부수적인 정보도 다운을 받거나 복사를 통해 손쉽게 구할 수 있다. 뿐만 아니라 인
터넷을 통해 연주회를 감상하는 사람들은 채팅 룸이나 전자우편을 이용해서 전자
식 커뮤니케이션을 경험할 수도 있다.

이상과 같이 우리는 연주회 하나에 대해서 각각의 매체가 어떻게 서로 다른 '커
뮤니케이션' 경험을 가능하게 하는지, 제공되는 정보의 종류와 수용자의 경험 방
식 측면에서 살펴보았다. 앞의 3장에서 보았듯이 멀티미디어나 CD-ROM과 같은
디지털 기술은 각기 다른 기술의 통합을 지향하는 기술에 바탕을 두고 있다. 기술
적 통합은 인터넷을 통해 실감할 수 있다. 물론 이러한 멀티미디어 장비를 일반 사
람들이 구비하기까지는 비용 때문에 다소 시간이 걸리겠지만 기술적 진보는 하루
가 다르게 급속히 달라지고 있다.

	'생방송'?	텍스트?	소리?	사진(그림)?	영상?	상호작용?[1]
신문	No	Yes	No	Yes	No	No
라디오	Yes	No	Yes	No	No	No
영화	No	No[2]	Yes	Yes	Yes	No
방송	Yes	No[2]	Yes	Yes	Yes	No
케이블 TV	Yes	No[2]	Yes	Yes	Yes	Yes
음악	No	No	Yes	No	No	No
컴퓨터 CD-ROM	No	Yes	Yes	Yes	Yes	No
컴퓨터 네트워크	Yes	Yes	Yes	Yes	Yes	Yes

각 매체마다 기술적 한계로 인하여 용도가 결정된다. 그러나 디지털 기술이 부각되면서 점차 매체간의 경계가 무너지고 디지털 형식의 멀티미디어로 '융합(converge)'되고 있는 추세이다.

1. 상호작용이란 쌍방향 커뮤니케이션을 제공하는 매체를 의미한다. 컴퓨터의 메뉴, CD-ROM 소프트웨어, 프로그래밍이 가능한 CD 플레이어는 사용자 선택사항을 제공하지만, 이것들은 진정한 의미에서의 상호작용이 아니다.
2. 영화와 TV가 화면에서 자막을 띄울 수 있지만, 이것들은 원래 텍스트 미디어가 아니고 이 텍스트는 종이로 이동될 수 없다. 그렇지만 컴퓨터로 연결된 케이블 TV나 디지털 TV는 텍스트 기능을 제공한다.

위에서 예를 든 것처럼 확실히 기술이 관건이다. 그러나 사회학적 접근을 시도하는 우리는 왜 이러한 기술이 문제가 되는지 잘 이해할 수 없을 때가 많다. 즉, 그러한 기술이 어떤 사회적 함의를 도출하는가? 이러한 질문에 대하여 매스 미디어의 본질을 고려하면서 대답을 찾아야 할 것이다.

매개 커뮤니케이션

미디어 기술은 구조적인 구속력을 가진다. 다른 모든 기술처럼 인간에 의해서 미디어 기술이 발전되고 있지만 결과적으로 그것은 인간이 하는 일을 가능케 하기도 하고, 저해하기도 한다. 어떻게 이런 기술들이 사회에서 구조적인 작용을 하는지를 분석하는 것이 미디어 기술에 대한 사회학적 이해의 핵심이다.

1장에서 언급한 바와 같이 '미디어'란 개념으로 다시 돌아가 보자. 미디어는 라틴어로 '중간'이란 개념에서 유래된 말이다. 이는 미디어란 송신자와 수신자가 존재하는 커뮤니케이션 과정에서 가운데를 차지하고 있다는 뜻이다. 원래 미디어란 말은 '매스 미디어 커뮤니케이션'이라는 구절 속에 포함된 단어 중 하나였다. 그런

데 요즘은 '미디어'라고만 해도 일상생활 속에서 무엇을 의미하는지 잘 알고 있다. 그렇다 하더라도 매스 미디어가 '사람들 사이'의 커뮤니케이션을 가능하게 하는 매개체라는 점을 잊어서는 안 된다. 즉, 사람들 사이의 커뮤니케이션에 영향을 미치기 때문에 미디어 기술에 사회적 의미가 있는 것이다.

'매스 커뮤니케이션'의 의미는 여러 사람들이 살고 있는 한 곳과 여러 다른 곳 사이에 서로 커뮤니케이션이 이루어짐을 의미한다. 예를 들어 신문의 경우에는 특정 뉴스 조직에서 비교적 소수의 전문가들에 의하여 제작되어 수많은 구독자들에게 판매되는 정보를 말한다. 거기에는 뉴스 조직이라는 하나의 송신자와 다수의 독자라는 수신자가 존재한다. 영화, TV, 음악 등 모든 정보도 마찬가지이다. 전통적인 미디어란 결국 일 대 다수(one-to-many) 지향적이다.

또 하나의 속성은 정보를 보내는 송신자가 누군지는 알 수 있지만 정보를 받는 수신자의 정체는 알 수 없다는 것이다. 독자는 저자가 누구인지 알 수 있으나 저자는 독자가 누구인지 알 수 없다. 우리가 TV를 보거나 영화를 볼 때 배우나 제작진이 누구인지 알 수 있다. 그러나 누가 영화의 관객이고, TV 시청자인지는 아무도 알 수 없다. 즉, 매스 미디어는 알려진 송신자와 익명의 수용자로 구성된다는 것이다.

또한 매스 커뮤니케이션은 수용자의 직접적인 피드백을 잘 따르지 않는다. 우리가 책 또는 잡지를 읽거나 TV를 켜고 또는 CD를 구입하여 음악을 들어도 우리가 접하는 메시지에 대해서 아무도 그에 대한 직접적인 반응을 보이지 않는다. 물론 시간이 걸려서라도 책의 저자나 영화감독 또는 방송사 프로듀서에게 좋거나 싫다는 우리의 반응을 보내면 언젠가는 회답이 올 것이다. 그러나 편지나 전화는 매스 미디어가 아니다. 전통적인 매스 커뮤니케이션은 쌍방향이 아니다. 매스 커뮤니케이션은 알려진 송신자가 알 수 없는 수신자에게 메시지를 전송하는 일방통행 커뮤니케이션이다.

그렇지만 소위 뉴 미디어로 칭하는 인터넷의 경우는 몇 가지 점에서 매스 미디어라고 하기에는 애매하다. 첫째, 개인 커뮤니케이션인가 아니면 대중적(매스) 커뮤니케이션인가의 분리가 매우 불분명하다. 전자메일을 사용할 경우는 개인 커뮤니케이션이지만, 웹사이트를 사용하는 경우에는 대중적 커뮤니케이션에 속하고,

집단간의 정보 교환인 경우에는 소집단 커뮤니케이션에 들어간다.

둘째, 인터넷에서는 알려진 송신자와 익명의 수신자라는 개념이 매우 애매하다. 수신자가 자신이 등록한 사이트에 접속하면 수신자가 누구라는 것을 송신자가 알게 된다. 그러나 어떤 웹사이트에는 아무런 고유번호가 없는 경우가 있는데, 그때는 익명으로 남게 된다.

셋째, 송신자와 수신자의 분리가 애매하다. 인터넷에서는 전통적인 '일 대 다수'의 매스 커뮤니케이션 모형을 '다수 대 다수'의 커뮤니케이션으로 대체한다. 누구든지 적절한 기술만 있다면 온라인 미디어를 소유할 수 있고, 그 미디어를 통해서 소유자가 원하는 형태의 메시지(이미지, 텍스트, 음향 등)를 선택할 수 있다.

넷째, 커뮤니케이션이 일방통행이 아닐 경우가 많다. 예를 들어 인터넷 웹 사이트의 사용자는 전자우편을 통해서 다른 사람들의 제안을 받기도 하고, 방명록에 다른 사람들이 메시지를 남기기를 원한다. 어떤 사람들은 이러한 방명록에 남긴 글을 읽기도 하고 그에 대한 반응을 다시 적어 보내기도 한다. 모리스와 오간은 이러한 메시지 교환의 중요성을 강조하면서 이런 정보 유통이 전통적인 커뮤니케이션 모형과는 전혀 다른 커뮤니케이션을 유발한다는 점을 지적했다(Morris & Organ, 1996, p.42).

매스 커뮤니케이션의 사회적 중요성은 아무런 매개가 없는 면대면 상호작용과는 다르다는 데 있다. 인터넷의 등장은 대인 커뮤니케이션과 매스 커뮤니케이션의 차이를 좁혀주었다. 사회학적으로 미디어 기술을 분석할 때, 우리는 이러한 미디어 기술이 인간들 사이의 상호작용과 커뮤니케이션에 어떠한 틀을 제공하는지 의문을 갖게 된다. 미디어 기술이 인간의 커뮤니케이션에 미치는 아주 중요한 영향은 바로 시간과 공간의 압축이라고 할 수 있다.

시간과 공간의 재고

잠깐 TV 생방송을 생각해 보자. 수백 수천 마일이나 떨어진 곳에서도 생방송의 위력은 시간적이나 공간적으로 놀랍기만 하다. 사실 우리는 생방송이 이루어지는 현장에 있지 않지만, TV를 보는 순간 거기에 있는 것이나 다름 없다. 예를 들어서 경기장 바로 뒤편에 살고 있는 사람보다 경기장에서 멀리 떨어져 있지만 TV를 보고 있는 사람들이 현장 소식을 더 빨리 그리고 더 정확히 알게 된다.

1989년 미국 샌프란시스코 지역에서 일어난 지진 사고는 어떻게 우리가 시공간을 가로지르는지를 알려주는 좋은 사례라 할 수 있다. 당시에 지진이 일어났던 곳에서는 월드 시리즈 야구 경기가 한창이었다. 그러나 지진으로 인하여 그 지역의 전화선과 전기가 끊겨 그 도시 인근에 사는 주민들은 지진 피해 상황을 전혀 알 수 없었고 몇 시간 동안 가족들의 소재 파악조차 힘들었다. 그러나 TV 생중계 중간에 지진의 피해 상황이 상세히 보도되었기 때문에, 보스턴이나 댈러스에 사는 시청자들은 지진이 일어난 샌프란시스코 지역의 주민들보다 지진에 대한 정보를 더 빨리 그리고 더 많이 알고 있었던 것이다. 다행히 전화가 작동되는 샌프란시스코 주민들은 오히려 다른 지역에 사는 사람들에게 물어서 지진의 상황을 파악하고 있었다. 이러한 사례는 TV 시대에 우리의 '거리 감각'이 과거와 얼마나 차이가 나고 있는지를 보여준다. 다음 장에서 설명하겠지만, 시간과 공간의 압축은 미디어의 '세계화'에도 중요한 열쇠가 된다.

컴퓨터 역시 가상 공간이란 개념과 함께 종래의 시-공간의 의미를 재고하게 만든다. 예를 들어서 인터넷은 지역 방송이란 개념에 도전하고 있다. 인터넷을 통해서 접속하는 사람들은 컴퓨터를 통해서 음악을 듣는다. 새로운 기술은 기존 방송 편성의 배열을 파괴한다. 1998년 클린턴과 르윈스키의 스캔들이 터졌을 때 인터넷은 쉴 새 없이 그와 관련된 정보를 제공했다. 대개 하루의 뉴스 주기는 아침에 조간신문과 저녁의 9시 TV 뉴스로 마감하는데 인터넷은 항상 뉴스가 생길 때마다 그 내용이 루머이든 공식 발표이든 주기에 관계없이 정보를 제공했던 것이다.

'가상 공동체(virtual community)'란 개념이 있다(Rheingold, 1993). 이는 더 이상 지역적인 조건에 따른 공간적 분리가 없다는 뜻이다. 지역적으로 떨어져 있지만 인터넷으로 연결된 사람들은 가상적인 이웃이 된다. 이들은 면대면 접촉을 전혀 하지 않아도 컴퓨터 네트워크를 통해서 가상 세계의 커뮤니케이션을 즐긴다. 쉐리 터클은 가상적인 상황에서 전혀 모르는 사람들도 그들만의 가상 세계를 통해 엄연한 공동체를 만든다는 점을 지적했다(Sherry Turkle, 1995). 그리고 첨단 기술을 다루는 사람들은 더 이상 물리적으로 분리되어 있는 사무실의 거리감이 문제되지 않는다. 전문직 종사자들도 출퇴근 시간을 피해서 또는 재택 근무라는 이름으로 다양한 전산 도구를 사용하여 업무를 수행한다. 다시금 커뮤니케이션 기술이 거리감의 의미를 재고하게 만들었음을 실감할 수 있다.

미디어의 기술적 정교함과 커뮤니케이션의 중요성을 감안해 보면 새로운 기술은 엄청난 사회적 영향력을 발휘한다. 미디어의 잠재적인 사회적 영향력을 언급하듯이 미디어 기술의 결정적인 역할에 대해서 논의하는 것은 쉽지 않다. 사실 기술력만으로 이야기할 때는 단순하지만, 분석적으로 접근해서 기술결정론을 논의하자면 결코 간단한 주제가 아니라는 것이다. 기술결정론이란 사회변동 과정에서 기술이 결정적인 역할을 맡는다는 주장이다. 그러나 사회변동 과정에서 미디어 기술은 단지 하나의 요소에 불과하다는 주장과 대립되어 기술결정론에 대한 비평은 불가피하다.

기술결정론

기술결정론이란 사회변동의 중심적인 원인이 기술적 진보라는 것이다. 사회학자 클라우드 피셔는 기술결정론에서 가장 두드러진 형식은 '당구공식 접근'이라고 주장한다(Claude Fischer, 1992). 즉, 기술은 사회적 상황에 진입하는 일종의 외부 압력이다. 이런 관점에서 보자면 기술은 어떤 일이 벌어지는 원인으로 작용하며 일련의 중개 과정을 통하여 모종의 변화를 야기시킨다는 것이다. 예를 들어 자동차가 발명된 뒤로 식료품 값이 절감되었다고 한다. 왜냐하면 자동차는 말의 수요를 감소시켰고, 이에 따라 말의 사료를 줄일 수 있었으며, 그만큼 식품의 경작지가 증가할 수 있었기 때문이라고 한다. 이에 따라 음식 값이 떨어지게 되었다는 것이다(Fischer, 1992, p.8).

그렇지만 문제는 이 과정에서 인간의 역할 개입이 없었다는 것이다. 기술결정론적 시각에 의하면 인간은 오직 기술에 의하여 합리적으로 작업하는 고용인에 불과하다. 장기판에서 장기를 두듯이 기술이 요구하는 대로 움직일 뿐이라는 것이다. 달리 말하자면, 이러한 관점에서는 어떤 사회 구조적인 제한도 없고 인간의 의식적인 행위도 없다. 사회는 인간이 아닌 오로지 기술에 의해서 변화되는 것이다.

전화의 역사를 연구한 피셔는 역사상 전화의 발명이 얼마나 커다란 영향을 미쳤는지를 연구자들은 별로 묻지 않는다고 지적한다. 이러한 의문은 새로운 기술이 과연 그동안 우리에게 어떤 영향을 미쳐왔는가 하는 화두를 던지는 것이다. 피셔는 기술을 사용하는 사람들에게 초점을 맞춘다. 기술을 실질적으로 이용하는 사람들이 분석의 대상이 되는데, 그들은 그냥 존재하는 것이 아니라 기술을 사회 상황에 맞게 응용하고 또한 제한된 범위 내에서 기술과 함께 그들의 작업을 도모하는 사람들이다.

여기서의 초점은, 미디어 기술의 연구에 이율배반적일지는 모르지만, 어떻게 사람들이 새로운 기술을 사용하느냐를 알아야 된다는 것이다. 기술은 결코 어떤 천편일률적인 방법으로 사람들에게 받아들일 것을 강요하지는 않는다. 실제로는 뜻밖의 용도로 어떤 기술을 사용하기도 한다. 예를 들어서 초기 라디오에 대한 관심이 많았던 사람들은 라디오를 방송으로 보기보다는 무선전화와 같은 거점간의 커뮤니케이션 장비로 간주했다. 오늘날의 방송이 되기 전에는 오히려 전화기가 각 가정에 오락물을 전송할 목적으로 사용될 것이라고 믿어졌다. 새로운 기술이 사회에 투입될 때 그 기술은 문화적 관습과 전통에 의해서 정착되게 마련이다. 그러므로 미디어와 사회의 연관성을 이해하려면 우리는 단순히 새로운 미디어 기술이 사람들에게 무엇을 행하는지를 고려하기보다는 사람들이 새로운 기술을 가지고 무엇을 하는지를 살펴보아야 할 것이다.

9.2 | 기술과 미디어 환경

조슈아 메이로비츠는 '매체 이론(medium theory)'을 제안하면서 수많은 관련 문헌을 정리하고, 미디어의 내용을 벗어나 기술적 측면에 초점을 맞춘 바 있다(Joshua Meyrowitz, 1994). 매체 이론이란 미디어가 단순히 정보를 전송하는 매개체 이상임을 말한다. 즉, 미디어의 본질이 사회적 효과를 발휘하고 있음을 언급하는 것이다. 이러한 관점에서 볼 때 미디어 기술은 강력한 사회적 힘으로 작용한다. 그 힘은 인간으로 하여금 기술을 응용하여 문화적 환경을 조성하고 조직할 수 있는 방법을 도모해 준다.

맥루한의 메시지

아마도 기술결정론을 주장한 가장 널리 알려진 미디어 이론가로는 캐나다 학자 마셜 맥루한(Marshall McLuhan)을 꼽을 수 있을 것이다. 그가 언명한 유명한 구절은 "미디어가 곧 메시지(medium is the message)"라는 말이다. 맥루한은 만약 미디어 효과에 관심이 있다면, 지난 과거의 전통을 깨고 새로운 사회를 재형성하는 새로운 매체의 기능에 관심을 가지라고 이른다. 맥루한은 진정한 메시지의 의미는 미디어가 담고 있는 내용이 아니며, 미디어 기술 자체가 인간의 감각을 확장시키는 수단이라고 주장한다.

만약 맥루한이 말하는 바와 같이 미디어의 메시지(내용)를 과소평가한다면, 미디어의 중요성은 어디에서 찾을 수 있을까? 그의 초기 저서인 『구텐베르그 갤럭시』(*Gutenberg Galaxy*, 1962)에서 맥루한은 구술 사회(oral society)에서 인쇄 사회(print society)로 전환되는 시기에 주목하면서, 15세기에 구텐베르그에 의해 발명된 인쇄 기술에 초점을 맞추었다. 그는 새로운 미디어 기술이 등장하면 어떤 감각이 무디어지는 대신, 특정 감각기관이 독자적으로 새로이 발달하여 인간의 감각은 전체적으로 균형을 이룬다고 주장한다. 이런 관점에서 보자면 인쇄 기술은 인간이 글을 읽기 위해 눈을 이용하게 함으로써 영상적인 감각을 강화시켰다. 청각에 비하여 시각이 더욱 강조되었다는 것이다. 그래서 인쇄 매체의 등장과 더불어 자본주의 사회가 더욱 발전할 수 있는 감각 환경이 창출되었다고 주장한다. 그러나 서구 자본주의는 대량생산의 집단체제와 개인주의의 이념을 낳았으며, 정부 주도의 관료주의를 강화시켜 갔다.

또 다른 작업을 통해 맥루한은 인쇄 매체에서 전자 매체로의 전환에 관심을 보인다(McLuhan, 1964). 맥루한에 따르면 TV란 전자 매체의 등장으로 과거의 인쇄 매체에 의해 파편화되었던 인간의 감각이 재연결되었다는 것이다. 그의 유토피안적 예측은 경이로운 커뮤니케이션 기술을 바탕으로 하는 새로운 '지구촌'이란 개념을 도출시켰다. 끝으로 맥루한은 기술결정론을 주장하면서 모든 미디어는 사회적 결실로 드러나는 인간의 감성에 의해서 만들어졌다고 보았다. 한 시대를 지배하는 미디어는 모든 세상을 둘러싸게 되는데 기술이 미치는 영향을 바라볼 줄 아는 시민들은 그런 미디어의 힘을 볼 줄 안다고 간주한다. 맥루한의 유명한 언명에도 불구하고 우리는 결코 메시지가 미디어의 중요성을 논의할 때 별개의 의미로 분리되지는 않는다고 본다. 맥루한의 가설은 매스 커뮤니케이션의 총체적인 과정 (process)을 너무 단순화시킨 것이 아닌가 싶다.

이미지와 인간 생활

하나의 지배적인 미디어에서 다른 미디어로 전환되는 과정에 초점을 맞추는 맥루한의 이론을 추종하는 학자들은 많다. 예를 들어서 어떤 비평가는 TV의 부상으로 인하여 인간 생활이 심각하게 훼손되었다고 말한다(Postman, 1985). 이러한 견해에 따르면, 민주주의의 본질은 궁극적으로 TV의 부상 때문에 일그러져온 셈이다. 왜냐하면 국민들이 사회적 현안에 대해서 말하고 생각하는 것이 TV 시청 때문에 감소하였기 때문이다. 결국 우리의 사고방식은 대부분 기술의 형식이 바뀌는 것과 같이 변화한다는 뜻이다. 반대로 아이러니컬하게도 TV의 속성에 의해서 현대인의 말하고 생각하는 방식은 더 많이 자극받았다고 주장하는 사람도 있다.

어쨌든 이러한 비평은 미국 사회에서 과거 인쇄 매체가 지배하던 시절을 그리워하는 탄식에서 비롯된 것인지도 모른다. 맥루한에 이어 닐 포스트만에 따르면, 18세기에서 19세기에 이르는 미국의 인쇄 문화에서는 역사상 합리성과 진지함 그리고 단결 등이 국민의 주요 신념이었고, 정치적 담론의 주제였다고 한다(Neil Postman, 1985). 독서는 명확성과 논리성을 기반으로 분석적 사고방식을 키우는 힘이 있었다. 인쇄된 활자에 기반을 둔 사회는 활자가 사적이든 공적이든 커뮤니케이션의 중심 수단이었다. 그래서 신중하고 합리적인 사고방식을 발전시킬 수 있었던 것이다. 다른 연구자들도 활자 매체의 합리성을 긍정하면서 인쇄물은 과학적 사고력을 키우는 데 중심적인 역할을 맡는다고 주장한다(Eisenstein, 1979).

그런데 포스트만은 그의 저서에서 TV가 등장하면서부터 오락물과 하찮은 이미지가 대량생산되어 인쇄 매체에 의해 조성되었던 합리성과 단결심이 도전받고 있다고 주장한다(Postman, 1985). 그가 강조하는 것은 문화 변동에서 전신(telegraph)이나 사진의 역할에 관한 것이다. 공간적으로 떨어져 있는 사람들 간에 커뮤니케이션을 가능하게 만들었던 전신은 신문이 주도하던 당시에 세 가지 기본적인 변화를 초래했다. 첫째, 신문은 너무 멀리 떨어진 곳에서 정보를 수집하다 보니 지면에 정보가 꽉 차도 독자 개인과 긴밀한 연관성을 갖지 못했다. 뉴스는 단지 '새로운 것'에 그쳤을 뿐 더 이상 독자와 어떤 관계를 맺지 못했고, 아무런 기능도 발휘하질 못했다. 둘째, 신문은 많은 정보를 손쉽게 전송하는 기술이었기 때문에 독자들의 생활과 관련이 깊다 하더라도 더 이상 어떤 행동으로 이끄는 연결고리가 되지 못했다. 사람들은 신문에 나온 기사에 대하여 아무것도 할 수 없었다. 정보량은 엄청나게 많을지 몰라도 너무 먼 곳에서 일어난 일은 사람들의 생활과 거리감이 있어 결국 사람들을 무기력하게 만들었다. 셋째로 전신 기술을 이용한 까닭에 정보는 빠르고 풍부했지만, 내용면에서는 무기력했다. 더 이상 뉴스는 광범위하고 역사적인 틀과 연결되지 못하였다. 한 뉴스는 다음 뉴스와 연결되지 않았고, 오늘의 뉴스는 내일의 뉴스와 아무런 관련성을 갖지 못했다. 정보에 있어서 양이 질보다 더 중요했던 시절이었다.

또한 포스트만이 보기에 사진은 인간이 세계를 바라보는 시각을 혁명적으로 확대시킨 것이었다. 사진은 논리적인 논쟁이나 거창한 지식을 요구하지 않는다. 포스트만은 "사진은 보는 각도에 따라 다르게 보이게끔 이미지를 만들 뿐"이라고 주장했다(Postman, 1985, p.73). 하나의 사진은 수천 단어의 가치를 포함한다고 한다. 그러나 포스트만은 우리가 사진을 다루는 과정에서 많은 의미를 잃게 된다고 경고한다. 이제 정보의 진정한 의미는 사진과 같은 시각적인 이미지에 초점을 맞추도록 전환되고 있다. 진리란 더 이상 독서를 통하여 형성되는 논리적인 사고 속에서 나오는 것이 아니다. 진리란 생각하는 것이 아니라 보는 것이다. 달리 말하자면 '보는 것이 믿는 것'이 되어버렸다.

포스트만의 이전 세대로서 역사학자 다니엘 벨은 영상 이미지는 어디에나 있기 때문에 '현실'의 이미지가 변화하고 있다고 역설한다(Daniel Bell, 1961). 그에 따르면, 이미지는 우리의 인식 속에 스며들어 그야말로 이미지와 현실을 구분하는 것이 점점 더 어려워지고 있다고 한다. 그렇다고 우리가 생각하는 능력마저 잃어버린 것은 아니다. 하지만 사물의 이치를 흐리게 하는 이미지 지향적인 의사행사(pseudoevent)에 너무 함몰되고 있다는 것이다. 의사행사는 극적인 이미지를 창출하기 위해서 사전에 계획된 연출이다. 사실 주변에는 자연적으로 이루어지는 행사가 없다. 모든 행사는 전시적이고 의도적이다. 의사행사는 언론 토론회나 후보자

간의 TV 토론회 같은 것들이다. 모든 행사는 극적인 이미지를 나타내기 위하여 무대에 올려지는 것이다. 그렇다고 의사행사가 모두 거짓이라는 것은 아니다. 다만 극적인 이미지를 연출하려는 의도를 지적하는 것뿐이다. 문제는 의사행위가 본질보다는 외양을 더 중요시한다는 것이다. 사실 그래서 의사행사가 저절로 나타나는 사건보다 더 재미가 있는 것이다.

포스트모더니즘 이론가들은 현실에 기초하지 않은 이미지만 남아 사실과 다른 '초현실(hyperreality)'만 갈수록 많아지는 현대 사회를 비판적으로 지적하고 있다(Baudrillard, 1988). 그렇다고 반드시 이미지가 지배하는 특성에 주목하는 포스트모더니즘을 지지해야만 할 필요는 없다. 물론 TV의 초기 시대였던 1961년에 불스틴(Boorstin)은 커뮤니케이션 미디어와 지식의 관계를 분석한 바 있다. 같은 맥락에서 포스트만은 이미지가 지배적인 세계는 장난감 세계와 같다고 꼬집는다. 우리의 인생은 오락으로 가득 채워지고, 결속력도 없이 우왕좌왕하는 세계와 다름없다는 비판이다. TV가 지배적인 세계는 빠른 속도의 오락 속에서 사회의 모든 모델을 형성해 낸다. TV가 등장하면서 TV를 흉내내기도 하고 TV와 경쟁하는 등 TV 이전 시대의 사고방식은 갈수록 주변으로 밀려나고 있다.

포스트만이나 불스틴 같은 비평가들은 의심할 여지 없이 미국 사회에서 이미지가 얼마나 중요하게 작용하는지를 말하고 있다. TV는 이제 국민의 중심에 자리잡았다. 이는 확실히 20세기 전반에 극적으로 변화된 일이다. TV와 마찬가지로 어떻게 전신이 물리적인 공간에서 인간의 관계를 재구성하는지를 분석하는 것은 곧 새로운 형태의 미디어가 사회적 패턴을 어떻게 바꾸어 놓는가를 깨닫는 데 도움을 준다.

그러나 미디어 기술의 본질적인 속성이 사회를 변화시키는 결정적 힘이 된다는 인과론적인 주장은 받아들이기 힘들다. 인과론적인 관점의 문제는 사람들을 간과하는 데 있다. 그들이 인정하는 사람들은 다만 전권적인 미디어의 힘에 희생되는 사람들일 뿐이다. 대부분의 비평가들이 지적하는 TV는 모든 형태의 방송이 아니라 상업방송을 주로 지칭한다(Hoynes, 1994). TV는 기술적으로 오락이나 매혹적인 이미지, 하나의 아이디어에서 다른 아이디어로의 급속한 전환과 관련될 수밖에 없다고 주장하지만, 이는 본질적으로 TV 기술의 문제가 아니라 TV 산업—사람들에 의해 운영되는—의 문제이다. 즉, 상품을 판매하고 이윤을 남겨야만 하는 요구가 TV 산업을 지배하고 있는 데 따른 문제인 것이다.

확실히 방송국이나 거기에서 내보내는 프로그램은 '자연적'으로 이루어지는 것이 아니다. 상업적 조직인 방송에서 프로그램은 자연적으로 제작되는 것이 아니라 기업의 이윤을 추구하는 전문가들의 의도적인 작업에 의해 만들어진다(McChesney, 1994).

전자 매체와 사회적 정체성

메이로비츠는 TV의 일차적인 사회적 효과가 급진적으로 '물리적 위치(physical place)'와 '사회적 위치(social place)'의 관계를 단절시키는 데 있다고 주장한다(Meyrowitz, 1985). 즉 물리적 위치가 점점 우리의 사회적 관계에 있어서 덜 중요하게 여겨지는 것이다. TV를 통해서 우리는 직접 현장에 가지 않고 바로 그 프로그램 속에 존재할 수 있다. 우리는 집에 있으면서도 TV와 함께 경기장에 가고, 쇼핑도 즐기며, 법정에도 나간다. 여러 지역에 떨어져 사는 많은 사람들이 각기 다른 장소에서 TV와 함께 같은 시간에 같은 경험을 공유한다. 전자 매체가 발전하기 전에는 인간의 사회적 역할과 정체성은 물리적인 거리감에 의해서 결정되었다. 그러나 전자 매체 등장 이후, 특히 TV 출현 이후에는 새로운 사회적 상황이 조성되면서 사회적 역할과 정체성이 점차 약화되어 갔다. 위치라는 중심 개념은 인간의 환경을 형성하는 데 부분적으로 도움을 줄 뿐이었다.

메이로비츠의 중심 논점 중 하나는 TV를 통해 유출되는 정보에 의하여 새로운 사회 현상이 두드러지는데, 그중의 하나가 유아기와 성년기의 구별이 약해지고 있다는 것이다. TV는 어린이에게 예전에는 드러내지 못했거나 접근하기 어려웠던 사회적 상황을 알려준다. 특히 어린이는 어디서 어디까지가 성인의 세계인지 TV를 보면서 깨닫게 된다. 그 결과 유아기와 성년기의 중요한 경계가 약해지게 된다. 예전에는 성장기에는 여러 가지 독서가 장려되었지만 이제는 그것이 사라진 것이다.

새로운 정보 환경은 TV에 의해서 그러한 경계선을 흐리고, 과거의 커뮤니케이션 패턴을 바꾸는 데 그치지 않는다. TV는 유아들에게 성인들의 비밀스러운 세계를 모두 보여주었다. 요즘 어린이들이 너무 빨리 성장하고 있다는 말도 여기서 비롯된 것이다. 따라서 TV 세대 어린이들은 부분적으로는 감춰져야 할 성인들의 행동과 성인들의 세계에 대해서 더 이상 흥미로워하지 않는다. 사회화의 수단으로 TV가 부모를 대신하는 교육적 대안이라는 주장도 더 이상 설득력이 없다. 교육이 아니라 갈등과 모순투성이인 성인들의 세계를 TV가 고스란히 어린이들에게 보여주기 때문이다. 사실 TV를 이해하는 능력은 이제 나이와 큰 관계가 없다. 아이들은 성인과 같은 눈으로 TV를 이해하고 읽을 줄 안다. 과거에 독서는 나이에 따라 차이가 있었지만 현재는 TV로 인하여 그 차이가 사라졌다.

20세기에 들어서 우리의 정보 환경과 위치 감각은 엄청나게 변하고 있다. 그리고 이러한 변화 속에서 전자 매체가 수행하는 명백한 역할이 주어진다. 그러나 우리가 주의해야 할 점은 이러한 변화의 주범을 단순히 TV로 간주해서는 안 된다는 것이다. 기술이 무조건 문화를 뒤바꾸지는 않는다.

미디어 이론과 컴퓨터 시대

1990년대 후반, 새로운 기술의 발전은 전자 커뮤니케이션을 확장했고 그동안 분리되었던 미디어의 형태를 융합시키는 특징을 보였다. 디지털 커뮤니케이션은 이제 소리와 영상과 텍스트를 모두 연결시킨다. 예를 들어 개인용 컴퓨터는 이제 가정에서 중요한 오락 매체의 하나로 자리잡았다. 아마 이러한 흐름은 당분간 계속될 것이다. 스븐 버커트(Sven Birkerts)는 미디어 이론가들에게 디지털 시대, 즉 후기 TV 시대에 새로운 이론적 응용을 시도해 볼 것을 제시한다. 그의 저서 『구텐베르그 애가』(*The Gutenberg Elegies*)는 마셜 맥루한의 논조를 이어받아 쓰여진 책이다. 만약 맥루한의 저서가 인쇄 매체에 의한 문화를 주로 다루었다면, 버커트는 인쇄 문화의 죽음을 다룬 것이다. 그가 말하는 인쇄 매체에 대한 애가란 지나간 세대에 대한 찬사이자 미래의 디지털 시대에 대한 경고라고 할 수 있다.

사회 생활을 곧 상호작용의 거미 망(web)이라고 표현하는 버커트는 새로운 미디어 기술이 사회·문화적인 생활을 재구성한다고 역설한다. 새로운 커뮤니케이션 양식은 그 내용에 대한 새로운 방식의 반응을 요구한다. 새로운 전자 미디어는 인간으로 하여금 보다 빠른 정보 유통과 함께 새로운 시간과 공간의 감각을 부여한다. 컴퓨터 네트워크의 가상 세계는 '사이버 공간'이라는 새로운 사회적 공간으로서 현실 세계와도 잘 연결되지 않으면서 새로운 형식의 상호작용을 요구한다. 그리고 인간은 가상 공간에서 새로운 정체성을 갖게 된다.

인간이 점차 컴퓨터를 매개로 하는 커뮤니케이션에 관여할수록 뉴 미디어는 인간의 시간 감각을 변화시키고 있다. 사실 1970년대 후반만 해도 익일 배달 우편은 사치스러운 것으로 여겨졌다. 1985년 후반에 팩시밀리가 선보였을 때 이것은 불필요한 장난감 정도로만 여겼다. 그러나 현재 우리는 익일 배달 우편이나 팩시밀리가 점점 필수적인 것으로 바뀌어가고 있음을 느낀다. 이제는 컴퓨터 네트워크에 의해 세계 어느 곳에나 파일을 즉각 보내는 것이 가능하다. 익일 배달 우편도 전자 우편에 비하면 바다 위의 돛단배에 지나지 않는다. 정규적으로 컴퓨터 메일을 다루는 사람들은 미국의 우편 배달 속도가 너무 느려서 '달팽이 우편'이라고 코웃음을 치고 있다.

사회적으로 데이터가 넘쳐나는 이러한 하이테크 시대에는 버커트가 말한 대로 인간의 사고방식이 변화의 과정을 겪게 마련이다. 인간은 더 이상 세상에 대해서 알려고 노력할 필요도 없다. 단지 세상에 대하여 기록한 데이터를 어떻게 찾아보느냐가 관건일 뿐이다. 정보의 많고 적음보다는 정보를 어떻게 저장하고 조작하느냐가 더욱 중요한 문제로 부각된 것이다. 이해보다는 검색하고 참고하는 작업이 더 중요하게 부각되고 있다는 말이다.

이러한 관점에 따르면 하이퍼텍스트의 발전은 인간의 문화를 변화시키는 강력한 신호로 여겨진다. 하이퍼텍스트를 사용한다는 것은 단순히 글을 읽는 것과 다르다. 인간은 가상 공간에서 수많은 연결체를 낳는다. 각각의 연결체는 나름대로 또 다른 연결체를 낳으면서 기하급수적으로 또 다른 연결체를 낳는다. 우리가 어떤 아이디어를 도출하기 위해서 논쟁을 벌일 때 흔히 독서 행위(reading)를 바탕으로 한다. 적어도 어떤 책을 읽는 동안만큼은 독자가 독서를 통한 사회적 공간을 갖게 되며 책의 저자는 나름대로 문화적 권위(cultural authority)를 갖는다. 그러나 하이퍼텍스트는 저자의 의도에 수많은 도전을 가한다. 일반적으로 말하는 저자와 독자의 관계는 적어도 하이퍼텍스트의 세계 속에서는 더 이상 존재하지 않는다.

버커트는 컴퓨터 기술 속에 인간이 갈수록 깊이 빠져들다 보면, 실제 세상에서 겪는 경험 감각을 잃게 될 것이라고 주장한다. 마냥 새로워지는 미디어는 인간으로 하여금 독서 행위나 심각한 사고와 같은 종래의 미디어 행위를 용납하지 않게 만든다.

물론 문제는 이러한 발전 과정에서 특정 미디어 기술이 어떤 역할을 수행하느냐는 것이다. 맥루한의 접근을 추종하는 학자들에 따르면, 사람들은 새로운 매체 자체에만 초점을 맞춘다. 사실 어떤 예견자들은 매체 중심적인 접근을 통해 아주 극적인 결론에 도달하기도 하였다. 예를 들어 마이크로 소프트의 창업자인 빌 게이츠는 "정보 고속도로는 중세 구텐베르그의 인쇄 기술 발명처럼 우리 문화를 극적으로 전환시킬 것"이라는 결론을 내렸다. 조지 길더(George Gilder)는 새로운 컴퓨터 기술이 TV를 압도할 것이고, 자유와 개성과 문화와 윤리를 일깨우는 주요한 힘이 될 것이라고 주장한다(Harper, 1998 인용).

그러한 예측에도 불구하고 너무 새로운 첨단 기술에만 우리의 초점을 맞추는 것은 옳지 않다. 우리는 이러한 기술들을 어떻게 개발하며, 어떤 특정 방법으로 형성해 나갈지를 이끄는 경제적 힘에도 관심을 두어야 한다. 사실 메가 미디어로 불리는 첨단 기술이 어떻게 성장하고, 산재한 문화산업들이 단기간에 걸쳐 이윤을 극대화시키려는 기본 목표가 얼마나 미디어 문화의 껍데기에 불과한지를 설명할 줄 알아야 한다. 확실히 첨단 기술은 미디어 기업에 새로운 이윤 창출을 위한 자원을 제공해 주고 다른 미디어 분야를 연계시켜 경제를 향상시킬 수 있는 기회를 부여해 준다. 그리고 새로운 미디어의 사용자들은 전자 세계의 사이버 공간을 새로운 현실적 공간으로 연결시키는 데 초점을 맞춘다. 그러나 경제적 이유 때문에 아직 사이버 공간은 비교적 독자적인 공동체(community)에 머물러 있다.

미디어 이론가들은 아주 심오한 질문을 던진다. 그러한 질문은 기술을 실제로 이용하는 사용자와 미디어의 발전을 사실상 결정하는 경제적·조직적·정치적 힘에 대한 것이다. 미디어 이론의 강점은 미디어가 창출하는 사회적 환경을 직시하고 어떻게 그러한 환경이 인간 행위를 결정하는가를 관찰한다는 점이다. 이러한 장점을 최대한 살리기 위해서는 결정론적인 시각에 머무를 것이 아니라 미디어가 인간의 어떤 행위는 향상시키고 다른 어떤 행위는 위축시키는지 그 방식들에 초점을 맞춰야 할 것이다.

9.3 | 미디어 기술의 사회적 구성

새로운 기술은 완벽하게 발전된 모습으로 나타나는 것도 아니고 미리 그 쓰임새를 갖고 태어나는 것도 아니다. 인간이 기술을 어떻게 사용하느냐에 따라 기술의 속성이 결정되는 것이다. 특히 자본주의 사회에서는 반드시 이윤 창출에 따라 기술이 발전된다. 그러므로 미디어 기술은 지속적인 사회화 과정에서 결정되는 경향이 있다. 결과적으로 기술의 발전과 응용은 고정된 것도 아니고 미리 예견할 수 있는 것은 더더욱 아니다(Douglas, 1987). 기술의 발전은 몇 가지 상호작용적인 변인을 가지고 있다. 기계의 성능, 소유주와 발명가의 우선권, 그 기술이 당면하고 있는 문화적 관습과 전통, 잠재적으로 그 발명과 경쟁적인 다른 기술, 사람들이 새로운 기술에 대해 실제로 이야기하고 그 기술을 이용하는 특정한 방법들이 그것이다. 기술의 사회적 중요성을 알기 위해서는 기술의 사회적 발전과 수용을 구체화하는 위와 같은 사회적 힘에 보다 더 깊은 주의를 기울여야 한다.

이러한 현안들을 언급하기 위해서 학자들은 새로운 기술이 처음에 어떻게 도입되는지를 면밀히 살핀다. 예를 들어 라디오와 TV의 급속한 확산을 살펴보자. 겉보기에는 항상 어디서나 우리 곁에 있어서 당연시되는 기술 같지만, 라디오와 TV의 확산 과정에는 매우 복잡한 사회적 절차가 있었다. 문제는 각 매체의 기술적 속성에 있었다. 미디어는 어떤 조직적인 인간 관리 체제를 거쳐서 발전되었다. 그러한 일련의 관리 체제를 겪고 나서 어떻게 미디어를 사용할지에 관해서 여러 가지 선택이 이루어졌던 것이다.

초기의 라디오 시대

처음 라디오가 등장했을 때 사람들은 라디오가 뭔지 몰라서 이름도 서로 다르게 불렀고, 지금과는 전혀 다른 커뮤니케이션 매체로 보았다. 우리가 라디오를 통해서 음악을 듣고 뉴스와 각종 오락물을 접하기까지는 약 20여 년의 시간이 필요했다(Douglas, 1987; McChesney, 1994; Schiffer, 1991). 1895년 마르코니에 의해 처음 라디오가 발명된 후 10년이 지나서도 사람들은 라디오를 '무선 기술'이라고 불렀다. 초기의 라디오도 지금의 라디오와 근본적으로 다르지 않았다. 그 기술은 전자석 스펙트럼을 이용하여 송신자가 수신자에게 신호를 보내는 것이었다. 그러나 라디오의 사회적 의미는 달랐다. 라디오 기술은 있었지만 오늘날과 같은 라디오가 있기까지 오랫동안 사회적 힘이 분산되어 있었다. 라디오를 대상으로 한 전문 산업체도 통합되지 못했고, 정부도 스펙트럼 사용에 관해 어떠한 법적 규제도 확립하지 못했으며, 자본가들도 라디오에 투자하여 이윤이 있을 것으로 인식하지 못했다. 당시의 '무선 기술'은 오늘날의 '라디오'일 수가 없었던 것이다.

마르코니가 1898년 처음으로 미국 뉴욕에서 라디오를 선보였을 때, 그 기술은 전선이 없는 전신기술 정도였다. 발명자의 눈에도 라디오란 원거리에서 메시지를 교환하는 데 필요한 기술을 한 단계 개선한 정도로 보였다. 지금처럼 음악을 전송하거나 오락물을 보내는 방송은 결코 생각할 수가 없었다. 마르코니의 비즈니스 통찰력도 기껏해야 라디오는 신문사나 증기선과 같은 기업 운영에 필요한 전신 기술의 일종으로 간주하는 데 그쳤다. 아마도 당시 마르코니의 무선 기술은 기존의 장거리 커뮤니케이션 수단을 보완하는 정도로 여겨졌을 것이다.

초기에 일차적으로 라디오 기술을 사용했던 사람들은 원거리에서 정보를 주고받는 정도의 상업적인 목적을 가진 사람들이었다. 그 당시는 개인이 그런 기술을 사용한다는 것은 엄두도 내지 못했다. 그래도 무선 기술은 쌍방향 커뮤니케이션 기술로 간주되어 지속적인 기술적 발전을 꾀했다. 20세기 초에는 수신 일변도의 라디오가 그 기술적 중심을 이루고 있었다. 무선 기술이 발명된 지 1세기 후에야 라디오의 기능이 어렴풋이 등장했다. 결국 라디오라는 이름이 붙기까지 무려 20여 년이 걸린 것이다(Douglas, 1987).

20세기 초 라디오의 용도에 대해서 기업들의 이해관계, 군수품으로 간주하던 미국의 국무성, 그리고 일반 이용자들 사이에 심한 갈등이 있었다. American Marconi Company를 포함한 기업들은 라디오 생산으로 이윤을 추구했기 때문에 전파의 사적인 소유 방안을 모색했다. 해군은 전시에 보다 공적인 용도로 사용할 목적으로 정부가 전파를 통제해 주길 바랬다. 1906년에서 1920년 사이 아마추어 라디오광들은 대개 어린 소년들이었는데, 이들을 포함해서 시민들은 자유롭게 커뮤니케이션할 수 있도록 전파가 국민들의 자산이 되기를 원했다. 시민들은 점차 라디오의 구축이 무엇을 의미하는지를 알았고, 라디오를 생산할 줄 알게 되었으며 다룰 줄도 알았다. 그 결과 라디오는 당시 원거리에 존재하는 송신자와 수신자를 중심으로 기층문화(subculture)를 조성하기 시작했다. 즉, 라디오의 사용이 점차 일반 시민들에게도 유행이 되고 있었다. 수백만 마일 떨어진 거리에서 라디오를 통해 정보를 전송하느라 라디오를 밤마다 켜는 사람이 늘기 시작했다. 라디오를 방송 모델로 발전시킨 사람들은 아마추어 시민들이었고, 바로 이들이 여가의 일종으로 라디오를 듣게 되었다.

1920년 직전까지도 정부와 기업은 라디오를 무전기로 간주하였고, 아마추어들만이 여가용으로 사용하는 정도였다. 그런데 1912년 세계 최대의 여행선이었던 타이타닉호가 바다에 가라앉는 사건으로 인해 엄청난 양의 라디오 무전기가 사용되면서 전파의 혼란을 겪게 되었다. 그 결과 탄생한 것이 1912년에 제정된 '라디오 법령(Radio Act)'이다. 이 법령은 라디오를 사용하는 모든 사람들은 기지국을 만들 때 정부의 허가를 받도록 하라는 것이었다.

그러나 법적 구속력이 발휘되기까지는 여러 해가 걸렸다. 왜냐하면 전파가 돌아다니는 우주 공간에 대한 지식이 부족한데다 정부가 라디오를 관리할 기관을 만드는 데에도 시간이 걸렸기 때문이다. 그러나 이렇게나마 정부가 난잡한 아마추어들을 통제해 준 덕분에 마르코니는 공식적인 기업 활동을 할 수 있게 되었다. 더글러스에 의하면 "아마추어들은 방송용 스펙트럼에 맞게끔 가장 적절한 규모로 줄어들게 되었다"(Douglas, 1987, p.233). 라디오는 적극적인 이용자들보다 수동적으로 듣는 사람들 위주로 전환되었다. 이로써 라디오는 '말하는' 기술이 아니라 '듣는' 기술로 바뀌게 된다. 방송이란 개념이 정착되기 이전에 방송의 중앙집권적 제도화가 자리잡을 수 있었고, 청취자 위주로 듣는 사람의 수가 부쩍 늘게 된 것이다.

이러한 법적 제한에도 불구하고 아마추어들은 계속하여 라디오를 조작했고, 그 수도 늘어났다. 어떤 사람은 정부로부터 허가권을 받아서, 또 어떤 사람들은 불법으로 단파를 이용하여 라디오 커뮤니케이션을 즐겼다. 1917년 미국이 독일에 전쟁을 선포할 당시, 정부는 모든 라디오 아마추어에게 수신기 사용을 금지하고 커뮤니케이션 행동을 멈출 것을 명령했다. 더글러스는 당시 뉴욕에서만 800여 개의 라디오 기지국이 폐쇄되었다고 보고한다(Douglas, 1987). 사실상 1차 세계대전 당시, 라디오 조작에 능통한 아마추어들은 미국 해군에 징집되기도 했다. 전쟁이 끝난 후에 그들은 귀가하여 더욱 원숙한 라디오 기술자로 남았다. 1920년까지 아마추어들은 라디오를 이용해서 음악을 들려주고 정보를 전달하곤 했다. 그들은 가족이나 친구들에게 라디오 청취를 적극 권했다. 일부 아마추어들은 그들만의 프로그램도 만들었다. 반면에 기업들은 아직도 라디오를 거점 간의 커뮤니케이션 기술로만 간주하고 있었다.

라디오 수신기의 판매가 점점 늘어나고 있을 무렵, 미국 피츠버그에 살던 아마추어 프랭크 콘라드(Frank Conrad)란 사람이 스스로 음악 프로그램을 제작하고 그 프로그램에 지역 광고를 삽입하면서 모든 것이 급작스레 변화되었다. 그 직후 라디오 장비를 주로 생산하던 웨스팅하우스에서 콘라드의 라디오 프로그램에 관심을 갖고 자사의 광고를 포함한 재정 지원을 해주었던 것이다. 지금도 건재한 AT&T나 General Electrics와 같은 기업에서도 라디오 방송국을 설립하여 라디오 수신기 판매에 열을 올리기 시작했다. 당시의 방송용 라디오 시장은 통신 시장보다 훨씬 큰 것이었다. 특히 라디오를 통해 뉴스가 방송되면서부터 라디오 수상기의 수요도 부쩍 늘어나고 라디오 청취자도 훨씬 늘어났다. 1922년 AT&T는 마르코니가 처음에 그랬던 것처럼 라디오가 국민에게 접근할 수 있는 방법을 찾기 시작했다. 광고 수입으로 프로그램을 만드는 오늘날의 라디오가 서서히 자리를 잡게 된 것이다.

라디오 방송을 통한 음악, 뉴스, 연속극 등은 모두 광고에 의해서 만들어졌다. 원래 처음부터 라디오는 곧바로 태어난 것이 아니었다. 라디오는 몇몇 소수의 사람들과 정부와 기업이 관여한 역사적인 관행, 투자가들의 자본력 등이 얽히고 설켜서 만들어진 것이었다. 라디오가 일종의 방송 모델로 위치를 굳힌 것은 수십 년 간에 걸쳐 아마추어들이 라디오의 새로운 기능을 생각해 냈기 때문이다. '햄'이라고 불리던 라디오 열광자들은 그들 자신만의 라디오 수신 장치를 설치하고 여러 가지 메시지를 청취하는 동시에 메시지 전송에도 열을 올렸다. 햄 라디오 열광자들의 기층문화는 아주 중요한 견지에서 오늘날의 컴퓨터 해커로 이어져온 문화적 전승의 효시인지도 모른다. 어떤 사람들은 좀더 적극적으로 정부로부터 허가도 받지 않고 얼터너티브 음악을 전송하는가 하면, 정치적으로 급진적인 내용을 방송하기도 했다.

우리는 기술적인 면을 떠나서 라디오가 아주 복잡한 사회적 과정을 거쳐 이루어진 기술임을 잘 모르고 있다. 기본적으로 무선 기술은 오늘날의 라디오가 아닌 다른 방향으로 응용되고 발전되었을지도 모른다. 즉, 다른 절차를 통해서 엉뚱한 방향으로 사회에 뿌리를 내리는 것이 얼마든지 가능하다는 말이다.

만약 기업의 자본이 라디오를 발전시키는 것을 외면했거나 발전을 저해하는 방향으로 흘렀다면 라디오 산업은 어떻게 되었을까? 만약 1차 세계대전이 끝난 후에 나왔던 논쟁처럼, 정부가 강력히 라디오를 통제하였다면 어떤 변화가 일어났을까? 또 이와는 정반대의 경우가 펼쳐졌다면 어땠을까? 라디오가 발전한 상황을 다르게 가정한다면, 라디오는 나름대로 다른 용도의 길로 나아갔을 것이다. 어떤 국가에서는 라디오의 역할이 미국과는 다르다. 예컨대 어떤 나라에서는 라디오를 정부가 일반 시민들에게 공식적인 정보를 하향 전달하는 주요 매개체로 사용한다. 또 어떤 나라에서는 누구나 라디오 기지국을 세울 수 있어서 누구든 방송국을 운영할 수 있다.

'만약 그랬다면?' 식의 질문으로 결과를 바꾸어놓을 수는 없지만 기술 발전의 우연성을 드러낼 수는 있을 것이다. 단순히 기술적인 요소만 따진다면 미국 사회에서 라디오가 갖는 의미를 결코 이해할 수 없다. 왜냐하면 그것은 라디오의 사용 방식을 규정한 사회적 과정을 간과하는 것이기 때문이다. 결국 최종 목표는 어떻게 미디어 기술이 발전되어 왔고, 어떻게 수용자가 그 미디어의 용도를 결정하며, 사회의 커뮤니케이션 도구로서 미디어가 어떤 의미를 지니고 있는지를 이해하는 데 있다. 우리는 미디어 기술이 사회생활에 영향을 미치는 동시에 그로 인해 영향을 받는다는 사실을 잊어서는 안 될 것이다.

TV의 등장

라디오 산업이 시작된 지 25년 후에 TV가 새로운 매스 미디어의 하나로 등장했다. 수상기 제조업체들은 새로운 형태의 가정용 오락 기구가 집안에 즐거움을 가져다 줄 수 있을 것이라 했다. 가족 구성원들도 밖에까지 나가서 오락을 즐길 필요가 없어졌다. 오히려 TV는 여가를 즐기기 위해 가족을 집으로 불러들이는 효과를 발휘했다. TV는 가정의 전자제품으로 다른 어떠한 물건보다 필수품으로 자리잡았다. 미국 가정의 TV 수상기 보유율은 1946년 0.02%에 불과했는데 지금은 90%를 상회하는 놀라운 보급률을 나타내고 있다. TV가 미국 가정에서 중요한 일부분이 된 것이다.

그렇지만 급속히 확산되었던 TV가 가정 생활을 완전히 바꾸지는 않았다. TV는 가정의 기존 관습에 적응하기도 하고, TV가 가정 생활의 중심이 되게끔 관습들을 바꾸려는 노력도 병행되었다(Spigel, 1992). 대부분 방송 제작자들은 가장 광범위한 대상이자 접근이 수월한 여성 시청자를 대상으로 프로그램 제작을 시도했다. 낮 시간의 라디오 연속극은 이미 가정주부들에게 크게 각광을 받고 있었다. 1950년대는 여성에게 있어서 노동 시간과 여가 시간의 구분이 없는 노동 이데올로기의 시대였다. 아무리 가정에서 주부들이 열심히 살림만 해도 그것은 노동으로 여겨지지 않았다. 겉보기에는 주부들이 가정에서 많은 시간을 자유롭게 보내는 것 같지만, 주부의 손길을 기다리는 가사일은 대단히 많은 것이었다. 순수히 청각 매체였던 라디오는 다른 작업을 방해받지 않고 방송을 들을 수 있는 매체였다. 그러나 TV는 라디오와는 달리 1950년대 이후 여가의 이념을 새롭게 설정해 준 방송 매체였다. 주부들에게 TV 시청은 마치 가사일을 돌보는 것과 같은 일상생활이 된 것이다(Spigel, 1992).

TV 보급과 함께 가정에서의 뚜렷한 변화 가운데 하나가 1952년 TV를 보면서 음식을 만들 수 있는 전자레인지가 만들어진 것이다. 전자레인지의 발명은 커뮤니케이션 매체가 하나의 문화적 실천으로 자리잡는 계기가 되었다. TV 산업은 미디어를 문화적 관습(전통)과 잘 어울리도록 조화시킴으로써 수용자 확보를 꾀했다.

TV 프로그램의 주제 역시 1950년대의 중류층 가정주부에 맞도록 설정되었다. TV가 처음 보급되면서 만들어진 주간 드라마나 버라이어티 쇼는 가정주부들에게 적합한 프로그램이었다. 주간 드라마의 경우, 그다지 과격하고 심각한 내용은 없었고 주로 인물간의 대화가 두드러졌다. 그리고 같은 주제를 반복하여 시청자들을 사로잡았다. 프로그램을 제때 시청하지 못하는 사람들은 미리 예고편을 보기도 했다. 더욱이 영상 위주로 제작되던 버라이어티 쇼는 프로그램 중간에 시청해도 문제가 없도록 제작되었다. 이러한 프로그램은 굳이 심각하게 TV를 시청할 필요가 없는 가정주부들에게는 아주 적절한 프로그램이었다.

TV가 성공적인 매체가 되기 위해서는 시청자의 일상생활과 맞추는 것이 필요했다. 초기에 부분적으로 TV 효과는 굳이 가정에까지 침투하여 시청자를 속박하는 힘을 발휘하지 않았다. 그리고 TV 거부를 최소화시켜서 1950년대의 가족 패턴을 정착시키는 매체로 자리잡을 수 있었다.

TV는 가정 생활에 대한 문화적 관습이 형성되도록 만들어졌다. 방송 광고에 적합한 주요 시청자 대상은 미국의 중류층 백인들이었다. 그러나 이는 단면에 불과했다. TV 방송국은 일상적인 가정 생활을 뒤바꿀 수 있게끔 적합하게 꾸며졌다. 스피겔이 지적한대로 "TV는 일상적인 생활에 맞도록 방송 편성을 구상하는 동시에 새로운 가사 형태의 습관으로 능동적인 TV 시청이 이루어지도록 나름대로 획기적인 편성을 시도하였다"(Spigel, 1992, p.85). 당시 NBC가 방송했던 'Today Show'는 조간 신문 형태와 비슷하여 사람들의 시청 패턴을 새롭게 만들었고, 주부나 어린이들에게 적합하도록 프로그램을 기획하는 시도가 눈에 띄었다.

1950년대 드라마를 포함한 많은 프로그램들은 어떻게 하면 수용자들의 다양한 상품 구입을 부추길 수 있는지에 초점을 맞추었다. TV는 확실히 미국을 소비 지향 사회로 이끌었던 장본인이다. 실제로 TV는 미국 소비문화의 중심에 서 있었던 것이다. TV가 우리의 전통을 실천하고 상품 구입 패턴 조성에 크나큰 영향을 미쳤다는 점을 부인할 수 없다. 아직도 TV는 소비문화와 방송의 소비 조직에 의거해서 운영되고 있다. TV도 미리 용도가 결정되었던 기술이 아니다. 문화적 관습이 TV의 발전과 사용을 결정한 것이고, 매체는 다시 문화적 관습에 영향을 미치는 새로운 기술의 사용을 촉진시켰던 것이다.

9.4 | 인터넷과 상호 작용 미디어의 미래

컴퓨터 기술에 기초한 새로운 미디어 세대는 1980년대 이후에 등장했다. 새롭게 태어난 미디어를 우리는 '뉴 미디어(new media)'라고 부르는데, 기존의 미디어와는 전혀 다른 기능을 갖춘 미디어였다. 우리가 이미 알고 있듯이 기존의 미디어와 뉴 미디어의 뚜렷한 차이는 뉴 미디어 커뮤니케이션의 상호 작용성(interactivity)이다. 이는 일방통행 속성을 갖고 있던 매스 커뮤니케이션과는 달리 면대면 커뮤니케이션의 속성을 갖춘 것이다(Rogers, 1986). 뉴 미디어란 단순한 정보 수신 이상을 할 수 있는 기술 장비를 제공한다. 뉴 미디어에서는 받은 메시지에 대한 반응이 얼마든지 가능하고, 받고 싶은 정보만을 받아들이며, 언제든지 보내고 싶은 곳에 정보를 보낼 수 있었다.

예를 들어 사람들은 뉴 미디어를 이용하여 '전자마을모임(electronic town meeting)'을 개설할 수 있다(Abramson et al., 1988). 전자 모임은 각자 다른 장소에 있더라도 서로 정보 교환이 가능한 것을 말한다. 기업에서는 같은 원리로 수천 마일이 떨어진 사람들도 화면을 통해 한데 모아주는 '화상 원격회의(teleconferencing)'에 관심을 보였다. 이 가운데서도 인터넷이 두드러지는데, 컴퓨터를 통해 전자우편과 화상통신, 인쇄, 출판, 주식거래, 24시간 통신판매, 전자신문 구독 등이 가능하다. 이러한 정보 서비스에서는 수용자와 수신자의 구분이 흐려지고, 단순히 수동적이었던 수용자의 위상이 제고된다.

'뉴'와 '올드'라는 어휘는 미디어 기술의 근본적인 차이를 의미한다. 그러나 과거 다른 미디어가 출현했을 때처럼 새로운 형태의 커뮤니케이션 기술 또한 아주 강력한 사회적 효과를 예측하게 한다. 어느 비평에 의하면 컴퓨터 네트워크 기술은 인간이 불을 만들기 시작한 이래 인간의 생활 방식을 바꿔놓은 가장 전환성이 강한 기술혁신이라고 단언한다(*Harper's Magazine*, 1995). 그러나 그러한 언명은 기술에 영향을 미치는 사회적 힘이나 인간의 기술 생활에 영향을 주는 문화적 관습을 깨닫기에는 부적절하다. 뉴 미디어란 시간과 공간의 한계 속에서 새로운 형태의 상호 작용을 할 수 있는 기회를 부여해 줄 뿐이다. 그러나 이것도 부분적인 지적에 불과하다. 우리가 뉴 미디어의 사회적 속성을 이해하려면, 어떻게 그 기술적 속성이 사회적 권력과 교차하고 있는지를 고찰해야 한다.

러셀 누만(Russel Neuman, 1991)은 기술이라는 단일한 원인에만 주목하지 말고, 미디어 수용의 사회심리학, 그리고 미디어 산업의 경제학과의 관계를 분석해야 한다고 주장한다. 누만은 '줄다리기'라는 용어를 사용한다. 이 개념은 뉴 미디어의 기술력이 어느 한 방향으로 쏠리지만 사회심리학이나 경제학적 힘이 그 방향으로 가기를 완강히 거부하기 때문에 반대의 방향으로 기울게 할 수도 있다는 것이다. 아무리 장기간에 걸쳐 사회변동의 폭이 커진다 해도 단기간에 나타나는 결실은 그 변동의 폭이 작아보이게 마련이다. 다시 말해서 뉴 미디어의 출현으로 인한 사회

변동은 점진적으로 이루어지는 것이지 결코 혁명적으로 이루어지는 것이 아니라는 뜻이다.

뉴 미디어를 이해하는 열쇠는 여러 미디어가 서로 얽혀 있다는 점을 깨닫는 것이다. 누만에 의하면 "우리는 범용적으로 상호 연결되어 있는 네트워크를 통해 음성, 영상, 텍스트의 교환을 목격하는 중이다. 여기서는 매스 커뮤니케이션과 개인 간 커뮤니케이션의 구분도 없고 공적 커뮤니케이션과 사적 커뮤니케이션의 차이도 분명치 않다"(Neuman, 1991, p.12). 누만은 이렇게 통합적인 뉴 미디어 네트워크가 다음과 같은 몇 가지 특징을 가지고 있다고 설명한다.

— 뉴 미디어에 드는 비용은 점차 저렴해질 것이다.
— 다시 한 번 지리적 거리감이 전환될 것이다.
— 커뮤니케이션의 속도가 빨라질 것이다.
— 커뮤니케이션의 분량이 늘어날 것이다.
— 보다 많은 정보 채널이 허용될 것이다.
— 상호작용 커뮤니케이션의 기회가 많아질 것이다.
— 개인 사용자에게 정보 제어력이 주어질 것이다.
— 예전에는 각기 분리되었던 여러 형태의 커뮤니케이션들이 중복되고 상호 연결될 것이다.

간략히 말하자면 새로운 인터넷을 바탕으로 하는 미디어는 더 많이, 더 빨리, 더 다양하게 그리고 더욱 강력한 제어력과 선택권을 가지고 사용자 간의 커뮤니케이션을 허용할 것이다. 이러한 디지털 기술의 특징은 중앙의 권위를 대신하여 일반 시민들에게 커뮤니케이션의 능력을 부여함으로써 미디어의 다양성을 실현시킬 자원을 마련해 준다는 데 있다. 우리는 뉴 미디어가 시민들의 참여 민주주의를 북돋우고, 새로운 민주주의의 기틀을 마련할 것으로 기대한다.

그러나 우리는 줄다리기의 어느 한 단면만 보고 있는지도 모른다. 뉴 미디어는 다양성과 참여도를 높이는 반면에, 다른 사회적 힘은 획일성과 방관성을 유도한다. 예를 들어 다른 미디어에도 강력한 영향을 미치는 경제 부문이 인터넷의 발전에도 마찬가지로 영향을 미칠 수 있다. 1999년 초반, 세계 50대 웹 사이트를 조사한 결과 여전히 종래의 Disney, CNN/Time Warner, CBS, USA Today, New York Times, MTV/Viacom, SONY 등 대규모 미디어 기업이 차지하고 있었다. 온라인 이용자가 늘어날수록 그러한 과거 미디어 복합기업들은 인터넷에서도 성장 일로에 있다. 결국은 뉴 미디어도 이미 잘 알려진 올드 미디어에 의해서 지배되는 것이 아닌가 싶다.

미디어 기술의 또 다른 잠재적 영향력은 수용자 선호도에 따라 발휘된다. 대부분 사람들은 그동안 지녔던 미디어 습관을 순식간에 바꾸지는 않는다. 게다가 인간은 정치적 목적이나 정보 취득보다는 주로 오락을 목적으로 미디어를 사용한다. 1998년 여론조사에서 예상과는 달리 고학력이나 고소득자들만이 주로 인터넷을 사용하는 것이 아니라는 보고가 나왔다. 인터넷 사용에 있어서도 기존 미디어에서 선호하던 항목을 크게 벗어나지 않고 있었다. 약 26%의 사람들이 인터넷 뉴스를 전혀 보지 않는다고 응답했고, 가장 많이 접속하는 사이트는 날씨 정보(64%), 오락(58%), 경제 뉴스(58%) 순이었다. 그 밖에 인기가 많은 사이트로는 지역 뉴스(42%), 과학(43%), 정치 뉴스(43%) 순이었다(Pew Research Center, 1999).

인터넷의 발전은 그러한 수용자의 미디어 습관을 감안하면서 진행될 것이다. 이를테면 어떤 사람은 뉴스와 정보를 선호하지만, 다른 사람은 오락이나 홈쇼핑을 선호할 수 있다. 웹 사이트를 운영하는 사람들은 그들의 고객이 가정이나 사무실에서 전자상거래를 이용하는 방법을 잘 알고 있다. 이미 잘 알려져 있는 아마존과 같은 인터넷 서점이 소위 e-코머스라는 대기업으로 전환되는 경우가 있다.

인터넷의 규모와 다양성에 주목해 보면, 기술과 사회 간에 줄다리기가 벌어지고 있다는 것을 알 수 있다. 주요 인터넷 사이트의 초기 콘텐츠를 개설하는 데는 수백만 달러가 들지만, 기본적인 웹 사이트는 다른 어떤 기존의 미디어보다 저렴하게 개설할 수도 있다. 따라서 올드 미디어에서는 찾아보기 힘든 방대한 규모의 웹 사이트가 정보를 공급하고 있다. 또한 기술적인 변화로 수많은 미디어 프로듀서가 등장하여 온라인의 다양성은 극적으로 확장되고 있다.

그러나 이러한 인터넷의 놀라운 확장은 사용자가 전격적으로 미디어 습관을 바꿔서 이루어지는 것이 아니다. 기술의 효과는 어떻게 사람들이 실제로 미디어를 사용하느냐에 따라서 제한된다. 프로듀서들은 기존의 잡지나 신문 만들기에 비해서 인터넷 제작 비용이 저렴하다 해도, 수용자 확보라는 매우 어려운 문제에 직면한다. 대부분 인터넷 사이트는 방문객이 의외로 적거나 대개는 사용자의 정체를 모르기 일쑤기 때문이다.

이러한 작업은 TV와 같은 기존 미디어 프로듀서에게는 득이 될 것이다. Disney나 CNN과 같이 유명한 상호는 그들의 인터넷 이름도 이와 유사하게 지어서 상대적인 이점을 얻고자 한다. 인터넷을 자체적으로 만들어 경영이나 정치적인 목적으로 사용하려는 사람들도 있다.

인터넷 포털 서비스에 대한 기업적 통제

'포털'은 기존의 상업적 목적에 있어서 대단히 중요한 사례이다. 인터넷에서 어떤 대상을 찾기가 매우 어렵기 때문에 사용자는 가끔 인터넷 브라우징을 조직화하기 위해 '검색 엔진'과 함께 포털 사이트에 의존한다. 본질적으로 이런 포털 사이트는 온라인 미디어로 들어가기 위한 지름길이다. 이들은 다양한 사이트를 분류하고 인터넷 페이지를 찾는 데 중심어를 제공하며, 사이트를 간략히 검토해 주는 역할까지 맡아 준다. Yahoo!나 Excite, Lycos, Alta-Vista, Infoseek과 같은 포털은 인터넷의 많은 페이지를 방문한다. 처음에는 단순한 파일 시스템에 불과했던 이들은 시간이 흐름에 따라 광고주가 노리는 주요 대상이 되었다.

Yahoo!도 초기에 만들어진 포털 서비스 중의 하나인데 처음에는 스포츠, 건강, 뉴스 등과 같은 주제로 조직된 인터넷 사이트의 간단한 카탈로그에 불과했다 (Robischon, 1998). Yahoo!는 자꾸만 복잡해지는 인터넷 정보 검색에 도움을 주었다. 그러다가 급속히 빠른 속도로 인터넷 사용자 사이에서 유명해진 것이다. 결국 Yahoo!는 광고주가 개입하는 상업적인 Yahoo! Inc.라는 이름으로 전환되었다. 처음에는 순수하게 인터넷 사용자의 길잡이 역할만 하다가 지금은 상업적 서비스 체제로 바뀐 것이다.

광고주의 관심을 끌기 위해서 Yahoo!는 인터넷 사용자들을 오랫동안 컴퓨터에 붙잡아두고 각 페이지 위에 실리는 '배너(banner) 광고'에 주목하게 만들 필요가 있었다. 그렇게 하기 위해서 Yahoo!는 각 페이지마다 사람들의 관심을 끌 수 있는 검색 기능이나 전자우편, 채팅, 동우회 등의 게시판을 만들어 스포츠나 과학, 정치,

취미 등의 내용을 담았다. 이러한 시도의 결과로 Yahoo!를 찾는 사람들은 장시간에 걸쳐 Yahoo!에 접속했고 그곳에 실리는 광고료도 날이 갈수록 비싸진 것이다.

Yahoo!의 성공 사례는 많은 추종 업체를 낳았고, 이들은 비슷한 형태의 서비스를 판매하였다. 1997년 말에 몇몇 검색 엔진이나 포털 사이트에 인터넷 전체 광고의 1/3 정도가 몰렸다(Robischon, 1998). 메이저 미디어 업체들도 그들의 사이트에 온라인 활동의 초점을 맞췄다. 마이크로소프트의 MSN, NBC의 Snap, Time Warner의 Pathfinder, 그리고 Disney의 Infoseek가 유명한 포털들이었는데, 정규적인 사용자가 많았고, 광고비도 폭등한데다 모회사의 고유 상표도 널리 인식시킬 수 있었다. Disney는 Go Network라는 새로운 포털 서비스에 많은 투자를 감행하였는데, 온라인 광고도 인기가 좋았고 Disney가 생산하는 갖가지 미디어 상품의 판매에도 상당히 효과적인 촉진제가 될 수 있었다(Hansell, 1998). 이와 유사한 기업 전략으로 At Home Corporation에서는 거금 60억 달러를 투자하여 Excite라는 포털 서비스를 개시한 바 있다. 당시 At Home의 대주주는 Tele-Communications Inc.(TCI)였는데, AT&T와 기업 합병을 추진하고 있는 중이었다. 그 결과 케이블-전화-인터넷을 통합하는 대형 기업을 만들 수 있었다.

이렇게 자신의 벤처를 활성화시키려는 기회와 더불어 모든 포털 사이트는 치열한 광고 유치 전쟁을 치러야 했다. 초기의 배너 광고는 많은 예산을 들여 정교하게 제작했으나 그렇다고 모든 컴퓨터 사용자들에게 효과가 미치는 것은 아니었다. 한 가지 발전을 본 것은 배너 광고가 표적 소비자에게는 구체적으로 관심을 끌 수 있었다는 점이다. 예를 들어 만약 자동차 수리를 위해 관련 사이트를 찾고자 하는 사람에게는 자동차와 관련된 배너 광고는 컴퓨터 화면을 통해 친절히 자동차에 대한 설명을 전달한다. 광고인들은 관련 항목별로 직접 필요한 수용자에게 메시지를 전달하는 역할을 맡고 있는 것이다.

그러나 사실 포털 사이트는 수용자가 아니라 광고주 위주로 제작된다. 예를 들어 우리가 웹 페이지를 만들기 위해 필요한 소프트웨어를 검색한다고 하자. 관련된 웹 페이지는 수천에 이를 것이다. 포털은 자동차, 뉴스, 건강, 교육, 오락, 경영 등의 모든 항목마다 매우 많은 관련 사이트를 관리하게 마련인데, 이럴 때 어떻게 필요한 사이트를 찾을지 난감할 때가 많다. 대분류 항목을 대개 '채널'이라고 부르는데, 모든 채널에는 광고주를 위해 제작된 모든 정보가 담겨 있다. Yahoo!의 '컴퓨터 채널'을 검색하면 수십 개의 또 다른 페이지로 안내될 것이다. 이때 주어진 메뉴 가운데 '소프트웨어'라는 항목을 선정하면 또 다른 페이지로 넘어간다. 물론 각 페이지에는 광고가 모두 실려 있다. 이러한 과정을 겪어야만 우리가 찾고자 하는 사이트와 접할 수 있게 된다. 이때 각각의 페이지로 전환될 때마다 우리는 배너 광고에 노출된다. 우리가 찾고자 하는 사이트를 발견할 때까지 펼쳐야 하는 페이지수만큼 우리는 광고에 노출되는 셈이다.

포털 사이트에서 보다 더 수익성이 있는 사업은 콘텐츠 제공자와의 연합 전략이다. 예를 들어 1998년 ABC News.com은 적지 않은 투자를 해서 Yahoo!의 배타적인 '헤드라인 뉴스' 제공자로 선정되었다. 그 결과 ABC는 수백만에 이르는 Yahoo! 방문객을 자신의 사이트로 유인할 수 있었고, 동시에 Yahoo!는 이름있는 뉴스 서비스를 제공할 수 있게 되었다. 이러한 '콘텐츠 연합 전략'은 포털 사이트에서 시도하는 여러 연합 전략 중 하나에 불과하다. 이외에도 수익 분배 연합 전략을 중심으로 Yahoo!와 다른 사이트가 연결되기도 한다.

포털 사이트에서 흔히 나타나는 amazon.com은 수익 분배 연합 전략의 좋은 예가 된다. 어떤 포털 사이트에서 자동차 수리에 관한 정보를 찾으면 동시에 amazon.com의 배너 광고가 나타난다. 그때 광고를 클릭하면 바로 amazon.com 사이트로 연결된다. 그리고 책을 구입하게 되면 amazon.com은 포털 사이트에 수익금의 일부를 지급한다.

문제는 이러한 정책들이 발달할수록 포털 사이트는 최고의 정보보다는 수익 광고 쪽으로 기울게 된다는 점이다. 이것은 인터넷의 최대 장점인 다양성과 탈중심성이 허물어지기 시작하는 단초가 된다. 어떤 비평가는 이러한 현상을 다음과 같이 요약했다.

대부분의 온라인 소비자들은 아마도 포털 사이트의 수익이 정보 제공자보다는 광고주에게 돌아간다는 점을 잘 모를 것이다. 이는 웹 사용자들에게 선택의 폭을 줄일 뿐만 아니라 광고가 웹 사이트의 내용 수준을 능가하는 환경을 조장하는 것이다(Robishon, 1998).

경제적인 관점에서 인터넷에 투자가 확대되면, 일반적인 인터넷 사용자들은 상대적으로 투자를 많이 받지 못한 다른 사이트에 접속하기가 점점 더 어려워질 것이란 사실은 쉽게 예상할 수 있다. 광고가 이들이 소외된 자리를 대신하게 될 것이다.

기술결정론의 극복

결국 사회적 힘에 의해 새로운 커뮤니케이션 기술의 사용 방향이 결정된다. 오랫동안 형성된 미디어 습관이 하룻밤 사이에 변하는 것은 아니다. 많은 사람들은 올드 미디어와 함께 했던 습관대로 뉴 미디어를 이용할 것이다.

그러나 어떤 사람들은 뉴 미디어가 가지고 있는 새로운 능력을 모두 시도해 보려 할 것이다. 이런 사람들에게 뉴 미디어 기술은 기존의 미디어와는 완전히 다른 정보의 접근, 조작, 활용 등을 제공할 것이다. 그렇지만 뉴 미디어에 의해 제공되는 커뮤니케이션의 이점은 불공평하게 확산되어 기존의 정보 불평등을 더욱 심화시키기 쉽다. 이미 고학력자들은 새로운 기술에도 익숙하며, 첨단 홈 컴퓨터를 쉽게 구입할 재정적 여력이 있어 뉴 미디어로부터 받는 상당한 이점을 챙길 수 있다. 뉴 미디어는 자고로 기술적으로 '가진 자'와 '갖지 못한 자' 사이의 간격을 본의 아니게 넓히고 있다.

앞서 2장에서 논의했던 경제적 힘은 뉴 미디어의 다양성을 기피하고, 가능한 동일한 콘텐츠를 지향한다. 공중파 TV에서 케이블 TV로 전환되는 과정에서도 이러한 역학적 움직임이 나타났다. 미국에는 현재 100개에 가까운 TV 채널이 있으나 채널이 많다고 해서 반드시 다양한 정보가 제공되는 것은 아니다. 일주일에 몇 시간씩 방송하는 *Wide World of Sports*는 24시간 방송하는 ESPN이나 ESPN2로 대체되고 있다. 토요일 오전의 어린이 만화영화도 케이블 TV의 전문 만화 채널로 충분히 대체된다. 우리 가정에 침투한 케이블 TV는 집 안에서뿐만 아니라 집 밖에까지 아주 쉽게 연장될 수 있다. 그렇지만 케이블 TV에 대한 연구에 의하면 홈쇼핑 외에는 잠재적인 상업성이 나타나지 않고 있다는 것이다. 간단히 말하자면 분명히 인터넷은 매스 미디어와 같은 개연성을 높였지만, 시장력이 뉴 미디어의 엄청난 기술적 잠재력을 제한하고 있다는 것이다.

누만은 그의 분석을 최종 정리하면서 "기대되는 뉴 미디어 효과는 반드시 불가피한 것도 아니고 명백한 것도 아니다"라고 단언한다(Neuman, 1991, p.165). 이러한 단언은 어떤 새로운 기술의 사회적 시사점을 분석하는 데 좋은 지침이 될 것이다. 만약 우리가 수용자의 미디어 습관과 미디어 시장력으로 뉴 미디어의 기술적 속성을 제한한다면, 인터넷은 결코 새로운 미디어 환경을 혁명적으로 전환시키는 주체가 되지 못할 것이다. 그보다 인터넷은 인쇄, 방송, 영화 등 기존 미디어의 중요한 보완체로서의 기능을 발휘하게 될 것이다. 그러나 상황이 언제나 그러하다고 볼 수는 없다. 미디어 습관은 변하게끔 되어 있다. 비록 변화의 속도는 느릴지라도 인터넷의 장점을 인식하는 사람들이 꾸준히 늘고 있다. 소수의 사람들이 상호작용적인 디지털 미디어를 새롭고 흥미로운 방식으로 이용하는 것처럼, 더 큰 변화가 주변부에서부터 일어날 것이다.

매일같이 쏟아지는 예측과 달리 커뮤니케이션 혁명은 여러 가지 모순을 안고 아주 느리게 진행될 것이다. 가장 중요한 문제는 이러한 새로운 기술이 무엇을 할 수 있느냐에 있는 것이 아니라, 그 기술이 다른 사회적 힘 그리고 문화적 동향과 어떻게 서로 교류하느냐에 있다. 미디어 기술은 기술의 잠재력을 투시할 수 있는 정치문화가 어떻게 진행되는지를 지켜보는 데 도움을 준다. 이러한 점에서 종교나 관습들처럼 점차 늘어가는 복합 문화주의(multi-culturalism)에 의하면 어떤 규정된 집단에 의해서 미디어의 수용 방향이 설정된다고 한다. 어떤 사람들은 뉴 미디어의 특성을 '특별한 관심'이라고 부르기도 하고, '방송'에 대비되는 '협송'이라는 표현이 자주 쓰이기도 한다. 무엇이라고 표현하든 우리는 이미 뉴 미디어 기술이 특정 커뮤니케이션에 이용되고 있음을 알고 있다. 케이블 TV나 소수 이해집단을 대상으로 출판되는 주간지, 컴퓨터 동우회 전단, 광고지 등이 수용자의 인종, 나이, 성별, 경제력 등과 같은 변인을 고려하여 비교적 소수의 이해집단에 초점을 맞추어 발간됨을 알 수 있다.

사실 인터넷의 출범은 대중 수용자의 분화(fragmentation)를 지속시키는 데 중요한 기여를 해왔다. 지금과 같이 대부분 광고에 의존하는 매스 미디어의 틈새시장 속에서 인터넷이 등장하고 있다. 따라서 인터넷의 기술적 여력은 수용자의 분화를 촉진시키는 데 분명히 기여할 것이다. 인터넷의 마케팅 전략은 뉴 미디어가 가지는 유연성과 비교적 저렴한 비용이 새로운 소비자 시장의 개척에서 어떤 작용을 하는지를 살펴보는 데 좋은 사례가 될 것이다.

매스 미디어보다 특정 미디어의 함의는 분명하지 않다. 어떤 사람들은 미국 사회에서 매스 미디어에 의해서 보강되고 재생산된 공통된 문화적 단결심이 원래 미국의 국가적 정체성의 기반을 조성하여 왔으나, 그런 특성이 지금은 많이 파괴되고 '분화'되어 있음을 주시한다. 어떤 경우이든 미디어 기술은 홀로 서 있을 수 없다. 우리는 반드시 구체적인 사회성과 역사적 맥락 속에서 뉴 미디어가 자리잡고 있음을 인식해야 한다. 각기 다른 형태의 미디어는 아마도 우리의 사회적 역할과 정체성에 분명히 영향을 줄 것이기 때문이다.

9.5 | 결론

우리는 이번 장에서 아주 먼 길을 여행했다. 인쇄 기술의 발명에서부터 서로의 구분을 여지없이 파괴하고 있는 새로운 디지털 전자 커뮤니케이션까지 검토해 보았다. 우리는 가장 근본적인 형태의 인간 주체성조차 부인하는 기술결정론의 함정도 살펴보았다. 동시에 우리는 어떻게 미디어 시스템이 우리가 살고 있는 사회 환경을 변화시키는 데 기여하고 있는지도 알아보았다. 사실 미디어는 사회 구조 속에서 가장 중심적인 요인으로 자리잡고 있다. 그러나 기술과 문화, 그리고 사회 변동 간의 역학 관계를 이해하려면 과거의 기술 발전과 미래의 변화에 대한 예측 간의 관계를 잘 인식해야 한다. 사회 구조를 이해하려면 미디어 기술이 어떻게 설정되고 형성되어 왔는지, 미디어 기술이 실질적으로 어떻게 사용되고 그 사용이 어떻게 실천되어 왔는지를 깨달아야 한다.

우리가 뉴 미디어 기술의 함의를 생각할 때, 사회 변동은 선형적이지 않고, 전혀 기대하지 않은 공간에서 찾아낼 수도 있음을 기억해야 한다. 예를 들어서 주간지 *Newsweek Interactive*'를 CD-ROM으로 저장해 멀티미디어의 형태로 판매한다면 독자나 광고주 모두 꺼릴지도 모른다. 즉 대부분의 사람들은 아직도 종이로 제작된 신문이나 잡지를 만지고 싶어할지도 모른다는 것이다. 출판물의 촉감은 독서의 일부분이기 때문이다. 아직 *Newsweek Interactive*'와 같은 상품이 우리의 독서 습관에 큰 영향을 미치고있지는 않지만, 멀티미디어 상품을 제작하는 기관 내에서는 변화들이 나타나고 있다. '*Newsweek Interactive*'를 책임지고 있는 편집자나 저널리스트들은 최근의 독자들이 마치 영화감독이나 PD처럼 새로운 소비자를 대상으로 완전히 새로운 역할을 창출하는 데서부터 시작해야 할 것이다 (Oppenheimer, 1993, p.34). 물론 이것은 멀티미디어 기술의 단순한 효과가 아니다. 반대로 이것은 미디어 전문가들이 기술적 자원을 어떻게 이용하고 적용하는지를 입증하고, 새로운 기술에 관한 논의들이 사람들의 일상생활뿐 아니라 그들을 고용하는 조직체에 적용해야만 한다고 주장한다.

5부에서는 매스 미디어의 국제화로 인해서 커뮤니케이션이 시공간의 한계와 문화적 경계를 초월하게 된 경과를 살펴본다. 그리고 한편으로 더욱 심화된 문화 제국주의의 다양한 실상을 통해서 미디어 소사이어티의 미래를 전망한다.

5부

국제화와 미래

10 국제화와 미디어

1960년대 중반 캐나다 출신의 학자 마셜 맥루한은 전자 미디어의 대두와 더불어 "우리는 범국제적인 테두리 안에서 중추신경을 확장하고 있다"고 말했다 (McLuhan, 1964, p.19). 맥루한은 전자 미디어의 출범으로 인해 인간 역사가 새로운 단계로 접어들고 있다고 믿었다. 최초로 물리적 거리감의 장벽이 사라지고 지구를 가로지르는 즉각적인 커뮤니케이션이 가능하게 된 것이다. 그 결과가 맥루한의 '지구촌'이란 개념이다. 이는 전세계의 사람들이 서로 목소리를 들을 만큼 가까워졌다는 의미를 담고 있다. 맥루한에 따르면 그러한 정보 환경은 인간의 관여와 참여를 강요한다. 인간은 그 어느 때보다도 서로 책임감을 갖고 함께 할 수밖에 없어진 것이다(McLuhan & Fiore, 1967, p.24).

맥루한의 저술 이후, 매스 미디어는 실로 국제화를 향하여 꾸준히 움직여왔다. 대륙을 건너고 국경을 가로지르는 위성 전송은 이미 일반화되어 버렸다. The Cable News Network(CNN)은 현재 23개의 위성을 통해 세계 8억 인구를 대상으로 210개국에서 방송된다. 대형 스포츠 게임은 전세계 수천만 명을 대상으로 중계된다. 1998년 월드컵 대회에서 프랑스가 브라질에 졌을 때 약 20억 명이 TV 중계 방송을 지켜본 것으로 나타났다. 1997년 영국의 다이애나 왕세자비가 자동차 사고로 숨졌을 때 전세계의 조문객들은 인터넷을 통해 전자 게시판에 메시지를 남겼다. 그러나 이러한 미디어 국제화의 결과는 결코 맥루한이 예언했듯이 직접적으로, 그리고 간단히 형성된 것은 아니었다. 사실 미디어 국제화의 추세는 불확실성과 모순으로 얼룩진 것이었다. 물론 맥루한의 예측대로 어떤 기술적 발전은 긍정적인 변화를 초래한 반면 어떤 변화는 사회적 경종을 불러일으킬 정도로 부정적이었다. 또 어떤 변화는 확실했지만, 어떤 변화는 모호했다. 그러나 분명한 것은 매스 미디어가 앞으로 어떤 방향을 향해 나아가든지 그것은 국제적 면모를 갖추게 되었다는 점이다. 이것은 결코 돌이킬 수 없는 현실이다. 기본적으로 미디어 국제화의 차원을 이해하게 되면 결국 미래 모든 미디어의 중요성을 고려할 수 있을 것이다.

이번 장에서는 매스 미디어 국제화의 본질과 잠재적인 성과를 논의하고자 한다. 우리는 앞장에서 국제화 차원의 매스 미디어에 관하여 이미 언급한 바 있다. 사실 우리가 고려하는 미디어의 이슈에서 국제화를 제외하는 것은 불가능하다. 그래서 이번 장에서는 두 가지 사실을 살펴보려고 한다. 첫째, 사회 변동과 세계의 변화를 이끄는 데 기여한 사회적 힘으로서의 미디어 국제화를 다루려 한다. 둘째, 앞장에서 별도로 다룬 개념들을 재통합하고자 한다. 현실에서 미디어의 소유, 제작, 이데올로기, 콘텐츠, 정치력, 수용자 그리고 기술 등은 모두 불가피하게 뭉뚱그려져 있다. 우리는 이러한 것들을 각각 따로 살펴보아야 하고, 이에 대한 분석을 제대로 하자면 그와 관련된 여러 개념들도 필요하다. 그렇지만 마지막 장에서는 복잡한 매스 미디어의 실제 세계와 상당히 유사한 방식으로 하나의 주제에서 다른 주제로 자유롭게 이동할 것이다.

10.1 | 국제화란 무엇인가?

국제화(globalization)란 두 가지 중심 요소로 구성된다. 첫째는 지리와 물리적 거리의 역할 변화와 관계가 깊다는 것이다. 앞서 9장에서 보았듯이 전자 매체의 경우, 커뮤니케이션은 먼 거리에 사는 사람들과 즉각적인 상호 작용을 가능케 한다. 국제화는 이런 현상을 세계 곳곳에 전달한다. 둘째는 커뮤니케이션의 콘텐츠를 지칭한다. 전자 매체로 인해 여러 문화권의 아이디어나 이미지, 음향 등이 전혀 다른 문화권의 사람들에게도 도달하게 된다. 이런 정세로 볼 때, 문화는 수많은 사람들에게 접근할 수 있다. 이러한 국제화의 요소들을 시간과 공간적인 차원에서 검토하기로 한다.

시간과 공간의 한계 극복

지구 궤도를 돌면서 우주 공간에서 찍은 사진은 인간으로 하여금 처음으로 하나의 이미지에 지구를 담을 수 있게 만들었다. 아마도 이 사진만큼 국제화의 상징을 잘 포착한 것도 없을 것이다. 카메라 셔터를 누르는 순간 광활한 지구의 모습은 그저 조그맣고 부스러질 듯한 지도 한 장을 보는 듯했을 것이다. 지구 사진 한 장은 아프리카의 평원과 아메리카 중부 평야 지대의 거리가 결코 대단하지 않음을 보여준다.

인간의 능력에 의해 포착된 전체 지구의 이미지는 여러 영역에서 국제화를 향해 움직이는 상징과도 같았다. 이제 '국제화'라는 표현은 진부한 하나의 개념에 불과할지 모른다. '국제 경제', '국제 정치', '국제 환경'도 이 용어가 사용되는 몇 가지 경우이다. 1970년대 환경론자들은 "국제적으로 생각하고 지역적으로 행동하라(think globally, act locally)"고 부르짖었다. 이런 표현은 국제 사회의 상호 연결적 속성을 갖는 우리의 행위에 대한 책임을 다시금 인식하게 만든다. 옛 소련 체르노빌 원전 사고로 인한 원자 구름은 국경 부근에 머무르지 않고 유럽 쪽으로 흩어졌고, 산업국가에서 생산·소비되는 냉매(CFC)는 태양 광선의 유해 요소로부터 전세계인을 보호해 주는 오존층에 영향을 미친다. 환경론자들이 오랫동안 깨달아온 것은 우리가 자연과 서로 연결되어 있고 서로 의존하고 있다는 것이다. 이러한 상호 연결성(interconnectedness)은 좋건 나쁘건 국제화 과정에서 주목을 받아왔다.

물론 국제화는 환경적인 상호연결성 이상의 것을 의미한다. 이는 정치적 국제화를 포함한다. 정치적 국제화는 다국적 기업의 성장 과정에서 보았듯이 경제적 상호 의존 체제와 국제연합(UN) 등으로 구체화된 것이다. 교통과 통신의 발달은 먼 거리에 이르기까지 상품의 동등한 생산과 분배를 촉진시켰다. 많은 국제금융 정책과 국제무역 협정은 현대 경제의 국제화를 부르짖고 있다.

여러 영역에서 국제화는 지역이나 국가의 경계를 초월하여 상호 작용과 상호 의존성을 인식시킨다. 우리는 더 이상 고립된 영역에서 살지 않는다. 국제화란 모든 인간들이 물리적 거리감에 제한받지 않음을 내포한다. 전세계 구석구석에서 물리적 운송은 그 어느 때보다 쉽게 이루어진다. 해외 여행은 자유로워지고 세계 어느 곳에서든지 상품의 교환이 간편하게 이루어지고 있다. 더 단적으로 말하자면, 전자 커뮤니케이션 기술은 굳이 물리적인 여행을 할 필요가 없게 만들고 있다.

전자 커뮤니케이션의 국제화는 이제 국제 커뮤니케이션의 네트워크가 없이는 불가능한 국제적인 재정 관계를 촉진시킨다. 국제 커뮤니케이션은 시간과 공간을 압축한다. 우리는 미국에 있는 사무실에 앉아서 지구 반대편으로 전화를 걸고 전자우편로 메시지를 주고받는다. 기술은 메시지를 주고받는 송신자와 수신자 사이의 거리감을 단축시켰다(이 책의 저자인 우리는 각각 뉴욕과 버지니아에 있었지만, 전화와 전자우편을 사용하여 공동작업으로 이 책을 발간할 수 있었다. 우리는 글을 쓰고 편집하여 인터넷으로 그 원고를 주고받았다. 우리는 반드시 물리적으로 같은 시간과 장소에 있지 않아도 되었던 것이다. 우편 소포를 이용한 원고 교환도 필요하지 않았다. 인터넷을 통한 디지털 커뮤니케이션은 저자들 사이의 물리적 거리감을 없앴다. 우리가 미국에 살지 않고 지구 반대편에 각각 살고 있다 해도 전자우편을 통하여 쉽게 공동작업을 수행했을 것이다).

전화와 전자우편은 시간도 압축했다. 커뮤니케이션은 즉각적으로 일어나고 있다. 우리가 지금 가장 심각하게 고려하면서 관찰하고 있는 것은 정보의 생산과 분배가 아니라 손가락 끝에 달려 있는 정보의 과다 현상이다. 우리가 빠르고 쉽게 정보를 접하는 데 있어서 가장 큰 업무는 이렇게 많은 정보를 어떻게 유용하게 요리하느냐는 것이다. 유용한 정보를 검색하기 위해서 인터넷을 이용하는 사람은 누구나 정보의 분량이 어마어마하다고 말할 것이다.

문화적 경계의 극복

국제화란 단순히 기술적 혁신으로 인해 장거리 커뮤니케이션이 이루어지기 때문에 생겨나는 것이 아니다. 그와 더불어 더욱 중요한 것은 지구 전체의 각기 다른 문화권이 서로 교류하고 혼합되는 일이다. 매스 미디어의 국제화는 특별히 콘텐츠에 주목한다. 콘텐츠는 지구상에 존재하는 모든 문화적 산물을 지칭한다.

음악을 예로 들어 보자. 음악은 가장 먼저 국제적으로 거래되었던 미디어 상품이다. 음악의 언어는 범세계적이다. 인쇄 매체도 어떤 면에서는 국제적이다. 그러나 언어의 장벽과 지식의 차이 때문에 인쇄 매체의 범위는 한정되어 있다. 출판 제작자는 문화적 장벽 때문에 반드시 인쇄 매체를 번역할 줄 알아야 했고, 그 인쇄물을 이해하기 위해서는 기본적인 지식이 필요했다. TV나 영화와 같은 영상 매체는 그보다 접근하기가 쉬웠다. 그 이유는 영상물을 이해하는 데 학식이 요구되지 않기 때문이다. 그렇지만 대개 다른 문화권의 영상물을 제대로 이해하기 위해서는 번역이 필요했고, 적절한 더빙 작업이 필요했다. 그러나 음악은 설령 다른 문화권의 음악이라 해도 국경과 문화를 초월할 수 있었다. 가사를 이해하는 데 어려움이 있기는 했지만, 판매하는 데에는 어려움이 없었다.

음악의 국제화는 적어도 세 가지 발전을 가져왔다. 첫째, 원래 음악은 특정 문화를 벗어나서 전파되지는 않았는데, 이제는 다른 문화권에서도 쉽게 접할 수 있는 문화 상품이 되었다. 이제 미국의 대중음악은 전세계 어디를 가도 쉽게 들을 수 있다. 중국에 사는 사람들은 마돈나의 불법 복사 레코드를 쉽게 구입할 수 있다. 미국의 재즈나 블루스 음악도 세계 어디에서나 들을 수 있다. 랩 음악의 열풍도 전세계적이다.

미국에서도 다른 문화권의 음악을 듣는 것이 어렵지 않다. 대형 레코드 상점에 가면 여러 문화권에서 제작된 다양한 음악을 만날 수 있다. 집시 킹스(Gipsy Kings)라는 그룹에 의해 대중화된 유럽의 집시 음악도 미국에서 아주 열광적인 수용자를 확보하고 있다. 자메이카의 레게 음악은 벌써 몇십 년째 막강한 대중적 힘을 발휘하고 있다. 아프리카 출신의 수많은 음악가들이 서양 음악의 틈새를 공략하고 있다. 별로 힘을 들이지 않고서도 우리는 많은 종류의 전통 음악을 대형 레코드점에서 구할 수 있다. 이러한 음악적 다양성은 곧 다양한 문화권의 음악이 폭넓게 공급되고 있음을 보여주고 있는 것이다.

두 번째 발전은 서로 상이한 문화 사이에 음악적 요소가 교환된다는 점이다. 현대의 아프로-팝(Afro-pop) 음악은 가끔 전통적인 아프리카 음악을 회상시키는 멜로디와 리듬을 구사하면서 서구의 록과 결합되어 있다. 반면에 서구의 록 드럼은 아프리카의 여러 종류의 타악기 소리를 혼합시킨 전통을 오랫동안 이어받은 것이다. 음악 연주가 마을 행사였던 아프리카의 전통 문화에서는 여러 명의 드러머가 춤을 추면서 각각 드럼을 연주했다. 서구의 록 그룹은 전형적으로 4~5명의 음악인으로 구성되어 있고, 여러 개의 드럼은 한 명의 드러머가 연주할 수 있도록 한 세트로 되어 있다. 알고 보면 음악가들은 어떤 한 문화권의 맥락에 다른 문화의 요소들을 배합하고 적용시킨 것이다. 아프로-팝이나 서구의 록은 서로 다른 소리를 내는 것 같지만 사실은 상당히 많은 부분을 공유하고 있다. 이러한 현상을 볼 때 각기 다른 문화권 사이의 문화적 거리감이 상당히 줄어들고 있음을 알 수 있다.

음악의 국제화의 세 번째 양상은 새롭고 독특한 여러 문화권의 소리가 섞여서 새롭고 독특한 혼성적(hybrid) 음악을 자아낸다는 것이다. 즉, 여러 가지 악기를 다루고 다양한 문화적 멜로디와 리듬 감각을 살려 음악가들은 어느 한 문화권의 음악이 아닌 새로운 '세계 음악'을 작곡하는 것이다. 예를 들어 1991년 록그룹 그레이트풀 데드(Greatful Dead)의 드러머인 미키 하트(Mickey Hart)는 *Planet Drum*'이라는 타악기 위주의 앨범을 발표한 적이 있는데, 브라질이나 나이지리아 그리고 인도의 타악기 소리를 배합한 사운드를 창작하고 여러 문화권의 음악을 조합하여 하나의 음악으로 선보인 것이었다.

'세계 음악'이란 다양한 악기로 독특한 음을 자아내는 것인데, 이것은 정통 미국의 음악도 아니고 그렇다고 우리가 쉽게 감별할 수 있는 어느 특정 문화권의 음악도 아니다. 비평가들은 이러한 각기 다른 문화권의 음악적 결합이 반드시 긍정적인 것은 아니라고 본다. 서로 다른 문화가 '융합'되어 동질적인 상표로 만들어지는 것을 비판하는 것이다. 그런 비판이야 어쨌든 음악의 국제화는 문화적 경계를 초월한 또 다른 결과이다.

미디어 국제화의 현실과 희망

이미 국제화된 전자우편과 같은 쌍방향 커뮤니케이션은 매스 미디어와 깊은 관련이 있다. 위에서 언급한 음악과 같이 대부분의 매스 미디어는 일반적으로 일방 통행의 정보 유통을 포함한다. 그러나 정보의 디지털화는 이러한 미디어를 쌍방향 체제로 진입시키는 계기를 만들어준다. 우리는 가까운 미래에 쌍방향 TV를 즐길 수 있을 것이다. 이를테면 우리가 보고자 하는 프로그램이나 영화만을 시청한다든지 우리의 의견을 전자 투표하는 방식이 그것이다.

우리가 일차적으로 고려하는 것은 영화, TV, 출판물, 음악 등과 같은 전통적인 매스 미디어의 국제적 역할이다. 국제적 미디어는 출판이나 영상, 음향 등으로 지형이나 문화적 경계를 뛰어넘는다. 그러한 국제적 미디어에 대한 기대는 미디어가 서로 다른 목소리를 한 곳으로 모아준다는 의미를 담은 맥루한의 '지구촌(global village)' 개념에서 비롯된다. 이를 목소리의 다원성이라 하는데, 다시 말하면 목소리와 지식의 확산은 다른 민족과 문화들 사이의 이해를 심화시킬 수 있다.

그렇지만 지구촌 개념의 희망은 아직도 이루어지지 않은 채 남아 있다. 국제 미디어는 이전에 없었던 규모와 영향력을 행사하는 소수의 복합기업체(conglomerates)를 포함한다. 교육적이 아닌 상업적 목표 아래 매스 미디어가 국제화에 불을 댕길 것이다. 이는 광고주들이 그들의 상품을 수많은 국제 소비자를 대상으로 판매하기 위해서 국제 시장을 조성하는 것과 같다.

매스 미디어의 국제화는 민주주의적이라든지 평등주의적인 현상이 아니다. 물론 국제화된 미디어가 우리에게 어떤 희망을 부여하겠지만, 동시에 이러한 발전이 미칠 사회적 폐단에 대해서도 인식해야 한다. 우리는 미디어 국제화에 따른 세 가지 중심 개념을 아래에서 논의할 것이다. 그 세 가지란 소유, 콘텐츠, 소비를 말한다.

매스 미디어의 국제화는 집중화된 형태의 국제 미디어 산업으로 나타난다. 국제 미디어 산업의 소유와 통제는 소수의 부유한 산업국가에 견고히 뿌리를 내린 채 이루어진다. 실제로 부유한 국가에서 미디어 산업의 소유와 통제를 지배하고 있기 때문에 미디어 상품 역시 모두 그들에 의해서 통제되고 있는 셈이다. 미디어를 통해서 제작되어 세계적인 분배망을 이용하는 그들의 콘텐츠는 주로 빈곤한 국가로 유입되는데, 이 과정에서 국가간의 긴장 관계가 심화되기 쉽다. 앞의 7장에서 논의한 바와 같이 서구 사회 위주의 국제 미디어는 미디어 국제화가 '문화 제국주의'와 동일시되는 상황을 낳게 된다.

물론 미디어의 국제화 현상에 대해서 그와 반대되는 견해도 제기된다. 국제화의 계층화에 비추어볼 때, 문화 제국주의란 용어는 잘못 표기된 것이라는 주장이다.

미디어 산업이 일부 선진국에 치중된 만큼 미디어 소비 역시 세계적인 인구 분포를 고려할 때 선진국의 엄청난 인구에 의해 자체 소비되고 있다는 점을 강조한다.

10.2 | 국제 미디어 산업

우리가 고려해야 할 첫 번째 사항은 소유에 관한 것이다. 앞에서 보았듯이, 소유와 통제란 전반적인 매스 미디어의 속성을 이해하기 위해서는 반드시 알아둘 필요가 있다.

국제적 생산과 중앙집중화된 소유

음악과 영상의 국제 시장 규모는 압도적으로 대규모이다. 수천 개의 CD와 테이프의 생산은 불과 십여 개의 기업에 의해 분할되어 있다. 대중음악은 클래식, 펑크, 뉴에이지, 랩, 컨트리, 가스펠, 퓨전, 재즈, 레게, 포크, 리듬 앤 블루스, 록 등 그 장르를 헤아리기 힘들다.

그러나 그러한 음악적 다양성은 현실과 괴리되어 있다. 겨우 다섯 개의 대형 국제기업에 의해서 지배되고 있는 것이다. 그 다섯 개란 Warner(미국), Bertelsmann(독일), EMI(영국), Universal Music Group(캐나다), Sony(일본)를 일컫는다. 이 다섯 개 기업이 미국에서 전체 배급되는 음악의 95%를 차지하고 유럽에서는 50%를 넘어선다. 독립제작사라 하더라도 배급망은 모두 이 다섯 개 기업에 속해 있다(표 10-1).

음악은 대단히 큰 비즈니스이다. 1997년 현재 전세계적인 음반 시장의 규모는 380만 달러 규모였다(표 10-2). 여기에는 CD 22만 달러, 카세트 14만 달러, LP 2억 달러, 싱글 5백만 달러를 포함한다. 이러한 거대한 시장성은 주로 선진국 내의 판매고에서 비롯된다. 판매량의 90%가 미국이나 유럽, 일본 등지에서 이루어진다. 미국은 세계 음반 시장의 1/3을 차지한다(International Federation of Phonographic Industries, 1998).

이러한 대형 음반 기업을 지배하는 조직은 더 큰 규모의 복합시장에 의해 지배된다. Warner Music은 미국에 있는 세계 최고의 미디어 복합기업인 Time Warner

Warner Music Group

(Time Warner, U.S.)

Asylum Records
Atlantic Classics
Atlantic Nashville
Atlantic Records
Beggars Banquet
Big Beat
Celtic Heartbeat
Columbia Mouse Music Club
Curb Records
East/West Records
Electra Records
Giant Records
Interscope
Lava
Matador Records
Maverick Records
Mesa/Bluemoon
Qwest Records
Reprise Records
Rhino Records
Sire Records
Slash Records
Tag Records
Tommy Boy
Warner Bros. Music
Warner Music Group
Warner Nashville

Bertelsmann Music Group

(Bertelsmann, Germany)

Arista Records
BMG Ariola
BMG Central America
BMG Classics
BMG Direct
BMG Music Canada

BMG Records
BMG Victor
CMC International Records
Conifer Records
Elite Entertainment
Fun House
Hansa Music
Jive Records
Music Impact
RCA Records
RCA Victor
Reunion Entertainment
Windham Hill
Zoo Entertainment

Sony Music Entertainment

(Sony, Japan)
57 Records
550 Music
American Recordings
Columbia
Dance Pool
Epic
Legacy Recordings
Mambo
Masterworks
Razor Sharp
Relativity Recordings
Shotput Records
Soho Square
Sony Broadway
Sony Classical
Sony Music
Sony Music Sountrax
Sony Wonder
Squatt
The WORK Group
Untertainment Inc.
Vivarte

표 10-1 (계속)

EMI	Universal Music Group
(EMI Group, London)	(Seagram's, Canada)
Angel Records	A & M Records
Astralwerks	Decca Records
Blue Note Records	Def Jam
Capitol Jazz	Deutsche Grammophon
Capitol Nashville	Geffen/DGC Records
Capitol Records	Go! Disks Ltd.
Caroline Records	CRP Recording Company
EMI Christian Music Croup	Hip-O Records
Chordant	Interscope Records
Chrysalis Records	Island
EMI Classics	London
ForeFront Records	MCA Records
Gyroscope Records	MCA Records Nashville
Medley Records	Mercury
Melankolic Records	Mercury Nashville
Pacific Jazz	Motown
Parlophone	Phillips Classics
Priority Records	Polydor
Real World Records	Polygram Latin America
Roulette Jazz	Rising Tide
SBK Records	Universal Music International
Source Records	Universal Records
Sparrow Records	Verve
Star Song Records	
Vernon Yard Records	
Virgin Classics	
Virgin Records	
World Pacific	

위의 표는 실제 복합기업들의 기업 구조를 반영하는 것은 아니다. 대부분 기업들은 각기 다른 상표를 사용하여 기업 분할을 시도하고 있다. 출처 : 기업별 인터넷 웹 사이트와 Hoover's Company Profile Database.

가 소유하고 있으며, 독일의 BMG는 RCA와 Aristar를 소유하고 있고, 그 밖에 출판기업이나 북클럽, 인쇄 부문, TV와 라디오 방송국, 신문과 인터넷 사업을 벌이고 있다. 일본의 Sony는 CBS Record를 소유하고 있다. 캐나다의 Seagram은 Universal Music Group을 소유하고 있다. 원래 주류업체로 유명한 Seagram은

표 10-2 대륙별 음반 판매와 상위 10개국 (1997년 현재)

지역 국가	판매 순위	판매액(억)	세계시장 점유율
북아메리카		$148	38.8%
미국	1	$119	31.2 %
캐나다	7	$9.8	2.6%
유럽		$127	33.3%
독일	3	$28.4	7.5%
영국	4	$27.3	7.2%
프랑스	5	$22	5.8%
네덜란드	9	$6	1.6%
스페인	10	$6	1.6%
아시아		$84	22.0%
일본	2	$62.6	16.4%
남아메리카		$26	6.8%
브라질	6	$11.2	2.9%
오세아니아		$8	2.2%
오스트레일리아	8	$7.4	1.9%
중동		$5	1.2%
아프리카		$2	0.6%
총합		$699.7	100%

출처 : International Federation of the Phonographic Industry (www.ifpi.org).

Universal이라는 오락 부문을 따로 운영하여 TV 프로그램이나 영화, 비디오, 출판 등을 관리한다. 이들은 테마파크로 불리는 오락 시설도 소유하고 있으며, 그 밖에 여러 소매업을 경영하기도 한다. Seagram은 1998년에 Polygram을 100억 달러가 넘는 금액에 인수하고 현재 음악계의 5대 시장과 더불어 또 하나의 대형 시장으로 확대하려는 움직임을 보이고 있다. EMI의 원래 이름은 Thorn-EMI로서 영국의 전 자회사이자 방위산업체였지만, 1996년부터 독립하여 기업 활동을 벌이고 있다. 5

대 기업 가운데 EMI의 모체만이 대형 복합기업이 아니다. 그래서 항상 누군가 EMI를 흡수하려는 시도가 끊이지 않기 때문에 언젠가 5대 기업은 4대 기업으로 재편될 것으로 보인다.

음악 분야의 '빅 5' 기업은 하나의 모순을 나타낸다. 미디어 산업으로 전세계 시장에 음악을 분배하고 있지만 그들이 제작하는 음악의 소유와 통제는 대개 10여 개의 대형 상표로 등장한다. 세계 각국의 소비자들은 그들이 구입하는 음반의 상표가 매우 다양하지만 결국 몇 개의 국제적 문화산업에 의해 지배되고 있음을 깨달게 될 것이다. 그러한 대형 문화산업체는 이윤을 극대화하기 위하여 다른 나라에 침투하여 자신들의 자본을 키워내는 것이다.

Bertelsmann의 사례

음악 분야의 '빅 5'라 불리는 기업들을 간략히 훑어보면 그들의 대규모 기업 형태를 쉽게 알 수 있다. 대부분 사람들은 Bertelsmann이란 기업이 1998년 현재 전세계에서 세 번째로 큰 음반 산업체라는 사실을 잘 모른다. 이 기업은 전세계 50개 국에 600여 개의 개별 기업을 소유하며 6만여 명의 직원을 거느리고 있다(표 10-3). 그들이 소유하고 있는 대표적인 문화 산업들을 나열하면 다음과 같다.

■ 음 악

약 10여 개 국가에서 기업을 운영하는데 RCA와 Aristar 레코드를 소유하고 있으며, 그들 음반사에 소속되어 있는 음악가로는 Greatful Dead, Arturo Toscanini, Dave Matthews Band, Carly Simon, Cowboy Junkies, Whitney Houston, James Galaway 등이 있다. 최근에는 프로듀서 Sean 'Puffy' Combs, Kenneth 'Baby-face' Esmond , L.A. Reid를 영입하여 Bad Boy Entertainment와 LaFace Records를 만들어 랩과 힙합류의 음악을 제작한다. Bertelsmann은 영화 *'Dirty Dancing'*, *'Waiting to Exhale'*, *'Reality Bites'*, *'The Thin Red Line'* 등의 영화음악을 제작하여 막대한 수입을 올린 바 있다. 이 기업은 BMG 레코드 클럽을 만들어 신문이나 잡지에 "한 개 값에 10개의 CD"라는 광고를 내기도 한다. 테이프나 CD, 뮤직 비디오를 생산하기도 한다.

Bertelsmann의 생산 라인 (1997)

도서 (전체 판매의 27%)
- 북클럽(독일)
- 북클럽(국제)
- 백과사전
- 단행본
- 잡지 정보 서비스
- 실용서

BMG Entertainment (전체 판매의 29%)
- 레코드 레이블
- 음악 클럽
- 음반 제작
- 라이센싱
- 저장 매체 제작

CLT-UFA (전체 판매의 10%)
- 상업 방송
- 유료 방송 TV
- 영화와 TV 제작
- 멀티미디어 제작
- 라디오

Gruner+Jahr (정기 간행물) (전체 판매의 18%)
- 잡지(독일)
- 잡지(국제)
- 신문
- 인쇄소
- 무역

제조 (전체 판매의 13%)
- 오프셋 인쇄
- 그라비야 인쇄
- 제지업
- 배포와 서비스
- 특별 출판

뉴 미디어 (전체 판매의 3%)
- 인터넷 상업용 사이트
- 인터넷 서비스 설비
- 웹 사이트 디자인

Bertelsmann은 약 6만 명의 직원을 고용하고, 600개 이상의 기업을 소유하고, 1996~1997년 회계연도에 150억 달러 이상의 이익을 남겼다. 이중 31%는 독일에서, 30%는 다른 유럽 국가들에서, 31%는 미국에서 얻었다. 나머지 9%는 그 이외의 국가에서 얻었다. 지금 Bertelsmann은 세계에서 세 번째로 큰 미디어 회사이다.

― 출 판

Bertelsmann은 출판 분야에서 세계적인 기업이다. Random House라는 출판 기업을 흡수하고 미국의 Literary Guild란 북클럽을 운영하고 있으며, 자회사로는 Bantam, Doubleday, Dell과 같은 유명 브랜드가 있다. 80여 종의 잡지를 발간하고 있으며, 전세계적으로 아홉 개의 신문사를 운영하고 있다. 서유럽과 폴란드, 러시아, 콜롬비아, 미국 등에서 18개의 출판 기업을 운영하며, 미국 펜실베이니아의 아래의 표는 Bertelsmann이 소유한 기업 목록이다.
퍼센트가 표시되지 않은 기업은 Bertelsmann이 100% 소유권을 갖고 있다.

BERTELSMANN PUBLISHING GROUP
BOOKS (총매출의 27%)
Germany, Austria, Switzerland, Eastern Europe

Albrecht Knaus Verlag, Berlin, Munich
Blanvalet Verlag, Munich
Blessing Verlag, Munich
C. Bertelsmann Verlag, Munich
Goldmann Verlag, Munich, Berlin
Siedler Verlag, Berlin
Bertelsmann Lexikon Verlag, Gütersloh, Munich
Media Sales, Munich
Mosaik Verlag, Munich
ORBIS Verlag, Munich
Verlagshaus Stuttgart. Stuttgart

Cartography
Falk Verlag, Hamburg
Geocenter, Munich
GeoData, Berlin, Leipzig, Stuttgart
Prisma Verlag, Munich
RV Verlag, Munich, Stuttgart

Clubs
Bertelsmann Club, Gütersloh, Rheda-Wiedenbrück
Best! Seller Medienversandhandel, Stuttgart
Buchgemeinschaft Donauland Kremayr & Scheriau, Vienna, Austria (75%)
Bertelsmann Medien(Switzerland), Zug, Switzerland
Deutsche Buch-Gemeinschaft, Gütersloh, Rheda-Wiedenbrück
Deutscher Bücherbund, Stuttgart
EBG Buch + Musik, Stuttgart
Hallo RTL, Gütersloh
Knizni Klub, Prague, Czech Republic
Magyar Knyvklub Budapest Hungary
Media Select NSB, Zug, Switzerland
Ring der Musikfreunde, Gütersloh
Club TOP 13, Gütersloh
Swiat Ksiazki. Warsaw, Poland

Europe
Bertelsmann LEXIKOTHEK Verlag für Bildungssysteme. Gütersloh, Switzerland, Austria
Circulo de Lectores, Barcelona, Spain
Circulo de Leitores, Lissabon. Portugal
ECI voor Boeken en Platen, Antwerpen, Belgium (88.6%)
ECI voor Boeken en Platen, Vianen, Netherlands (88.6%)
Euroboek. Borgerhout Belgium
Euroboek, Utrecht, Netherlands
Euroclub Italia, Novara, Italy
FRANCE LOISIRS, Paris, France (50%)
Belgique Loisirs, Ath, Belgium (50%)
Suisse Loisirs.Crissier, Switzerland (50%)
Grambo. Vianen, Netherlands (88.6%)
L.D.R., Paris, France (50%)
Lexicultural, Lissabon, Portugal
Nederlandse Lezerskring NLK, Amsterdam, Netherlands (88.6%)
Plaza y Janés Editores. Barcelona, Spain
Quebec Loisirs, Montreal. Canada (50%)
Setralog, Noyelles-sous-Lens, France (50%)
S.G.E.D., Paris, France (50%)
S.P.C.L., Paris, France (50%)

America/Great Britain/Asia
Bantam Doubleday Dell Publishing Group. New York. U.S.A.
Random House
BCA, London,Great Britain (50%)
Bookclub of Ireland, Dublin, Ireland (50%)
Doubleday Australia, Sydney, Australia
Doubleday Canada, Toronto, Canada(30%)
Doubleday New Zealand, Auckland, New Zealand
Doubleday Direct, New York, U.S.A.
Doubleday Book Clubs, Toronto, Canada(30%)
Shanghai Bertelsmann Culture Industry, Shanghai, China (70%)
Transworld Publishers, London, Sydney, Auckland

Religious Publishing House
Gütersloher Verlagshaus, Gütersloh

Professional Information
ABI Building Data. Neston South Wirral, Great Britain
Autohaus Verlag, Ottobrunn
Autohaus Akademie, Ottobrunn (52%)
Auto Fachzeitschriften GmbH, Vienna. Austria (51%)
Ärzte Zeitung Verlagsgesellschaft, Neu-Isenburg
AZ Direct Marketing Bertelsmann, Gütersloh
AZ Direct Marketing Bertelsmann, Vienna, Austria
Bau-Data Austria, Hallein-Vigaun, Austria
Bau-Data Projekt Informacios Consulting Iroda, Budapest, Hungary (52%)
BOB-Bau Datenbank, Celle (99%)
Bertelsmann Fachzeitschriften, Gütersloh, Munich
Bertelsmann InformationsService, Munich
Bertelsmann Media, BPI CR, Prague, Czech Republic
Bertelsmann Szakkiado, Budapest, Hungary
BWF Bertelsmann Wydawnictwa Fachowe, Warsaw, Poland
Codes Rousseau, Les Sables d' Olonne, France
Derm-A-Med Verlag, Zurich, Switzerland
Deutsche Post Adress, Bonn (49%)
Deutscher Universitäts-Verlag, Wiesbaden
Deutsches FinanzdienstleistungsInformationszentrum (DFI), Wiesbaden
ETRASA Editorial Trafico Vial, Madrid, Spain
Entertainment Media, Munich (37.5%)
Européene de Presse. Paris, France
Friedr. Vieweg & Sohn, Wiesbaden
Fuchsbriefe Dr. Hans Fuchs, Bonn
Gabler Verlag, Wiesbaden
Garage Fachverlag, Zurich. Switzerland
Groupe Impact Médecin, Neuilly-sur-Seine, France (50%)
Heinze, Celle
ibud informacje budowiane, Posen, Poland
ICW International Construction Week. Neston South Wirral, Grossbritannien
i.p. ibau-Planungsinformationen, Münster

info-Build, Kortrijk, Belgium
Jaeggi & Weibel Direct Marketing, Zurich,
   Switzerland
Les Editions La Baule, La Baule, France
Les Editions Du Bateau, La Baule, France
Medi-A-Derm Verlagsgesellsfhaft, Munich
MMV Medizin Verlag, Munich
MVS Baumarketing, Schlieren, Switzerland
   (90%)
Publienvio, Barcelona. Spain
Technopress Fachzeitschriften
   Verlagsgesellschaft mbH, Vienna, Austria
Verlag Aktuelle Information, Frankfurt
Verlag Heinrich Vogel Fachverlag, Munich
Verlag Heinrich Vogel, Zurich, Switzerland
Westdeutscher Verlag, Wiesbaden
Wila Verlag Wilhelm Lampl GmbH, Munich

BMG ENTERTAINMENT
(총매출의 29%)

Music Labels
Arista Records, Hew York. U.S.h.

BMG Ariola:
   Athens, Greece
   Auckland, New Zealand
   Bangkok, Thailand (75%)
   Bogotá, Colombia
   Bombay, India (5l%)
   Brussels, Belgium
   Budapest, Hungary
   Buenos Aires, Argentina
   Caraças, Venezuela
   Dublin, Ireland
   Hamburg
   Helsinki, Finland
   Hilversum, Netherlands
   Hong Kong. Hong Kong
   Istanbul, Turkey
   Johannesburg, South Africa
   Copenhagen, Denmark
   Kuala Lumpur, Malaysia
   Lisbon, Portugal
   Madrid, Spain
   Manila, Philippines (45%)
   Mexico City, Mexico
   Munich
   Oslo, Norway
   Paris, France
   Prague, Czech Republic
   Rio de Janeiro. Brazil
   Rome, Italy
   Santiago, Chile
   Seoul, Korea
   Singapur, Singapore
   Stockholm, Sweden
   Sydney, Australia
   Taipeh, Taiwan
   Warsaw, Poland
   Vienna, Austria
   Zurich, Switzerland
BMG Ariola Media, Munich
BMG Ariola Miller,Quickborn
BMG Central America,San Jose', Costa Rica
BMG Classic/RCA Victor, New York, U.S.A.
BMG Direct, New York, U.S.A.

BMG Music Canada, Toronto, Kanada
BMG Music, New York. U.S.A.
BMG Musique Quebec, Montreal, Canada
   (66.6%)
BMG Records (UK), London, Grossbritannien
BMG U.S. Latin, Miaml, U.S.A.
BMG Victor, Tokio, Japan
CMC International Records, Raleigh-Durham,
   U.S.A. (50%)
DDD, Maifand, Italien
Hansa Musik, Berlin
Private Music, Los Angeles, U.S.A.
RCA Records Label, New York, U.S.A.
Reunion Entertainment, Nashville, U.S.A.
Windham Hill, Palo Alto, U.S.A.
Zoo Entertainment, Los Angeles, U.S.A.
Jive Records, New York, U.S.A.
Elite Entertainment, Taipeh, Taiwan (80%)
Fun House, Tokio, Japan (90%)
Music Impact, Hongkong, Hongkong (80%)
Conifer Records, London, Grossbritannien

Music Publishing
BMG Songs, Los Angeles, Nashville. New York
Careers-BMG, New York, USA
BMG Musik Publishing Athen, Griechenland
   Bogotá, Kolumbien
   Brüssel, Belgien
   Buenos Aires. Argentinien
   Caraças, Venezuela
   Hilversum, Niederlande
   Hongkong, Hongkong
   Johannessburg, Südafrika
   Kuala Lumpur, Malaysia
   Lissabon, Portugal
   London, Grossbritannien
   Los Angeles, USA
   Madrid, Spanien
   Mexico City, Mexiko
   Nashville, USA
   New Yerk, USA
   Paris, Frankreich
   Rio de Janeiro, Brasilien
   Rom, Italien
   Santiago, Chile
   Singapur, Singapur
   Stockholm, Schweden
   Sydney, Australien
   Taipeh, Taiwan
   Tokio, Japan
   Toronto, Canada
Atmosphere Music, London
Killer Tracks, Hollywood, U.S.A.
Ufa Musikverlage, Munich

Video and Other Activities
Blanton/Harrell Entertainment, Nashville, U.S.A.
   (50%)
BMG Video, London, Great Britain
BMG Video, New York, U.S.A.
NiceMan Merchandising, New York. U.S.A.
Ufa Video, Munich
Ufa Werbefilm, Düsseldorf. Berlin

Storage Media
Bertelsmann Speichermedien, Gütersloh
Sonopress, Gütersloh
Topac,Gütersloh

Storage Media (계속)
Sonopress Ibermemory, Madrid, Spain (49%)
Sonopress, Dublin, Ireland
Sonopress Sao Paulo, Brazil
Sonopress-Rimo Industria. Sao Paulo, Brazil
  (52%)
Sonopress, Rome, Italy
Sonopress Pan Asia, Hong Kong (75%)
Sonopress Pan Asia, Tokio, Japan (75%)
Sonopress, Mexico, Mexico
Sonopress, Weaverville, U.S.A.

CLT-UFA (총매출의 10%)

Television: Free TV

RTL Television, Cologne (89%)
RTL 2, Grünwald (33.4%)
Super RTL, Cologne (50%)
VOX, Cologne (24.9%)
M6, Neuilly-sur-Seine, France (39.9%)
Série Club, Neuilly-sur-Seine, France (39.9%)
TEVA, Neuilly-sur-Seine, France (20.3%)
Fun TV, Neuilly-sur-Seine, France (66.1%)
RTL9, Luxembourg, France (97.7%)
TMC, Monaco (23.8%)
RTL4, Luxembourg, Netherlands (39.5%)
RTL5, Luxembourg, Netherlands (39.5%)
Veronica, Hilversum, Netherlands (39.5%)
RTL TVI, Brussels, Belgium (66%)
Club RTL, Brussels, Belgium (66%)
RTL Tele Lëtzebuerg, Luxembourg
Channel 5, London, Great Britain (29%)
RTL7, Warsaw, Poland (50%)
RTL Klub, Budapest, Hungary (49%)

Pay TV
Premiere, Hamburg 37.5- now (50%)
TPS. Issy les Moulineaux. France (18%)
Multivision, Issy les Moulineaux, France (14%)

TV Services
CBC, Cologne (73.3%)
MMC, Hürth (48.1%)
VCF, Saint-Cloud, France
DTS, Luxembourg
ENEX, Luxembourg (63.9%)
Infomedia, Luxembourg (50%)

Radio
RTL, Paris, France
Fun Radio, Neuilly-sur-Seine, France (92.3%)
RTL2, Paris, France
104.6 RTL, Berlin
RTL Radio-Die grössten Oldies, Luxembourg
NewsTalk 93.6. Berlin (7.5%)
Antenne Bayern, Unterföhring (16%)
Radio NRW, Oberhausen (16.1%)
Radio Hamburg, Hamburg (29.2%)
Klassik Radio, Hamburg (46.8%)
Berliner Rundfunk 91.4. Berlin Mitte (30%)
Atlantic 252, Trim, Ireland (80%)
Talk Radio, London, Great Britain (62.1%)
RTL Country 1035, London, Great Britain
XFM, London, Great Britain (15%)
Bel RTL, Brussels, Belgium (43%)
Radio Contact, Brussels, Belgium (35%)
RTL Radio Lëtzebuerg, Luxembourg

HitRadio Veronica, Hilversum, Netherlands
  (39.5%)
Bandit 105.5, Stockholm. Sweden
104.7 RTL, Stockholm, Sweden (49%)
City Radio, Prague, Czech Republic (49.2%)

Radio Services
NSR, Berlin
FM Radio Network, Augsburg (51%)

Production & Rights
UFA Film & TV Production,
  Potsdam-Babelsberg
Trebitsch Produktion, Hamburg (74%)
UFA Film und Fernsehen
  Media + Marketing, Hamburg
CLT-UFA International, Luxembourg
Delux Productions, Luxembourg
Holland Media House, Hilversum,
  Netherlands (39.5%)
Cinevideo Plus, Montréal, Canada (30%)
First Choice, London, Great Britain (15%)
TCM, Issy lect Moulineaux, France (33%)

GRUNER + JAHR (총매출의 18%)

Magazines/Newspapers/Printing
Druck- und Verlagshaus Gruner+Jahr,
  Hamburg, Itzehoe (74.9%)

Magazine Publishing Houses
Börse Online Verlag, Munich (74.9%)
Ehrlich & Sohn, Hamburg (74.9%)
G y J ESpaña Ediciones S.L. S. en C.,
Madrid.Spain (74.9%)
G+J (Schweiz), Zurich, Switzerland (74.9%)
G+J (UK), London, Great Britain (74.9%)
G+J Gruner+jahr Polska, Warsaw, Poland
  (74.9%)
Gruner+Jahr USA Publishing Company,
  New York, U.S.A. (74.9%)
G+J Verlagsgesellschaft, Vienna, Austria
  (74.9%)
Gruner+Jahr Mondadori, Maland. Italy (50%)
manager magazin Verlagsgesellschaft,
  Hamburg (24.9%)
Max Verlag, Hamburg (25%)
M.C. Verlagsgesellschaft, Munich (50%)
MVF Magazin-Verlag am Fleetrand,
  Hamburg (74.9%)
Norddeutsche Verlagsgesellschaft,
  Hamburg (74.9%)
Prisma Presse, Paris, France (74.9%)
SPIEGEL-Verlag Rudolf Augstein, Hamburg
  (24.8%)
TIP Verlaq, Berlin (74.9%)
Verlagsgesellschaft Neues Wohnen,
  Hamburg (74.9%)

Newspapers
Dresdner Druck- und Verlagshaus.
  Dresden (60%)
G+J Berliner Zeitung Verlag, Berlin (74.9%)
Morgenpost Verlag, Hamburg (90%)
Morgenpost Sachsen Verlagsgesellschaft,
  Dresden (60%)

Vydavatelstvo casopisov a novin spol.
s.r.o., Bratislava, Slowakei (5l%)
Délmagyarorzág Kft., Szeged. Hungary (52.4%)

Printing Plants
Brown Printing Company, Waseca, U.S.A.
(74.9%)
G+J Berliner Zeitungsdruck, Berlin (74.9%)
Gruner Druck, Itzehoe (74.9%)

Services
Berliner Pressevertrieb, Berlin (74.9%)
SDPV Deutscher Pressevertrieb, Hamburg
(74.9%)
Hamburger Journalistenschule, G+J-Die Zeit,
Hamburg (95%)
IPV Inland Presse Vertrieb. Hamburg (74.9%)

Broadcasting
G+J Funk- und Fernsehproduktion (74.9%)

INDUSTRY (총매출의 13%)

Printing/technical Companies
Berryville Graphics, Berryville (VA), U.S.A.
Dynamic Graphic Finishing, Horsham (PA),
U.S.A. (90.2%)
Elsnerdruck, Berlin
Eurohueco, Barcelona, Spain (65%)
Graphischer Grossbetrieb Pössnerk, Pössneck
Graftek Press, USA
Gütersloher Druckservice,Gütersloh
maul-belser. Nuremberg (75%)
maul-belser Studios, Nuremberg (75%)
Mohndruck Graphische Betriebe, Gütersloh
Nuovo Istituto Italiano d' Arti Grafiche, Bergamo,
Italy (98.8%)
Offset Paperback Manufarturers, Dallas (PA),
U.S.A.
Printer Colombiana, Bogotá, Colombia (51%)
Printer Indstria Gráfica, Barcelona, Spain
Printer Portuguesa Indústria Gráfica, Mem
Martins, Portugal

Services
Bertelsmann Distribución España,
Barcelona, Spain
Bertelsmann Distribution Financial
Services, Dublin, Ireland
Bertelsmann Distribution, Gütersloh
Bertelsmann Industry Services, Valencia
(CA), U.S.A.
Bertelsmann Service Center Poland, Posen,
Poland
Distributionszentrum Bertelsmann,
Jaroslavl, Russia
eps Bertelsmann Electronic Printing
Service, Gütersloh
Setradis, Noyelles-sous-Lens, France
medialog Spedition, Gütersloh
MSN-Marketing Service. Wilhelmshaven
Astrosat spol., Prague/Nuremberg (49%)
Tele Magazyn. Warsaw, Poland (49%)
NEON-Newspapers Online Network,
Nuremberg

Special Publishing
Bertelsmann Kalender, Gütersloh
Deutscher Supplement Verlag, Nuremberg
(75%)
Dohse & Broelemann, Bielefeld
Editoriale Johnson, Seriate, Italy
Mohndrufk Kalender & Promotion Verlag,
Gütersloh
Mohndruck Kalender Uitgeverij. Breda,
Netherlands
Mohndruck Wydawnictwo Kalendarzowe,
Posen, Poland
WV Kalender Verlag, Himberg (Vienna), Austria

NEW MEDIA (총매출의 3%)

Books Online- European E-commerce venture
barnesandnoble.com (50%)
NuvoMedia- electronic books startup

Bertelsmann Online Services
AOL Bertelsmann Online Deutschland,
Hamburg (45%)
AOL Bertelsmann Online (UK), London,
Great Britain (50%)
AOL Bertelsmann Online France, Paris,
France (50%)
AOL Bertelsmann Service Operations, Dublin,
Ireland (50%)
AOL Bertelsmann Online Europa, Hamburg
(50%)

Bertelsmann Interactive Studios
bs medic Bertelsmann Springer
Gesundheitsgesellschaft, Berlin (50%)
T1-New Media Gesellschaft für audio-visuelle
Produktionen, Hamburg (65%)
Lycos Bertelsmann,Gütersloh (50%)
Bertelsmann Interactive Studios, Gütersloh
Sport eins Medien, Hamburg (50%)
Bertelsmann Infoline,Gütersloh
AdOn Online Marketinggesellschaft, Hamburg
High Tech Center Babelsberg, Potsdam (23%)

Bertelsmann mediasystems
Pixelpark Multimedia Agentur, Berlin (75%)
Bertelsmann mediaSystems,Gütersloh
mediaWays Internet-Services, Gütersloh (50%)
Telemedia,Gütersloh
Bertelsmann-Imonics,Gütersloh (50%)
Bertelsmann IT Infrastructure North America
LLC, Delaware, U.S.A.
Prompt' 92, Beratung und Dienstleistungen
GmbH, Budapest, Hungary

댈러스라는 도시에서는 하루에 1백만 부 정도의 책을 출판하고 있다. 그중 20%
정도가 미국에서 판매되고 있다고 한다. 기업의 수직적 통합을 통하여 Bertelsman
은 책과 잡지, 달력, 일기장, 안내장 등 모든 인쇄물을 출판하여 판매하는데, 미국
내에서 가장 큰 출판 기업으로 알려져 있다.

▬ 방송과 영화

Bertelsmann은 유럽에서 가장 큰 방송국 CLT-UFA를 운영한다. 유럽 9개국에 걸
쳐 22개의 TV 방송국과 22개의 라디오 방송국을 소유하고 있다. 대개 신디케이션
성격을 띤 여러 개의 영화 제작사도 소유하고 있는데, 유럽의 2억 인구를 대상으
로 활동한다. 독일에는 유료 케이블 TV도 운영하고 유럽에서 가장 크고 강력한 민
영 방송국 RTL plus를 운영하며, 유럽에서 이 분야를 장악하고 있다.

▬ 멀티미디어

Bertelsmann은 미국의 인터넷 접속업체 산하의 대기업 AOL Germany의 주식
45%를 소유하고 있다. 그리고 대형 서점인 Barnes and Noble의 주식 50%를 소유
하고 있다. 이 서점은 독일에서 두 번째로 큰 인터넷 서점이다. 독일에서 유명한
온라인 게임업체인 Game Channel과 스포츠 관련 전문업체인 Spot 1이라는 인터
넷 사이트를 운영한다. 이 밖에 몇 개의 컴퓨터 네트워크 업체와 멀티미디어 전문
벤처업계도 장악하고 있다.

　이상과 같이 Bertelsmann은 모든 매스 미디어에 걸쳐 세계 각국에 손을 뻗치고
있으며 부유한 나라를 중심으로 문화 사업을 펼치고 있다. 캐나다, 독일, 영국, 일
본, 미국 등에 기반을 두고 기업 활동을 벌이는 음악계의 '빅 5'를 상기해 보라. 매
스 미디어의 국제화는 소수 선진국이 아니고는 존재할 수 없으며 결코 다른 대기
업의 확대를 용납지 않는다. 매스 미디어의 의도와 콘텐츠와 관련된 의사결정이
가장 부유한 국가들의 몇몇 대기업의 수중에 있기 때문에 집중화된 소유와 통제가
중요한 것이다.

10.3 | 국제 미디어의 콘텐츠

여기에서는 국제적 차원에서 미디어를 논의해 보고 특별히 정보 유통의 국제화에 대한 논의와 함께 '문화 제국주의'에 대한 주제에 대하여 검토하기로 한다.

문화 제국주의 논의

앞서 7장에서 우리는 간단히 문화 제국주의란 개념에 대해서 언급했다. 문화 제국주의는 주로 미국 중심의 서방 세계에서 제작된 문화 상품이 다른 국가의 기존 문화권을 새롭게 형성할 정도로 강력히 작용하는 문화적 지배 현상을 말한다. 여기서 미디어의 소유와 콘텐츠의 연결 문제가 연구의 주제로 선명히 떠오른다. 물론 서구 사회의 이미지는 서방 기업들이 제작하는 미디어 생산물에 의해서 형성된다. 서구 선진국의 개인주의와 소비주의의 규범은 다른 국가들의 전통적인 가치관과 심각한 갈등을 빚게 된다. 미디어 생산물이 다른 문화권의 가치관을 잠식시킨다는 것을 의미한다.

미국의 문화가 다른 나라의 문화에 깊은 영향을 미치는 것에 대하여 부정할 수는 없을 것이다. 1991년 「크리스찬 사이언스 모니터」(*Christian Science Monitor*)는 다른 나라의 기자들에게 각 나라에 미치는 미국 문화의 영향에 대하여 설문조사를 한 적이 있다. 그 결과를 정리하면 다음과 같다.

— TV 프로그램 '*America's Funniest Video*'의 제목은 독일에서는 '*Smile, Please*'로, 호주에서는 '*Australia's Funniest Video Show*'로, 영국에서는 '*Beadle's About*'로 방송되고 있다.

— 중국에서 몇 달 동안 투옥되었던 한 지식인은 자신이 체포되었을 때 피의자의 권리를 고지받지 못했다고 불평했다. 그는 미국 TV 프로그램 '*Hunter*'에서처럼 당국이 행동했어야만 했다고 주장했다. 이 수사물은 중국에서 매우 인기가 있었다.

— 멕시코에서는 중류층 이상의 시민들이 규칙적으로 케이블 TV를 시청하는데, 케이블 TV에서는 미국의 프로그램과 할리우드 영화들이 모두 더빙되어 방송된다.

— 인도에서는 미국의 유명한 코미디언 루시 볼(Lucille Ball)이 죽었을 때 많은 사람들이 깊은 슬픔에 잠겼다. 그가 출연했던 '*I Love Lucy*'는 그후 인도에서 매우 유명한 프로

그램으로 자리잡았다.

— CNN은 케냐, 가나, 남아프리카공화국 등 아프리카에서도 유명하다. 그러나 부유층이
아니고는 쉽게 접할 수 없다. CNN을 보려면 최소한 20달러 정도의 시청료가 필요하
기 때문이다.

— 옛 소련 등 동구 국가에서 미국 영화 ‘Rambo’와 그밖의 액션 영화의 인기는 대단하
다. 1990년대 초 소련이 붕괴된 후 미국 영화가 처음으로 선을 보였는데 ‘Gone With
the Wind’, ‘One Flew over the Cuckoo’s Nest’ 등의 영화가 인기를 얻 었다.

— 1980년대 중반 중국에서는 미국의 디스코가 선풍적인 인기를 끌었다. 1990년대까지
만 해도 노인들이 아침 운동으로 디스코를 추는 모습을 공원에서 쉽게 볼 수 있었다.

— 독일에서 상영되는 영화의 90%가 할리우드에서 제작된 것이다. 심야 영화 가운데
‘The Blues Brothers’의 인기가 대단히 높았다고 한다.

음악으로 다시 돌아가 보자. 전세계적으로 인기를 끌고 있는 대중음악은 모두
영어로 되어있다. 예를 들어 브라질에서는 전국민이 포르투갈어를 사용하지만 라
디오를 통해서 흘러나오는 음악의 3/4은 영어로 된 것이다. 독일 라디오에서 나오
는 음악의 80%가 영어이고, 일본에서는 절반 정도가 영어로 된 음악이다(Barnet &
Cavanagh, 1994).

동유럽에는 서구의 매스 미디어 상품을 팔 수 있는 거대한 시장이 충분히 조성
되어 있다고 한다. 예를 들어 영어를 번역한 로맨스 소설은 폴란드를 비롯한 여러
동유럽 국가에서 대단히 인기가 높다. 서구의 『헤리퀸』(Heriequin : 폴란드에서는
『Ariekin』으로 잘 알려져 있다)이라는 소설은 대단한 인기를 모았다고 한다. 폴란드
에서는 이 소설이 1993년에만 2천 4백만 부 팔려나갔다(Spolar, 1995).

미국의 미디어 상품이 해외에서 성공하는 이유는, 미국 기업에는 제작비가 충분
한데다가 작품을 능란하게 만드는 기술이 누적되어 있어서 수용자의 호감을 사게
끔 제작을 하기 때문이다. 예를 들어 미국 영화 한 편을 만드는 데 보통 1230만 달
러가 드는데, 이는 영국이나 프랑스 영화 제작비의 두 배 정도에 달한다
(Economist, 1997). 일반적으로 할리우드 영화의 촬영 기법은 대단히 뛰어나다. 질
주하는 추격 장면은 수용자를 주목하게 만드는 힘이 있다. 비용 때문에 다른 나라

에서 이러한 장면들을 연출하기란 불가능하다. 더욱 재미있는 것은 이렇게 흥행이 될 것 같은 제작물은 반드시 할리우드가 해외시장에서 벌어들이는 영화 수익에 의 존해야만 한다는 것이다. 예를 들어서 1995년에 제작된 케빈 코스트너 감독의 'Waterworld'란 영화의 제작비는 무려 1억 7천5백만 달러나 들었는데, 미국에서 조달된 수입은 불과 9천3백만 달러였다. 만약 국제 시장에서 벌어들일 것으로 추 정한 1억 5천만 달러 정도의 매출액을 고려하지 않았다면 이런 천문학적인 영화 제작 비용을 들이는 것 자체가 불가능했을 것이다(Pond, 1995). 비디오 대여를 통 한 수입도 제작사에 상당한 이익이 된다.

자본과 관련해서 미국의 미디어 생산품이 해외에 미치는 영향은 지대하다. 어떤 나라에는 고급 미디어 생산품을 제작할 기반이 전혀 없다. 이런 나라에서는 영화 제작 시설도 없어서 자체 제작하는 것보다 차라리 미국에서 영화를 사들이는 비용 이 더 적게 든다. 순전히 수입면에서 대부분의 나라에서는 단기적인 경제적 이윤 을 고려할 때 미국의 문화 상품을 수입하는 편이 더 낫다. 세계의 지역 문화에 미 치는 미국 영화의 영향은 무시무시할 정도이다(Mattelart, 1979 ; Schiller, 1992).

지역 문화 보존의 갈등

금세기 초반에 많은 프랑스계 캐나다인들이 퀘벡에서 뉴잉글랜드로 이민을 왔다. 지배 계층에서는 직물 공장이나 제지 공장을 운영하기 위해 많은 노동자들을 데 려 오기도 했다. 노동자들은 그들 나름대로 이웃을 조성했다. 그들은 다음 세대를 위하여 불어를 사용하는 가톨릭 교회를 세우기도 하고 학교도 세웠다. 그들은 자 신들의 지역 문화를 보존하기 위해서 고유의 언어와 종교를 통해 전통을 계승하 려 했던 것이다. 이 책의 공동 저자 중의 한 명인 나(크로토)의 할아버지도 퀘벡에 서 이민을 왔는데 그 덕분에 나는 자라면서 프랑스계 캐나다인 문화를 많이 접할 수 있었다. 부모님은 비록 영어를 사용했지만 모국어는 불어였고, 프랑스계 캐나 다인의 음악을 즐기고 친지와 동료들을 불러 모임을 자주 가졌다.

나는 어릴 때 프랑스계 캐나다인 문화 속에서 성장했지만, 영어만을 사용했고 미국의 록을 들으며 성장했다. 그래서 프랑스계 캐나다인의 음악도 듣지 않았고, 불어를 공부한 적도 없으며, 오래된 고유의 문화적 전통도 습득하지 못했다. 나는 가족 가운데 미국 문화에 적응한 첫 세대였으며, 프랑스계 캐나다인의 전통을 잃어버린 셈이었다.

뉴잉글랜드에서 그처럼 문화적 전통을 잃어버린 사람은 굉장히 많을 것이다. 위에서 언급한 경우를 보면 어떻게 하나의 문화가 다른 문화와 동질화되어 가고, 융화되는지를 알 수 있다. 이민자들은 자신의 고유의 문화적 색깔을 점점 잃고 새로운 문화에 휩쓸린 것이다.

최근 캐나다 정치계에서는 퀘벡을 다른 지역과 분리해야 되는지 계속 토론 중이라고 한다. 이러한 지속적인 토론은 현대 사회에서 문화가 지니는 중요성을 말해 준다. 퀘벡이 캐나다의 다른 지역과 명백히 다른 이유 중 하나는 퀘벡 주민들의 82%가 불어를 사용하고 있다는 점 때문이다. 퀘벡 주민들이 두려워하는 것은 미국에서 프랑스계 캐나다인들이 사라지고 있듯이 캐나다에서 다수를 차지하는 국민들이 영어권에 속하기 때문에 불어권 퀘벡인들이 없어져 간다는 것이다.

캐나다에는 미국의 미디어 상품이 너무 많이 집중되어 있기 때문에 캐나다인들은 이에 대해서도 우려하고 있다. 캐나다 상점은 미국 상품으로 넘치고 있다. 캐나다 극장의 95%가 미국의 영화로 메워진다. 캐나다의 케이블 TV에는 미국의 주요 방송들로 넘쳐난다. 음악도 대부분 미국에서 공급된다. 2/3 정도의 출판물이 미국에서 제작된 것이고, 잡지는 80% 가량이 미국에서 출판된 것이다(Escobar & Swardson, 1995).

초기 퀘벡에 있는 뉴잉글랜드에는 프랑스계 캐나다인들이 많이 살고 있었는데 어떻게 하면 자신들의 고유 문화를 지킬 수 있을지에 많은 관심을 기울였다. 이러한 전략 가운데는 불어의 필수화, 수입품에 대한 무거운 과세, 라디오 방송사 직원 가운데 35%는 캐나다인으로 고용, 캐나다 TV 프로그램 중 60% 자체 제작 의무화 등이 있었다. 1996년에는 Canada Television and Cable Production Fund를 만들어 공사 수입을 이용해 자체 프로그램 제작에 힘을 쏟았다. 1995년에 CBC(Canadian Broadcasting Corporation)가 캐나다 공영방송 네트워크를 출범시킬 때 주시청 시간대에는 절대 미국 프로그램을 방송하지 않겠다고 공표했다. 당시 CBC 회장 페린 베티(Perrin Beatty)는 다음과 같이 말했다. "우리는 캐나다에 전자 장벽을 설치하려는 것이 아니다. 다만 각 가정에 우리가 만든 세계 최고의 영상물을 방송하겠다는 것뿐이다. 그리고 우리는 캐나다 가정에 캐나다인의 목소리가 지속적으로 방송되어야 한다는 책임감을 느낀다"(*Washington Post*, 1995, p.D9).

지역 문화를 보호하려는 캐나다의 노력은 다른 나라에도 반향을 불러일으켰다. 예를 들어 프랑스에서는 국제 자유 무역을 반대하고 나섰다. 미국 미디어 산업의 제작물 유통에 위협을 느꼈기 때문이었다. 유럽연합도 의무 사항은 아니지만 유럽연합 내 각 국가들의 방송이 자체 제작물을 50% 이상 방송하도록 적극 권장하였다. 어떤 국가에서는 해외 제작물의 유입을 막기 위하여 자체 프로그램을 제작하는 데 드는 제작비 지원을 아끼지 않았다. 이러한 지원책은 광범위하게 확산되고 있다. 1998년 캐나다에서는 20여 개국의 문화부 장관들이 모여 미국 미디어에 의해 지배되고 있는 세계 환경에 맞서서 어떻게 자국의 문화를 보호할 것인가에 대해 토론을 벌이기도 했다.

많은 국가들이 지역 문화를 보호하기 위해서 전략적이고 체계적인 투쟁을 광범위하고 심도 있게 펼쳐나가면서, 해외 미디어의 영향력을 대상으로 싸워나갔다. 미디어의 국제화로 인한 가장 심각한 두려움은 문화의 동질성이었다. 모래 위에 쌓아올린 성처럼 지역별 고유문화는 잠식되어 갔고, 미국과 기타 서방 문화권의 미디어 제작물로 인한 막강한 영향력은 갈수록 강력해졌다. 스리랑카의 한 음악가는 다음과 같이 말한다.

10년에서 15년 사이에 모든 음악 카세트가 외딴 마을까지 뻗어나갈까 두렵다. 사람들은 싸구려 음악에 길들여질 것이다. ……비록 영토는 작지만, 우리는 우리만의 고유 음악이 있다. 우리는 전세계의 문화에 기여할 수 있는 독특한 문화가 있지만, 그것을 점차 잃어가고 있다(Barnet & Cavanagh, 1994, p.150).

문화에서 '독특한(distinctive)' 요소를 잃는다는 것은 비평가들이 가장 두려워하는 것이다. 만약 음악이나 문학, 영화, TV의 콘텐츠가 미국의 맥도날드와 같이 똑같게 변질된다면 이 세계는 모든 걸 잃고 말 것이다. 어떤 캐나다의 운동가는 "국제화란 단일화된 문화의 세계적 교류를 말한다. 단일화된 문화적 동질성은 인간의 다양성을 말살시킬 것"이라고 단언한다(Ricklef, 1998).

제국주의 테제

문화 제국주의라는 개념은 단순히 스쳐버리기에는 너무나 어려운 중요한 내용을 담고 있다. 어떤 지역 미디어가 국내 시장에서 경쟁하듯이 지역의 문화 산업은 우리가 생각하는 것보다 훨씬 더 미국의 미디어 영상 시장에 대해서 저항적이다. 이제는 초기의 문화 제국주의에서 한 발짝 비켜나 서구의 기업들은 물론 지역의 문화 산업도 새로운 전략을 수립하여 변모하는 국제화에 대응하고 있다.

앞서 7장에서 논의하였듯이 미국 문화는 막강한 미디어 효과를 전세계에 미치고 있다. 그러나 이런 미디어 제국주의는 두 가지 중요한 한계를 가지고 있다. 첫째는, 앞서 8장에서 드라마 *'Dallas'* 를 예로 들었듯이, 일반적으로 어떤 나라에서는 미국 영상물이 그 나라 말로 번역되는 과정에서 원래의 인기가 유지되지 못하는 경우가 있다는 것이다. 지역의 수용자들은 특정 수입물에 대한 호기심이 많지만, 무조건 미국 영상물을 받아들이는 것은 아니다. 미국에서 제작된 미디어 상품이 일방적으로 미국의 문화를 전세계에 확산시키는 것도 아니다. 누군가 언급하였듯이 미국 미디어 때문에 단일화된 국제 의식이 조성되는 것도 아니다. 바르넷과 카바나흐의 언급은 이런 점에서 매우 중요하다.

> 아무리 세계의 수백만 수천만의 10대 청소년과 어린이들이 같은 대중음악을 듣고, 같은 영화나 비디오를 봐도 국제적으로 공급되는 오락적 산물이 사람들의 의식을 하나로 만들지는 못한다. 물론 국제화된 상품을 경험하고 광범위하게 공유하는 감각이 생길지도 모른다. 국제적 상품을 많이 접한 소비자들은 그 효과가 기대하지 않은 방향으로 나타날지도 모른다. 국제적으로 같은 음악을 듣고, 같은 게임을 즐기거나 같은 방송 프로그램을 접하여도 사람들은 자신이 누구이고 무엇을 하는지를 깨닫고 있다. 아무리 마이클 잭슨에 전세계 사람들이 열광해도 국가 간에 상호 군비를 축소하자는 말은 듣지 못했다. 외국 뮤직 비디오가 칸트나 맥루한 같은 철학자의 의식을 변화시킬 수도 없으며, 인종의 정체성을 변화시킬 수도 없는 것이다(Barnet & Cavanagh, 1994, p.138).

문화 제국주의의 두 번째 한계는 앞서 7장에서 말했듯이 여러 다른 유형의 미디어가 작용하고 있다는 것이다. 미국의 영상 산업은 확실히 전세계를 지배한다. 그러나 다른 어떤 미디어의 경우에는 아직도 미국 내의 지역 매체에 불과하다. 우리가 아래에서 살펴보듯이 세계 문화는 매우 복잡한 무엇인가가 작용하고 있어서 그 영향력에 한계가 있다.

또 다른 비평이 지적하는 바를 고려하면 문화 제국주의가 부분적으로 묘사되고 있음을 보여준다. 다음의 예를 들어 보자.

— 브라질에서는 미국의 TV 드라마 '*Dallas*'가 시청자의 호응을 얻지 못했다. 브라질 국민들은 그들 방식에 맞게 제작된 드라마인 '*Telenovelas*'를 즐겨 본다. 이 드라마는 대개 6개월 단위로 방영되는데 로맨스가 곁들여진 유머스러운 내용이다. 내용상으로는 부자가 가난해지거나 가난한 사람이 부자가 되는 반전을 그린 드라마이다. 드라마가 시청자의 패션에도 영향을 미치고, 드라마 주제곡도 인기가 높으며, 드라마 대본도 작가가 시청자의 요구에 따라 바뀌기도 한다. 브라질에서는 이런 드라마를 중국이나 쿠바 및 그 밖의 나라에 수출하기도 한다. 이러한 지역적인 경향은 일부 다른 나라에서도 마찬가지이다(*Christian Science Monitor*, 1991; Landler, 1994).

— 1980년대 영국에서는 미국 드라마 '*Dallas*', '*Dynasty*', '*L.A. Law*'와 같은 TV 프로그램의 인기가 높았다. 그러나 1990년대 들어 자체적으로 제작한 프로그램의 인기가 더 높아졌다. 특히 영국의 BBC가 만든 '*Eastenders*'라는 드라마의 인기가 높았는데, 그 드라마는 런던 북동쪽에 사는 가족상을 그린 것이다. 이 드라마는 미국 드라마에서는 좀처럼 볼 수 없는 인종 관계, 범죄, 고용 등을 주제로 삼았다(*Christian Science Monitor*, 1991).

— 영화산업이 가장 번창한 국가는 인도인데 1985년까지의 제작 편수가 900편에 이른다. 물론 이 영화들은 주로 아프리카나 아시아 국가들로 수출된다. 그런데 가장 대중적 인기가 높은 것은 TV 드라마로 주로 인도의 고전을 배경으로 하며, 일요일 아침에 방송된다고 한다(*Christian Science Monitor*, 1991, Sreberny-Mohammadi, 1991).

— 아무리 미국의 드라마가 많이 보급되더라도 아직 세계 시장에서는 지역 연예인들의 인기가 높다. 일본의 경우, 자국 가수의 음반이 판매 음반의 3/4을 차지한다(Barnet & Cavanagh, 1994).

위와 같은 사례들은 국제적인 미디어 복합기업이 기승을 부리는 가운데 잘 알려진 이야기이다. 즉 미국을 비롯한 서구 제작물의 한계를 뜻하는 것이다. 우리는 지금 미디어 발전 도상에 놓여 있다. "첫째로 기술, 민영화, 경제적 성장이란 개념들은 미디어 채널을 통해서 폭넓게 확대되고 있다. 그런데 지역 경제가 자체 제작을 지원하기에는 역부족이므로 미국 문화가 들어올 수밖에 없다는 것이다. 그러나 이러한 시장이 커갈수록 지역 제작자들도 점차 자극을 받아서 더욱 훌륭한 작품을 만들게 될 것이다"(Landler, 1994, p.187). 지역성만 잘 살리면 대단히 인기 높은 프로그램을 만들 수 있다. 그러므로 지역의 제작자들도 국제적인 미디어 복합기업에 대응하여 일률적인 국제적 미디어보다 차별화된 지역성 있는 작품을 통해 성공을 거둘 수 있을 것이다.

이렇게 변화하는 미디어 환경에 대하여 많은 다국적 기업들은 해외시장을 겨냥해 아주 정교한 방법을 모색하고 있다. 대부분 미디어 복합기업들은 두 가지 방법을 동원하여 문화를 수출한다. 첫 번째는 서양의 대형 스타를 해외에 판촉하는 것이다. 1980년대와 1990년대 초 마이클 잭슨이나 마돈나 같은 가수를 상업적으로 성공시켜 해외에 상품화시킨 것이 좋은 사례이다.

두 번째는 지역 문화의 영역 내에서 이용할 수 있는 자원을 최대한 활용하는 것이다. 1993년 현재 세계 71개국에서 2억 1천만 명을 대상으로 방송하는 MTV의 경우가 바로 이런 방법을 사용했다. MTV Europe이나 MTV Latino는 미국의 뮤직 비디오를 각각의 지역 문화에 맞게끔 만들어 수출했다. 또 다른 두 번째 방법으로는 지역에 맞는 연예인을 육성하여 그들과 함께 묶어서 문화 상품을 판매하는 것이다. 위에서 예를 든 Bertelsman이 그런 방식으로 새로운 음악가를 양성하였다.

두 번째 전략은 칼의 양날과도 같다. 세계적인 미디어 복합기업체는 지역 문화가 무엇을 원하는지 그 취향을 알기 때문에 지역 매체 시장에서 지역 매체를 활성화하는 방법을 잘 알고 있다. 그러나 이런 방법은 마치 다윗과 골리앗의 싸움처럼 지역 매체와 치열한 경쟁을 치러야만 한다. 그래서 어떤 경우에는 TV 프로그램에서 볼 수 있듯이 이들 복합기업과 지역 매체 간에 합작투자를 시도하는 경우도 있다.

많은 경우, 지역 매체의 노력은 겉치레에 그친다. 주요 할리우드 제작사들이 아시아 국가에 그들의 작품을 수출할 때 해당 지역의 연예인을 시켜 주제곡을 부르게도 한다. 예컨대 홍콩에서 *'Lethal Weapon 4'* 란 영화를 흥행시키기 위해서 그 지역 출신의 유명한 헤비메탈 그룹인 비욘드(Beyond)라는 그룹에게 주제곡을 부르게 한 것이 그것이다. 비록 영화 속에 삽입되지는 않았지만 그 영화를 선전하는 동안 아시아 사람들에게 들려준 노래이다. 아시아 지역의 MTV를 비롯해 여러 비디오 채널을 통하여 이들의 음악을 영화의 광고로 배포한 것이다. 결국 그 노래를 불렀던 록그룹은 그 영화를 선전했을 뿐만 아니라 그들의 음악이 CD로도 발매되어 많은 이익을 남겼다.

복합기업들은 이윤을 남기기 위해서 해외의 지역 문화나 지역 소비자에게 관심을 기울인다. 결코 그 나라 문화에 대한 애타주의(altruism) 때문이 아니다. 복합기업들은 표준화된 국제적 상품보다 지역에 알맞는 상품이 오히려 더 잘 팔린다는 것을 인식하고 있기 때문이다. 그래서 어떤 비즈니스 잡지에 실린 글에 따르면 미국의 미디어 산업이 남미나 아시아 지역에 침투할 때 해당 지역의 문화를 간과한 TV 프로그램이나 영화, 뉴스 등은 지역 수용자의 관심을 모을 수 없다고 한다. 결국 역사적으로나 언어적으로 다양한 수용자를 상대로 프로그램을 각색해야만 된다는 것이다(Landler, 1994, p 186).

국제 시장에 관한 광고 전문 서적에서도 국제 표준화를 조성하기 위한 테크닉과 '지역적 적용' 간의 차이점에 대해서 논하고 있다. 지역성이란 각 지역이 갖고 있는 발전적 기반, 즉 경제 · 기술 등 소비자 행동에 영향을 미칠 수 있는 요인을 말한다. 어떤 광고 서적에 의하면 "국제적 광고업계들은 다른 문화권의 사람들과 협력을 도모할 것이다. 즉 광고자들은 지역민과의 접촉을 통하여 서로 다른 가치와 태도, 소비 행동을 이해하여 판매 전략을 세워야 한다. 다른 문화권의 소비자들이 다르게 소비 행동을 하는 이유를 이해하기 위해서는 문화에 대한 지식이 반드시 필요하기 때문이다"(De Mooij & Keegan, 1971, p.73). 많은 국제적 기업이 서로 다른 문화를 이해하기 위해서 기업 전략을 세운다. 그러나 아직도 많은 기업들이 이러한 문화적 이해를 겉치레로 간주하고 단순히 미국 상품을 해외에 수출하기 위해 속임수만 쓰고 있는 형편이다.

"지역적 적용(local adaptation)"이라는 개념이 시사하는 바는 세계 어떤 곳에서든지 서양 문화에 대한 자국 문화의 저항이 있다는 것이다. 예를 들어 남미에서는 문화 제국주의란 개념이 매우 약한 편이다. 칠레의 경우, 아카데믹 문화센터를 관리하는 한 민속학자는 "우리 문화는 미국에 의해 완전히 점령당했다. 이제 우리는 우리 문화에 대해 아무런 의식도 없다"고 침통하게 고백한 적이 있다(Escobar & Swardson, 1995). 이미 미국 문화가 유입된 세계 곳곳에서 미국의 TV 프로그램이나 다른 문화 상품이 침투한 뒤로 어떤 저항도 불가능하다는 뜻이다. 어떤 글에서 말한 것처럼 "미국의 동질적이고 범용적인 대중문화가 그들의 상품 속에 라틴 멜로디나 스페인어 억양으로 일단 적용되면 미국의 대중문화는 노래, 가사, 이미지 등을 걷잡을 수 없이 지배하게 된다"는 것이다(Escober & Swardson, 1995). 과거에는 이러한 경향을 문화 제국주의라고 꼬집었다. 그러나 이제는 정부가 먼저 자본주의적 시장구조를 재편하기 위해서 겉모습만 바꾸어 침투하는 국제적 기업을 방관하고 있기 때문에 문화 제국주의의 침투는 불가피해지고 있다.

이에 따라 국제적 미디어의 경향은 뒤섞여버렸다. 사회적·문화적 취향이 급속히 바뀌어 이제 자기네 지역에서 생산되는 미디어 제작물을 선호한다. 결국 자기 지역에서 제작된 문화 상품이 세계적인 미디어 복합기업을 상대로 성공적인 경쟁력을 갖출지는 두고 볼 일이다. 그리고 이러한 지역 기업과 복합기업들의 제작자들이 힘을 합쳐 어떤 형태의 상품을 만들어 미래의 새로운 물결을 만들지도 두고 봐야 할 것이다.

정보 유통의 정치학

미디어 국제화에 대한 정치적 논의는 1925년으로 거슬러올라간다. 당시 평화를 위한 국제 조직인 The League of Nations는 문화적 침투를 막기 위한 확실한 방법으로 특별히 ① 국제적인 언론 보도를 더욱 빠르고 저렴한 비용으로 확산시키고, ② 여론을 가라앉힐 수 있는 모든 기술을 국가마다 공동으로 정착시키기 위한 토론 등을 제시한 바 있다(Gerbner, Mowlana & Nordenstreng, 1993, p.183). 이에 따라 미디어를 통한 전세계의 정보 유통은 세계의 평화와 이해에 일조하는 역할로 기대되었다. 이러한 정보 유통은 단지 미디어에 국한된 것이 아니라 광범위한 정치분야에서도 고려되는 주제로 떠올랐다.

2차 세계대전 중에 이루어졌던 선전(propaganda)의 활용은 다시 한번 매스 미디어를 통한 정보의 유통을 신중히 고려하게 만들었다. 미국은 국제연합을 통해서 정보의 국제적인 유통 질서에 관한 정책을 촉진시켰다. 1948년 국제연합은 정보의 자유에 관한 토론회에서 "정보의 자유는 인류의 근본적인 권리이며, 국제연합이 주도하는 모든 자유의 시금석이 될 것이고, 이것 없이는 세계 평화가 수호될 수 없다"는 헌장을 채택했다. 그 헌장은 한 걸음 더 나아가서 정보의 자유는 뉴스와 여론의 다양한 수단을 접하는 사람들의 능력에 달려 있다면서 교묘하게 짜여진 선전의 이용을 비방하고 평화를 침해할 수도 있는 정보를 비판했다(Gerbner, Mowlana & Nordenstreng, 1993, pp.179, 181).

물론 이러한 정보의 자유로운 유통이 선진 서구 사회에서는 자비롭게 들릴지 몰라도, 많은 개발도상국에서는 시장을 점령하려는 선진국의 정보 정책으로 이해될 수밖에 없었다. 당시의 선진국과 개발도상국 사이에는 발전의 기반과 자본의 규모가 아주 달랐다. 이는 마치 누구에게나 벽화를 주면서 채색하라고 한다면, 붓과 페인트가 있는 사람만이 그 채색 작업에 참여할 수 있는 것과 다름이 없었다. 의견을 표명할 능력이 있는 사람들에게는 좋아 보이는 이념이었으나, 자원이 부족한 사람들은 침묵할 수밖에 없었기 때문이다.

뉴스 전문 통신사인 미국의 AP나 UPI, 영국의 Reuter는 전세계의 뉴스를 지배했다. 그들은 정보를 수집하여 뉴스를 전세계로 내보낼 때 "선진국의 경제와 문화의 이해를 대변하는 한정적인 관점에서 주로 기사를 썼던 것이다"(MacBride & Roach, 1993, p.6). 이러한 비평은 엔터테인먼트 미디어는 물론이고 위성과 같이 뉴스를 즉각적으로 보도하는 여러 뉴 미디어의 경우에도 마찬가지로 적용되는 것이다.

주요 상업적 미디어를 운영하는 데 필요한 개인적 투자가 부족한 개발도상국에서는 개인적이기보다는 공공을 대상으로 하는 미디어를 발전시키기 위해서 정부에 의지할 수밖에 없었다. 어떤 경우에는 공공의 필요를 충족시켜 주기 위해 기본적인 정보의 보급에도 정부가 관여했는데 그 주제는 복지, 건강, 농사 기법, 교육 등을 포함하는 것이었다. 그 밖에 민주주의 사회에서는 사회 발전의 중심 요소로 정보의 접근에 대한 다양한 수단을 강구하기도 했다.

대부분의 서구 사회에서는 미디어의 검열과 같은 정부의 조직적 관여가 거의 없었다. 그러나 많은 개발도상국에서는 미디어에 대한 정부의 관여가 심했는데, 이는 밀려드는 서구 복합기업에 대한 대응과 대안이라는 점에서 그 명분을 찾을 수 있었다. 더구나 이들 개발도상국에서는 서방으로부터 자유로운 정보 유통을 빙자해 복합기업이 스며드는 현상을 원하지 않았다. 사실 그들은 자유로우면서도 균형 있는 정보의 유통을 기대했던 것이다. 개발도상국에서는 선진국에서 밀려드는 엄청난 정보를 규제할 수 있는 정부의 간섭이 필요했다.

후진국에서는 UNESCO의 힘을 빌려 '신국제정보질서(NWICO:New Information and Communication Order)'를 부르짖었다. 이는 언론인들의 자유로운 보도와 가능한 접근을 보장하는 권리를 재차 단언한 것인데, 매스 미디어와 관련된 1978년 UNESCO의 헌장에 따르면 언론은 자국 내에서 식민주의나 신식민주의에 반대하는 목소리를 탄압하려는 어떤 인종차별이나 압력에 대해서 모든 사람들이 투쟁할 수 있다고 단언했다. 물론 "개발도상국은 매스 미디어를 이용하여 발전 기반을 마련하고 적절한 자원을 이용하기 위해서 선진국 매스 미디어의 협조를 구하는 것이 필요하다"고 역설하기도 했다(Gerbner Mowlana & Nordenstreng, 1993, pp.176, 178). 즉, 이 헌장에서는 평형을 위협하는 어떤 미디어도 자신들에게 저항하는 사람들의 목소리를 반드시 들을 필요가 있다고 강조한 것이다.

개발도상국에서는 서방 선진국에 호의적인 정보의 생산과 분배를 균형 있게 만들려고 노력했다. 많은 국가에서 그러한 노력의 일환으로 언론의 자유를 깨뜨릴지도 모르는 검열을 채택하기도 했다. 반면에 서구 국가들은 신국제정보질서에 대한 불신을 강력히 표명했다(실제로 이 때문에 미국은 1983년 말에 이를 강력히 주장했던 UNESCO를 탈퇴한 적이 있다). 서구 비판론자들은 UNESCO를 중심으로 급류을 탄 신국제정보질서의 논의가 지극히 정치적이고 자유를 억압할 수도 있는 주제이기 때문에 많은 논란이 뒤따를 것이라고 경고했다. 어쨌든 결과는 NWICO에 대한 긍정론이 우세해 많은 국가들로부터 지지를 받았다. 그러나 1980년대 후반과 1990년대 초반 무렵 대부분의 분석가들이 논쟁이 끝나지 않았음을 주장했음에도 불구하고, 국제연합과 UNESCO는 NWICO에 대한 논란을 멈췄다.

신국제정보질서를 계속 장려했던 이유는 많은 개발도상국들의 커뮤니케이션이 발전하고 있음에도 불구하고 서구 미디어 복합기업의 지배가 국제 정보 유통에서 계속되었기 때문이었다. 개발도상국에서는 특히 농경 지역의 주민이 접촉할 수 있는 효과적인 커뮤니케이션 시설을 구축하고 지원하기가 대단히 어려웠다. 그렇게 빈약한 개발도상국의 미디어 기반으로는 서구 미디어의 침투를 막을 수가 없어 그들의 계속적인 지배를 방관할 수밖에 없었던 것이다. 아프리카의 경우에 대하여 프란시스 카소마(Francis Kasoma)는 다음과 같이 서술한다.

> 아프리카로 밀려드는 미디어에 의한 정보의 홍수는 서구로부터 온 것이다. 아프리카의 TV나 영화는 대부분 미국이나 영국, 프랑스의 드라마나 영화로 채워졌다. 라디오나 TV, 심지어는 신문까지도 서구의 AP, UPI, Reuter에서 보내준 기사로 채워졌다. 반면에 동부뿐 아니라 서부의 미디어는 아프리카에 대한 뉴스를 거의 다루지 않았다. 기껏해야 무지하고 비효율적이며 불행한 내용이나 굶주리는 아프리카를 돕는 정도의 뉴스에 한정되었다. ……이러한 정보도 모두 서방의 미디어로부터 들어온 것이고, 자신들의 모습과 문제점을 서구의 미디어를 통해서 배울 수 있다(Francis Kasoma, 1993, p.78).

어쨌든 국제 미디어로부터 무엇인가를 듣고 볼 수 있는 능력을 간파한 맥루한의 지구촌 개념은 불가피한 현상인지도 모른다. '지구촌'이란 용어가 우리로서는 더 이상 의심할 여지가 없다는 것은 바로 위에서 언급한 사례로 보아서도 알 수 있다.

10.4 | 국제적인 미디어 소비 : 지구촌의 한계

1980년대 중반에 미국의 대중음악가들이 한자리에 모여 에티오피아의 자선 모금을 위해서 노래를 부른 적이 있다. 노래의 제목은 *We Are The World* 였다. 이 노래의 핵심은 전세계인들의 상호 책임과 상호 의존이었다. 그렇지만 그 노래의 제목은 냉소적으로 해석될 여지를 남기고 있었다. 미국의 대중음악인들은 그 노래를 영어로 부르면서 국제적 문제점을 풀기 위해서 그들 나름대로 노력했지만 그들이 세계 그 어느 곳에서도 직접 실천한 것은 하나도 없었다. 실로 *We Are The World* 는 과장된 허구에 불과했다.

우리는 미디어 국제화에 대해서도 위와 비슷한 경우를 생각해 볼 수 있다. 예컨대 미국, 유럽, 일본과 같은 세계의 선진국에서 출발한 미디어 복합기업이 진정으로 국제화된 미디어라고 할 수 있을까? 국제 미디어를 소유하고 통제력을 갖는 소수의 미디어 복합기업이 어떻게 전세계로 자신의 미디어를 수출하고 있는지를 좀 더 자세히 알아야만 할 것이다. 우리가 가장 최근에 아시아에서 제작된 TV 프로그램을 본 적이 언제인가? 혹은 아프리카에서 만든 영화를 본 적이 있는가? 아니면 남미나 남아프리카공화국의 저자가 쓴 책을 읽어본 적이 있는가? 미국의 미디어 제작물을 접할 때와는 사뭇 다른 반응을 보일 것이다.

'국제 미디어'란 겉보기에는 애써 노력하여 만든 개념 같으나 국제 미디어의 소유와 통제가 전세계 어디서나 흐트러져 있지 않고 몇 개의 소수 국가에 집중되어 있다는 것은 확실히 잘못된 것이다. 우리가 명심해야 될 문제는 국제 커뮤니케이션이란 아주 고도로 계층화되어 있다는 점이다. 진정으로 국제 미디어가 본질적인 국제적 자원이 되려면 국제화된 미디어의 문화로부터 대부분 득이 돌아와야 한다. 맥루한이 말하는 '지구촌'이란 개념은 미디어 주도자들이 동등하게 미디어를 지배하는 것을 뜻한다. 그러나 그런 이미지는 오늘날 미디어 제작에 있어서 거의 불가능한 일이다.

물론 어떤 사람은 소유와 제작이 국제 미디어에서 반드시 초점이 되는 것은 아니라고 말한다. 누군가 주장하듯이 범용적 소비(universal consumption)는 국제 미디어의 본질일지도 모른다. 물론 누구나 국제화된 미디어를 소비할 수는 있다. 그렇지만 국제적 소비를 너무 당연한 것으로 여기지는 말아야 한다.

미디어는 전세계적으로 동등하게 접근할 수 있는 것이 아니다. 라디오나 TV 수상기처럼 또는 책이나 음반처럼 미디어를 소비하려면 돈이 필요하다. 국제적으로 이러한 미디어 소비는 일반 경제의 불균등과 비슷하다. 경제적 여력이 있는 국가는 그만큼 미디어 생산과 소비가 다른 가난한 국가보다 월등히 높다. 지구촌의 평등주의적 개념이 현실적으로는 불투명하게 전개되고 있음을 다시 한번 피력하고자 한다.

우리는 국제 미디어를 언급할 때 전세계적으로 당면한 교육이나 질병, 기아 등과 같은 심각한 일을 쉽게 잊어버리는 경우가 많다. 빌라니람(J. V. Vilanilam)이 강

사진 10-1 매스 미디어의 국제화

미디어 국제화는 세계 여러 국가의 다양한 상황에 따라 적응하는 과정이다. 인도에서는 인구 천 명당 오직 61대의 TV를 소유하고 있는데 일반 서민들은 개별적으로 수상기를 구입하기가 어려워 특히 농촌 지역에서는 'Video Van'이라는 공동 시청 TV가 유행하고 있다. 이는 미디어 접근의 국제적 불평등을 보여주는 것이고, 예전에 고립되었던 지역마다 매스 미디어가 침투하고 있음을 말해준다.

조하는 것처럼 "어느 마을에 100명이 거주한다면 그 가운데 70명이 글을 깨우치지 못하여 읽지도 쓰지도 못한다. 또 50명 이상이 기아에 시달린다. 약 80명은 수준 이하의 생활을 하고 있다. 전체 100명 중에 6명은 수입이 전혀 없다"(Mowlana, 1993, p.60). 사실상 미디어의 소비는 경제적 불평등의 정도에 맞게 한정되어 있다는 것을 알아야 한다(사진 10-1).

우리는 '국제 미디어'를 떠올릴 때, TV와 컴퓨터를 얼른 생각한다. 그러나 어떤 국가에서는 그보다 더 기본적인 문제가 제기된다. 예를 들어 1995년 남아프리카 공화국의 한 기업이 신형 라디오를 판매하려고 한 지역은 전기도 들어오지 않고 건전지도 비싸게 판매되는 곳이었다(McNeil, 1996). 이러한 사실로 볼 때 선진국과 후진국 간의 엄청난 빈부 차이 속에서 미디어의 거래가 이루어지고 있는 것이다. 음악의 경우, 미국이나 유럽, 일본은 인구상으로는 전세계의 1/7에 불과하지만 다른 국가들에 비해서 9배가 넘는 소비가 이루어진다. 1995년 현재 미국은 1.3명에 TV 수상기 한 대 꼴로 보급되어 있지만 알제리에서는 14.1명당, 그리고 파키스탄에서는 45.5명당 한 대의 수상기가 보급되고 있다(표 10-4).

위와 같은 불평등한 사례로 볼 때, 우리는 국제적인 형태의 어떤 소비도 제대로

표 10-4 국가별 인구 천 명당 미디어 소유 현황

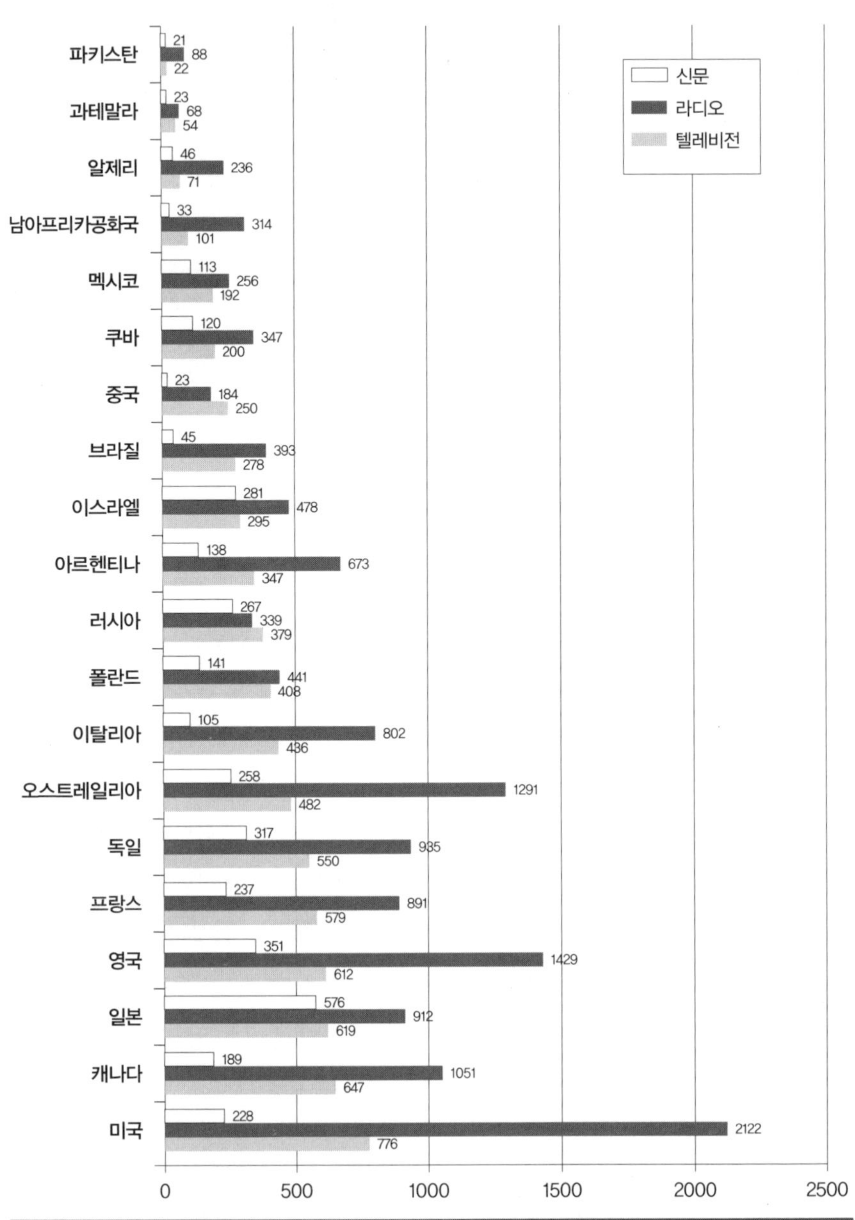

출처 : Statistical Abstract of the United States, 1998 (TV 자료는 1995년 현재이며 신문에 대한 자료는 1994년 현재임)

분석할 수 없다. 많은 나라에서는 중류층 또는 상류층에 한하여 국제적 미디어에 정규적으로 접근할 수 있다. "남미에서는 많은 사람들이 여전히 가난하게 살기 때문에 대중문화는 차별 문제를 강조하는 경향이 있다. ……그래서 부에노스 아이레스에 사는 어떤 학생은 300마일 거리에 있는 빈민촌 사람들보다 뉴욕을 더 가깝게 느낀다"(Escobar & Swardson, 1995). 여러 빈곤국에서 국제 미디어를 접하는 사람들은 상대적으로 그 나라의 엘리트에 국한되어 있다. 결국 국제 미디어의 사용은 국가적 또는 국제적인 불평등을 반영하는 것이다.

우리는 매스 미디어가 국제적인 영향을 갖고 있는 것에 대하여 위에서 언급한 경향이 있음을 잊어서는 안 된다. 많은 나라에서 비교적 권위가 있는 사람들에 한하여 미디어 소비가 이루어지고, 그 사회의 미래에 바로 그들이 영향을 미치고 있다.

10.5 | 매스 미디어의 미래

인간의 역사는 끊임없이 변화한다. 사회사상가들은 전통적인 농경사회를 대신하여 근대적인 산업사회가 등장하면서 혁명적 변화의 감각을 발전시켰다고 설명한다.

산업화와 함께 논밭이 도시로 탈바꿈했다. 도시의 인구밀도가 높아지면서 새로운 사회 문제가 대두했다. 농부들을 대신하여 공장 노동자들이 등장하면서 가족 생활이나 육아 방식에도 근본적인 변화가 뒤따랐다. 더 이상 어린이들은 그들의 부모 밑에서 기본적인 삶의 기술을 배울 필요가 없게 되었다. 부모들도 돈을 벌기 위하여 공장이나 도회지로 갔다. 도시 생활의 번잡한 다양성이 농촌의 동질성과 고독을 대신했다. 다양한 민족과 종교를 가진 집단들이 전에 없이 뒤섞였다. 갑작스러운 산업 중심지의 부상은 소수의 자본가 계급에게 굉장한 부를 안겨주었고, 대량생산 체제의 기반을 마련했다. 이의 대가로 결국 빈곤과 도시 빈민 문제, 저임금의 위험한 노동 등 수많은 사회 문제가 야기되었다.

20세기에 들어서 경제적이고 사회적인 변화는 초기 사회학자들에게 그들의 생각을 펼칠 수 있는 힘을 제공해 주었다. 미국 사회에서도 여러 모로 산업주의가 새로이 근본적인 변화를 가져다 주었다. 산업사회의 등장이 공장 생산을 가능하게 한 기술혁신에 의존했듯이, 새로운 기술의 발전은 심오한 사회·경제·정치적 변화의 과정 중 일부이다. 전자 커뮤니케이션과 전산화의 발전은 제조업보다는 정보와 서비스 중심으로 뿌리를 내리는 미국 경제를 등장시켰다. 어떤 면에서 우리는 '후기 산업사회' 또는 '정보사회'라고 불리는 사회에 살고 있는 것이다.

컴퓨터는 새로운 기술 사회를 나타내는 가장 널리 알려진 상징물이다. 정보의 저장, 가공, 검색에 제공되는 컴퓨터의 놀라운 기능은 직장, 정부, 학교, 가정의 변화와 밀접하게 연관되어 있다. 정보의 디지털화는 점차 컴퓨터와 매스 미디어의 경계를 무너뜨리고 있다. 우리는 지금 더 많은 정보, 더 많은 미디어, 더 많은 이미지, 더 많은 음향, 더 많은 데이터의 미래로 향하고 있는 것이다.

우리의 논의는 앞의 1장에서 시작한 미디어의 사회학적 분석에서 시작한다. 이는 미디어와 사회를 연구하는 접근의 모델에서 스케치된 것이다. 미디어를 이해하는 것은 일련의 사회적 관계를 이해하는 것을 포함한다. 오직 미디어 콘텐츠만을 바라보는 것은 미디어의 미래나 우리가 살고 있는 사회의 미래를 전망하기에 불충분할지도 모른다. 그러므로 미디어 콘텐츠를 초월한 미디어 산업, 미디어 생산물, 미디어 기술, 능동적인 수용자 등의 관계를 종합적으로 파악해야 한다. 앞으로도 미디어를 이해한다는 것은 복잡한 사회적 관계들을 이해해야 한다는 것을 의미한다.

참고 문헌 · 찾아보기

Abdullah, Zaheeruddin. 1998. "Fading Entertainment Options." *Richmond Times-Dispatch*, July 13, p. A4.

Abramson, Jeffrey B., F. Christopher Arterton, and Gary R. Orren. 1988. *The Electronic Commonwealth: The Impact of New Media Technologies on Democratic Politics*. New York: Basic Books.

American Association of Newspaper Editors. 1998. "1998 Newsroom Employment Survey. " Internet site : http://www.asne.org/kiosk/diversity/divdetl.htm. Accessed December 29, 1998.

Ang, Ien. 1985. *Watching Dallas*. London: Methuen.

Auletta, Ken. 1991. *Three Blind Mice: How the TV Networks Lost Their Way*. New York: Random House.

Auletta, Ken. 1998a. "The Last Sure Thing." *New Yorker,* November 9, pp. 40-47.

Auletta, Ken. 1998b. "Synergy City." *American Journalism Review,* May, pp. 18-35.

Bagdikian, Ben. 1992. *The Media Monopoly*. 4th ed. Boston: Beacon Press.

Bagdikian, Ben H. 1997. *The Media Monopoly*. 5th ed. Boston: Beacon Press.

Baker, C. Edwin. 1994. *Advertising and a Democratic Press*. Princeton, NJ: Princeton University Press.

Baldasty, Gerald J. 1992. *The Commercialization of News in the Nineteenth Century*. Madison: University of Wisconsin Press.

Ballard, Ian Matheson, Jr. 1995. "See No Evil, Hear No Evil: Television Violence and the First Amendment." *Virginia Law Review, 81*(1), 175-222.

Banks, Jack. 1996. *Monopoly Television:* MTV's Quest to Control the Music. Boulder, CO: Westview Press.

Barnet, Richard J., and John Cavanagh. 1994. *Global Dreams: Imperial Corporations and the New World Order.* New York: Simon & Schuster.

Barrnett, Steven. 1997. "New Media, Old Problems: New Technology and the Political Process." *European Journal of Communication, 12*(2), 193-218.

Battani, Marshall. Forthcoming. "Organizational Fields, Cultural Fields, and Art Worlds: The Early Effort to Make Photographs and Make Photographers in the Nineteenth Century," *Media, Culture, and Society.*

Baudrillard, Jean. 1983. *Simulations.* New York: Semiotext(e).

Baudrillard, Jean. 1988. *Selected Writings.* Mark Poster, ed. Stanford, CA: Stanford University Press.

Becker, Howard S. 1982. *Art Worlds.* Berkeley: University of California Press.

Bennett, W. Lance. 1988. *News: The Politics of Illusion.* 2nd ed. New York: Longman.

Bennett, W. Lance, and David Paletz, eds. 1994. *Taken by Storm: The Media, Public Opinion, and U.S. Foreign Policy in the Gulf War.* Chicago: University of Chicago Press.

Bielby, William T., and Denise D. Bielby, 1994. "'All Hits Are Flukes': Institutionalized Decision Making and the Rhetoric of Network Prime-Time Program Development." *American Journal of Sociology, 99,* 1287-1313.

Birkerts, Sven. 1994. *The Gutenberg Elegies.* Boston: Faber & Faber.

Boorstin, Daniel. 1961. *The Image.* New York: Atheneum.

Branch, Taylor. 1988. *Parting the Waters: America in the King Years 1954-1963.* New York: Simon & Schuster.

Brenner, Daniel, and William L. Rivers. 1982. *Free but Regulated: Conflicting Traditions in Media Law.* Ames: Iowa State University Press.

Bridge, Junior. 1995. "Females Finding Glass Ceiling Under Repair." *Quill,* 83,(6), 16.

Brill's Content. 1998a. "Dan Rather on Fear, Money, and the News." October, pp. 116-121.

Brill's Content. 1998b. "Ticker." October, p. 148.

Broadcasting and Cable Yearbook. 1998. New Providence, NJ: R. R. Bowker.

Brosius, Hans-Bernd, and Hans Mathias Kepplinger. 1990. *Communication Research, 17*(2), 183-211.

Brown, J. D., and D. Campbell. 1986. "Race and Gender in Music Videos: The Same Beat but a Different Drummer." *Journal of Communication, 36*(1), 94-106.

Bullert, B. J. 1997. *Public Television: Politics and the Battle Over Documentary Film.* New Brunswick, NJ: Rutgers University Press.

Butsch, Richard. 1992. "Class and Gender in Four Decades of Television Situation Comedy: Plus a change......" *Critical Studies in Mass Communication, 9,* 387-399.

Carlson, James M. 1985. *Prime Time Law Enforcement: Crime Show Viewing and Attitudes Towards the Criminal Justice System.* New York: Praeger Publishers.

Carlson, James M. 1995. "Political Socialization Through Media." In Jan P Vermeer, ed., *In "Media" Res: Readings in Mass Media and American Politics.* New York: McGraw-Hill.

Carragee, Kevin M. 1990. "Interpretive Media Study and Interpretive Social Science." *Critical Studies in Mass Communication, 7*(2),81-96.

Cassata, Mary B., and Molefi K. Asante. 1979. *Mass Communication: Principles and Practices.* New York: Macmillan.

Cheney, Richard. 1992. "Media Conduct in the Persian Gulf War: Report to Congress." Washington, DC: Department of Defense, Public Affairs Office.

Child Online Protection Act,47 U.S.C. 231 (1988).

Chiuy Yvonne. 1995. "FTC Settles Car Ad Boycott Case." *Washington Post,* August 2, p. F3.

Christian Science Monitor. 1991. "Cultural Dispatches from Around the Globe." *[Nashua, NH] Telegraph,* July 8, p.7.

Clark, Charles S.1991a. "Advertising Under Attack." *CQ Researcher, 1,* 659-679.

Clark, Charles S. 1991b. "The Obscenity Debate." *CQ Researcher, 1,* 971-991.

Clark, Charles S. 1993. "TV Violence." *CQ Researcher 3,* 267-284.

Clayman, Steven E., and Ann Reisner. 1998. "Gatekeeping in Action: Editorial Conferences and Assessments of Newsworthiness." *American Sociological Review, 63*(2),178-199.

Cohen, Bernard. 1963. *The Press and Foreign Policy.* Princeton, NJ: Princeton University Press.

Cole, Williams. 1995. "Readers for Sale! What Newspapers Tell Advertisers About Their Audience." *Extra! 8*(3), 6-7.

Collins, Ronald K. L. 1992. *Dictating Content: How Advertising Pressure Can Corrupt a Free*

Press. Washington, DC: Center for the Study of Commercialism.

Condit, Celeste M. 1989. "The Rhetorical Limits of Polysemy," *Critical Studies in Mass Communication, 6*(2),103-122.

Cooley, Charles Horton. 1902/1964. *Human Nature and the Social Order*. New York: Scribner's.

Coontz, Stephanie. 1992. *The Way We Never Were: American Families and the Nostalgia Trap*. New York: Basic Books.

Coser, Lewis A., Charles Kadushin, and Walter W. Powell. 1982. *Books: The Culture and Commerce of Publishing*. New York: Basic Books.

Crane, Diana. 1992. *The Production of Culture*. Newbury Park, CA: Sage.

Crawford, Alan Pell. 1993. "Finis to Fin-Syn." Mediaweek, April 12, p.15.

Cripps, Thomas. 1993. "Film." In Jannette L. Dates and William Barlow, eds., *Split Image: African Americans in the Mass Media,* 2nd ed., pp.131-185. Washington, DC: Howard University Press.

Cronauer, Adrian. 1994. "The Fairness Doctrine: A Solution in Search of a Problem." *Federal Communications Law Journal, 47*(1), 51-77.

Croteau, David. 1995. *Politics and the Class Divide: Working people and the Middle Class Left*. Philadelphia: Temple University Press.

Croteau, David, and William Hoynes. 1994. *By Invitation Only: How the Media Limit Political Debate*. Monroe, ME: Common Courage Press.

Croteau, David, William Hoynes, and Kevin M. Carragee. 1996. "The Political Diversity of Public Television: Polysemy the Public Sphere, and the Conservative Critique of PBS." *Journalism and Communication Monographs, 157,* 1-55.

Curran, James. 1977. "Capitalism and Control of the Press, 1800-1975." In James Curran, Michael Gurevitch, and Janet Woollacott, eds., *Mass Communication and Society*. London: Edward Arnold.

Dates, Jannette L. 1993. "Commercial Television." In Jannette L. Dates and William Barlow, eds., *Split Image: African Americans in the Mass Media,* 2nd ed., pp.267-327. Washington, DC: Howard University Press.

Dates, Jannette L., and William Barlow, eds.1993. *Split Image: African Americans in the Mass Media,* 2nd ed. Washington, DC: Howard University Press.

Davis, Richard, and Diana Owen. 1998. *New Media and American Politics*. New York:

Oxford University Press.

De Bens, Els, Mary Kelly, and Marit Bakke. 1992. "Television Content: Dallasification of Culture?" In Kareen Siune and Wolfgang Truetzschler, eds., *Dynamics of Media Politics: Broadcast and Electronic Media in Western Europe*. London: Sage.

De Mooij, Marieke K., and Warren Keegan.1991. *Advertising Worldwide*. New York: Prentice Hall.

DeFleur, Melvin L., and Sandra Ball-Rokeach. 1989. *Theories of Mass Communication,* 5th ed. New York: Longman.

Denton, Robert, ed. 1993. *The Media and the Persian Gulf War*. Westport, CT: Praeger.

Douglas, Susan J. 1987. *Inventing American Broadcasting, 1899-1922*. Baltimore: Johns Hopkins University Press.

Duckworth, M., L. Lodder, M. Moore, S. Overton, and J. Rubin. 1990. "The Bottom Line from the Top Down." *Columbia Journalism Review,* July/August, pp. 30-32.

Ebert, Roger. 1998. "'The Siege' Gets Mired in Muck of Prejudice." *Chicago Sun-Times,* November 6, Weekend, p. 27.

Economist. 1997. "Schools Brief: A World View," November 29, pp. 71-72.

Ehrenreich, Barbara. 1995. "The Silenced Majority." In Gail Dines and Jean M. Humez, eds., *Gender Race, and Class in Media* (pp. 40-43). Thousand Oaks, CA: Sage.

Eisenstein, Elizabeth. 1968. "Some Conjectures About the Impact of Printing on Western Society and Thought." *Journal of Modern History, 40*(1), 1-56.

Eisenstein, Elizabeth. 1979. *The Printing Press as an Agent of Change. Cambridge,* UK: Cambridge University Press.

Entman, Robert. 1989. *Democracy Without Citizens*. New York: Oxford University Press.

Entman, Robert. 1992. "Blacks in the News: Television, Modern Racism, and Cultural Change." *Journalism Quarterly,* 69, 341-361.

Epstein, Edward J. 1973. *News From Nowhere*. New York: Vintage.

Escobar, Gabriel, and Anne Swardson. 1995. "From Language to Literature, New Guiding Lite." *Washington Post,* September 5, pp. 1, A18.

Ewen, Stuart. 1976. *Captains of Consciousness*. New York: McGraw-Hill.

Fallows, James. 1996. "Why Americans Hate the Media." *Atlantic Monthly,* February, pp. 45-64.

Faludi, Susan. 1991. *Backlash The Undeclared War Against American Women*. New York:

Crown.

Farhi, Paul. 1998. "FCC Sets Fees for Digital TV." *Washington Post,* November 20, p. D3.

Federal Communications Commission. 1995. "Comments Sought on November 1995 Expiration of Fin-Syn Rules." News Report No. DC 95-54, April 5. Internet site : www.fcc.gov.

Federal Communications Commission. 1998. "FCC Explores Idea of Creating Low Power FM Radio Service for Local Communities." Internet site: . http://www.fcc.gov/mmb/prd/lpfm. Accessed December 23, 1998.

Fejes, Fred. 1992. "Masculinity as Fact: A Review of Empirical Mass Communication Research on Masculinity," In Steve Craig, ed., *Men, Masculinity, and the Media,* pp. 9-22. Thousand Oaks, CA: Sage.

Fejes, Fred, and Kevin Petrich. 1993. "Invisibility, Homophobia and Heterosex'i ism: Lesbians, Gays and the Media." *Critical Studies in Mass Communication, 20,* 396-422.

Fischer, Claude. 1992. *Americas Calling.* Berkeley: University of California Press.

Fishman, Mark. 1980. *Manufacturing the News.* Austin: University of Texas Press.

Fiske, John. 1986. "Television: Polysemy and Popularity." *Critical Studies in Mass Communication, 3,* 391-408.

Fiske, John.1987. *Television Culture.* London/New York: Routledge.

Flint, Anthony, 1977. "The Culture of Spin: Just Part of the Landscape Now." *American Behavioral Scientist, 40*(8), 1190-1192.

Flint, Joe. 1993. "Networks Win, Hollywood Winces as Fin-Syn Barriers Fall." *Broadcasting & Cable,* November 22, pp. 6,16.

Folbre, Nancy. 1995. *The New Field Guide to the U.S. Economy.* New York: New Press.

Frank, Reuven. 1993. "Fairness in the Eye of the Beholder." *New Leader,* November 15-29, pp. 20-21.

Free Radio Berkeley. 1998. "Free Radio Berkeley." Internet site: http://www.freeradio.org. Accessed December 22, 1998.

Freeman, Michael. 1994a. "A Last Gasp for Fin-Syn?" *Mediaweek,* November 28, p. 5.

Freeman, Michael. 1994b. "Producers Fight for Fin-Syn." *Mediaweek,* December 5, pp. 10, 12.

Frith, Simon. 1981. *Sound Effects.* New York: Pantheon.

Funkhouser, G. Ray, 1973. "The Issues of the Sixties: An Exploratory Study in the

Dynamics of Public Opinion." *Public Opinion Quarterly, 66,* 942-948, 959.

Gamson, Joshua.1994. *Claims to Fame.* Berkeley: University of California Press.

Gamson, William.1992. *Talking Politics.* Cambridge, UK: Cambridge University Press.

Gamson, William, David Croteau, William Hoynes, and Theodore Sasson. 1992. "Media Images and the Social Construction of Reality," *Annual Review of Sociology, 18,* 373-393.

Gamson, William, and Andre Modigliani. 1989. "Media Discourse and Public Opinion on Nuclear Power." *American Journal of Sociology, 95,* 1-37.

Gamson, William, and Gadi Wolfsfeld. 1993. "Movements and Media as Interacting Systems." *Annals of the American Academy of Political and Social Science, 528* (July), 114-125.

Gans, Herbert J. 1979. *Deciding What's News.* New York: Vintage.

Garofalo, Reebee, ed. 1992. *Rockin'the Boat: Mass Music and Mass Movements.* Boston: South End Press.

Gay and Lesbian Alliance Against Defamation. 1998. "GLAAD Calls '98 Television Lineup an Increasing Reflection of Gay Community." Internet site http://www.glaad.org. Accessed December 30, 1998.

Gerbner, George, Larry Gross, Michael Morgan, and Nancy Signorielli. 1982. "Charting the Mainstream: Television's Contributions to Political Orientations." *Journal of Communication, 32*(2), 100-127.

Gerbner, George, Larry Gross, Michael Morgan, and Nancy Signorielli. 1984. "Political Correlates of Television Viewing." *Public Opinion Quarterly, 48*(1), 283-300.

Gerbner, George, Larry Gross, Michael Morgan, and Nancy Signorielli. 1994. "Growing Up with Television: The Cultivation Perspective." In Jennings Bryant and Dolf Zillmann, eds., *Media Effects: Advances in Theory and Research.* Hillsdale, NJ: Lawrence Erlbaum Associates.

Gerbner, George, Hamid Mowlana, and Kaarle Nordenstreng, eds. 1993. *The Global Media Debate: Its Rise, Fall, and Renewal.* Norwood, NJ: A Publishing Corporation.

Gilens, Martin. 1996. "Race and Poverty in America: Public Misperceptions and the American News Media." *Public Opinion Quarterly, 60*(4), 515-541.

Gitlin, Todd. 1980. *The Whole World Is Watching: Mass Media In the Making and Unmaking of the New Left.* Berkeley: University of California.

Gitlin, Todd.1985. *Inside Prime Time*. New York: Pantheon.

Goldfarb, Jeffrey. 1991. *The Cynical Society*. Chicago: University of Chicago Press.

Goodwin, Andrew. 1992. *Dancing in the Distraction Factory*. Minneapolis: University of Minnesota Press.

Gottdiener, M. 1985. "Hegemony and Mass Culture: A Semiotic Approach." *American Journal of Sociology, 90,* 979-1001.

Graber, Doris A. 1980. *Mass Media and American Politics*. Washington, DC: Congressional Quarterly Press.

Graber, Doris A. 1988. *Processing the News: How People Tame the Information Tide*. New York: Longman.

Gramsci, Antonio. 1971. *Selections From the Prison Notebooks*. New York: International Publishers.

Gray, Herman. 1989. "Television, Black Americans, and the American Dream." *Critical Studies in Mass Communication, 16*(6), 376-386.

Greenberg, Bradley S., and Jeffrey E. Brand. 1994. "Minorities and the Mass Media: 1970s to 1990s." In Jennings Bryant and Dolf Zillman, eds., *Media Effects: Advances in Theory and Research,* pp. 273-314. Hillsdale, NJ: Lawrence Erlbaum Associates.

Greider, William. 1992. *Who Will Tell the People: The Betrayal of American Democracy*. New York: Simon & Schuster.

Grunwald, Michael. 1998. "Global Internet Child Porn Ring Hit." *Washington Post,* September 3, p. A1.

Hall, Stuart. 1982. "The Rediscovery of 'Ideology': Return of the Repressed in Media Studies." In M. Gurevitch et al., eds., *Culture, Society, and the Media*. London: Routledge.

Hansell, Saul. 1998. "Mouse Attack in Cyberspace." *New York Times,* December 13, Section 3, pp. 1, 10. New York

Harper, Christopher. 1998. *And That's the Way It Will Be*. New York: University Press.

Harper's Magazine. 1995. "What Are We Doing On-Line?" August, pp.35-46.

Harrington, Richard. 1995 . "Reviving the Label Movement." *Washington Post,* June 14, p. C7.

Herman, Edward, and Noam Chomsky. 1988. *Manufacturing Consent*. New York: Pantheon.

Hickey, Neil. 1995. "Revolution in Cyberia." *Columbia Journalism Review,* July/August, pp. 40-47.

Hills, Jill. 1991. *The Democracy Gap: The Politics of Information and Communication Technologies in the United States and Europe.* New York: Greenwood Press .

Hirsch, Mario, and Vibeke G. Petersen. 1992. "Regulation of Media at the European Level." In Kareen Siune and Wolfgang Truetzschler, eds., *Dynamics of Media Politics: Broadcast and Electronic Media in Western Europe.* London: Sage.

Hoynes, William. 1994. *Public Television for Sale: Media, the Market, and the Public Sphere.* Boulder, CO: Westview Press.

Hoynes, William. 1998. "News for a Teen Market: The Lessons of Channel One." *Journal of Curriculum and Supervision, 13*(4),339-356.

Hunt, Darnell M. 1997. *Screening the Los Angeles "Riots:" Race, Seeing and Resistance.* New York: Cambridge University Press.

Hunter, James Davison. 1991. *Culture Wars.* New York: Basic Books.

Husseini, Sam. 1994. "NBC Brings Good Things to GE." *Extra!,* November/December, p. 13.

International Federation of Phonographic Industries. 1998. "Facts and Figures." Internet site: http://www.ifpi.org.music_stats/index.html. Accessed January 6, 1999.

Iyengar, S., and D. R. Kinder. 1987. *News That Matters: Agenda-Setting and Priming in a Television Age.* Chicago: University of Chicago Press.

Jackson, L. A., and K. S. Ervin. 1991. "The Frequency and Portrayal of Black Families in Fashion Advertisement." *Journal of Black Psychology, 18*(1), 67-70.

Jeffords, Susan. 1989. *The Remarculinization of America.* Bloomington: Indiana University Press.

Jeffords, Susan, and Lauren Rabinovitz, eds.1994. *Seeing Through the Media: The Persian Gulf War.* New Brunswick, NJ: Rutgers University Press.

Jessell, Harry A. 1993. "Networks Victorious in Fin-Syn Fight." *Broadcasting and Cable,* April 5, pp. 7, 10.

Jhally, Sut, and Justin Lewis. 1992. *Enlightened Racism. Boulder,* CO: Westview Press.

Jost, Kenneth.1994a. "The Future of Television." *CQ Researcher, 4,* 1131-1148.

Jost, Kenneth. 1994b. "Talk Show Democracy." *CQ Researcher, 4*(16), 363-375.

Kahn, Frank J., ed. 1978. *Documents of American Broadcasting.* 3rd ed. Engle wood Cliffs,

NJ: Prentice Hall.

Kasoma, Francis. 1993. "Ironies and Contrasts." In George Gerbner, Hamid Mowlana, and Kaarle Nordenstreng, eds., *The Global Media Debate: Its Rise, Fall, and Renewal,* pp. 77-81. Norwood, NJ: Ablex Publishing Corp.

Kellner, Douglas. 1990. *Television and the Crisis of Democracy.* Boulder, CO: Westview Press.

Kellner, Douglas. 1995. "Cultural Studies, Multiculturalism, and Media Culture." In Gail Dines and Jean M. Humez, eds., *Gender, Race and Class in Media.* Thousand Oaks, CA: Sage.

Kobell, Rona. 1998. "Warrant Wrenches Radio Rebel off the Air." *Pittsburgh Post-Gazette,* November 8, p. B-1.

Kornhauser, William. 1959. *The Politics of Mass Society.* New York: Free Press.

Krugman, Dean M., and Leonard N. Reid.1980. "The 'Public Interest' as Defined by FCC Policy Makers." *Journal of Broadcasting, 24,* 311-323.

Kubey, Robert, and Mihaly Csikszentmihalyi. 1990. *Television and the Quality of Life: How Viewing Shapes Everyday Experience.* Hillsdale, NJ: Erlbaum.

Lafky, Sue A. 1993. "The Progress of Women and People of Color in the U.S. Journalistic Workforce: A Long, Slow Journey." In Pamela J. Creedon, ed., *Women in Mass Communication.* 2nd ed., pp. 87-103. Thousand Oaks, CA: Sage.

Landler, Mark.1994. "Think Globally, Program Locally," *Business Week,* November 18, pp. 186-189.

Lazar, Bonnie A. 1994. "Under the Influence: An Analysis of Children's Television Regulation." *Social Work, 39*(1), 67-74.

Lazarsfeld, Paul, Bernard Berelson, and Hazel Gaudet. 1948. *The People's Choice: How the Voter Makes up His Mind in a Presidential Campaign.* New York Columbia University Press.

Lenart, Silvo. 1994. *Shaping Political Attitudes: The Impact of Interpersonal Communication and Mass Media.* Thousand Oaks, CA: Sage.

Lester, Paul, and Ron Smith. 1990."African-American Photo Coverage in Life, Newsweek, and Time, 1937-1988." *Journalism Quarterly, 67,* 128-136.

Levin, Murray, 1987. *Talk Radio and the American Dream.* Lexington, MA Lexington Books.

Lewis, Lisa. 1990. *Gender Politics and MTV.* Philadelphia: Temple University Press.

Lichter, S. Robert, Linda S. Lichter, and Stanley Rothman. 1994. *Prime Time.* Washington, DC: Regnery,

Lieberman, David. 1997. "Conglomerates, News, and Children." In Erik Barnouw et al., eds., *Conglomerates and the Media* (pp. 135-156). New York: New Press.

Liebes, Tamar, and Elihu Katz. 1993. *The Export of Meaning.* Cambridge: Polity Press.

Long, Elizabeth. 1985. *The American Dream and the Popular Novel.* Boston: Routledge & Kegan Paul.

Longley, Lawrence, Herbert Terry, and Erwin Krasnow, 1983. "Citizen Groups in Broadcast Regulatory Policy-Making." *Policy Studies Journal, 12,* 258-270.

Lopes, Paul D. 1992. "Innovation and Diversity in the Popular Music Industry, 1969 to 1990." *American Sociological Review, 57,* 56-71.

Los Angeles Times/Washington Post News Service. 1995. "Deaths Are Live for Russians." *Richmond Times-Dispatch,* January 2, p. A4.

Lyons, Charles. 1997. *The New Censors: Movies and the Culture Wars.* Philadelphia: Temple University Press.

MacBride, Sean, and Colleen Roach. 1993. "The New International Information Order." In George Gerbner, Hamid Mowlana, and Kaarle Nordenstreng, eds., *The Global Media Debate: Its Rise, Fall, and Renewal,* pp. 3-11. Norwood, NJ: Ablex Publishing Corporation.

Marchetti, Gina. 1989. "Action-Adventure as Ideology," In I. Angus and S. Jhally, eds., *Cultural Politics in Contemporary America.* New York: Routledge.

Mattelart, Arrnand. 1979. *Multinational Corporations and the Control of Culture.* Atlantic Highlands, NJ: Humanities Press.

McAdam, Doug. 1982. *Political Process and the Development of Black Insurgency, 1930-1970.* Chicago: University of Chicago Press.

McChesney, Robert.1994. *Telecommunications, Mass Media, and Democracy.* New York: Oxford University Press.

McChesney, Robert. 1995. "Telecon." *In These Times, 19,*(17), 14-17.

McClure, Robert, and Thomas Patterson. 1976. *The Unseeing Eye.* New York: G. P. Putnam's Sons.

McCombs, Maxwell, and Donald L. Shaw. 1972. "The Agenda-Setting Function of the Mass

Media." *Public Opinion Quarterly, 36,* 176-187.

McCombs, Maxwell, and Donald L. Shaw. 1977. *The Emergence of American Political Issues: The Agenda-Setting Function of the Press.* St. Paul, MN: West Publishing.

McCracken, Ellen. 1993. *Decoding Women's Magazines.* New York: St. Martin's Press.

McLaughlin, Margaret L., Kerry K. Osborne, and Christine B. Smith. 1995. "Standards of Conduct on Usenet." In Steven G. Jones, ed., *Cybersociety,* pp. 90-111. Thousand Oaks, CA: Sage.

McLuhan, Marshall. 1962. *The Gutenberg Galaxy.* Toronto: University of Toronto Press.

McLuhan, Marshall. 1964. *Understanding Media: The Extensions of Man.* New York: New American Library.

McLuhan, Marshall, and Quentin Fiore. 1967. *The Medium Is the Message: An Inventory of Effects.* New York: Bantam Books.

Mc Neil, Donald G., Jr. 1996. "Now Rural Africa Can Tune In." *Richmond Times-Dispatch,* February 19, p. A4.

McQuail, Denis. 1987. *Mass Communication Theory.* Newbury Park, CA: Sage.

McQuail, Denis, Rosario de Mateo, and Helena Tapper.1992. :A Framework for Analysis of Media Change in Europe in the 1990s." In Kareen Siune and Wolfgang Truetzschler, eds., *Dynamics of Media Politics: Broadcast and Electronic Media in Western Europe.* London: Sage.

McRobbie, Angola. 1984. "Dance and Social Fantasy," In A. McRobbie and M. Nava, eds., *Gender and Generation,* pp. 130-161. London: Macmillan.

Messner, Michael, Margaret Carlisle Duncan, and Kerry Jensen. 1993. "Separating the Men from the Girls: The Gendered Language of Televised Sports." *Gender and Society,* 7(1), 121-137.

Meyrowitz, Joshua.1985. *No Sense of Place.* New York: Oxford University Press.

Meyrowitz, Joshua. 1994. "Medium Theory," In D. Crowley and D. Mitchell, eds., *Communication Theory Today,* pp. 50-77. Stanford: Stanford University Press.

Miller, Laura Jean.1998. *Merchandising to the Mind: The Cultural and Economic Context of Book Retailing and Wholesaling in the United States.* Doctoral dissertation, University of California, San Diego.

Miller, Mark Crispin, ed. 1990. *Seeing Through Movies.* New York: Pantheon.

Mills, C. Wright. 1959. *The Sociological Imagination.* New York: Oxford University Press.

Modleski, Tania. 1984. *Loving With a Vengeance*. New York: Methuen.

Montgomery, Kathryn C. 1989. *Target Prime Time: Advocacy Groups and the Struggle Over Entertainment Television*. New York: Oxford University Press.

Morley, David. 1980. *The Nationwide Audience*. London: British Film Institute.

Morley, David. 1986. *Family Television*. London: Comedia.

Morley, David. 1992. *Television, Audiences, and Cultural Studies*. London Routledge.

Morris, Aldon. 1984. *The Origins of the Civil Rights Movement*. New York: Free Press.

Morris, Merrill, and Christine Ogan. 1996. "The Internet as Mass Medium." *Journal of Communication, 46*(1), 39-50.

Mowlana, Hamid. 1993. "Toward a NWICO for the Twenty-First Century?" *Journal of International Affairs, 47*(1), 59-72.

Mowlana, Hamid, George Gerbner, and Herbert Schiller, eds. 1992. *Triumph of the Image: The Media's War in the Persian Gulf*. Boulder, CO: Westview Press.

Nardi, Peter. 1997. "Changing Gay and Lesbian Images in the Media." In James T, Sears and Walter Williams, eds., *Overcoming Heterosexism and Homophobia: Strategies That Work* (pp. 427-442). New York: Columbia University Press.

NBC. 1998. "Will and Grace." Internet site: http://www.nbc.com. Accessed December 30.

Nesbitt, Jim. 1998. "Radio Pirates Feel the Heat." *Cleveland Plain Dealer,* July 19, p. 1D.

Neuman, W Russell. 1991. *The Future of the Mass Audience*. New York: Cambridge University Press.

Neuman, W Russell. 1996. "Political Communications Infrastructure." *Annals of the American Academy of Political and Social Sciences, 546* (July), 9-21.

New York Times. 1997. "Word for Word/The Gay Nineties." February 23, p. D7.

Noam, Eli M., ed. 1985. *Video Media Competition: Regulation, Economics, and Technology*. New York: Columbia University Press.

O'Barr, William.1994. *Culture and the Ad*. Boulder, CO: Westview Press.

O'Neil, Michael. 1993. *The Roar of the Crowd: How Television and People Power Are Changing the World*. New York: Time Books.

Oppenheimer, Todd. 1993. "Newsweek's Voyage Through Cyberspace." *Columbia Journalism Review, 32*(6), 34-37.

Paik, Haejung, and George Comstock. 1994. "The Effects of Television Violence on Antisocial Behavior: A Meta-Analysis." *Communication Research, 21,* 516-546.

Palmer, R. R., and Joel Cotton.1978. *A History of the Modern World*. New York: Alfred A. Knopf.

Parenti, Michael. 1986. *Inventing Reality: The Politics of the Mass Media*. New York: St. Martin's Press.

Peterson, Richard A., ed. 1976. *The Production of Culture*. Beverly Hills, CA: Sage.

Peterson, Richard A., and David G. Berger. 1975. "Cycles in Symbol Production The Case of Popular Music." *American Sociological Review, 40,* 158-173.

Pew Research Center for the People and the Press. 1999. "The Internet News Audience Goes Ordinary," Internet site : http://www.people-press.org. Accessed January 15.

Pond, Steve. 1995. "Friendly Shores Abroad for 'Waterworld.'" *Washington Post,* October 3, p. B7.

Pool, Ithiel de Sola. 1983. *Technologies of Freedom*. Cambridge, MA: Harvard University Press.

Pope, Kyle. 1998. "Let's Make a Deal." *Wall Street Journal,* August 14, pp. W1, W6.

Postman, Neil. 1985. *Amusing Ourselves to Death*. New York: Penguin.

Powell, Walter W. 1985. *Getting Into Print*. Chicago: University of Chicago Press.

Press, Andrea. 1991. *Women Watching Television*. Philadelphia: University of Pennsylvania Press.

Prince, Stephen. 1992. *Visions of Empire: Political Imagery in Contemporary American Film*. New York: Praeger.

Prindle, David F. 1993. *Risky Business*. Boulder, CO: Westview Press.

Puette, William J. 1992. *Through Jaundiced Eyes: How the Media View Organized Labor*. Ithaca, NY: ILR Press.

Puri, Jyoti. 1997. "Reading Romance Novels in Postcolonial India." *Gender and Society, 11*(4), 434-452.

Radway, Janice. 1984. *Reading the Romance*. Chapel Hill: University of North Carolina Press.

Radway, Janice. 1997. *A Feeling for Books: The Book-of-the-Month-Club, Literary Taste, and Middle-Class Desire*. Chapel Hill: University of North Carolina Press.

Regan, Donald. 1988. *For the Record*. New York: Harcourt Brace Jovanovich.

Reisman, David. 1953. *The Lonely Crowd*. Garden City, NY Doubleday,

Routers. 1998. "Most Minorities Under-Represented on U.S. TV" December 22, wire .

Rheingold, Howard. 1993. *The Virtual Community*. Reading, MA: Addison-Wesley,

Rhodes, Jane. 1993. "The Visibility of Race and Media History," *Critical Studies in Mass Communication, 20,* 184-190.

Richmond Times-Dispatch. 1998. "Former Internet Executive Convicted." May 29, p. A3.

Ricklefs, Roger. 1998. "Canada Fights to Fend off American Tastes and Tunes." *Wall Street Journal,* September 24, p. B1.

Robinson, Michael J. 1976. "Public Affairs Television and the Growth of Political Malaise: The Case of the 'Selling of the Pentagon.'" *American Political Science Review, 70,* 409-432.

Robischon, Noah. 1998. "Browser Beware." *Brill's Content,* August, pp. 40-44.

Rocky Mountain Media Watch. 1998. "Group Challenges FCC Licenses of Denver TV Stations." Internet site: http://www.bigmedia.org/ texts2.html#Press Release FCC. Accessed December 28.

Rogers, Everett. 1986. *Communication Technology*. New York: Free Press.

Rose, Tricia. 1994. *Black Noise*. Hanover, NH: Wesleyan University Press.

Rosen, Jay. 1993. "Who Won the Week? The Political Press and the Evacuation. of Meaning." *Tikkun, 8*(4), 7-10, 94.

Rosenblum, Barbara.1978. *Photographers at Work*. New York: Holmes & Meier.

Rosenfeld, Megan. 1997. "The 'Ellen' Coming Out Club." *Washington Post,* April 24, p. B1.

Ryan, Charlotte. 1991. *Prime-Time Activism*. Boston: South End Press.

Salzman, Jason. 1998. *Making the News: A Guide for Nonprofits and Activists*. Boulder, CO: Westview Press.

Sandier, Adam. 1994. "Hollywood: 'R' Kind of Town." *Variety,* September 12, pp. 1, 7.

Schiffer, Michael. 1991. *The Portable Radio in American Life*. Tucson: University of Arizona Press.

Schiller, Herbert. 1971. *Mass Communications and American Empire*. Boston: Beacon Press.

Schiller, Herbert. 1989. *Culture, Inc.* New York: Oxford University Press.

Schiller, Herbert. 1992. *Mass Communication and American Empire,* 2nd ed. Boulder, CO: Westview Press.

Schlegel, Julia W. 1993. "The Television Violence Act of 1990: A New Program for Government Censorship?" *Federal Communications Law Journal, 46*(1), 187-217.

Schudson, Michael. 1978. *Discovering the News.* New York: Basic Books.

Schudson, Michael. 1984. *Advertising: The Uneasy Persuasion.* New York: Basic Books.

Seggar, J. F., J. Hafen, and H. Hannonen-Gladden. 1981. "Television's Portrayals of Minorities and Women in Drama and Comedy Drama, 1971-80." *Journal of Broadcasting, 25,* 277-288.

Shales, Tom. 1995. "The Fat Cat Broadcast Bonanza." *Washington Post,* June 13, pp. C1, C9.

Shapiro, Andrew L. 1995. "Street Corners in Cyberspace." *Nation,* July 3, pp. 10-14.

Shiver, Jube, Jr. 1998. "Eye on the Sky: FCC Agents Guard the Crowded Airwaves Against Pirates and Accidental Interference." *Los Angeles Times,* July 20. Internet site: http://www.latimes.com. Accessed December 22.

Signorielli, Nancy, and Michael Morgan. 1990. *Cultivation Analysis: New Directions in Media Effects Research.* Newbury Park, CA: Sage.

Simons, John. 1998. "Faced with 'Convergence,' FCC Takes Closer Look at Internet Access via Cable." *Wall Street Journal,* September 8, p. B8.

Simmons, Steven J. 1978. *The Fairness Doctrine and the Media.* Berkeley: University of California Press.

Snow, David A., E. Burke Rochford, Jr., Steven K. Worden, and Robert D. Benford. 1986. "Frame Alignment Processes, Micromobilization, and Movement Participation." *American Sociological Review, 51,* 464-481.

Spigel, Lynn. 1992. *Make Room for TV.* Chicago: University of Chicago Press.

Spolar, Christine. 1995. "Romance by the Book in Poland." *Washington Post,* August 28, p. A19.

Squires, James. 1993. *Read All About It! The Corporate Takeover of America's Newspapers.* New York: Times Books.

Sreberny-Mohammadi, Annabelle. 1991. "The Global and the Local in International Communications." In James Curran and Michael Gurevitch, eds., *Mass Media and Society,* pp. 118-138. London: Edward Arnold.

Steeves, H. Leslie. 1993. "Gender and Mass Communication in a Global Context." In Pamela J. Creedon, ed., *Women in Mass Communication,* 2nd ed., pp. 32-60. Thousand Oaks, CA: Sage.

Steiner, Linda. 1998. "Oppositional Decoding as an Act of Resistance." *Critical Studies in*

Mass Communication, 5(1), 1-15.

Sterngold, James. 1998."A Racial Divide Widens on TV" *New York Times,* December 29, p. Al.

Stone, Vernon. 1996. "Minorities and Women in Television News." University of Missouri. http://www.misiouri.edu/jourvs/gtvminw.html

"Summer Market Share." 1998. Variety, September 14-20, p. 16.

Taylor, Ella. 1989. *Prime Time Families.* Berkeley: University of California Press.

Taylor, Phillip M. 1992. *War and the Media: Propaganda and Persuasion in the Gulf War.* New York: St. Martin's Press.

Telecommunications Act of 1996, Pub. LA. No. 104-104, 110 Stat.56 (1996).

Tichi, Cecelia. 1991. *Electronic Hearth: Creating an American Television Culture.* New York: Oxford University Press.

Traugott, Michael W. 1992. "The Impact of Media Polls on the Public." In Thomas E. Mann and Gary Orren, eds., *Media Polls in American Politics.* Washington, DC: Brookings Institution.

Tuchman, Gaye. 1978. *Making News: A Study in the Construction of Reality.* New York: Free Press.

Tunstall, Jeremy, 1977. *The Media Are American.* New York: Columbia University Press.

Tunstall, Jeremy, 1986. *Communications Deregulation: The Unleashing of America's Communications Industry.* Oxford: Basil Blackwell.

Turkle, Sherry. 1995. *Life on the Screen.* New York: Touchstone.

Turow, Joseph. 1997. *Breaking up America: Advertisers and the New Media World.* Chicago: University of Chicago Press.

U.S. Census Bureau. 1998. *Statistical Abstract of the United States.* Washington, DC: Government Printing Office.

Underwood, Doug. 1993. *When MBAs Rule the Newsroom.* New York: Columbia University Press.

Vidmar, Neil, and Milton Rokeach. 1974. "Archie Bunker's Bigotry: A Study in Selective Perception and Exposure." *Journal of Communication, 24,* 36-47.

Walters, Suzanna D. 1995. *Material Girls.* Berkeley: University of California Press.

Washington Post. 1995. "Canada Pulls Plug on U.S. Shows." November 24, p. D9.

Wenner, Jann, and William Greider. 1993. "The Rolling Stone Interview: President Clinton."

Rolling Stone, December 9, pp.40-45, 80-81.

Whillock, Rita Kirk. 1977. "Cyber-Politics: The Online Strategies of '96." *American Behavioral Scientist, 40*(8), 1208-1225.

Wiley, Richard E. 1994. "'Fairness' in Our Future?" *Quill,* March, pp. 36-37.

Wilson, Clint C., and Felix Gutierrez. 1995. *Race, Multiculturalism, and the Media: From Mass to Class Communication,* 2nd ed. Thousand Oaks, CA: Sage.

Ziff-Davis. 1998a. "Household PC Penetration Jumps to Nearly 45% in U.S." Website: http://www.ziffdavis.com/news/docs98/0609.htm. Accessed January 7, 1999.

Ziff-Davis. 1998b. "Internet Usage Accelerates Into High Gear." Website: http://www.ziff-davis.com/news/docs98/1210.htm. Accessed January 7, 1999.

Zwick, Edward. 1998. "In the Hurt Game, Honesty Loses." *New York Times,* November 10, p. A29.

미디어 소사이어티

| 산업 · 이미지 · 수용자 |

2001년 8월 10일 1판 1쇄
2006년 3월 20일 1판 4쇄

지은이 | 데이비드 크로토 · 윌리엄 호인스
옮긴이 | 전석호

편집 관리 | 강창훈 · 강변구
제작 | 박홍기
마케팅 | 이교성
홈페이지 관리 | 최영미

출력 | 한국커뮤니케이션
인쇄 | 대원인쇄
제책 | 경문제책

펴낸이 | 강맑실
펴낸곳 | (주)사계절출판사
등록 | 제 406-2003-034호
주소 | (우)413-756 경기도 파주시 교하읍 문발리 파주출판도시 513-3
전화 | 마케팅부 031) 955-8588   편집부 031) 955-8558
전송 | 마케팅부 031) 955-8595   편집부 031) 955-8596
홈페이지 | www.sakyejul.co.kr 전자우편 | skj@sakyejul.co.kr

값은 뒤표지에 적혀 있습니다.
잘못 만든 책은 구입하신 서점에서 바꾸어 드립니다.

사계절출판사는 성장의 의미를 생각합니다.
사계절출판사는 독자 여러분의 의견에 늘 귀기울이고 있습니다.

ISBN 89-7196-815-X 03340